COST

ACCOUNTING

원가회계

서정록

도서출판
청람

■ 머리말 ■

회계는 이용자의 경제적 의사결정에 유용한 정보를 제공하는 것을 목적으로 하는 학문이다. 정보이용자에 따라 회계를 재무회계와 원가회계로 구분하고 있는 바, 회계에서 정보이용자가 차지하는 비중은 매우 크다. 특히 원가회계는 기업경영자를 비롯한 기업 내부이용자의 경영의사결정을 위한 정보를 제공하는 만큼 그 중요성은 더욱 크다고 할 수 있다. 최근에는 원가의 개념을 이용하여 제품원가정보를 내외부이용자에게 제공하는 원가회계와 원가회계에 의해 생성된 정보를 이용한 내부의사결정 및 경영통제 목적과 관련한 정보를 제공하는 관리회계로 분리하여 회계정보를 제공함으로써 정보이용자들의 구체적이고 세부적인 목적에 맞추어 회계정보이용에 대한 편의를 제공하고 있다.

본 교재는 저자가 실무에서 오랜 기간 회계업무를 수행하면서 회계정보이용자의 의사결정에 유용한 회계정보를 생성하기 위해 반드시 필요한 회계지식과 다년간 회계학을 강의하면서 학습자들이 이해하는 데 어려움을 겪는 개념에 초점을 두고 저술하였다. 특히 원가회계를 처음으로 공부하는 학습자들이 원가와 관련한 개념들을 쉽게 이해할 수 있도록 개념설명에 많은 노력을 기울였다. 그러나 예측하지 못한 실수 등으로 미비점이 많으리라 본다. 향후에도 계속적인 수정 · 보완을 통하여 미비한 점과 오류를 최소화 할 수 있도록 노력할 것을 약속한다.

본 교재의 특징은 다음과 같다.

첫째, 각 장별로 개념 설명에 많은 부분은 할애하였다. 회계학을 수년째 학습하는 학생들도 혼동스러워 하는 원가 관련개념들을 학습자들이 보다 쉽게 이해할 수 있도록 설명하였다.

둘째, 본문에서 개념에 대해 충분히 설명을 한 후, 관련예제를 통하여 보충설명을 하였다. 본문에서 이해하지 못한 부분이라도 예제를 통하여 개념에 대한 이해를 할 수 있도록 하였다.

셋째, 각 장별로 객관식문제를 최근의 기출문제에서 엄선하여 배열하여 본문의 내용을 충분히 연습할 수 있도록 하였다. 또한 연습문제는 본문의 내용을 복습하는 문제뿐만 아니라 기업회계를 비롯한 기타 자격증 기출문제에서부터 공인회계사와 세무사시험의 기출문제까지 수록하여 학습자들이 원가회계와 관련한 충분한 연습을 할 수 있도록 하였다.

학습자들이 스스로 문제해결을 할 수 있도록 연습문제에 대한 해답은 출판사의 홈페이지에 게시하도록 하겠다.

이 책은 대학에서 한 학기의 강의분량에 적당한 13개의 장으로 구성되어 있다. 각 장의 내용을 간단히 소개하면 다음과 같다.

제1장에서는 현대 기업경영과 관련한 환경과 원가회계와의 관계, 원가회계와 재무회계의 비교, 새로운 관리회계의 제기법, 그리고 경영자의 기능과 회계윤리 등을 소개한다.

제2장과 제3장에서는 기본적인 원가의 개념과 제품원가계산의 개념과 흐름 그리고 제조원가명세서를 설명한다.

제4장과 제5장에서는 발생된 원가의 배부에 대하여 설명한다. 원가배부의 기본개념뿐만 아니라 제품원가를 산정하기 위해 필요한 지원부문원가의 배부 그리고 제조간접원가의 배부와 배부차이에 대해 장을 달리하여 설명한다.

제6장에서부터 제8장까지는 제품의 원가정보를 산출하는 기본적인 제품원가계산방법인 개별원가계산, 종합원가계산 그리고 결합원가계산을 설명한다.

제9장에서는 제품의 판매가격 등 의사결정을 위해 필요한 원가행태와 원가의 추정에 대하여 설명한다.

제10장에서는 기업 경영자의 의사결정을 위해 필요한 원가정보를 산출하는 변동원가계산과 전부원가계산을 설명하고, 제11장에서는 제조간접원가를 보다 정확하게 배부하기 위한 활동기준원가계산의 도입배경과 개념에 대하여 설명하고 계산절차를 소개한다.

제12장과 제13장은 표준원가계산제도와 차이분석에 대하여 설명한다. 표준원가계산제도와 차이분석의 기본모형에 대하여 설명하고, 예외에 의한 관리도 설명한다.

이 책이 나오기까지 많은 분들의 도움을 받았다. 특히 본서의 출간을 위해 많은 노력을 해주신 도서출판 청람의 이수영 사장님과 김우겸 전무님 그리고 임직원 여러분께 진심으로 감사의 말씀을 드린다.

2014년 7월

저자

■ 차 례 ■

Chapter 01 기업환경과 원가회계

Chapter 02 원가의 개념

Chapter 03 제품원가계산

Chapter 06 개별원가계산

Chapter 07 종합원가계산

Chapter 10 변동원가계산

Chapter 11 활동기준원가계산

Chapter 13 제조간접원가차이분석

Chapter 01

기업환경과 원가회계

CHAPTER 01 기업환경과 원가회계

제1절 회계의 정의

회계학(accounting)은 기업의 경영 관리자를 비롯한 이해관계자들에게 기업 내외부에서 발생한 경제적 정보를 제공하여 경제적 의사결정을 효율적으로 할 수 있도록 돕는 것을 목적으로 하는 학문이다. 이때 의사결정에 유용한 경제적 정보를 측정 · 기록 · 분석 · 보고하는 일련의 과정을 회계라 정의하고, 의사결정자에게 제공되는 정보를 회계정보라고 한다.

회계는 어떤 정보이용자에게 어떠한 목적으로 회계정보를 제공하느냐에 따라 재무회계와 관리회계로 크게 분류할 수 있다. 즉, 회계정보이용자에 따라 제공되는 회계정보의 종류가 달라진다는 것이다. 회계정보이용자가 주주, 투자자, 채권자 그리고 정부와 같은 외부이용자인 경우에는 기업의 손익과 같은 경영성과에 관한 정보나 재무상태에 관한 정보에 관심을 가질 것이므로, 재무상태표나 손익계산서와 같은 재무제표에 표시된 회계정보를 이용하고자 할 것이다. 재무제표는 불특정다수가 이용하는 회계정보인 만큼 일반적으로 인정된 회계원칙(generally accepted accounting principles : GAAP)에 따라 회계정보를 제공해야 할 것이다. 이러한 외부정보이용자를 위한 회계를 재무회계(financial accounting)라 한다. 반면에 관리회계(managerial accounting)는 기업내부의 이용자, 즉 최고경영자를 비롯한 경영 관리자들의 경영의사결정에 유용한 회계정보를 제공하는 것을 목적으로 한다. 따라서 관리회계에서는 기업경영자들의 일상적인 의사결정이나 투자의사결정을 위해 필요한 회계정보를 제공해야 할 것이다. 일반적으로 경영 관리자들의 경제적 의사결정은 신속함을 필요로 하기 때문에 의사결정을 요하는 시점에 적시적인 회계정보의 제공을 필요로 한다.

경제적 의사결정은 최소의 비용으로 최대의 효과를 가져올 수 있는 방안을 선택하는 합리적인 과정이다. 일반적으로 투자와 관련한 의사결정을 하는 경우에 투자수익률을 중요한 의사결정의 기준으로 사용하게 된다. 투자수익률(return on investment : ROI)은 투자에 따른 순이익을 총투자액으로 나누어 산출하는데, 일반적으로 투자기간에 대한 대가와 미래의 불확실성에 대한 대가를 포함하는 개념이다. 미래의 불확실성에 대한 대가는 투자시점에 미리 예측할 수 없기 때문에, 대부분의 투자자들은 불확실성을 최소화시켜 주는 어떠한 정보에 근거하여 투자를 결정하게 될 것이다. 이러한 경우에 경영 관리자에 제공되는 관리회계정보는 미래의 불확실성을 어느 정도 예측가능하게 해주며 불확실성의 정도를 최소한으로 줄일 수 있도록 도와준다. 따라서 관리회계정보는 경영 관리자들로 하여금 경제적 의사결정을 합리적으로 할 수 있도록 도와주는 유용한 정보라고 할 수 있다.

그림 1-1 회계정보의 질적 특성

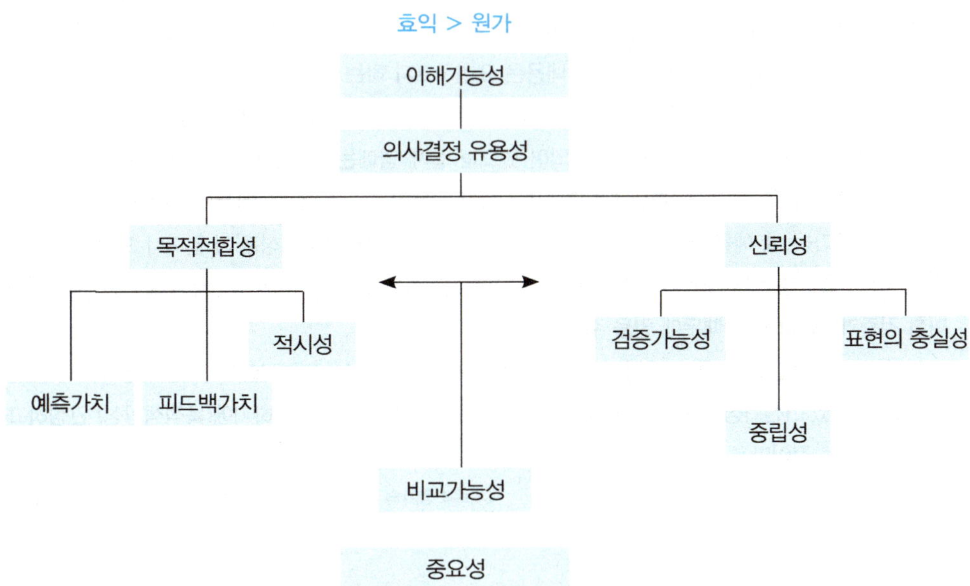

경제적 의사결정에 유용한 정보는 회계정보의 질적 특성([그림 1-1] 참조)과 관계되는 속성으로서, 제공되는 회계정보가 사용하고자 하는 목적에 일치하는 목적적합성 및 정보이용자가 믿을 수 있는 신뢰성을 가져야 하며, 다른 정보와도 비교가능해야 한다. 더 나아가 의사결정에 중요한 역할을 하는 정보이어야 하며, 정보이용자가 이해가능한 정보이어야 한다. 이러한 모든 속성을 갖춘 회계정보를 유용한 정보라고 할 수 있다. 그러나 아무리 유용한 정보라 하더라도 정보를 이용하여 얻을 수 있는 경제적 효익이 정보를 수집하는 데 소요된 비용보다 적다면 유용한 정보로서의 가치를 상실하게 될 것이다.

정보의 질적특성

일반적으로 두통이 있을 경우에 진통제를 복용하게 된다. 진통제를 복용하는 이유는 진통제가 진통에 '도움이 되기 때문'이며, 따라서 '유용하다'고 말할 수 있다. 진통제를 복용할 때마다 의식하지는 않겠지만 설명서에 기재되어 있는 '효능(예 : 두통, 치통, 생리통 등)'이 실제로 나타날 것으로 판단한다. 즉, 진통제를 복용하면 복용하지 않은 경우와 비교할 때 차이가 있을 것으로 판단하기 때문에 진통제를 복용한다. 이와 같이 무엇이 있을 때와 없을 때 그 결과에서 차이를 가져오면 그것은 목적에 적합하다고 말한다(목적적합성). 목적에 적합한 이유는 복용한 후의 가까운 미래에 어떤 현상이 나타날 것인지를 예측할 수 있으며(예측가치), 유효기간이 경과되지 않아 약효가 있기 때문이다(적시성).

한편, 약병에 부착되었거나 아니면 별도로 제공되는 설명서에는 '효능'뿐만 아니라 약의 '성분'이 제시되어 있다. 이때 성분에 기재되어 있는 내용은 표현하고자 하는 대상(약)을 표현한 결과이다. 따라서 표현하고자 하는 대상인 '약'과 표현한 결과인 '성분'이 일치해야 한다(표현의 충실성). 예를 들어, 어떤 약의 설명서에 'A성분 10mg'이라고 표현되어 있으나 실제 약에는 'A성분'이 5mg밖에 포함되어 있지 않다면 그 약은 믿을 수 없다. 뿐만 아니라 약에 대한 전문가들의 성분측정에서 그 측정결과가 비슷해야 한다(검증가능성). 예를 들어 갑, 을, 병이라는 3명의 전문가가 약에 'A성분'이 얼마나 포함되어 있는지를 측정하였는데, 갑은 15mg, 을은 10mg, 병은 5mg이라는 결과를 얻었다면 약에 포함된 'A성분'에 대한 검증가능성이 없기 때문에 믿을 수가 없을 것이다.

이와 같이 우리들은 약을 복용할 때 설명서에 기재되어 있는 '성분'이 실제 그 약에 함유되어 있을 것으로 믿고 있고(신뢰성), 그로 인해 표시된 '효능'이 나타날 것으로 기대하기에(목적적합성) 안심하고 복용하게 되는 것이다.

자료 : 정기숙 · 이중희(2000), 재무회계원리, 경문사, p.15 수정.

제2절 관리회계의 정의와 개념적 구조

1. 관리회계의 정의

회계를 이용자의 합리적 의사결정을 위해 필요한 경제적 정보를 측정 · 기록 · 분석 · 보고하는 일련의 과정이라고 한다면, 관리회계는 최고경영자를 비롯한 경영 관리자들의 합리적인 경제적 의사결정을 위해 필요한 유용한 정보를 측정 · 기록 · 분석 · 보고하는 일련의 과정이라고 정의할 수 있다. 즉, 경영자가 기업에 존재하는 희소한 자원을 효율적으로 활용하기 위하여 기업 내에서 계획 · 평가 · 통제 등의 기능을 수행하는 데 필요한 정보를 식별 · 가공 · 분석 · 보고해 주는 정보시스템이다. 미국회계학회(AAA)와 미국관리회계사회(IMA)에서는 관리회계를 "경영자가 합리적인 경제적 목적에 대한 계획을 수립하고, 그 목적을 달성하기 위한 합리적 의사결정을 하는 데 도움을 주기 위하여, 조직의 과거 또는 미래의 경제적 자료 처리에 적절한 기법과 개념을 적용하는 것이다"라고 정의하고 있다. 이러한 정의를 종합해 본다면 관리회계는 결국 기업의 가치를 극대화하는 데 필요한 경제적 의사결정에 유용한 정보를 생산하고, 종업원의 동기부여와 조직의 지휘 · 통제에 필요한 정보를 생산하는 정보시스템이라고 할 수 있다.

관리회계는 18세기 후반 산업혁명의 시작으로 공업화가 이루어지면서 발생한 원가회계로부터 발전하게 된다. 원가회계(cost accounting)는 산업혁명의 발발로 인하여 농업을 위주로 하던 산업의 중심이 공업으로 이동하면서 공장에서 생산하는 제품의 원가를 체계적으로 산정할 필요성에 의해 발생된 회계분야이다. 즉, 제품을 제조하기 위해 발생하는 원가가 직접비인 재료원가와 노무원가뿐만 아니라 공장의 각종 설비와 기계장치에서 발생하는 제조간접원가 등으로 다양해지면서, 생산되는 제품의 원가계산을 체계적으로 수행하여 정확한 제품원가를 기업외부이용자에게 제공할 필요성이 부각됨에 따라 자연스럽게 발생된 제품원가계산을 위한 회계이다. 이때의 원가회계는 단순히 제품에 대한 진실된 원가계산을 목적으로 하는 절대적 진실접근방법(the absolute-truth approach)에 의한 원가계산제도이다. 이러한 접근방법에 의한 진실된 원가는 취득원가주의에 따른 역사적 원가이며, 뒤에서 설명할 전부원가계산(total costing)을 의미한다.

20세기에 접어들어 기업의 규모가 대형화되면서 기업내부의사결정의 다양화와 조직

복잡화에 따른 경영통제의 필요성이 대두되어 기존의 진실된 원가개념보다 더 유용한 원가정보를 요구하는 상황에 이르렀다. 즉 경영 관리자들의 다양한 의사결정 목적에 적합한 새로운 원가개념이 필요하게 된 것이다. 이러한 기업환경에서 발생한 원가의 개념이 바로 상황적 진실접근방법(the conditional-truth approach)에 의한 "상이한 목적에 상이한 원가(different costs for different purposes)"이다. 즉, 의사결정의 목적에 따라 원가의 개념도 그에 상응하게 달라져야 한다는 개념이다. 상황적 진실접근방법에 의해 발생된 원가계산개념이 변동원가계산이다. 변동원가계산(variable costing)은 내부의사결정 및 경영통제 목적으로 유용하게 사용되는 원가계산방법으로, 이 책의 후반부에 자세하게 다룰 것이다. 이러한 개념에 따라 기존의 원가회계에서 관리회계로 그 무게중심이 이동하면서 외부보고 목적의 원가계산에서 벗어나 내부의사결정 및 경영통제의 목적으로 제품원가를 활용하게 된다.

2. 관리회계의 개념적 구조

관리회계는 경영자들에게 정보를 제공하는 전체 경영정보시스템의 중요한 일부분이다. 여기에서는 이러한 정의 속에 포함되어 있는 관리회계의 의미를 좀 더 깊이 알아보기 위해 관리회계의 개념적 구조를 설명한다.

관리회계의 개념적 구조는 [그림 1-2]에 함축적으로 표시되어 있다. 이에 의하면 경영자가 궁극적으로 추구하는 바는 종업원에게 동기를 부여하여 기업의 목표인 주주가치를 극대화할 수 있도록 행동을 유발하는 것이다. 조직이론에 의하면 기본적으로 인간은 자기 자신의 이익을 우선시하기 때문에 경영자의 입장에서는 종업원이 기업의 목표를 개인의 이익에 우선하여 추구하도록 하는 것이 매우 중요한 과제이다. 따라서 경영자의 의사결정활동을 지원하기 위해 유용한 정보를 제공하는 것이 관리회계제도라고 한다면, 관리회계는 경영자가 기업의 가치를 극대화하는 데 필요한 수많은 의사결정에 유용한 정보와 종업원의 동기부여를 위해 종업원의 행동을 유인하는 데 필요한 정보를 생산하는 정보시스템이라고 정의할 수 있다.

[그림 1-2]의 상단부분과 좌우측에 표시된 부분은 경영자 의사결정활동의 내용과 그러한 의사결정활동에 영향을 미치는 부분들을 나타내고 있다. 즉 경영자의 의사결정활

동과 기업전략은 상호작용의 관계를 나타내고, 기업의 전략은 기술, 시장 그리고 규제와 같은 외부환경요인들과 함께 경영자의 비전이나 미션에 의해서도 영향을 받는다는 것을 보여준다.

그림 1-2 관리회계의 개념적 구조

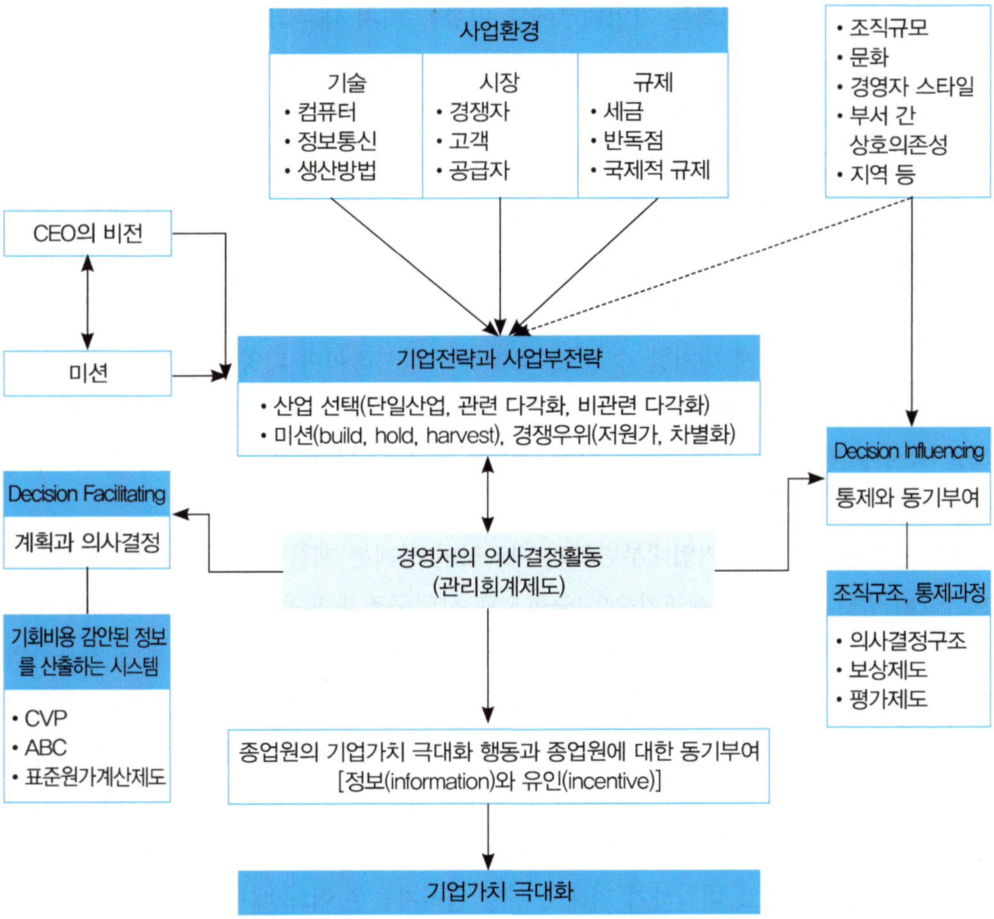

자료 : Brickley, Smith, Zimmerman(2001), *Managerial Economics and Organizational Architecture*, McGraw-Hill, 2nd edition, p.268 수정.

제3절 기업환경과 관리회계

1. 기업환경의 변화

기업환경의 급격한 변화는 기업내부에도 영향을 미쳐 내부의사결정이나 경영통제기법에 많은 변화를 가져오고 있다. 정보기술 및 새로운 제조기술의 급속한 발전과 변화 그리고 끊임없는 고객욕구의 변화는 기업들의 글로벌 경쟁을 가속화할 뿐만 아니라, 이러한 변화와 경쟁에서 생존하기 위해 기업들로 하여금 새로운 관리체계를 도입하거나 조직을 재정비하도록 한다. 이를 위하여 경영 관리자들은 끊임없는 경제적 의사결정을 요구받는다. 관리회계는 기업의 내외적인 변화에 능동적 · 효과적으로 대처할 수 있는 정보를 생성하는 새로운 관리회계기법을 도입 · 활용함으로써 경영 관리자들에게 변화된 기업환경에서 적절하게 대처할 수 있는 정확하고 적시적이며 다양한 정보를 제공한다. 이와 같이 관리회계는 변화하는 기업환경에 따라 경영자들에게 기업에 관한 정확한 정보를 적시에 제공하여 기업경영을 위한 다양한 의사결정에 합리적인 도움을 줄 수 있도록 해야 할 것이다.

기업환경변화에 따른 기업내부변화의 대표적인 사례는 제품원가구조의 변화이다. 정보기술의 발달과 새로운 제조기술의 출현으로 산업구조가 노동집약적인 구조에서 자본집약적인 구조로 변화하면서 기업 설비투자의 부담이 증가하고, 이와 더불어 자동화의 가속화로 인하여 제품원가에서 인건비가 차지하는 비중이 줄어드는 대신 설비자산에 대한 감가상각비를 비롯한 제조간접원가의 비중이 크게 증가하고 있다. 이에 따라 전체원가에서 변동비의 비중은 줄어드는 반면 고정비의 비중은 크게 늘어나고, 증가된 고정비를 관리하는 부담도 비약적으로 커지고 있는 실정이다. 이러한 기업의 내외적인 변화에 능동적이고 효과적으로 대처하기 위해서 경영 관리자들은 어느 때보다 정확하고 적시적이며, 다양한 정보를 필요로 한다.

기업환경의 변화에 따라 진화하고 있는 관리회계에서는 다양한 기법들이 개발되어 활용된다. 활동기준원가계산(activity base costing : ABC), 제약이론(theory of constraints : TOC), 균형성과표(balanced scorecard : BSC), 전사적 자원관리(enterprise resource planning : ERP) 등이 대표적인 관리회계기법이다.

2. 관리회계의 제기법

앞서 소개한 관리회계의 제기법들은 관리회계분야에서 상세하게 다룰 예정이므로 여기에서는 간단하게 소개만 하기로 한다.

1) 활동기준원가계산

활동기준원가계산(activity base accounting : ABC)이란 활동을 원가대상의 중심으로 삼아 활동의 원가를 계산하고 이를 토대로 다른 원가대상의 원가를 산출하는 원가계산시스템이다. 즉, 쉽게 이해하면 활동단위를 기준으로 원가를 배부하여 원가를 계산한다는 것이다.

여기서 말하는 활동이란 기업이나 단체에서 그 조직의 운영에 필요한 세부적인 업무 프로세스를 의미한다. 기업의 활동은 크게 제조활동, 판매활동, 관리활동 등으로 분류할 수도 있고 더 세부적으로 분류할 수도 있다.

활동기준원가계산을 하는 이유는 제조간접원가에 대한 명확한 이해와 제품과 고객의 수익성에 대한 이해를 통하여 유용한 의사결정정보를 제공하기 위함이다. 이러한 활동기준원가계산방법은 전통적인 원가계산방법을 완전히 대체하는 것이라기보다는 전통적 원가계산방법과 함께 사용하면서 전통적 원가계산방법의 단점을 보완해 주는 원가계산 시스템이라고 할 수 있다

2) 제약이론

제약이론(theory of constraints : TOC)은 모든 조직은 적어도 하나 이상의 제약조건을 가지고 있다는 기본가정에서 출발한다. 만약 제약조건이 전혀 없는 기업이 존재한다면 그 기업은 무한대의 이익을 산출할 수 있을 것이다. 제약조건은 시스템이 추구하는 것을 한정시켜 주는 요소로 정의되는데, 우리가 일상적으로 흔히 발견할 수 있는 병목현상을 상기하면 이해가 쉬울 것이다. 좀 더 많은 이익을 원하는 경영자는 이러한 제약요소들을 잘 관리해야만 기업의 목적을 달성할 수 있다.

제약이론은 조직의 목적을 달성하는 데 제약이 되는 요인을 찾아서 집중관리함으로써, 단기간에 가시적인 경영성과를 달성하고, 중·장기적으로 지속적인 경영개선을 하

고자 하는 이론이다. 즉 시스템의 전체 최적화를 달성하고자 하는 프로세스 중심의 경영관리기법이라고 할 수 있다.

3) 균형성과표

균형성과표(balanced scorecard : BSC)는 전략을 각 부문에 소통(communication)하고 그에 따른 변화를 효과적으로 유도하기 위한 경영혁신기법으로서 비전과 전략으로부터 도출된 균형된 성과지표 관점의 성과평가시스템이다.

BSC는 기존의 평가시스템과는 달리 재무적인 관점에서뿐만 아니라 고객이나 내부프로세스와 같은 비재무적 관점(고객관점, 내부프로세스관점, 학습 및 성장관점)에서의 성과를 동시에 측정 · 평가한다.

BSC의 성과지표는 성과측정도구로서의 역할뿐만 아니라 경영진의 전략적 의사결정을 지원하는 경영계기판으로서의 역할을 수행해야 한다. 또한 성과지표의 궁극적인 목표는 조직 내 모든 구성원이 조직의 전략을 성공적으로 수행할 수 있도록 방향을 제시하고 올바른 행동을 고무하는 것이라고 할 수 있다. 따라서 모든 성과지표는 조직의 비전과 전략에 연계하여 설정, 측정, 평가되어야 한다.

BSC는 전략으로부터 지표를 도출하고 체계화함으로써 조직단위 사이에 효과적인 의사소통도구로서의 역할을 담당한다. 즉, 전략의 구체화 작업을 통하여 조직구성원들에게 전사전략을 달성하기 위해 자신들이 어떤 부분에서 공헌해야 하는가를 알려준다.

4) 전사적 자원관리

전사적 자원관리(enterprise resource planning : ERP)시스템은 원재료의 입고에서부터 제품의 출하에 이르는 기업의 모든 업무과정을 프로그램을 이용해 유기적으로 연결, 실시간으로 관리할 수 있도록 해주는 경영관리기법이다. 즉 기업의 생산, 회계, 인사 등의 업무프로세스를 지원하고, 이를 통해 발생된 모든 정보들을 상호 공유하여 새로운 정보 생성 및 신속한 의사결정을 지원하는 시스템으로, 기업전체의 흐름에서 모든 자원흐름의 최적관리를 가능하게 하는 통합시스템이다.

3. 원가회계, 관리회계와 재무회계의 비교

회계학은 이용자의 합리적인 경제적 의사결정을 위해 필요한 경제적 정보를 측정 · 기록 · 분석 · 보고하는 일련의 과정이라고 정의한 바 있다. 즉 이용자의 경제적 목적 달성을 위해 필요한 정보를 제공하여 합리적인 의사결정에 도움을 주는 분야이다. 이러한 회계학은 정보를 이용하는 대상에 따라 재무회계, 원가회계, 관리회계, 세무회계 등 세부적으로 분류할 수 있다.

재무회계와 관리회계의 가장 큰 차이는 회계정보를 이용하는 대상에 있다. 재무회계(financial accounting)는 기업조직의 재무상태와 경영성과를 주주와 채권자 등 기업외부에 존재하는 이용자들에게 제공하기 위한 목적이고, 관리회계(managerial accounting)는 기업경영활동을 주관하는 경영 관리자들에게 필요한 회계정보를 제공해 주는 목적을 수행하고 있다. 원가회계(cost accounting)는 관리회계와 함께 원가의 계산 및 이를 활용하는 회계분야이다. 좁은 의미에서 원가회계는 원가의 측정과 계산을 다루는 회계분야로, 관리회계는 계산된 원가를 이용하여 경영의사결정에 활용하는 방법을 다루는 회계분야로 나누기도 한다. 그러나 원가정보를 산출하는 목적은 제품의 원가 파악은 물론 그 정보를 의사결정에 널리 활용하려는 것이므로, 원가회계는 원가정보를 만들어 내는 회계이고 관리회계는 원가정보를 경영의사결정에 활용하는 회계로 구분하는 것은 지나친 확대해석이다. 실제로 대학에서 원가회계와 관리회계는 의미구분 없이 교과과정으로 채택되고 있으며, 각 대학의 실정에 따라 다른 의미로 강좌를 개설하고 있다. 따라서 관리회계와 원가회계의 구분은 큰 의미가 없다는 것이 저자의 견해이다.

재무회계와 관리회계의 구분은 회계정보 이용자의 차이에 따른 것이기 때문에 그로 인해 여러 가지 부수적인 차이가 나타난다. 재무회계는 일정한 기준에 의해 작성되어야 하는 반면 관리회계는 일정한 작성기준이 적용되지 않는다. 재무회계의 경우, 주주 · 채권자 · 정부기관 · 노동조합 · 소비자 등 불특정다수의 이용자를 위한 회계정보를 제공하고, 이에 알맞은 보고서를 작성해야 하기 때문에 여러 집단의 이해관계를 동시에 만족시킬 수 있는 일정한 기준에 따라서 작성될 필요가 있다. 이에 따라 재무회계는 일반적으로 인정된 회계원칙(generally accepted accounting principles : GAAP)에 따라 작성하는 것이 원칙이다. 반면에 기업내부 경영 관리자를 위한 관리회계는 일정한 작성기준보다는 경영 관리자의 의사결정 목적에 적합한 형태로 제공되어야 할 것이다.

재무회계는 기업의 자산상태와 채무상황을 보여주는 재무상태표(statement of financial position), 일정기간 동안의 경영성과를 보여주는 포괄손익계산서(income statement), 일정기간 동안의 현금흐름을 자세하게 보여주는 현금흐름표(cashflow statement), 그리고 자본총액의 전체적인 변화를 나타내는 자본변동표(statement of owners' equity)를 주기적으로 작성하여 보고해야 한다. 관리회계는 예산보고서나 의사결정을 위한 보고서를 주로 작성하는데, 의사결정에 적합한 여러 기준에 따라 적시성 있는 보고서를 작성 · 보고해야 한다. 재무회계의 보고서는 규정에 의하여 일정기간에 반드시 작성해야 하는 강제적 의무를 지니지만, 관리회계보고서는 강제적 의무를 지니지 않는 반면 경영 관리자가 원하는 시점에 수시로 작성되어야 한다.

취급되는 회계정보의 대상도 재무회계에서는 이미 발생한 경제적 사건이 중심이지만, 관리회계에서는 미래에 발생할 사상에 대한 예측정보를 그 대상으로 한다. 외부정보이용자는 주로 현재의 경제적 정보가 정확하게 보고되고 있는가의 문제에 주된 관심을 가지지만, 기업경영 관리자들은 계획수립과 통제를 비롯한 다양한 의사결정을 위한 목적으로 회계정보를 활용하기 때문에 미래에 관한 예측정보에 더 많은 관심을 가지게 된다. 따라서 관리회계는 신뢰성 있는 정보보다는 목적적합성 있는 정보에 더 많은 가치를 부여하게 된다. 재무회계와 관리회계의 세부적인 차이는 [표 1-1]에 자세하게 나타나 있다.

표 1-1 | 재무회계와 관리회계의 비교

	재무회계	관리회계
정보이용자	외부이해관계자	내부의 여러 경영자계층
목적	외부정보이용자의 경제적 의사결정에 유용한 정보의 제공	경영자의 경제적 의사결정에 유용한 정보의 제공
정보내용	재무상태, 경영성과, 재무상태의 변동, 이익잉여금의 처분	관리적 의사결정과 통제에 유용한 정보의 제공
거래의 성격	과거의 거래	미래의 거래
보고서	일반목적 재무제표	예산손익계산서, 예산재무상태표, 예산현금흐름표, 의사결정을 위한 보고서
작성기준	일반적으로 인정된 회계원칙 정확성	의사결정에 적합한 여러 기준 적시성
보고	주기적으로 보고(1년/6월 단위)	수시로 보고

제4절 경영자의 기능

관리회계정보를 이용하는 주 대상은 기업의 경영 관리자들이다. 이들의 의사결정에 유용한 정보를 제공하기 위해서는 최고경영자를 비롯한 경영 관리자들의 기업조직 내에서의 역할과 기능에 대하여 이해할 필요가 있다.

기업경영 관리자의 주요 기능은 계획수립, 지휘와 동기부여 그리고 통제 등이다. 이러한 기능 이외에도 기업경영 관리자뿐만 아니라 대다수 리더들의 기능 중에서 가장 중요한 기능이라면 역시 의사결정기능을 들 수 있을 것이다.

1) 계획수립

기업의 최고경영자는 비전(vision)에 근거한 목표를 설정하고, 이를 달성하기 위한 전략(strategy)을 수립해야 하는데, 이러한 기능을 수행하는 것을 계획수립(planning)이라고 한다. 계획수립은 당기의 이익계획과 같은 단기계획뿐만 아니라 새로운 제품의 생산이나 설비투자 등과 같은 장기적 계획수립도 포함된다. 기업에서 경영 관리자들에 의하여 수립된 계획은 예산편성(budgeting)이라는 절차에 의하여 조직구성원들에게 전달된다.

2) 지휘와 동기부여

경영 관리자는 계획을 수립하는 기능 이외에도 기업이 일상적으로 원활하게 운영될 수 있도록 다양한 운영활동들을 지휘(directing)하고 구성원들을 동기부여(motivating)하는 기능을 수행하고 있다. 관리자들은 구성원들에게 수립된 목표를 달성할 수 있도록 업무를 할당하고, 분쟁을 조정하고, 현장에서 발생하는 문제를 해결하고, 고객들과 종업원들에 영향을 미칠 수 있는 사소하지만 다양한 운영활동에 대한 의사결정을 필요로 한다. 또한 구성원들로 하여금 개인의 목표보다는 조직의 목표를 우선할 수 있도록 행동을 유인하는 것도 관리자들의 중요한 기능의 하나이다.

3) 통제

통제(controlling)는 수립된 목표를 달성하기 위한 계획이 원활하게 이행되고 있는지 그리고 목표를 달성하였는지 여부를 점검하는 일련의 과정을 말한다. 통제는 조직이나 개인의 성과를 측정하고, 이를 계획과 비교한 다음 그 차이부분을 피드백하여 향후의 장·단기 계획을 수립하는 절차를 거치게 된다. 만약 계획과 성과를 비교하는 통제과정이 없다면 차후의 계획수립은 효과적이지 못할 것이다.

[그림 1-3]은 경영 관리자의 기능에 대한 계획과 통제 순환과정을 나타내고 있다. 계획과 통제 순환과정(planning and control cycle)은 계획부터 지휘와 동기부여 그리고 통제과정을 거쳐 다시 계획으로 돌아가는 경영활동의 순환과정을 의미한다. 계획과 통제 순환과정은 경영 관리자의 의사결정을 수반하게 된다.

그림 1-3 계획과 통제 순환과정

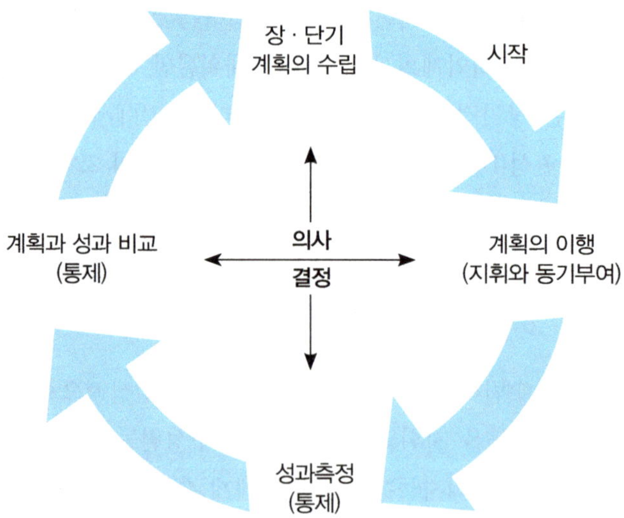

4) 의사결정

경영 관리자의 계획과 통제 순환과정을 비롯한 대부분의 활동은 의사결정과정을 통하여 이루어지고 있다. 즉 경영 관리자의 모든 경영활동은 의사결정(decision making)에서 시작하여 의사결정으로 끝이 난다고 해도 과언이 아닐 정도로 의사결정사항이 많다. 제품과 관련한 의사결정만도 제품의 가격결정, 제품의 추가생산 여부 결정, 신제품 개발에 관한 결정, 자가제조나 외부구입에 관한 결정, 제품의 시장축소나 확장에 관한 결정 등 헤아릴 수 없이 많다.

이러한 의사결정을 효율적으로 이행하여 기업의 목표를 달성하기 위해서는 관리회계 정보를 적절하게 제공해야만 할 것이다.

제5절 회계와 윤리

미국에 본사를 둔 Enron이나 WorldCom 같은 거대 다국적기업에서 지난 2001년과 2002년에 발생된 회계부정(financial statement fraud)은 기업가들의 회계와 관련한 기업윤리에 대해 깊은 관심을 불러일으켰다. 회계부정에 관련된 경영 관리자들은 엄청난 벌금과 징역형에 처하게 되었으며, 기업은 파산을 하게 되었다. 이러한 과정에서 회계부정을 한 기업에 투자한 소수 투자자들은 엄청난 투자손실의 피해를 감수해야만 했다. 이와 같이 분식회계를 비롯한 기업의 회계부정[1]은 해당 기업의 파산과 투자자들의 투자손실뿐만 아니라 국가의 경제성장과 번영에 심각한 악영향을 미치게 된다.

이러한 회계부정을 방지하기 위하여 많은 기업들은 공식적인 윤리규정을 가지고 있다. 이러한 규정들은 일반적으로 종업원, 고객, 공급자 및 기업의 윤리적인 행동사항들을 기술하고 있으며, 대부분의 기업은 이러한 규정을 준수하기 위해 많은 비용을 들여 종업원을 교육하고 윤리규정을 준수할 것을 강요하고 있다. 미국의 다국적기업인 GE에서는 종업원과 고객 그리고 공급자들이 지켜야 할 14가지 윤리규정을 제정하고 매년 종업원과 공급자들의 준수 여부를 점검하고 있다.

미국관리회계사협회(Institute of Management Accountants : IMA)는 관리회계담당자들의 윤리적 책임을 상세히 기술하고 있는 전문직업윤리규정(Statement of Ethical Professional Practice)을 채택하고 있다. 이 규정은 관리회계담당자들을 위해 제정된 것이지만 보다 폭넓게 그 규정을 적용할 수 있을 것이다(부록 IMA의 전문직업윤리규정 참

1 미국의 국가부정보고위원회(the National Commission an Fraudulent Reporting, Treadway, 1987)에서는 회계부정을 "조치나 누락에 의해 심각하게 오도된 재무제표를 만드는 의도적이거나 무모한 행위"로 정의하고 있으며, 경영자부정과 종업원부정의 두 유형으로 분류하고 있다.

고).

한국공인회계사회에서도 국내외에서 발생하는 회계부정사건들이 공인회계사, 즉 전문회계감사인 회계사의 신뢰를 실추시켜 대내외 공신력이 크게 저하되는 것을 우려하여, 2007년 "공인회계사 윤리기준"을 제정하고 공인회계사의 윤리강화를 가장 우선적으로 해결해야 할 선결과제의 하나로 선정하고 있다.

일부 국가에서는 법률에 의하여 기업의 회계부정을 강력하게 규제하고 있다. 2002년 미국에서 발효된 사베인스-옥슬리법(Sarbanes-Oxley Act)은 기업 재무보고와 공시의 신뢰성과 정확성을 개선함으로써, 상장기업에 투자한 투자자들의 이익을 보호할 목적으로 제정된 법률이다.

:: 쉬어가는 곳 자유수임제와 부실감사로 인한 회계사 수난시대

최근 회계사를 만나면 "요즘 일할 맛이 안 난다"는 얘기를 자주 듣는다. 돈줄을 쥐고 있는 기업 눈치를 봐야 하는 것도 서러운데, 심지어 요즘엔 툭하면 투자자들로부터 소송이 걸리고 있기 때문이다. 한 회계법인 임원은 "이곳저곳에서 치이는 게 샌드백이 따로 없다"고 불만을 토로했다.

지난 13일 서울중앙지법 제21형사부는 최근 부산상호저축은행의 외부감사를 소홀히 하고 분식회계를 눈감아준 혐의 등으로 기소된 D회계법인 공인회계사 두 명에게 징역 2년과 집행유예 3년을 선고했다.

법조계 관계자는 "대가성이 입증되지 않은 부실감사에 대해 징역형이 선고된 것은 드문 일"이라며 "이번 형사처벌 선고가 회계업계에 미치는 파장이 클 것"이라고 설명했다. 이에 대해 한 회계법인 관계자는 "기업이 작정하고 숨기면 감사를 제대로 하기 힘들다"며 "책임을 똑같이 져야 한다는 것은 억울한 일"이라고 호소했다.

회계사의 수난은 이뿐만이 아니다. A회계사는 최근 한 코스닥 상장사의 회계감사를 실시한 뒤 '감사의견거절'을 결정하자 업체 대표로부터 "네 딸이 ○○초등학교 ○학년 ○반인 거 다 알고 있다"라는 협박문자를 받았다. 한동안 공포감에 전전긍긍해야 했음은 물론이다.

B회계법인 회계사는 의견거절을 통보한 뒤 해당 기업의 투자자들이 회사에 찾아와 행패를 부리는 통에 한동안 출근을 하지 않고 도망 다니기 바빴다.

지난 2011년에는 회계법인이 기업의 협박으로 '거절'이었던 감사의견을 '적정'으로 바꿔준 사건도 있었다. 당시 코스닥 C업체의 감사의견을 번복했던 D회계법인은 한국거래소 조사에서 "담당 회계사가 C업체의 회유와 협박으로 보고서를 임의로 고쳤다"고 진술했다.

회계사들은 문제의 근본적 원인이 구조에 있다고 말한다. 수임료를 기업이 회계법인에 주다 보니 회계법인이 기업 눈치를 봐야 한다는 거다. 한 회계사는 "원칙적으로 보면 수임료는 회계정보를 이용하는 기업의 주주가 내는 것이 맞지만 현실적으로는 당연히 불가능하다"며 "지금의 구조에선 회계법인이 제 목소리를 내기 힘들다"고 지적했다. 대안으로 나오는 것은 자유수임제를 배정제로 바꾸는 것 정도이다.

지난 1981년까지 회계법인은 일감을 국가에서 지정받는 방식(배정제)였다. 따라서 회계법인은 기업의 눈치를 볼 필요 없이 감사가 가능했다. 당시 기업들 사이에서는 감사원보다 회계법인이 더 무섭다라는 말이 나돌기도 했다고 한다.

하지만 1982년 선진국들처럼 자유수임제가 도입됐고, 이후 기업은 좀 더 저렴하거나 자신의 입맛에 맞는 회계법인을 찾기 시작했다. 이 과정에서 '저가 수주경쟁'까지 벌어지며 툭하면 부실감사 논란이 이는 환경이 조성되었다.

물론 배정제라고 완벽한 정답은 아니다. 금융감독 당국의 한 관계자는 "배정제를 실시하면 회계수임료가 다시 천정부지로 치솟을 것"이라고 말했다. 한국회계사협회의 한 관계자도 "자유수임제가 효율성이 높은 것은 사실"이라며 "다만 기업 눈치 보기, 부실감사 논란을 끊어내려면 머리를 맞대고 개선점을 찾아야 할 필요가 있다"고 강조했다.

자료 : 조선일보, 2013. 5. 29.

부록 IMA 전문직업윤리규정

IMA의 회원들은 윤리적으로 행동해야 한다. 직업윤리에 대한 책임은 우리의 행동지침에 대한 가치와 기준을 나타내는 중요한 원칙들을 포함한다.

원칙

IMA의 중요한 윤리원칙은 정직, 공정, 객관성 및 책임을 포함한다. 회원들은 이러한 원칙에 따라 행동해야 하고 조직 내의 다른 사람들이 그것을 지키도록 장려해야 한다.

기준

다음의 기준을 따르지 않는 회원은 징계처분을 받게 될 것이다.

Ⅰ. 적격성(competence)

1. 지식과 기술을 지속적으로 개발함으로써 적절한 수준의 전문자적 자질을 유지하라.
2. 관련 법률, 규제 및 기술적 기준에 따라 의무를 수행하라.
3. 의사결정에 도움이 되는 정보를 정확하고, 명확하고, 간결하고, 시기적절하게 제공하고 건의하라.
4. 책임 있는 판단 및 활동의 성공적인 수행을 방해하는 전문가적 한계 혹은 다른 제약을 인식하고 의사소통하라.

Ⅱ. 비밀유지(confidentiality)

1. 공개가 승인되거나 법적으로 요구되는 경우를 제외하고는 정보에 대한 비밀을 유지하라.
2. 기밀정보가 적절하게 사용되도록 관련 당사자들에게 알려라.
3. 하급자들이 잘 따르고 있는지 그들의 활동을 감시하라.
4. 기밀정보를 비윤리적이거나 불법적인 이익을 위하여 사용하지 마라.

Ⅲ. 성실성(integrity)

1. 이해관계의 상충을 완화하라. 명백한 이해관계의 상충을 예방하기 위하여 동료들과 정기적으로 의사소통하라. 잠재적으로 갈등이 있을 만한 모든 당사자들에게 충고하라.
2. 윤리적으로 의무를 수행하는 데 손상이 될 만한 어떤 행동에도 관여하지 마라.
3. 전문가로서의 평판이 훼손될 만한 어떠한 활동도 지지하거나 거기에 관여하지 마라.

Ⅳ. 신뢰성(credibility)

1. 공정하고 객관적인 정보를 전달하라.
2. 정보이용자들이 보고서, 분석자료, 건의서를 이해하는 데 영향을 미칠 것이라고 합리적으로 기대할 수 있는 모든 적절한 정보를 공개하라.
3. 정보, 적시성, 처리과정의 지연이나 부족, 혹은 조직정책이나 적용법률에 적합한 내부통제를 공개하라.

윤리적 갈등의 해소

전문직업윤리규정을 적용함에 있어, 여러분은 비윤리적 행동을 하거나 윤리적 갈등을 해소해야 하는 문제에 직면하게 될지도 모른다. 윤리적 쟁점에 직면했을 때에는 그러한 갈등해소에 대한 조직의 정책을 따라야 한다. 만약 이러한 정책들이 윤리적 갈등을 해소하지 못한다면, 여러분들은 다음의 행동방침을 따라야 한다.

1. 직속상사가 관련된 경우가 아니라면 직속상사와 그 쟁점에 대하여 논의하라. 직속상사가 개입되어 있는 경우에는, 더 상급자에게 쟁점을 보고하라. 만족스러운 해결책을 얻지 못한 경우에는, 그 쟁점을 다음 경영자단계에 제출하라. 만약 여러분의 직속상사가 최고경영자이거나 그와 동급인 경우에는 감사위원회, 중역회의, 이사회, 재단이사회 혹은 주주들이 그 문제를 보고받는 기관이 될 것이다. 직속상사가 개입되지 않았다는 가정하에, 직속상사의 상급자와 접촉하는 경우에는 직송상사에게 그 사실을 알려야 한다. 법률을 명확하게 위반하지 않았다면, 그러한 문제를 조직에 종사하거나 관여하고 있지 않은 기관이나 개인에게 전하는 것은 적절하지 않다.
2. 가능한 행동방침에 대한 이해를 얻을 수 있도록 IMA 윤리상담관이나 공정한 다른

상담관들과 비밀스런 논의를 통하여 관련된 윤리적 쟁점들을 명확히 하라.

3. 윤리적 갈등과 관련한 법적 책임과 권리에 대하여 변호사와 상담하라.

연 | 습 | 문 | 제

01 원가회계는 재무회계와 관리회계에서 필요로 하는 원가정보를 제공한다. 다음 중 원가회계가 제공하는 정보와 거리가 가장 먼 것은? (기업회계 1급, 2011)

① 회사의 모든 자산과 부채에 대한 평가자료를 제공한다.
② 제조와 영업활동 등에 대한 원가정보를 제공하여 합리적인 의사결정을 위한 기초자료를 제공한다.
③ 외부공표용 재무제표에 계상될 매출원가와 기말재고자산평가의 근거자료가 된다.
④ 경영자와 종업원의 활동에 대한 성과를 평가하기 위한 기본적인 정보를 제공한다.

02 다음 중 원가회계의 목적으로 틀린 것은? (기업회계 2급, 2011)

① 외부이용자만을 위한 원가정보를 제공한다.
② 제품의 가격결정에 필요한 원가정보를 제공한다.
③ 경영자들의 각종 의사결정과 계획수립 및 통제에 필요한 자료를 제공한다.
④ 기업의 재무제표 작성에 필요한 원가의 정보를 제공한다.

03 경영자가 의사결정을 내리는 데 도움을 주기 위한 분야로 관리회계영역이 최근에 더욱 확장되고 있다. 이 관리회계의 특성을 설명한 내용 중 틀린 것은? (경영지도사, 2005)

① 주로 미래지향적 정보를 제공한다.
② 객관성 있고 검증가능한 정보를 제공한다.
③ 기업별 고유양식의 특정보고서에 의한다.
④ 공통적인 작성기준이 없다.
⑤ 보고주기가 없으므로 수시보고이다.

Chapter 02

원가의 개념

CHAPTER 02 원가의 개념

제1절 원가의 개념과 분류

1. 원가의 개념

우리는 일상생활에서 흔히 원가라는 용어를 사용을 하고 있지만 그 내용을 정확하게 사용하는 경우는 그리 많지는 않는 듯하다. 식당에서 식사를 하면서 대화할 때의 원가는 주로 재료원가만을 의미하는 듯하고, 공산품에 대한 구입 여부를 논할 때의 원가는 판매기업이 제조업체로부터 공산품을 구입한 가격만을 의미하는 듯하다. 이렇듯 대부분의 사람들이 장소와 상황에 따라 각각 다른 의미로 사용하고 있는 원가의 정확한 의미는 무엇인지 그리고 정확한 용도로 제대로 사용을 하고 있는 것인지에 대하여 살펴보기로 한다.

원가(原價, cost)의 경제적 정의는 재화나 서비스를 획득하기 위해 희생된 자원을 화폐가치로 표현한 금액을 의미한다. 즉, 재화나 서비스를 외부에서 구입하는 경우에는 구입하는 데 소요된 금액을 말하며, 재화나 서비스를 직접 제조하는 경우에는 제조에 소요된 금액을 말한다. 재화나 서비스를 구입하거나 제조하는 데 소요된 원가에는 재화나 서비스 본래의 가격뿐만 아니라 구입하거나 제조하는 데 소요되는 운반비, 임대료, 보관료 등의 부대비용과 판매를 위하여 소요되는 비용, 즉 재화를 진열하는 판매장소의 임대료, 판매사원의 급여 등을 포함한다.

원가와 비용은 흔히 같은 의미로 사용하는 경우가 있으나 회계학에서는 이를 명확하게 구분하여 사용한다. 비용(費用, expense)은 수익을 창출하는 과정에서 소비되거나 희생된 자원의 가치를 의미하는 반면 원가는 자원을 취득하는 시점에서 발생한다. 즉 원가는 자원의 취득시점에서, 비용은 자원의 소비시점에서 발생한다. 자원을 취득하게 되면 원가가 발생했다고 표현하며, 발생된 원가는 자산(asset)으로 처리한다. 예를 들어 건물을 취득하는 경우에 발생한 원가는 유형자산으로, 특허권을 취득하는 경우에 발생한 원가는 무형자산으로, 상품을 취득하는 경우에 발생한 원가는 재고자산으로 분류하여 회계처리하게 된다. 이렇게 분류된 자산은 제품의 생산이나 판매를 위해 사용되거나 기간이 경과함에 따라 일부 또는 전부가 소멸되는데, 수익을 획득하는 과정에서 소멸된 자산은 비용(expense)으로, 수익의 획득과 관계없이 소멸된 자산은 손실(loss)로 처리한다. 소멸되지 않고 남아 있는 원가는 자산으로 구분한다. 예를 들어, 판매를 목적으로 상품을 구입하는 시점에서는 재고자산의 취득원가가 발생하게 된다. 취득한 재고자산이 정상적으로 판매되어 수익을 창출하게 되면 재고자산은 판매된 제품의 이익계산을 위한 비용으로 회계처리되며, 만일 재고자산이 정상적인 수익창출을 하지 못하고 분실되거나 훼손되었을 경우에는 그 부분을 손실로 처리하여 도난손실이나 화재손실 등과 같은 영업외손익항목으로 분류한다. 기말시점까지 판매되지 못한 재고자산은 재무상태표계정에 자산항목으로 그대로 남게 된다.

이러한 용어의 구분에도 불구하고 원가와 비용을 혼용해서 사용하는 가장 큰 이유는

그림 2-1 원가의 개념

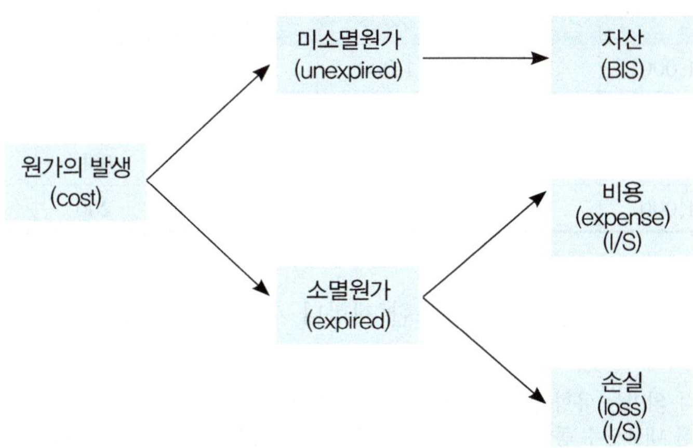

취득된 자산의 원가가 동일한 회계기간 내에 소멸되는 경우가 대부분이기 때문이다. 자원을 취득하는 시점에서 또는 취득한 회계기간 내에 자원의 사용이 이루어지는 경우에는 원가와 비용을 구분하지 않고 취득시점에서 비용으로 처리하게 된다. 소모성 재료나 사무용품을 구입할 때 자산으로 처리하지 않고 취득하는 시점에서 비용으로 처리하는 경우가 여기에 해당된다. 또한 종업원의 근로시간에 대한 인건비를 지급하는 경우나 출장비를 지급하는 경우에도 지급시점에서 비용으로 회계처리를 하는 것이다.

기업에서 제품을 운반하기 위한 자동차를 1,000만원에 취득하였으며, 자동차의 내용연수가 5년인 경우의 원가소멸을 살펴보면, 먼저 자동차의 취득시점에서 1,000만원의 원가가 발생하게 되고 이 원가는 차량운반구(자동차)라는 유형자산으로 분류되어 회계처리될 것이다. 취득 이후, 자동차를 본래의 구입목적인 제품을 운반하는 용도로 사용하게 되는 5년 동안에 걸쳐 자동차를 동일한 효용만큼 사용한다고 가정을 하면 매년 200만원의 원가가 소멸을 하게 된다(취득원가 1,000만원/내용연수 5년). 이때 자동차의 사용으로 인해 소멸된 원가 200만원은 감가상각비라는 비용계정으로 회계처리하게 되며, 비용으로 소멸된 원가를 제외한 나머지 800만원은 유형자산계정에 그대로 남아 있게 된다. 이때 유형자산 계정에 남아 있는 800만원은 취득자산의 순자산가치, 즉 자동차의 장부가치를 나타내게 된다. 소멸되지 않고 잔존하는 자산은 기간이 경과함에 따라 원가가 소멸하게 되어 비용으로 전환되는 과정을 거치게 된다. [표 2-1]에서 자산으로 취득한 차량운반구의 원가가 감가상각비로 소멸되어 가는 과정을 표시하고 있다.[1]

표 2-1 원가의 소멸과 자산

	취득시점	1년 후	2년 후	3년 후	4년 후	5년 후
	20×1. 1. 1	20×1. 12. 31	20×2. 12. 31	20×3. 12. 31	20×4. 12. 31	20×5. 12. 31
취득원가	1,000	1,000	1,000	1,000	1,000	1,000
원가의 소멸(비용)	0	200	200	200	200	200
비용의 누계	0	200	400	600	800	1,000
잔존 자산가치	1,000	800	600	400	200	0

원가를 계산하는 목적은 구입하거나 제조한 재화나 서비스를 판매하는 경우에 정확한

1 감가상각비의 회계학적 의미는 유형자산의 사용에 따른 가치의 감소를 비용으로 처리하는 것이 아니라, 전체 유형자산의 가치를 내용연수 동안의 기간으로 나누어 원가를 배분하는 과정으로 설명하고 있다.

매출원가를 산정하거나 기말에 판매되지 않고 남아 있는 재고자산에 대한 평가를 정확하게 하여 정확한 재무제표를 작성하고자 하는 데 있다. 이러한 원가의 개념은 외부보고 목적의 재무회계에서는 매우 유용한 개념이다.

그러나 내부이용자, 즉 기업경영자의 다양한 의사결정과 계획 및 통제 목적의 원가관리회계에서는 보다 다양한 원가개념이 요구된다. 즉 제품의 생산과 판매에 따른 이익을 계산하기 위한 원가개념에서 벗어난 다양한 원가개념을 필요로 하는 것이다. 다양한 개념의 원가가 필요한 이유는 기업경영자의 의사결정의 다양성에 기인한다고 볼 수 있다.

원가관리회계에서 주로 사용하는 원가의 개념은 재무제표를 작성하기 위한 재무제표원가개념에서 제품원가개념으로 변화하게 된다. 제품원가란 생산된 제품에 할당된 원가를 의미하는 것으로, 재무제표원가에서는 제품의 판매와 관련한 원가가 매출원가 하나만 존재한다면, 제품원가는 다양한 목적의 다양한 원가가 존재(different costs for different purposes)한다. 즉, 정확한 매출총이익 산정을 위한 원가개념뿐만 아니라 제품의 판매계획수립을 위한 원가개념, 구성원의 통제 및 업적평가를 위한 원가개념, 그리고 제품을 추가생산할 것인지 아니면 중단할 것인지를 결정하기 위한 원가개념, 제품을 외부에서 구입할 것인지 아니면 자체적으로 생산할 것인지를 결정하기 위한 원가개념이 별도로 존재한다. 예를 들어 1,000,000개의 제품생산능력을 보유한 기업에서 500,000개의 제품을 단위당 ₩1,000에 판매하고 있으며, 이때의 단위당 제품원가는 ₩800이라고 할 때, 원가 ₩800은 이익산정을 위한 유일한 원가이다. 그러나 새로운 고객으로부터 단위당 ₩600에 300,000단위의 제품을 추가주문을 받았을 경우, 이에 대한 수락 여부를 결정하는 원가의 개념은 기존의 ₩800은 될 수 없다. 기존의 이익산정을 위한 원가를 적용한다면 절대적으로 손실을 기록할 수밖에 없기 때문에 추가주문을 수락해서는 안 될 것이다. 이러한 경우에는 추가주문량에 대하여 추가적으로 발생하는 원가, 즉 증분원가 개념에 입각하여 의사결정을 해야 할 것이다.

따라서 원가관리회계에서는 이익의 산정을 위한 원가개념뿐만 아니라 계획수립이나 의사결정을 위한 원가개념, 그리고 특수한 경우의 의사결정 등을 위한 원가개념 등 다양한 원가의 개념에 대해서도 구체적으로 학습하게 될 것이다.

2. 원가의 분류

제품원가에 대하여 구체적으로 학습하기 전에 원가를 구성하는 구성요소와 원가의 기능에 따라 원가를 다양하게 분류해 보기로 한다.

그림 2-2 다양한 원가개념

1) 제조원가와 판매관리비

재화를 외부에서 구입하여 판매하는 상기업과 달리 재화를 직접 생산하여 판매하는 기업을 제조기업이라 하는데, 소규모의 가내공업에서부터 재벌그룹의 중공업에 이르기까지 제조기업의 규모와 업종은 다양하다. 제조기업에서의 원가는 제품의 생산활동을 위한 제조원가와 판매활동이나 일반관리활동을 위한 판매관리비로 구분할 수 있다. 제조원가(manufacturing cost)는 제품을 생산하기 위해 투입되는 재료원가와 이를 가공하는 데 필요한 인력의 사용에 따른 인건비, 그리고 제조에 소요되는 기타 제조경비로 이루어진다. 판매관리비(selling, general & administrative expense)는 생산된 제품의 보관 및 판매에 소요되는 비용과 회사의 전반적인 관리활동에 소요된 비용으로 구성된다.

제조원가와 판매관리비는 수익 · 비용대응의 관점에서 중요한 차이가 존재한다. 제조원가는 제품을 생산하는 데 소요된 원가이므로 제품원가(product cost)이다. 제품원가는 발생시점에서 자산으로 처리되며, 차후에 판매가 이루어져 수익이 창출되는 시점에서 비용으로 처리된다. 즉 생산된 시점에서부터 판매가 이루어지는 시점까지는 재고자산으로 존재하다가 판매되는 시점에 판매된 제품의 매출원가(costs of goods sold)로 손익계산서에 보고된다. 반면에 판매관리비는 생산된 제품의 판매활동에 소요된 원가와 경영자와 사무원 그리고 조직운영을 위해 필요한 관리활동에 소요된 원가이므로 발생 즉시 소멸하게 되는 원가이다. 따라서 판매관리비는 발생 즉시 비용항목으로 손익계산서에 보고하게 된다. 제조원가는 발생하더라도 즉시 소멸하지 않고 다음 기간으로 이월이 가능한 속성을 가지고 있으므로 제품원가(product costs) 또는 재고가능원가(inventoriable costs)라 하고, 판매관리비는 발생하는 즉시 소멸하는 속성을 가지고 있으므로 기간비용(period costs) 또는 재고불가능원가(non-inventoriable costs)라고 표현한다. 제품원가는 제2절에서 자세하게 설명한다.

2) 직접원가와 간접원가

원가는 원가대상[2]별로 집계 · 산출한다. 즉 원가대상이 제품인 경우에 제품별로 원가가 집계되어 원가계산이 이루어진다. 이 경우에 제품에 집계된 모든 원가를 추적할 수 있는 것은 아니다. 제품이나 원가대상과 관련하여 효과적 · 효율적으로 추적할 수 있는 원가가 있고, 추적할 수 없는 원가가 있다. 이와 같이 원가대상에 집계된 원가의 추적가능성 여부에 따라 직접원가와 간접원가로 분류할 수 있다. 제품을 생산하기 위해 투입된 직접재료원가나 직접노무원가의 경우와 같이 쉽고 효과적으로 추적할 수 있는 원가를 직접원가(direct cost)라 하고, 공장건물의 경비원이나 구매담당자의 급여, 공장의 전기료, 임대료 등과 같은 제조간접원가는 효과적으로 추적할 수 없는 간접원가(indirect cost)라 한다.

3) 변동원가와 고정원가

원가의 활동수준에 따라 원가를 분류할 수도 있는데, 바로 변동원가와 고정원가이다. 변동원가(variable cost)는 활동수준에 따라 원가의 크기가 변하는 원가, 즉 제품생산량의 증감에 따라 원가가 비례적으로 증감하는 원가를 의미한다. 고정원가(fixed cost)는 활동수준과 무관하게 항상 일정하게 발생하는 원가, 즉 생산량의 증감이 있더라도 원가

2 원가대상이란 발생된 원가가 개별적으로 집계되는 제품 또는 부문을 의미한다. 원가대상은 제4장에서 상세하게 설명한다.

의 크기가 변하지 않는 원가를 의미한다. 변동원가와 고정원가에 대해서는 제9장에서 자세하게 설명한다.

그림 2-3 변동원가와 고정원가

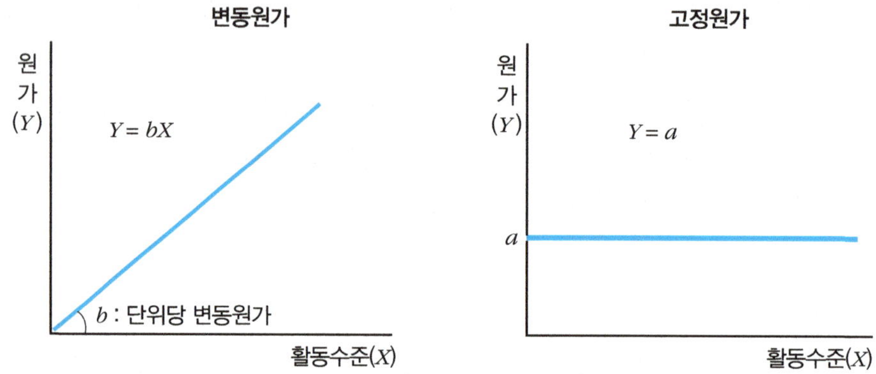

4) 매몰원가와 기회원가

의사결정과 관련하여 매몰원가와 기회원가으로 분류할 수 있다. 매몰원가(sunk cost)는 과거에 이미 발생한 원가로 미래의 계획에 관한 의사결정에 영향을 미치지 않는 원가를 말한다. 유형자산의 취득원가나 감가상각비는 신제품의 생산 여부에 관계없이 발생된 원가 또는 발생하는 비용이기 때문에 신제품의 생산 여부에 관한 의사결정에 전혀 영향을 미칠 수 없는 원가이다. 이렇게 의사결정에 영향을 미치지 못하는 원가를 매몰원가라 한다.

기회원가(opportunity cost)는 의사결정과정에서 여러 대안 중 하나의 대안을 선택함으로써 포기하게 되는 잠재적 효익을 나타내는 것으로 실제원가는 아니다. 대학에 진학하는 대신 산업체에 취업을 하여 1,000만원을 벌 수 있다고 한다면 대학에 진학하는 기회원가는 1,000만원이 되는 것이다.

:: 쉬어가는 곳 **톱10 대학 아니면… 대졸, 고졸보다 손해**

대학등록금이 오르고, 청년 일자리의 질이 나빠지면서 일반대졸자가 특성화고를 나온 고졸자보다 경제적으로 보면 오히려 밑지는 것으로 나타났다.

본지는 국책연구기관인 한국직업능력개발원에 의뢰해 특성화고 졸업자와 전문대 및 일반대 졸업자들의 평생소득을 비교 · 분석했다. 모두 50세까지 일한다고 가정했을 때 이때까지 벌어들인 소득에서 대학교육에 필요한 비용인 등록금과 취직준비에 필요한 사교육비, 기회비용(공부하느라 돈을 벌지 못한 것을 비용으로 계산) 등을 빼고 비교했다. 그 결과 상위권 대학을 제외하고는 모두 특성화고를 나온 고졸자보다 경제적으로 불리한 것으로 조사됐다. 분석에 따르면, 특성화고 남자 졸업자가 군복무기간을 제외하고 23세에 취업해 50세까지 직장에서 근무할 경우 초봉 149만원으로 시작해 28년간 총 7억원가량을 버는 것으로 나타났다.

일반대졸자의 경우, 통상 초봉이 높은 것으로 간주되는 상위 10개 대학과 나머지 대학을 분리해 조사했다. 그 결과 상위 10개를 제외한 4년제대학 남자 졸업자의 경우 27세(군복무기간 제외)에 평균 초봉 174만원으로 시작해 50세까지 총 7억 3,700만원을 벌었다. 여기서 대학교육으로 인한 비용 약 1억 2,000만원을 제하고 나면 6억원이 조금 넘어 금전적으로만 따지면 특성화고 졸업자보다 오히려 손해를 보는 것으로 나타났다. 전문대 졸업자는 고졸과 연봉 차이가 크지 않아 평생수입 자체가 고졸보다 적은데다 3년간 대학교육비용도 8,500만원으로 적지 않아 수지타산으로 따지면 가장 손해 보는 장사인 것으로 분석됐다.

반면 상위 10개대(조선일보 · QS 대학평가에 따른 분류) 출신들은 초봉 213만원으로 시작해 50세까지 약 9억 5,000만원을 버는 것으로 추산돼 다른 대학보다 더 높은 등록금 등 비용(1억 3,000만원)을 제하더라도 8억 2,000만원이 남았다. 하지만 취업연령이 3년 이상 늦춰지면 상위 10개대 출신 역시 고졸보다 수익이 떨어지는 것으로 나타났다.

사례 1

2004년 지방 국립대 일어과를 졸업한 김지은(32 · 가명)씨는 올해 3월부터 한 국책연구소에서 위촉연구원으로 일한다. 직함은 그럴듯하지만 박사출신 연구원들을 도와 자료를 찾고 번역을 해주는 등 연구보조를 하는 역할이다. 월급은 200만원으로 괜찮은 편이지만 1년 단위로 계약해야 하는 파리목숨이다. 졸업 후 8년 동안 벌써 다섯 번째 직장이다. 졸업 후 첫 직장은 월급 100만원가량의 콜센터 상담원이었고, 이후 여러 연구소에서 파견직으로 일했다. 계약직이 싫어 한 번은 중소기업에 정규직으로 취직한 적도 있지만 회사사정이 안 좋아지는 바람에 6개월 만에 그만둬야 했다.

월급 자체가 많지 않고 일자리가 불안정하다 보니 지금까지 모아둔 돈도, 쌓아둔 경력도 별로 없다. 김씨는 "같은 과 친구들을 봐도 전공을 살려 좋은 직장에 취직한 경우는 거의 없다"며 "지금 있는 직장도 일의 보람이나 성취감을 느끼기는 힘들다 보니 가끔씩 '대학 나와서 이게 뭐 하는 건가' 하는 생각이 든다"고 말했다.

사례 2

대졸자 연 50만 명 쏟아지는데…
20대 기업 신입사원 2만 5,000명
상위 10개 대학 입학생수보다 적어

상위 10개 대학도 취업 3년 늦어지면
고졸 취업보다 4,800만원 손해

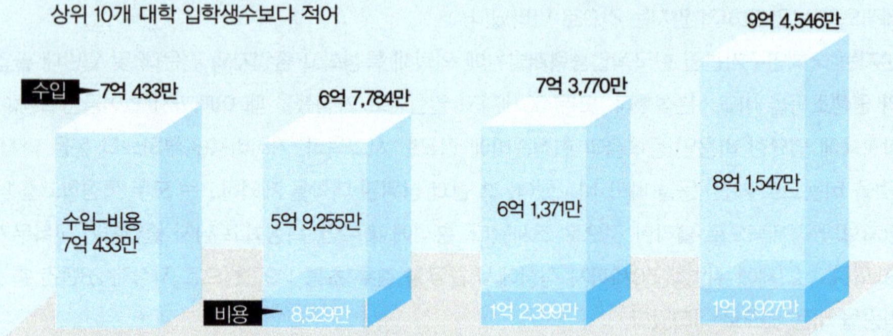

특성화고 졸업자	전문대 졸업자	일반 4년제대학 졸업자	상위 10개 대학 졸업자
등록금	1,597만	2,751만	3,253만
기회비용	5,612만	7651만	7,651만
고교 사교육비	897만	897만	897만
대학 사교육비	324만	1,100만	1,171만
• 수입은 초봉 월 148만 8,000원에서 시작해 23세부터 50세까지 28년간 일한다고 가정한 것	• 수입은 초봉 월 160만 9,000원에서 시작해 26세부터 50세까지 25년간 일한다고 가정한 것 • 기회비용은 고졸 후 바로 취업했다면 3년간 벌 수 있었던 소득	• 수입은 초봉 월 173만 9,000원 에서 시작해 27세부터 50세까지 24년간 일한다고 가정한 것 • 기회비용은 고졸 후 바로 취업했다면 4년간 벌 수 있었던 소득	• 수입은 초봉 월 213만원에서 시작해 27세부터 50세까지 24년간 일한다고 가정한 것

* 상위 10개 대학(서울대, 카이스트, 포스텍, 연세대, 고려대, 성균관대, 한양대, 이화여대, 경희대, 서강대)은 2012년 조선일보 · QS 아시아 대학평가 기준.

자료 : 직업능력개발원.

김성인(37 · 가명) 씨는 "열다섯 살 때 결정이 지금의 나를 만들었다"고 말한다. 김씨는 중3이던 1990년 대학진학을 위해 인문계 고교로 가느냐, 상고에 진학하느냐를 놓고 심각한 고민을 했다. 그러다 부모의 만류를 뿌리치고 상고에 진학했고 1994년 졸업과 동시에 한 시중 은행에 취직했다. 현재 직급은 차장이다. 이 같은 결정의 직접적인 금전효과만 해도 2억 5,000만원은 될 것이란 게 김씨의 설명이다. 그는 "대학에 진학한 친구들과 비교해 최소 5년은 먼저 일을 시작했으니 그에 따른 수입이 2억원 정도 되고, 등록금 등 대학에 다니지 않아 아낀 돈이 5,000만원 정도 되는 것 같다"고 말했다. 남들보다 취직을 빨리한 덕에 결혼도 빨랐다. 2001년 결혼하면서 3억원에 장만한 서울 강남의 한 아파트 시세는 현재 10억원에 육박한다. 은행에 다니면서 야간으로 한 대학 경영학과를 다니고 있어 내년이면 학사자격도 취득한다.

일자리 줄고, 교육비는 늘어나고

두 김씨의 사례는 극단적인 경우라고도 할 수 있지만 전체 대학 졸업자를 놓고 봐도 상황은 크게 다르지 않다. 해가 갈수록 '괜찮은 일자리'는 제자리이거나 오히려 줄어드는 반면, 대학교육의 비용은 치솟으면서 대학 졸업장의 경제적 가치는 날로 떨어지고 있다.

통계청 자료 등에 따르면 300인 이상 기업 · 금융사 · 공무원 등 좋은 일자리 개수는 1995년 412만 개에서 2009년 405만 개로 오히려 감소했다. 반면 같은 기간 대학진학률은 51%에서 80%로 크게 증가했다. 한 해 50만 명 이상의 대학 졸업자가 쏟아져 나오지만 새로 생기는 좋은 일자리는 극소수이다. 전국경제인연합회에 따르면 지난해 삼성전자 · 현대자동차 · SK텔레콤 등 주요 20개사가 채용한 대졸 신입사원은 2만 5,000여 명에 불과했다. 반면 서울대 등 상위 10개 대학만 해도 지난해 입학생 숫자는 2만 7,000여 명에 이른다. 갈수록 치솟는 대학교육비용도 졸업장의 경제적 가치하락의 주범이다. 1인당 연간 대학등록금은 국 · 공립대학의 경우 2001년 243만원에서 2010년 444만원으로, 사립대학은 480만원에서 754만원으로 급등했다. 대학교육알리미에 따르면 지난해 상위 10개 대학의 연간 등록금은 813만원, 그 외 4년제대학의 연간 등록금은 687만원에 달했다. 취업난으로 인한 '스펙 쌓기' 열풍으로 어학연수와 각종 학원 등 대학에 다니면서 쓰는 사교육비도 급증세다. 한 취업알선업체의 최근 설문조사에 따르면 대학생 사교육비는 지난 2년 새 19% 증가해 1인당 월평균 32만원을 쓰는 것으로 나타났다. 이번 분석에 사용한 대졸자 직업이동경로조사(GOMS) 자료에서는 월평균 사교육비가 23만원 정도로 집계됐다.

이 때문에 상위 10개 대학을 제외한 일반대학 졸업자들은 비용과 평생소득을 감안할 때 특성화고 졸업자보다 경제적으로 손해를 보는 것으로 나타났다. 상위 10개 대학출신이더라도 취업이 3년 늦춰지면 그만큼 소득이 줄어 고졸출신보다 4,800만원가량 손해를 보는 것으로 계산됐다.

직업능력개발원 채창균 연구위원은 "'사람 구실을 하려면 대학을 가야 한다'는 오래된 믿음 때문에 지금까지 대학 가는 것이 당연시되고 있지만 이로 인해 엄청난 개인적 · 사회적 낭비가 발생하고 있다"며 "대학교육의 비용과 이로 인해 얻을 수 있는 수익에 대해 한 번쯤 합리적으로 생각해 볼 필요가 있다"고 말했다.

출처 : 조선일보, 2012. 7. 30.

제2절 제품원가와 기간비용

1. 제품원가의 개념

제품을 직접 생산하여 판매하는 제조기업의 원가는 제품의 생산활동과정에서 발생하는 제품원가와 생산된 제품의 판매활동 및 일반 관리활동과정에서 발생하는 판매관리비로 분류된다. 제품의 생산활동과정에서 발생하는 제품원가는 제조공정을 통하여 자산(재고자산)으로 처리되고, 추후의 판매과정을 거쳐 수익을 창출하면서 비용화(매출원가)된다. 반면에 제품의 생산과는 관련 없이 발생하는 판매관리비는 자산화과정을 거치지 않고 발생과 동시에 비용으로 분류되는 기간비용으로 처리된다. 기간비용은 발생된 기간의 비용으로 처리되며, 당기의 수익에서 차감하여 이익을 산출하는 기준이 된다. 이자비용, 판매원의 급여, 광고비, 비생산직 종업원의 급여 그리고 비생산설비의 감가상각비나 보험료 등이 주요한 기간비용이다.

제품원가와 기간비용을 구분하는 기준은 감가상각비, 보험료, 급여, 수도광열비 등의 계정과목의 성격에 따라 분류되는 것이 아니라, 이러한 원가가 어떤 활동으로부터 발생했는지에 따라 제품원가와 기간비용으로 분류된다. 즉 생산활동과정에서 발생한 기계의 감가상각비는 제품원가로 분류되고, 판매활동과정에서 발생한 사무기기의 감가상각비는 기간비용으로 분류된다. 같은 이유로 한국전력에서 전기사용량에 따라 고지하는 전기요금도 공장의 생산활동에 사용된 전기요금은 제품원가로 분류되고, 판매영업점이나 관리부서의 사무실에서 사용된 전기요금은 기간비용으로 처리된다. 일반적으로 제품을 생산하는 공장에서 발생된 비용은 제품원가를 구성하며, 본사나 판매조직에서 발생되는 비용은 판매관리비로 처리되어 기간비용으로 분류할 수 있다.

제품원가로 분류된 원가는 수익창출 여부에 따라 손익계산서상 비용으로 처리되거나 재무상태표상 자산으로 보고된다. 즉, 판매된 제품의 원가는 매출원가로 구성이 되어 손익계산서상 비용으로 처리되며, 판매되지 못한 제품의 원가는 재고자산으로 분류되어 재무상태표상 자산으로 보고될 것이다. 기간비용으로 분류된 원가는 전체가 당기수익에 대응하는 비용으로 손익계산서상에 보고된다.

2. 제품원가의 구성요소

제품원가는 제조기업에서 제품을 생산하기 위해 소요되는 모든 원가를 포함하는 것으로 원가의 성격에 따라 재료원가, 노무원가, 경비로 구성된다. 또한 재료의 추적가능성 여부에 따라 원가는 직접재료원가, 직접노무원가, 제조간접원가로 분류할 수도 있다. 원가계산준칙에 따르면 기업에서 채택하고 있는 원가계산방법에 따라 선택적으로 사용할 수 있도록 한다. 이 교재에서는 재료추적가능성 여부에 따른 분류방법에 따라 설명하기로 한다.

제품원가를 구성하고 있는 재료원가, 노무원가, 경비 또는 직접재료원가, 직접노무원가, 제조간접원가를 제품원가의 3요소라 한다. 이들 제품원가는 원재료 투입으로부터 시작되는 제조공정을 거쳐서 제조가 완료되는 시점에 완제품 원가로 집계된다. 이때 생산이 진행 중인 제품원가를 누적시키는 장소가 재공품(work in process : WIP)계정이다.

직접재료원가(direct material costs : DM)는 완제품으로 가공되는 주요 원재료의 취득원가로서, 생산된 완제품에서 직접적으로 식별·추적될 수 있는 제품원가를 말한다. 제품의 생산에 사용된 재료라 할지라도 원가를 직접 추적할 수 없는 간접재료는 직접재료원가에 포함시키지 않고 제조간접원가로 분류하게 된다. 예를 들어 자동차에 장착된 엔진, 라디오, 타이어, 휠 등의 원가는 직접재료원가로 분류하고, 조립과정에서 사용된 나사, 못, 페인트 등의 부수적인 재료는 간접재료원가로서 제조간접원가로 분류한다.

직접노무원가(direct labor costs : DL)는 직접적으로 제품을 생산하는 데 공헌한 생산근로자에게 지급된 임금으로서 생산된 완제품에서 직접적으로 추적할 수 있는 노무원가를 말한다. 자동차 조립공정의 근로자나 반도체 제조공정의 근로자 등과 같이 제조현장의 근로자에게 지급한 노무원가가 이에 해당한다. 그러나 생산공정의 근로자에게 지급한 임금이라 할지라도 생산목표를 달성하기 위하여 초과근무를 한 경우에 지급되는 법정 초과근무수당이나, 작업을 하지 않은 유휴시간에 대한 노무원가 등은 직접노무원가에 포함시키지 않고 간접노무원가로 분류하여 제조간접원가에 포함시킨다.

제조간접원가(manufacturing overhead costs : OH)는 완성된 제품의 특정단위에 직접적으로 연결시키거나 추적할 수 없는 제조원가로서, 제품을 제조하는 과정에서 발생한 제품원가에서 직접재료원가와 직접노무원가를 제외한 나머지 모든 비용을 포함한다. 제조활동의 수행과 관련하여 발생한 공장건물 및 설비에 대한 감가상각비, 공장 소모품비, 공장 설비자산에 대한 재산세, 보험료, 시설유지비, 동력비, 직접적으로 제조활동에 참여하지 않는 근로자, 즉 감독자, 기계수리공, 수위, 경비 등에게 지급된 간접노무원가, 제조공정을 지원하기 위해 사용된 윤활유, 청소용품 등의 간접재료원가 및 모든 직·간접경비가 이에 해당한다.

제품원가의 3요소 중에서 직접재료원가와 직접노무원가는 제품원가의 기초가 되며, 제품에 쉽게 대응될 수 있는 원가라는 의미에서 기초원가(prime costs)라는 용어를 사용한다. 직접노무원가와 제조간접원가는 공정에 투입된 원재료를 완제품으로 가공시키는 데 소요되는 원가라는 의미에서 가공원가(conversion costs)라는 용어를 사용한다.

그림 2-4 **제품원가의 3요소**

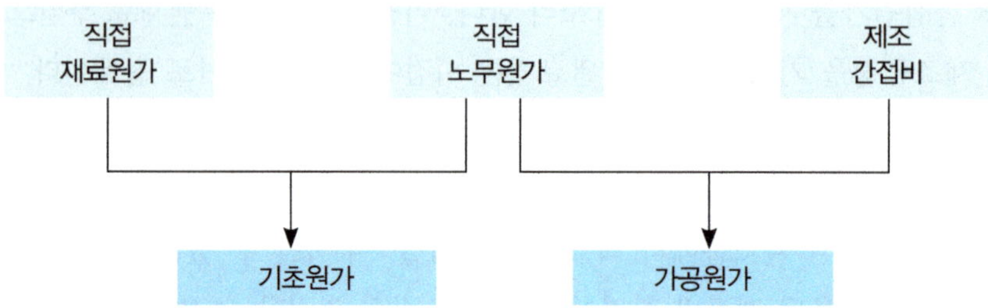

3. 기간비용의 개념

제품을 생산하는 데 소요된 원가를 제품원가라 한다면 생산이 완성된 제품을 판매하는 활동에 소요되는 원가를 판매비와 관리비라 한다. 판매비와 관리비(selling, general & administrative expenses : SG&A)는 생산이 완료된 제품을 판매하는 판매원에게 지급된 급여와 제품의 전시나 진열을 위한 판매장소 등을 유지하기 위한 비용, 그리고 제품을 보관하거나 배달하는 등의 다양한 활동에 필요한 비용을 의미한다. 판매비와 관리비는 제품원가와 함께 제품의 총원가를 구성하지만, 재고가능원가인 제품원가와는 달리 발생 즉시 비용으로 분류되는 재고불가능원가 또는 기간비용이라 한다.

제조공정을 통해 생산이 완료된 제품의 최종판매가격은 총원가에 일정한 비율의 기업이윤을 부가하여 결정된다. 제품의 총원가는 제조공정을 통해 발생된 제품원가뿐만 아

그림 2-5 **원가의 구성요소**

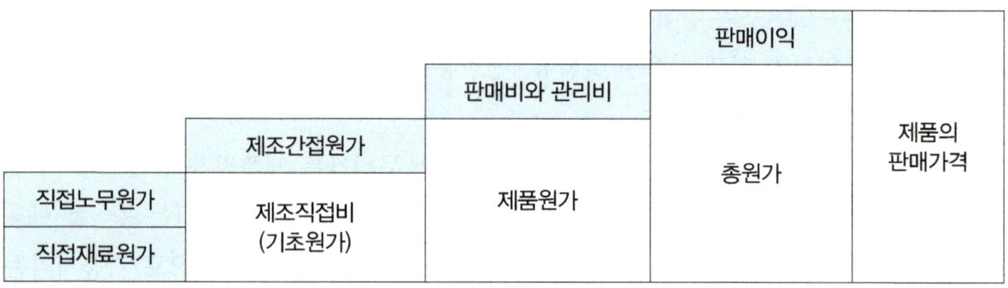

니라 제품의 판매와 보관을 위해 발생한 비용 그리고 제품의 제조와 판매를 지원하는 부서에서 발생한 비용을 추가한 원가로 구성된다.

제3절 제품원가의 흐름

직접재료원가, 직접노무원가, 제조간접원가의 제품원가는 원재료의 투입으로부터 시작되는 제조공정을 거쳐 최종적으로 완제품의 원가에 누적되어 재고자산으로 흘러가는 과정을 거친다. 이 과정에서 제품원가를 누적시키는 장소를 재공품계정이라고 하며, 원재료가 투입되는 시점에서부터 제품이 완성되는 시점까지의 모든 제품원가가 집계된다. 재공품은 원재료재고, 완제품재고와 함께 제조기업의 주요 재고자산의 하나이다.

[그림 2-6]에 나타나는 바와 같이 원재료를 창고에서 불출하여 제조공정에 투입함으로서 제품의 생산은 시작된다. 이때 투입된 원재료의 원가를 직접재료원가라고 하며 재공품계정에 차기한다. 원재료는 주재료 이외에 부수적인 재료로도 사용할 수 있는데, 이러한 부수적인 원재료의 사용원가는 직접재료원가가 아닌 간접재료원가로 분류하여 제조간접원가의 일부로 처리한다.

그림 2-6 제품원가의 흐름과 재고자산

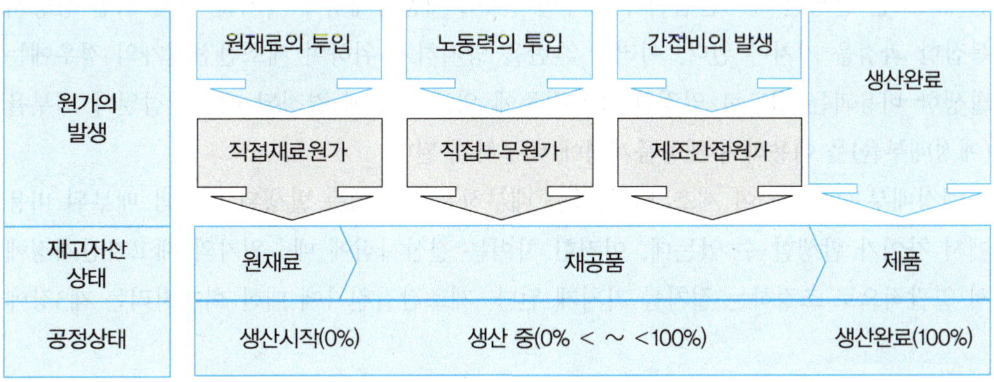

〈원재료의 투입〉

차) 재공품 – 직접재료원가	×××	대) 재고자산 – 원재료	×××
재공품 – 간접재료원가	×××		

원재료가 제조공정에 투입되면 원재료를 가공하여 완제품을 생산하기 위한 가공원가가 투입된다. 즉, 원재료를 가공하기 위한 인력(생산직원)이 투입되면서 직접노무원가가 발생하고 제품을 완성하는 과정에서 필요한 제조간접원가가 발생하게 된다. 제품가공을 위한 기계의 감가상각비, 제조공정의 수도광열비, 감독자의 급여 등이 제조공정에 추가되어야 할 대표적인 제조간접원가이다. 발생한 직접노무원가와 제조간접원가는 직접재료원가와 마찬가지로 재공품계정에 차기한다.[3]

〈노무원가의 발생〉

차) 재공품 – 직접노무원가	×××	대) 미지급급여	×××
재공품 – 간접노무원가	×××		

〈제조간접원가의 발생〉

차) 재공품 – 감가상각비	×××	대) 감가상각충당금	×××
차) 재공품 – 수도광열비	×××	대) 미지급비용	×××

제조간접원가에 대한 회계처리는 원가계산방법에 따라 처리하는 방법이 다양하다. 일반적으로는 발생된 제조간접원가를 개별적으로 재공품계정에 차기를 하게 되면 상당히 복잡한 과정을 거쳐야 된다. 이러한 혼란을 방지하기 위하여 제조간접원가의 경우에는 발생한 비용과는 별도로 일정한 배부기준에 의해 사전에 결정된 제조간접원가 배부율(예정배부율)을 이용하여 재공품계정에 배부하게 된다.

예정배부율에 의하여 제조간접원가를 배부하는 경우에는 발생된 비용과 배부된 비용에서 차이가 발생할 수 있는데, 이러한 차이는 결산시점에 매출원가와 재고자산계정에서 일괄적으로 조정하는 절차를 거치게 된다. 제조간접원가에 대한 회계처리는 제3장에

3 정확하게 말한다면 직접재료원가, 직접노무원가, 제조간접원가 그리고 재공품은 하나의 계정과목이 아니라 계정과목의 집합체라고 볼 수 있다. 기업에서는 개별 계정과목에 고유번호를 부여하여 그 계정과목번호에 따라 각 계정을 집계하여 원가계산을 하는 동시에 재무제표를 작성하고 있다. 계정과목에 고유번호를 부여하여 일목요연하게 정리한 표를 계정과목표(chart of accounts)라고 한다.

서 상세하게 설명할 것이다.

투입된 원재료에 대한 가공이 진행되는 동안 직접재료원가를 비롯하여 직접노무원가, 제조간접원가의 모든 제품원가가 재공품계정에 집계되고, 제조활동이 완료되면 재공품계정에 누적집계된 제품원가는 제품계정에 차기함으로써 완제품의 원가가 완성된다.

〈제품의 완성〉

차) 완제품	×××	대) 재공품	×××

이와 같이 제품이 완성되어 완제품계정으로 이전될 때까지 제품의 제조과정에서 발생된 모든 제품원가는 재공품계정에 누적되어 집계되며, 재공품계정의 유형은 재고자산으로 분류된다. 제조공정의 완성으로 재공품계정이 완제품계정으로 이전되더라도 여전히 재고자산으로 분류되며, 이후 완제품이 판매되어 매출이라는 수익을 창출하게 되면 매출원가라는 비용계정으로 전환 분류된다. 이때 많은 학생들이 완제품계정에 집계된 금액을 판매금액과 혼동하는 경우가 있는데, 완제품계정은 원재료의 투입에서부터 가공에 이르기까지 완제품의 생산에 필요한 원가가 누적된 계정이므로 판매할 제품의 원가를 표시하는 계정이고, 판매금액은 완제품계정의 금액에 일정 이윤을 포함한 금액으로 매출액계정에 표시된다.

따라서 기말현재의 재무제표에서 재무상태표에 표시된 재고자산의 완제품계정은 제품을 완성하였으나 판매하지 못한 재고자산의 원가이고, 손익계산서에 매출원가로 표시된 금액은 판매된 재고자산의 원가로 구분하면 혼동이 줄어들 것이다.

〈제품의 판매〉

① 판매가격에 대한 처리

차) 매출채권	×××	대) 매출	×××

② 제품원가에 대한 회계처리

차) 매출원가	×××	대) 완제품	×××

이상에서 설명한 제품원가의 흐름, 즉 원재료 투입에서부터 제조공정을 거쳐 완성된 제품을 판매하여 매출이라는 수익을 창출하게 되는 과정을 T계정을 이용하여 [그림

2-7]과 같이 표시할 수 있다.

그림 2-7 제품원가의 흐름

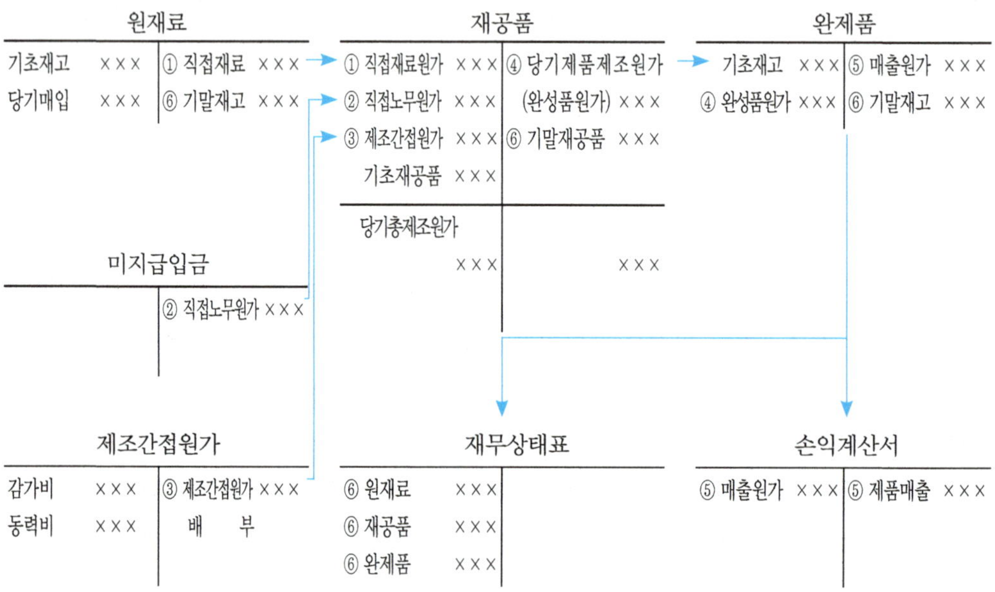

표 2-2 제품원가흐름의 분개

구분	분개	
① 원재료의 투입	차) 재공품–원재료	대) 원재료
② 노동력의 투입	차) 재공품–직접노무원가	대) 미지급임금
③ 제조간접원가의 발생	차) 재공품–제조간접원가	대) 미지급비용 등
④ 당기제품제조원가	차) 완제품	대) 재공품
⑤ 제품의 판매	차) 매출채권 매출원가	대) 매출 제품

제4절 제조원가명세서

앞에서 살펴본 완제품생산을 위해 투입된 제품원가의 흐름은 제조원가명세서에 보고한다. 제조원가명세서(costs of goods manufactured)는 제품생산에 투입된 원가를 상세히 나타내는 보고서로, 과거에는 재무제표에 첨부해야 할 부속명세서의 하나였으나, 한국회계기준원에서 2006년 2월 6일 기업회계기준서 제21호 "재무제표의 작성과 표시 I"을 발표하면서 부속명세서에서 제외시킴으로써 각 기업에서는 내부 목적만으로 제조원가보고서를 작성하고 더 이상 공시하지는 않고 있다.[4] 여기에서는 과거 기업회계기준에서 제정된 양식을 이용하여 제조원가명세서 작성방법에 대하여 설명한다.

제조원가명세서는 당기제품제조원가를 산출하는 과정을 자세하게 보여주는 명세서로서 재공품계정의 차변과 대변을 상세하게 보고식으로 작성하는 방법으로 완성할 수 있다. 기초원재료재고액과 당기원재료매입액을 합하여 기말원재료재고액을 공제함으로써 당기에 투입된 직접재료원가를 계상하고, 당기에 발생한 직접노무원가 그리고 제조간접원가금액을 더해 당기총제조원가를 산출한 다음, 기초재공품재고원가를 가산하고 기말재공품재고원가를 차감하여 당기제품제조원가를 산출하는 과정을 하나의 형식으로 보여주고 있다.

당기 중에 생산을 위하여 투입한 직접재료원가, 직접노무원가, 제조간접원가의 총합계를 당기총제조원가라 하며, 당기총제조원가에 재공품의 기초재고원가를 가산하고 기말재고원가를 차감하면 당기에 생산을 완성한 제품의 원가인 당기제품제조원가가 산출된다. 당기총제조원가와 당기제품제조원가가 일치하지 않는 이유는 재공품계정의 기초재고원가와 기말재고원가가 존재하기 때문이다, 즉, 전기에 제품의 제조를 시작하여 제품원가의 일부가 이미 투입된 상태인 재공품을 당기에 추가적인 가공을 거쳐 완성한 제품도 있고, 당기에 투입된 원가의 일부가 기말까지 완성되지 않은 기말재공품재고도 있다.

4 기업회계기준서 제21호 "재무제표의 작성과 표시 I"의 결론 도출근거 A39에서 "제품제조원가의 구성내역은 회계정보이용자가 기업의 경영성과를 파악하고 기업의 미래현금흐름을 예측하는 데 유용하기 때문에 이를 공시해야 한다는 주장이 있는 반면, 제품제조원가의 구성내역은 기업의 영업비밀에 속하는 사항이므로 공시해서는 안 된다는 주장이 있다. 이 기준서에서는 후자의 논리를 받아들여 재료원가, 노무원가, 경비 등 제품제조원가의 세부 구성항목에 대한 공시를 필수적인 공시사항으로 포함시키지 않았다"고 제조원가보고서를 필수공시사항에서 제외한 이유를 밝히고 있다.

당기총제조원가=직접재료원가+직접노무원가+제조간접원가
당기제품제조원가=당기총제조원가+기초재공품재고액−기말재공품재고액

제조원가명세서에서 산출된 당기제품제조원가는 손익계산서 매출원가의 산정에 이용된다. 매출원가(costs of goods sold)는 완제품의 기초재고금액에 당기제품제조원가를 가산하고 기말재고금액을 차감하여 산출된다.

제조기업의 손익계산서와 상기업의 손익계산서의 차이는 매출원가의 산정에 있다. 상기업의 매출원가는 상품의 기초재고금액에 당기매입금액을 더한 후 상품의 기말재고금액을 차감하면 산정할 수 있다.

상기업의 매출원가=기초상품재고액+당기상품매입원가−기말상품재고액

제조기업의 매출원가도 상기업의 매출원가와 마찬가지로 제조원가명세서상의 당기제품제조원가에 제품의 기초제품재고금액을 더하여 제품의 기말재고금액을 차감함으로써 산정할 수 있다.

제조기업의 매출원가=기초제품재고액+당기제품제조원가−기말제품재고액

표 2-3 제조원가명세서

20×1년 1월 1일부터 20×1년 12월 31일까지 (단위 : 원)

과목	금액	
Ⅰ. 직접재료원가		
1. 기초재료재고액	×××	
2. 당기재료매입액	×××	×××
소 계	×××	
3. 기말재료재고액	(×××)	
Ⅱ. 직접노무원가		
1. 급여	×××	
2. 제수당	×××	
3. 복리후생급여	×××	×××
Ⅲ. 제조간접원가		

1. 감가상각비	×××	
2. 수도광열비	×××	
3. 수선비	×××	
4. 소모품비	×××	
5. 임차료	×××	
6. 지급이자	×××	
…	×××	×××
Ⅳ. 당기총제조원가		×××
Ⅴ. 기초재공품원가		×××
Ⅵ. 합계		×××
Ⅶ. 기말재공품원가		(×××)
Ⅷ. 당기제품제조원가		×××

| 표 2-4 | 상기업과 제조기업의 손익계산서

상기업			제조기업		
매출		₩100,000	매출		₩100,000
매출원가			매출원가		
기초상품재고액	20,000		기초제품재고액	20,000	
당기매입액	80,000		당기제품제조원가	80,000	
기말상품재고액	(40,000)	60,000	기말제품재고액	(40,000)	60,000
매출총이익		40,000	매출총이익		40,000
판매비와 관리비		10,000	판매비와 관리비		10,000
순이익		₩30,000	순이익		₩30,000

:: 쉬어가는 곳 H자동차

수학자도 답이 안 나온다, H자동차 특근비(초과근무수당) 5차방정식

주말 특근비를 놓고 노사가 갈등을 빚는 바람에 H자동차는 지난 7주 동안 주말 특근을 못 했다. 생산은 당연히 차질을 빚었다. 일반 직장에선 다른 날보다 더 힘들게 일한다고 해서 수당을 얹어주는 일은 드문데, H자동차는 다르다. 일하는 강도, 그간의 근무조건, 제도가 바뀌는 데 따른 이해득실까지 치밀하게 따지고 협상한다. 전 세계 시장에서 치열하게 경쟁하는 세계 5위 자동차회사에서 왜 이런 일이 빚어진 것일까

주말 특근수당 놓고서 5개월 옥신각신

2013년 3월부터 H자동차 생산직 근무체계는 전면적으로 교체되었다. 밤샘근무를 없애고 아침 일찍 출근해 새벽 1시 반이면 모든 일을 끝내는 체제로 바뀌었다. 2개 조가 오후 3시 30분에 바로 바통을 이어받는다고 해서 '주간 연속 2교대제'로 불렸다. 이제까지 노동계에선 밤샘근무가 근로자 건강권을 침해한다고 주장해 왔기 때문에 원하는 걸 얻었다고 볼 수 있다.

그런데 막상 이 제도는 도입 1주차부터 뜻밖의 난관에 부닥쳤다. 주말엔 야간근로 해소에 대한 갈증이 더 클 줄 알았는데, 의외로 아니었던 것이다. 이유는 주말 초과근무수당(특근비)에 있었다. 밀려드는 주문 덕분에 H자동차 생산직은 월평균 2차례 주말 초과근무(특근)를 해왔다. 토요일 오후 5시에 출근해 밤을 새우고 일요일 아침 8시까지 총 14시간(쉬는 시간 1시간 제외) 공장을 돌렸다. 오후 5시부터 밤 10시까진 평일 임금의 150%, 밤 10시~새벽 1시 사이엔 200%, 새벽 2시~새벽 6시 사이엔 350%를 받는 식으로 특근비를 복잡하게 계산했다.

이렇게 주말 14시간 일하면 평일 33.5시간을 일한 것 같은 효과가 생겨, 1인당 약 31만원을 받아갈 수 있었다. 근로기준법은 주말 야간근무 때 250% 이상 주라고 돼 있는데, 이보다 훨씬 높은 수당을 받아간 것이다. 두둑한 주말 특근비를 받기 위해, 주중 생산속도를 낮춰 일부러 주말 특근 물량을 만들어 내는 상황도 연출됐다. 고용노동부 관계자는 "기준 이상을 주는 기업은 사실상 H자동차뿐"이라고 했다. 일본은 휴일 야간에 근무하면 평일 대비 60% 할증임금을 주게 돼 있다.

그런데 야간근무가 없어지면 이 쏠쏠한 수당이 확 줄어든다. 근로기준법대로 주말 근무수당을 계산해 보면, 1조(8시간 근무)가 11만 3,000원, 2조(9시간 근무)가 16만 7,000원으로 합계 28만원이 된다. 1명이 가져가는 돈을 기준으로 하면, 이전 대비 2분의 1 이상으로 쪼그라드는 것이다. 근무시간이 40% 가까이 줄지만, 1인당 받는 돈은 더 많이 줄어든다는 상실감 때문에 노조는 7주 연속 특근 거부를 불사한 것이다.

근로기준법		H자동차		
휴일주간 8시간 근무 시	통상임금의 150%	17~22시	통상임금의 150%	휴일 14시간 근무 ↓ 평일 33.5시간 근무로 인정
		22~01시	200%	
8시간 초과 시	200%	02~06시	350%	
밤 10시 이후	250%	06~08시	300%	

휴일에도 바뀌는 근무체계		
	종전	변경 후
근무시간	토요일 오후 5시~일요일 오전 8시 (휴식 1시간 제외 총 14시간 근무)	토요일 오전 6시 50분~오후 3시 30분, 오후 3시 30분~밤 1시 30분 (1조 8시간 + 2조 9시간 총 17시간 근무)
1인당 근무시간/ 주말 총생산량	14시간/ 4,700대	평균 8.5시간(−39%)/ 6,900대(+46%)

1인당 근무시간 줄지만 전체 생산대수는 늘어나

하지만 노조도 내세울 게 생겼다. 주간 연속 2교대제로 개편하면서 주말엔 평일 대비 확 낮췄던 시간당 생산대수(UPH)를 다시 끌어올리기로 동의한 것이다. 그간 사측이 비효율 관행이라고 문제 삼았던 내용을 개선키로 합의한 것이다.

금속노조에 따르면 주간 연속 2교대제 이전 H자동차 1공장의 평일 UPH는 78대(1 · 2라인 합산), 휴일엔 54대로 30% 낮췄다. 이를 다시 정상화하겠다는 얘기다. 보통의 직장 같으면 믿기 어려운 일이지만, H자동차 노사는 모두 "라인체제 생산업종의 특성을 이해해달라"고 해왔다. 생산 중간에 쉬는 시간도 종전보다 40% 이상 줄이기로 했다. 회사 입장에서 보면 총 14시간 돌리던 주말 근무시간이 총 17시간으로 늘어나고 생산속도도 높아지는 만큼, 주말 생산량이 4,700대에서 6,900대로 46% 늘어나게 된다. 이를 감안해 사측은 28만원에 '휴일 특근형태 변경과 비효율 관행 개선에 따른 지원금' 명목으로 약 11만원, 주간 연속 2교대제와 월급제 시행에 따른 시급인상분 약 3만원을 합쳐 총 특근비를 42만원까지 주겠다고 제시했다. 1인당 21만원꼴이다. 노조는 총 46만원 선을 요구했다.

결국 H자동차 노사는 주말 특근비 산정을 놓고 근로시간, 시간당 생산속도, 비효율 관행 개선, 1인당 받는 돈이 줄어드는 데 대한 보상 등의 변수를 놓고 '4차 함수'를 풀어온 것이다.

자료 : 조선일보, 2013. 4. 26.

연 | 습 | 문 | 제

01 다음 원가의 개념에 대한 설명으로 틀린 것은? (기업회계 1급, 2010)

① 기회비용은 자원을 현재의 용도 이외의 다른 대체적인 용도에 사용할 경우 얻을 수 있는 최대금액을 말한다.

② 과거의 의사결정으로 이미 발생한 매몰원가는 미래의 의사결정으로 회수될 수 있으므로 의사결정 시 고려해야 한다.

③ 회피가능원가는 특정 대체안을 선택함에 따라 절약되거나 발생하지 않는 원가를 말한다.

④ 관련범위는 조업도와 원가 사이의 일정한 관계가 유지되는 조업도의 범위를 말한다.

02 원가의 개념에 대한 다음 설명 중 틀린 것은? (전산세무 2급, 2010)

① 매몰원가란 특정의사결정과 직접적으로 관련 있는 원가를 말한다.

② 고정원가란 관련범위 내에서 조업도수준과 관계없이 총원가가 일정한 원가형태를 말한다.

③ 직접원가란 특정 원가 집적대상에 추적이 가능하거나 식별가능한 원가이다.

④ 기간원가란 제품생산과 관련 없이 발생된 원가로서 발생된 기간에 비용으로 처리되는 원가를 말한다.

03 ₩1,000,000에 구입하여 사용 중이던 비품을 ₩500,000에 매각하는 A방안과 ₩100,000을 추가로 투입하여 ₩650,000에 매각하는 B방안이 있다면 이때 매몰원가는 얼마인가? (전산세무 1급, 46회, 2011)

① ₩500,000 ② ₩1,000,000 ③ ₩1,100,000 ④ ₩1,500,000

04 화재로 인하여 제품 50단위(제조원가 ₩2,000,000)가 파손되었다. 파손된 제품은 ₩600,000에 판매할 수 있으나, ₩800,000이 소요되는 재작업을 한 후 판매하면 ₩1,500,000을 받을 수 있다. 다음 설명 중 틀린 것은? (기업회계 1급, 2011)

① 의사결정에 영향을 미치지 못하는 매몰원가는 ₩2,000,000이다.

② 경영자는 재작업을 한 후 판매하는 의사결정을 할 것이다.

③ 파손된 상태에서 판매하면 순현금유입액은 ₩600,000이다.

④ 재작업을 한 후 판매하면 기회비용은 ₩100,000이다.

05 원가와 일정한 관계가 유지되는 조업도 구간인 관련범위 내에서 단위당 변동원가의 행태를 바르게 설명한 것은? (기업회계 2급, 2010)

① 각 생산수준에서 일정하다.

② 각 생산수준에서 서로 다르게 변화한다.

③ 생산량이 증가함에 따라 증가한다.

④ 생산량이 증가함에 따라 감소한다.

06 다음 중 원가요소에 대한 설명으로 바른 것을 모두 나열한 것은? (기업회계 1급, 2010)

1. 당월에 작업을 하였으나 전월에 선급한 노무원가는 당월의 노무원가로 계상하여야 한다.
2. 당월에 작업을 하였으나 차월에 지급하기로 한 미지급노무원가는 차월의 노무원가로 계상하여야 한다.
3. 재료원가는 이동평균법이나 후입선출법을 적용할 수 있다.
4. 원가의 3요소를 재료원가, 노무원가, 제조간접원가로 분류하여 회계처리할 수 있다.
5. 매월 제조간접원가를 예정배부하려면 기준으로 선정된 조업도의 당월 실제 진행 정도를 알아야 한다.

① 1, 2, 3 ② 1, 2, 5 ③ 1, 3, 4 ④ 1, 3, 5

07 다음은 원가의 분류에 대하여 설명한 것이다. 틀린 것은? (기업회계 1급, 2010)

① 원가행태에 따라 분류하면 변동비와 고정비로 분류된다.
② 의사결정에 따라 분류하면 관련원가와 비관련원가로 분류된다.
③ 추적가능성에 따라 분류하면 직접비와 간접비로 분류된다.
④ 원가측정에 따라 분류하면 전부원가와 변동원가로 분류된다.

08 원가의 분류와 관련된 내용 중 가장 잘못 설명한 것은? (전산세무 1급, 2012)

① 관련범위 내에서 조업도에 비례해서 총원가가 비례하여 변동하는 원가를 변동원가라고 하고 이 경우 단위당 변동원가는 일정하다.
② 공장의 전력비는 준변동원가로서 관련범위 내에서 조업도와 관계없이 총원가가 일정한 부분과 조업도에 비례하여 총원가가 비례하여 변동하는 부분이 혼합되어 있다.
③ 노후화된 기계장치는 현재 ₩1,000,000에 처분가능하나 수리비 ₩3,000,000을 지급하면 ₩5,000,000에 처분가능하다. 기계장치를 수리하여 처분하기로 한 경우 수선 후 처분에 따른 기회비용은 ₩1,000,000이다.
④ 2년 전 ₩20,000,000 현금지급하고 구입한 기계장치가 노후화되어 신기계를 구입할 것인지 아니면 노후 기계장치를 수리하여 계속 사용할 것인지를 결정하려고 한다. 신기계의 구입가액은 ₩25,000,000이고 노후 기계장치의 수리비는 ₩3,000,000이라고 할 때 매몰원가는 없다.

09 다음은 원가행태와 의사결정에 따른 분류를 설명한 것이다. 틀린 것은? (기업회계 1급, 2011)

① 관련범위 내에서 조업도의 변동에 따른 총원가가 일정한 것을 고정비라고 하고, 회피불능원가에 해당하면 의사결정 시 고려되지 않는다.
② 관련범위 내에서 조업도의 변동에 따른 단위당 원가가 일정한 것을 변동비라고 하고, 회피

가능원가에 해당하면 의사결정 시 반드시 고려되어야 한다.

③ 관련범위 내에서 이미 발생한 고정비와 변동비는 현재 의사결정 시 고려되지 않는다.

④ 관련범위 내에서 발생하는 고정제조간접원가와 변동제조간접원가는 모두 실제 발생하는 조업도에 따라 배분하는 것이 합리적이다.

10 **다음 그래프의 종축은 총원가를 나타내며, 횡축은 1년간의 생산량을 나타낸다. 다음 중 그래프를 적정하게 설명하지 못한 것은?** (CPA, 2004)

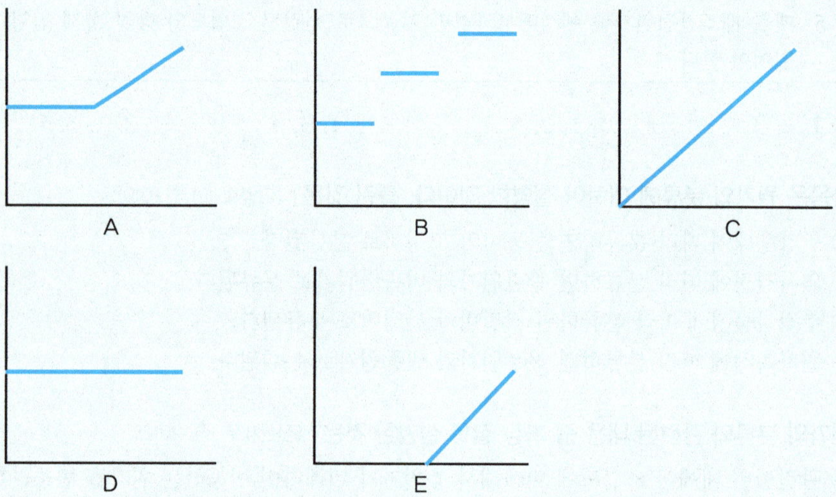

A : 일정량의 kwh까지는 기본요금을 내고 그것을 초과하는 경우에는 변동원가가 추가된다 (kwh는 생산량에 비례하여 증가).

B : 수도요금 청구액은 다음과 같이 계산된다.

100,000갤런 이하	기본요금	₩100,000
추가 10,000갤런	추가 사용된 갤런당	₩3
추가 10,000갤런	추가 사용된 갤런당	₩6

C : 기계사용시간(생산량에 비례)을 기준으로 계산되는 설비의 감가상각비

D : 정액법에 의한 설비의 연간 감가상각비

E : 어떤 조업도수준 이상으로 생산되는 매 생산단위마다 ₩100을 관리자에게 지급하는 상여금제도

① A　② B　③ C　④ D　⑤ E

11 다음 중 제조원가를 구성하는 원가의 일부가 아닌 것은? (전산세무 2급, 2010)

① 생산직직원에게 제공된 식사물
② 제조부서에서 발생된 건물임차료
③ 제품매출대금에서 발생된 대손금
④ 원재료를 제공받는 거래처에게 제공한 선물대

12 다음은 ㈜백두의 제조와 관련하여 발생한 항목이다. 가공원가는 얼마인가? (단, 외주가공원가는 제조경비의 성격을 가지고 지출된 항목이다) (기업회계 2급, 2012)

• 기초원재료재고액 :	₩800,000	• 공장근로자의 인건비 :	₩3,500,000
• 원재료당기매입액 :	4,000,000	• 기계장치감가상각비 :	1,800,000
• 기말원재료재고액 :	1,300,000	• 제품의 외주가공원가 :	1,000,000
• 기초재공품재고액 :	1,000,000	• 공장의 난방비 :	1,400,000
• 기말재공품재고액 :	900,000	• 공장건물임차료 :	2,000,000
• 관리부 전기요금 :	310,000	• 생산직사원 퇴직금지급 :	1,500,000
• 관리부 체력단련비 :	500,000	• 생산직사원 체력단련비 :	800,000

① ₩9,600,000 ② ₩11,000,000 ③ ₩11,500,000 ④ ₩12,000,000

13 다음은 ㈜백두의 20×2년 10월중 원가자료이다. ㈜백두가 10월중에 생산한 제품의 제조원가는 얼마인가? (기업회계 1급, 2012)

• 원재료 : ₩9,000 감소	• 재공품 : ₩9,000 감소
• 제 품 : ₩27,000 증가	• 10월중 원재료매입액 : ₩126,000
• 직접노무원가소비액 : ₩90,000	• 작업시간당 직접노무원가 : ₩7.5
• 작업시간당 제조간접원가 : ₩10	

① ₩318,000 ② ₩327,000 ③ ₩345,000 ④ ₩354,000

14 ㈜백두의 20×2년 12월의 매출원가는 ₩5,000,000이었다. 20×2년 12월의 기초원가는 얼마인가? 단, 20×2년 12월중 직접재료구입액은 ₩600,000이고, 제조간접원가는 직접노무원가의 60%이었으며, 기타 관련자료는 다음과 같다. (기업회계 1급, 2012)

구분	20×2. 12. 1	20×2. 12. 31
직접재료	₩200,000	₩400,000
재공품	400,000	100,000
제품	1,500,000	1,000,000

① ₩1,825,000 ② ₩2,375,000 ③ ₩2,775,000 ④ ₩3,800,000

15 **다음 자료를 토대로 제조간접원가를 계산하시오.** (전산세무 2급, 2012)

- 매출액 : ₩1,100,000
- 직접재료원가 : ₩300,000
- 직접노무원가 : 200,000
- 직접경비 : 150,000
- 기말원재료원가는 없고 기말재공품은 ₩100,000이다.
- 기초재고액은 없으며, 기초제품과 기말제품의 재고액은 동일하다.
- 매출액은 원가에 10%의 이익을 가산하여 결정한다.

① ₩300,000 ② ₩350,000 ③ ₩400,000 ④ 450,000

16 **㈜백두의 20×2년 회계자료가 다음과 같을 때 매출총이익은 얼마인가?** (기업회계 1급, 2011)

구분	기초재고	기말재고
원재료	₩330,000	₩280,000
재공품	650,000	800,000
제품	500,000	930,000

- 당기총제조원가 : ₩5,630,000
- 매출총이익률 : 20%

① ₩1,161,500 ② ₩1,262,500 ③ ₩1,362,500 ④ ₩1,462,500

17 **㈜백두의 1월중 발생한 비용과 기초 · 기말 재고자산자료는 다음과 같다.**

1월 중 발생비용		재고자산	1월초	1월말
직접노무원가	₩ 300	재공품재고	₩ 1,000	₩800
감가상각비-공장	50	직접재료재고	300	100
감가상각비-영업점포	50			
감가상각비-본부사옥	100			
공장감독자급여	100			
그 밖의 제조간접원가	200			

1월중 직접재료의 매입은 발생하지 않았다. ㈜백두의 1월달 당기제품제조원가는? (CPA, 2001)

① ₩850 ② ₩900 ③ ₩1,050 ④ ₩1,100 ⑤ ₩1,200

18 **다음은 ㈜백두의 자료이다. 당기제품제조원가는 얼마인가?** (기업회계 1급, 2010)

- 당기원재료매입은 ₩71,200,000이고 기말원재료재고는 기초에 비하여 ₩18,000,000이 증가하였다.
- 직접노무원가는 직접재료원가의 2배를 차지한다.
- 기말재공품은 기초재공품의 1.2배이고 기초재공품은 당기총제조원가의 20%이다.
- 제조간접원가는 가공원가의 30%를 차지한다.

① ₩194,992,000　　② ₩195,992,000
③ ₩196,992,000　　④ ₩197,992,000

19 20×2년 8월 31일 ㈜백두에서는 홍수로 재공품이 전부 유실되었다. 다행히 원재료 및 제품은 손실이 발생하지 않았으며 실사를 해본 결과 원재료는 ₩612,000, 제품은 ₩1,019,000이었다. 한편, 1월 1일 재고자산은 원재료 ₩430,000, 재공품 ₩1,230,000, 제품 ₩1,540,000이었다. 1월부터 7월까지 회사장부 및 기록을 검토한 결과 다음의 사실을 알아냈다. 이 자료를 기초로 ㈜백두의 8월 31일에 유실된 재공품의 원가를 구하시오. (기업회계 1급, 2010)

- 매출총이익률 : 25%
- 매출액 : ₩3,840,000
- 원재료매입액 : ₩1,315,000
- 직접노무원가 : ₩850,000
- 제조간접원가 : 직접노무원가의 50%

20 다음 자료를 토대로 4월의 원가자료를 계산할 경우 제조간접원가 금액은 얼마인가? (단, 제조간접원가는 작업시간을 기준으로 배부한다) (기업회계 2급, 2010)

- 4월의 임금발생액 : ₩3,500,000
- 4월의 총작업시간 : 500시간
- 제조지시서 #101의 작업시간 : 280시간
- 제조지시서 #201의 작업시간 : 170시간
- 기계 보수 및 정비관련 작업시간 : 50시간

① ₩350,000　② ₩700,000　③ ₩1,190,000　④ ₩1,960,000

21 ㈜백두는 20×2년 영업을 개시하여, 아래와 같이 제품의 제조와 관련한 자료가 발생하였는데 이를 토대로 직접재료원가를 구하면 얼마인가? (기업회계 1급, 2010)

- 당기총제조원가 : ₩15,000,000
- 당기제품제조원가 : ₩13,000,000
- 제조간접원가는 직접노무원가의 40%로 배부되고, 당기총제조원가의 20%에 해당함

① ₩3,500,000　② ₩4,000,000　③ ₩4,500,000　④ ₩5,000,000

22 다음 자료는 노동시간이 260시간인 상황에서 각 계정의 발생액을 집계한 것이다. 계정분류법으로 고정비와 변동비를 분류할 경우, 320 노동시간에서의 제조간접원가 발생액과 300 노동시간에서의 제조간접원가 발생차액은 얼마인가? (기업회계 1급, 2010)

제조간접원가항목	고정비총액	변동비총액
기계수선비	₩13,000	₩8,000
공장감가상각비	20,000	–
공장소모품비	15,000	3,000
간접노무원가	25,000	2,000

① ₩1,000 ② ₩1,200 ③ ₩2,000 ④ ₩2,200

23 **다음 자료에 의하여 세후이익 ₩150,000을 획득하기 위한 매출액을 계산하면 얼마인가?** (기업회계 1급, 2010)

- 총고정비용 : ₩400,000
- 법인세율 : 25%(단일세율 적용)
- 단위당 판매가격 : ₩2,500
- 단위당변동비 : ₩1,500

24 **다음은 ㈜백두의 20×2년 12월 31일의 회계자료이다. ㈜백두의 20×2년 매출원가는 얼마인가? (단, 연초 및 연말의 재공품은 없다)** (기업회계 1급, 2010)

- 재료재고의 증가 : ₩1,512,500
- 제품재고의 감소 : ₩35,087,500
- 직접재료구입액 : 43,056,000
- 직접노무원가 : 21,220,000
- 제조간접원가 : 39,912,300
- 판매비 : 12,396,000

① ₩136,250,800 ② ₩137,763,300
③ ₩102,675,800 ④ ₩139,275,800

25 **다음 자료에 의하여 당기 생산제품에 대한 총제조원가는 얼마인가?** (기업회계 1급, 2010)

- 기초제품재고 없음
- 당기제품판매량 : 1,000단위
- 기말제품재고량 : 300단위
- 전부원가계산에 의할 경우 변동원가계산보다 재고액이 ₩6,000 증가
- 생산제품 단위당 변동비 : ₩50

26 **다음 자료를 참고하여 원재료의 당기매입액을 계산하면 얼마인가?** (기업회계 2급, 2010)

원가명세서자료	직접재료원가	• 기초원재료 : ₩1,600,000 • 기말원재료 : 1,300,000
	직접노무원가	• 발생액 : 2,800,000
	제조간접원가	• 발생액 : 1,250,000
	재공품	• 기초재공품 : 550,000 • 기말재공품 : 900,000
손익계산서자료	• 기초제품 : ₩2,000,000 • 기말제품 : 1,500,000 • 제품매출원가 : 8,200,000	

① ₩3,500,000 ② ₩3,700,000 ③ ₩4,000,000 ④ 4,200,000

27 **다음은 20×2년 5월 ㈜백두의 재공품계정이다. 재공품계정을 이용하여 추정할 수 있는 내용으로 틀린 것은?** (전산세무 1급, 2010회)

재공품

월초재공품	₩250,000	제 품	₩4,180,000
직접재료원가	2,300,000	월말재공품	640,000
직접노무원가	1,800,000		
제조간접원가	470,000		
	₩4,820,000		₩4,820,000

① 당월의 직접재료원가는 ₩2,300,000이다.
② 당월말 현재 재공품은 ₩640,000이다.
③ 당월 제품매출원가는 ₩4,180,000이다.
④ 당월 간접재료원가, 간접노무원가, 간접경비의 합계액은 ₩470,000이다.

28 **다음은 ㈜백두의 20×2년 원가계산내역이다. 20×2년 매출원가는 얼마인가?** (기업회계 2급, 2012)

• 기말제품 : ₩200,000
• 기초제품 : ₩300,000
• 기말재공품 : 400,000
• 기초재공품 : 400,000
• 당기총제조원가 : 1,500,000

① ₩1,500,000 ② ₩1,600,000 ③ ₩1,700,000 ④ ₩1,800,000

29 **다음 자료에 의하여 제품의 기초재고액으로 옳은 것은?** (기업회계 1급, 2012)

• 기초재공품재고액 : ₩14,000
• 당기총제조원가 : ₩470,000
• 기말재공품재고액 : 18,000
• 기말제품재고액 : 39,000

• 매출원가에 30%의 이익을 가산하여 매출
• 매출액 : ₩585,000

① ₩21,000　② ₩23,000　③ ₩25,000　④ ₩27,000

30 다음 자료에 의하여 당기에 발생한 미지급노무원가 금액을 구하면 얼마인가? (기업회계 1급, 2012)

• 기초제품재고액 : ₩54,000
• 기말제품재고액 : ₩65,000
• 기초재공품재고액 : 52,000
• 기말재공품재고액 : 47,000
• 매출원가 : 489,000
• 기초직접재료원가재고액 : 12,000
• 직접재료매입액 : 85,000
• 기말직접재료원가재고액 : 25,000
• 제조간접원가발생액 : 235,000
• 직접노무원가현금발생액 : 38,000

31 ㈜백두의 매출원가율은 매출액의 70%이다. 다음 자료를 이용하여 ㈜백두의 기초재공품가액을 구하면 얼마인가? (전산세무 1급, 2012)

• 직접재료원가 : ₩3,500,000
• 직접노무원가 : ₩4,500,000
• 제조간접원가 : 1,800,000
• 기말재공품 : 3,000,000
• 기초제품 : 3,000,000
• 기말제품 : 4,000,000
• 당기매출액 : 15,000,000
• 기초재공품 : ?

① ₩3,000,000　② ₩3,700,000　③ ₩4,700,000　④ ₩5,000,000

32 다음 자료에 의하여 전기의 총제조원가를 계산하시오. (기업회계 1급, 2011)

• 당기매출액 : ₩2,100,000(매출원가에 50% 마진 가산)
• 당기말제품재고액 : 270,000
• 전기말제품재고액 : 320,000
• 당기말재공품재고액 : 140,000
• 당기총제조원가 : 1,300,000
• 전기제품제조원가 : 830,000
• 전기초재공재고액 : 200,000

① ₩780,000　② ₩800,000　③ ₩820,000　④ ₩840,000

33 ㈜백두의 지난 2개월간의 생산량과 총제조원가는 다음과 같다. 1월과 2월에는 고정비와 단위당 변동비가 일정하였으며, 3월에는 고정비가 20% 증가하고 단위당 변동비는 40% 감소할 것으로 예상되고 있다. 3월에 3,000개를 생산한다면 총제조원가는 얼마로 추정되는가? (기업회계 1급, 2011)

월	생산량	총제조원가
1월	1,000개	₩50,000,000
2월	2,000개	70,000,000

① ₩60,000,000 ② ₩66,000,000 ③ ₩72,000,000 ④ ₩80,000,000

34 ㈜백두는 기계장치를 생산, 판매하는 기업으로 사업 첫해에 다음과 같은 원가가 발생했다. 이 자료를 바탕으로 원가계산을 했을 경우 (가)부터 (마)까지의 설명 중 타당하지 않은 것을 모두 고르면? (단, 기초재공품재고액은 없고, 기말재공품재고액이 ₩10 존재한다) (CPA, 2010)

직접재료원가 ₩110	간접재료원가 ₩30	판매직급여 ₩30
직접노무원가 120	간접노무원가 60	관리직급여 70
간접경비 200	광고선전비 20	이자비용 10

가) 당기제품제조원가는 ₩510이다.
나) 기본원가(기초원가, prime costs)는 ₩230이다.
다) 제조간접원가에는 어떤 재료원가도 포함되지 않으므로 간접노무원가와 간접경비를 합한 ₩260이다.
라) 당기총제조원가는 ₩520으로, 기본원가에 가공원가를 합한 금액이다.
마) 기간비용은 ₩130으로, 재고가능원가라고 부르기도 한다.

① 가, 나 ② 다, 라 ③ 라, 마 ④ 나, 다, 마 ⑤ 다, 라, 마

35 다음 중 제조원가명세서의 당기제품제조원가에 영향을 미치지 않는 회계거래는? (전산세무 2급, 2010)

① 당기에 투입된 원재료를 과소계상하였다.
② 당기의 기말재공품원가를 과소계상하였다.
③ 공장 직원의 복리후생비를 과대계상하였다.
④ 기초의 제품원가를 과대계상하였다.

36 다음은 제조원가명세서에 대한 설명이다. 가장 옳지 않은 것은? (전산세무 1급, 2010)

① 당기총제조원가는 직접재료원가, 직접노무원가, 제조간접원가의 총액을 의미한다.
② 당기제품제조원가는 손익계산서상 제품매출원가계산에 직접적인 영향을 미친다.
③ 제조원가명세서 항목 중 재무상태표에 직접적으로 영향을 미치는 항목은 없다.
④ 재무상태표의 제품재고액은 제조원가명세서 작성과 관련 없다.

37 다음 중 제조원가명세서상의 당기총제조원가에 영향을 미치지 않는 것은? (전산세무 2급, 2012)

① 생산직사원의 퇴직급여충당부채를 추가로 설정하였다.
② 생산공장의 건물신축을 위하여 토지를 구입하였다.
③ 제품으로 사용될 페인트를 공장내부의 수선(수익적 지출)을 위하여 사용하였다.
④ 공장건물에 대한 재산세를 납부하였다.

38 **다음은 제조원가명세서 자료이다. 기말 재무상태표의 자산계정에 반영될 금액은 얼마인가?** (전산세무 1급, 2011)

제조원가명세서 (단위 : 원)

Ⅰ (　　　　　)		₩14,000,000
(　　　　　)	₩2,000,000	
당기매입	16,000,000	
(　　　　　)	(　　　　)	
Ⅱ 직접노무원가		10,000,000
Ⅲ 제조간접원가		7,000,000
Ⅳ 당기총제조원가		(　　　　)
Ⅴ (　　　　　)		2,000,000
Ⅵ 합계		(　　　　)
Ⅶ (　　　　　)		(　　　　)
Ⅷ 당기제품제조원가		₩30,000,000

① ₩3,000,000　② ₩4,000,000　③ ₩7,000,000　④ ₩11,000,000

39 **다음은 ㈜백두의 경비항목이다. 당기총제조원가는 얼마인가?** (기업회계 2급, 2011)

- 공장비품감가상각비 : ₩300,000
- 공장근로자의 인건비 : ₩2,600,000
- 기초원재료재고액 : 1,100,000
- 기말원재료재고액 : 2,000,000
- 원재료 당기매입액 : 9,200,000
- 제품의 외주가공원가 : 1,800,000
- 공장의 전력비 : 700,000
- 기초재공품재고액 : 900,000
- 기말재공품재고액 : 1,400,000
- 영업부사무실 임차료 : 130,000
- 본사사무실 전기요금 : 550,000
- 생산직사원 퇴직금지급액 : 1,800,000
- 건물 감가상각비 : 2,000,000
- 공장기계장치보험료 : 300,000

※ 건물은 실제 사무부문과 공장부문의 면적이 4 : 6으로 구성되어 있다.
※ 외주가공원가는 제조경비항목의 성격으로 처리한 것이다.

① ₩16,500,000　② ₩17,000,000　③ ₩17,300,000　④ ₩17,800,000

Chapter 03

제품원가계산

CHAPTER 03 제품원가계산

제1절 제품원가계산의 기초

1. 제품원가계산의 개념

원가의 개념에 대한 학습을 통하여 원가는 자원의 취득을 의미하며 소비되는 시점에서 비용으로 분류된다는 점을 이해하였다. 이러한 원가개념을 제조기업의 재고자산인 제품에 적용한 개념이 제품원가이다. 제품원가는 직접재료원가, 직접노무원가, 제조간접원가로 구성되며, 기간비용과는 달리 자산으로 분류된 후 판매되는 시점에서 매출원가라는 비용으로 처리된다.

제품원가계산(product costing)이란 제조기업에서 완제품을 생산 · 가공하는 데 소요된 제반 제조원가를 재고자산에 부과 및 배분시켜 완제품을 생산하는 데 소요된 원가를 파악하는 절차이다. 즉 완성된 제품의 단위당 원가를 산출하는 과정을 말한다. 단순하게 생각하면, 한 가지 제품만을 제조하는 기업은 발생된 총원가를 생산된 제품단위로 나누어 제품단위당 원가를 산출할 수 있을 것이다.

제품원가를 계산하는 이유는 최고경영자를 비롯한 기업경영자가 제품과 관련한 의사결정을 하는 데 필요한 유용한 정보를 제공하기 위함이다. 경영자의 주요 기능으로 계획수립, 지위와 동기부여, 통제 그리고 의사결정 등을 들 수 있는데, 이 중 의사결정 기능을 수행하기 위해 필요한 가장 기본적인 회계정보가 제품원가와 관련한 정보이다. 즉,

제품가격결정, 경영활동의 확장 또는 축소에 관한 결정, 자가제조 또는 외부구입에 관한 결정 등에 있어서 제품원가정보를 기초로 의사결정을 행하게 된다.

2. 제품원가계산의 목적

제품원가계산을 하는 목적은 크게 재무회계적인 목적과 관리회계적인 목적으로 분류할 수 있다. 재무회계는 주주나 투자자 등 외부정보이용자의 경제적 의사결정에 유용한 정보를 제공하는 것을 목적으로 한다. 따라서 기업실체에 관한 정확한 정보를 제공해야 할 필요가 있다. 그러기 위해서는 재무상태표와 손익계산서에 나타나는 자산과 손익에 관한 정보를 정확하게 작성하여 보고해야 한다. 즉, 재무상태표에서는 기말 현재 기업에서 보유하고 있는 재공품재고와 완제품재고에 대한 가치를 정확하게 평가할 필요가 있으며, 손익계산서에서는 수익을 창출하기 위해 소요된 매출원가를 비롯한 제반비용을 정확하게 측정하여 보고해야 한다. 반면에 원가관리회계는 최고경영자를 비롯한 내부이용자의 의사결정에 유용한 정보를 제공하는 것을 목적으로 한다. 따라서 제품원가와 관련한 일체의 원가정보를 경영자에게 제공하여 효율적인 경영관리에 활용할 수 있도록 한다.

3. 제품원가계산의 유용성

제품원가정보는 제품의 가격을 결정하는 용도 이외에도 경영자의 의사결정 등 다양한 분야에서 유용하게 사용되는 중요하고 기본적인 정보이다. 제품원가정보의 유용성을 살펴보면 다음과 같다.

첫째, 제품원가계산에서 산출되는 제품원가정보는 재무상태표에 표시되는 재고자산을 평가하는 데 필요한 정보이다. 그리고 손익계산서에 표시되는 매출원가를 산정하는 데에도 제품원가정보가 유용하게 이용된다. 등산용품을 생산하는 제조기업에서 등산용 배낭을 100개 생산하는 데 총제조원가 ₩1,000,000이 소요되었다. 생산된 등산용 배낭은 회계기간 동안에 80단위를 판매하고 20단위가 재고로 남아 있다면, 재무상태표에 표시될 등산용 배낭에 대한 재고자산은 20단위의 ₩200,000, 손익계산서에 표시될 등산용 배낭의 판매에 대한 매출원가는 ₩800,000이 됨을 알 수 있다. 이와 같이 제품원가정보는 재무제표를 작성하는 데 유용한 정보이다.

둘째, 원가계산절차에서 산출된 실제제품원가는 과거활동의 결과를 나타낸다. 과거활동의 결과는 미래활동을 예측하는 가장 좋은 자료로, 제품원가계산에서 산출되는 제품원가정보는 미래의 제품원가를 예측하는 데 유용하게 이용되는 정보이다.

셋째, 기업에서 원가계산을 하는 주요 목적 가운데 하나는 원가를 통제하는 것이다. 즉, 제품원가계산에서 제공하는 실제제품원가정보를 예산이나 표준원가정보와 비교하여 그 차이를 파악, 발생원인을 분석함으로써 원가통제를 위한 정보를 얻을 수 있다.

넷째, 기업의 경영자들은 제품원가계산에서 발생되는 다양한 원가정보를 기업경영과 관련한 관리의사결정을 하는 데 유용하게 이용하고 있다. 예를 들어, 생산된 제품의 판매가격을 결정하는 것뿐만 아니라 제품을 자가생산할 것인지 외부에서 구입할 것인지를 결정을 할 때도 제품원가정보를 사용한다.

제2절 제품원가계산의 유형

제품원가계산은 제품 한 단위를 생산하는 데 소요되는 제조원가를 산정하는 것을 말한다. 이러한 제품원가계산은 제조원가를 집계하는 방법에 따라서 개별원가계산과 종합원가계산으로 분류할 수 있으며, 원가를 측정하는 방법에 따라 실제원가계산, 정상원가계산 그리고 표준원가계산으로 분류할 수 있다. 또한 원가구성방법에 따라 전부원가계산과 변동원가계산으로 분류할 수 있다. 여기에 나타난 원가계산방법 이외에도 행동기준원가계산과 결합제품에 대한 원가계산방법 등 다양한 원가계산방법이 있다.

그림 3-1 제품원가계산의 유형

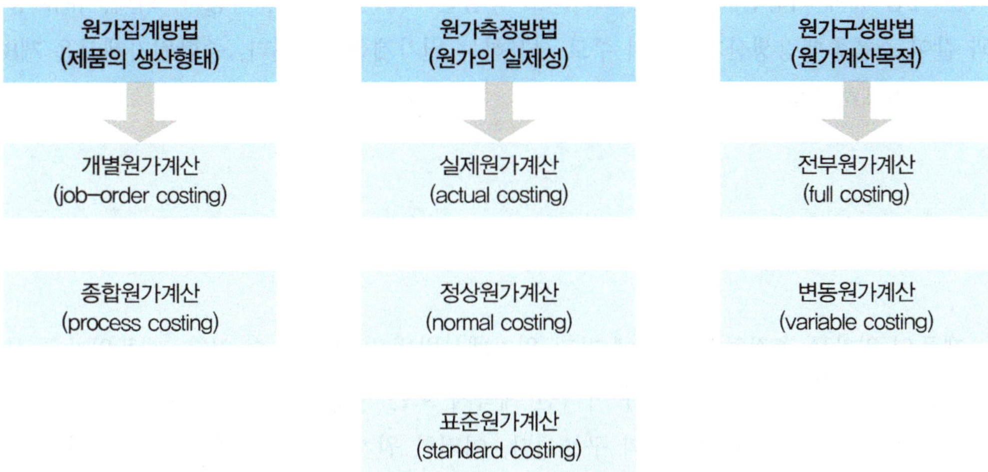

1. 원가집계방법

제품의 원가를 집계하는 방법에 따라 개별원가계산과 종합원가계산으로 분류한다. 원가집계방법은 제품의 생산형태에 따라 달라진다. 다품종소량생산을 하는 제품과 소품종대량생산을 하는 제품은 원가를 집계하는 방법이 달라야 하기 때문이다.

1) 개별원가계산

개별원가계산(job-order costing)은 발생된 제품원가와 생산량을 개별직무 또는 주문별로 집계하는 방법으로서 선박과 같이 주문에 의해 생산하는 제품 등에 이용할 수 있다. 그러므로 개별원가계산은 항공기 제작, 조선, 건설업, 가구제조업 등과 같이 다품종소량생산을 주로 하는 기업에서 사용하는 원가계산방법이다. 개별원가계산은 제6장에서 자세히 살펴본다.

2) 종합원가계산

종합원가계산(process costing)은 발생된 제품원가와 생산량을 공정별·부서별로 집계하는 방법으로서 볼펜 등과 같이 미리 수요를 예측하여 동일한 사양을 대량으로 생산하는 제품 등에 사용할 수 있다. 그러므로 종합원가계산은 전자, 자동차, 화학, 유류 등과 같이 소품종대량생산기업에서 주로 사용하는 원가계산방법이다. 종합원가계산은 제8장에서 자세히 살펴본다.

2. 원가측정방법

제품의 원가를 측정하는 방법에 따라 원가계산방법을 구분할 수 있다. 제품원가를 실제발생액을 기준으로 산출하느냐 아니면 예측치 또는 사전에 미리 결정된 표준치를 이용하느냐에 따른 원가계산방법의 구분이다. 이러한 원가의 실재성에 따른 구분에는 실제원가계산, 표준원가계산 그리고 정상원가계산이 있다.

1) 실제원가계산

실제원가계산(actual costing)은 제품을 생산하는 데 투입된 직접재료원가와 직접노무원가 그리고 제조간접원가의 실제발생액을 이용하여 제품원가를 산출하는 방법이다. 외부이용자들에게 보고되는 재무제표를 작성하기 위하여 재고자산을 평가하거나 매출원가를 산정할 때에는 실제원가계산을 적용한다.

2) 표준원가계산

실제원가계산을 이용하여 제품원가를 산출하려면 제품의 생산이 완료되는 시점에서야 가능하다. 그러나 제품원가정보는 경영자의 다양한 의사결정을 위해 제공되는 기본적인 정보이므로 제품이 생산되기 이전에라도 필요한 경우가 많을 것이다. 표준원가계산(standard costing)은 이러한 경우에 사용할 수 있는 원가계산방법으로, 제품을 생산하기 전에 분석과 예측을 통해 결정된 직접재료원가, 직접노무원가 그리고 제조간접원가의 제품단위당 표준원가를 이용하여 제품원가를 산출한다.

3) 정상원가계산

표준원가계산과 달리, 정상원가계산(normal costing)은 직접재료원가와 직접노무원가는 실제발생액으로 제품원가에 포함시키는 대신 제조간접원가는 사전에 결정된 표준원가인 예정배부율을 사용하여 제품원가를 산출하는 방법이다. 정상원가계산은 평준화원가계산이라고도 불린다.

3. 원가구성방법

제품원가는 직접재료원가와 직접노무원가 그리고 제조간접원가로 구성되어 있으며, 직접재료원가와 직접노무원가는 제품의 생산량에 따라 원가금액이 변동하는 변동비이지만 제조간접원가는 변동비 성격의 변동제조간접원가와 고정비 성격의 고정제조간접원가가 함께 포함되어 있다. 외부보고 목적의 원가정보를 제공하기 위해서는 제품원가의 변동비와 고정비 모든 구성요소를 포함한 원가정보를 산출해야 한다. 반면 기업내부 경영자의 의사결정을 위한 원가정보는 고정비 성격의 고정제조간접원가를 제외한 변동원가만을 포함한 원가정보를 필요로 하는 경우가 발생할 수 있다. 이와 같이 제조간접원가 중 고정제조간접원가의 원가계산 포함 여부에 따라 전부원가계산과 변동원가계산으로 구분할 수 있다.

1) 전부원가계산

전부원가계산(full costing)은 제품을 생산하는 데 소요된 직접재료원가와 직접노무원가 그리고 제조간접원가 전부를 포함하여 제품의 원가를 산정하는 원가계산방법이다. 전부원가계산방법은 변동비 성격의 제조간접원가와 고정비 성격의 제조간접원가를 구분하지 않고 모든 제조간접원가를 제품원가에 포함하여 원가계산을 하는 방법이다. 이 원가계산방법은 제조와 관련된 모든 원가를 흡수한다는 의미로 흡수원가계산(absorption costing)이라고도 한다.

2) 변동원가계산

변동원가계산(variable costing)은 제조원가 중에서 고정제조간접원가를 제외하고 직접재료원가와 직접노무원가 그리고 변동제조간접원가만을 제품원가에 포함시켜 계산하며, 고정제조간접원가는 발생과 동시에 비용으로 분류되는 기간비용으로 처리한다. 즉, 생산량에 비례하여 변동하는 변동비만을 제품원가로 간주하고 고정제조간접원가는 제품원가가 아닌 기간비용으로 간주하여 발생기간의 수익에 대응되는 비용으로 처리한다. 변동원가계산은 소요된 제조원가 중에서 직접원가만을 제품원가에 포함시키기 때문에 직접원가계산(direct costing)이라고도 한다. 이러한 변동원가계산은 외부보고 목적보다는 경영자의 의사결정 목적으로 많이 이용된다.

전부원가계산과 변동원가계산에 대해서는 제10장에서 자세하게 살펴보도록 하겠다.

표 3-1 | 전부원가계산과 변동원가계산

전부원가계산	제품원가요소	변동원가계산
제품원가	직접재료원가	제품원가
	직접노무원가	
	변동제조간접원가	
	고정제조간접원가	기간비용
기간비용	판매비와 일반관리비	

제3절 제품원가계산의 흐름

제품원가계산은 발생된 제조원가를 제품에 부과시키는 과정이다. 제품의 원가를 어떻게 평가하는가에 따라서 당기순이익 및 재고자산이 영향을 받기 때문에 원가계산과정에 대한 이해는 기업경영자에게 매우 중요하다. 또한 제품원가계산의 주요 목적이 원가정보를 경영관리에 활용하고자 하는 것이므로 목적에 적합한 원가계산시스템을 설계하고, 시스템에서 산출된 정보를 활용하는 방법을 이해하는 것도 매우 중요하다. 이 절에서는 제품원가를 구성하는 직접재료원가와 직접노무원가 그리고 제조간접원가의 집계와 집계된 원가를 제품에 배부하여 제품별원가를 계산하는 원가의 흐름에 대하여 공부하기로 한다.

1. 원가의 흐름과 집계

제조기업의 제품원가계산은 3단계로 나누어 살펴볼 수 있다. 제1단계는 제품생산에 투입된 제조원가를 재료원가와 노무원가 그리고 경비의 원가요소별로 집계하고, 집계된 각각의 원가를 직접비와 간접비로 구분하여 직접재료원가, 직접노무원가 그리고 제조간접원가의 제품원가 3요소로 분류하는 것이다. 제2단계는 직접재료원가와 직접노무원가의 직접원가는 부서별 또는 공정별로 원가대상에 직접부과하고, 간접비로 분류된 제조간접원가는 일정한 배부기준에 따라 부서별 또는 공정별로 배부하는 것이다. 제3단계는 부서별 · 공정별로 부과되거나 배부된 원가를 제품별로 부과하여 최종제품원가계산을 하는 것이다.

그림 3-2 원가의 흐름

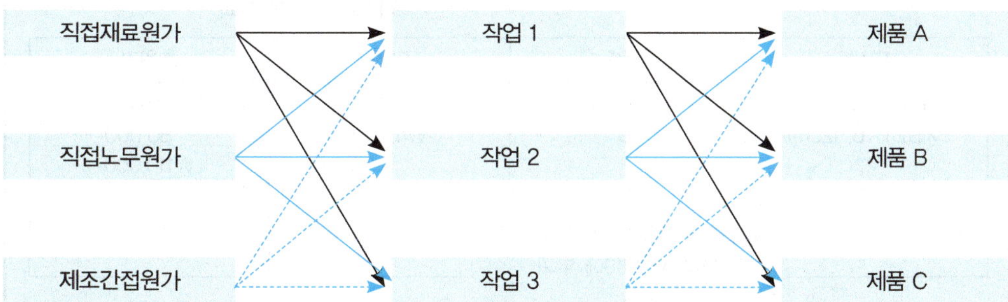

* 직접재료원가와 직접노무원가는 작업별로 투입된 정도에 따라 집계
* 제조간접원가는 예정배부율을 사용하여 작업별로 배부

1) 직접재료원가의 발생과 집계

직접재료원가는 제품생산에 투입된 원재료 소비액을 말한다. 원재료가 생산현장에 투입됨으로써 생산공정이 시작되는데, 생산되는 제품에 직접적으로 연결시킬 수 있는 원재료를 직접재료라 하며, 특정작업에 직접적으로 부과시킬 수 없는 원재료, 즉 접착제,

못, 잡소모품 등을 간접재료라 한다. 이때 사용된 직접재료는 직접재료원가로 분류하고, 간접재료는 제조간접원가로 분류한다. 원재료는 생산공정이 시작되기 전에 생산부서의 재료출고청구서 또는 출고전표에 의해 원재료창고에서 출하되어 생산에 투입된다. 재료가 출고되면 회계부서에서는 재료의 출고와 생산투입에 따른 적절한 분개처리를 하고 작업원가집계표에 기록을 하면 된다.

예를 들어 제품을 생산하기 위한 특정작업 A-2013을 수행하기 위해서는 단가가 ₩3,000인 A재료 10개와 단가가 ₩4,000인 B재료가 20개가 필요한 경우의 재료출고청구서를 [그림 3-3]과 같이 작성할 수 있다.

재료출고청구서는 재료의 명세, 수량 및 금액을 명시한 근거증빙서류로서, 출하되는 원재료가 어떠한 작업에 부과되는지를 밝혀준다. 이를 통하여 재료의 흐름을 통제하고 또한 회계기록을 하는 근거서류가 된다.

그림 3-3 재료출고청구서

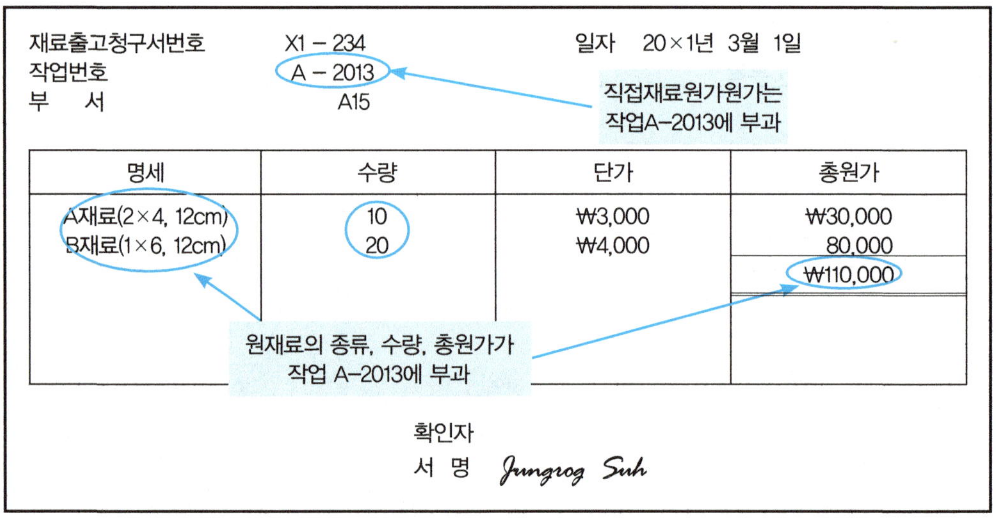
재료출고청구서번호 X1 – 234 일자 20×1년 3월 1일
작업번호 A – 2013
부 서 A15

명세	수량	단가	총원가
A재료(2×4, 12cm)	10	₩3,000	₩30,000
B재료(1×6, 12cm)	20	₩4,000	80,000
			₩110,000

확인자
서 명 Jungrog Suh

2) 직접노무원가의 발생과 집계

노무원가는 제품생산에 소비된 노동력에 대한 대가로 임금, 급여, 수당, 상여금, 퇴직급여 등을 포함한다. 노무원가는 제품의 생산과 관련하여 특정작업에 직접적으로 부과시킬 수 있는 노무원가를 직접노무원가로 분류하고, 특정작업과 직접적으로 관련이 없

는 영선부서나 시설부서의 작업자들에 대한 노무원가는 간접노무원가로 분류하여 제조간접원가에 포함시킨다.

노무원가는 보통 각 근로자별로 매일 작성되는 작업일지 또는 전표를 근거로 측정된다. 이러한 일지를 근로자 작업전표라고 부르는데, 각 근로자별로 일과 중 특정작업에 종사한 작업시간표가 기록된다. 즉 특정작업을 수행할 때 해당 근로자는 작업전표에 작업번호와 소요된 시간을 기입한다.

매일의 제조일정이 마감되면 회계부서에서는 작업전표를 수집, 각 작업별로 직접노무원가를 산정하여 해당 작업에 부과시키고, 간접노무원가를 산정하여 제조간접원가에 포함시킨다. 측정된 직접노무원가는 개별작업별로 작업원가집계표에 기입된다. 따라서 근로자 작업전표는 회계장부에 노무원가를 기입하는 근거가 되는 증빙서류이다.

작업번호 A-2013의 A재료와 B재료를 가공하기 위해 투입된 근로자의 작업시간이 8시간이고 시간당 인건비는 ₩10,000일 경우에 발생된 직접노무원가를 계산하기 위한 근로자 작업전표는 [그림 3-4]와 같다.

그림 3-4 근로자 작업전표

작업전표 번호 36　　　　일　자 20×1년 3월 5일
작 업 자 왕근면　　　　작 업 장 42

착수시간	완료시간	소요시간	임률	노무원가	작업번호
0800	1600	8.00	₩10,000	₩80,000	A-2013
Totals		8.00	₩10,000	₩80,000	A-2013

감 독 자 Jungrog Suh

3) 제조간접원가의 발생과 집계

제조간접원가는 제품생산에 소요된 원가 중 직접재료원가와 직접노무원가를 제외한 일체의 모든 원가를 말한다. 즉, 특정제품에서 추적하기 어려운 간접재료원가, 간접노무원가, 감독자급료, 감가상각비, 동력비, 보험료, 임대료 등 매우 이질적인 다양한 성격의 비용이 모두 포함된다. 간접재료원가와 간접노무원가를 포함하여, 생산과정에서 발생하는 감가상각비, 설비임차료, 동력비 등의 간접경비는 발생할 때마다 제조간접원가계정의 차변에 기록한다. 제조간접원가계정의 차변에는 성격이 상이한 각종의 제조간접원가 실제발생액을 기록하고, 상세한 내용은 보조계정을 사용하여 기록한다. 따라서 제조간접원가계정은 모든 발생된 제조간접원가를 총괄하여 기록하므로 제조간접원가 통제계정이라고도 부른다. 제조간접원가계정 차변에 기록된 제조간접원가발생액은 예정배부율에 따라 배부된 금액을 원가집계표에 기록하고 재공품계정 차변에 기록한다.

그림 3-5 제조간접원가의 배부

원가집계표

작업번호 A-2013　　착수일 20×1년 3월 1일
부　　서 A15　　완료일
품　　명 운반용 나무상자　　수량 2

직접재료원가		직접노무원가			제조간접원가		
재료청구서 번호	금액	작업전표 번호	소요 시간	금액	소요 시간	배부율	금액
X 1-234	₩110,000	36	8	₩80,000	8	₩5,000	₩40,000

원가요약		출고량		
		일자	수량	재고
직접재료원가	₩110,000			
직접노무원가	80,000			
제조간접원가	40,000			
총원가				
단위당 원가				

제조간접원가의 상당부분이 감가상각비나 임대료와 같은 고정비이기 때문에 계절적인 영향을 많이 받는 제품의 경우라도 제조간접원가는 비교적 일정한 경우가 많을 뿐더러 1개월 또는 1년 이라는 일정기간이 경과해야 금액이 확정되는 경우가 많이 발생한다. 따라서 제조간접원가를 제품원가에 효율적으로 집계하기 위해서는 제조간접원가발생금

액을 사전에 예측하여 적절한 기준에 따라 배부하는 절차를 거치는 것이 바람직할 것이다.

물론 제조간접원가도 실제발생된 원가를 기준으로 배부할 수 있다. 그러나 실제발생액을 기준으로 제조간접원가를 배부할 경우에는 사후적 원가계산을 해야 하기 때문에 기말에 가서야 비로소 제품원가를 알 수 있다는 단점이 있다. 그렇게 되면 원가정보의 적시성을 상실하게 될 뿐만 아니라 판매와 동시에 원가를 계산하는 것이 불가능하기 때문에 제품제조와 판매에 따른 이익을 산출할 수 없어 사전적 원가통제의 어려움을 겪을 수도 있다. 이와 같은 이유로 제조간접원가의 제품원가에의 배부는 실제발생액이 아닌 예정액으로 이루어지는 경우가 대부분이다. 제조간접원가의 배부와 관련한 내용은 제4장에서 자세하게 다루어질 것이다.

작업번호 A-2013 작업을 진행하는 과정에서 발생될 제조간접원가예정액을 배부기준인 직접작업시간으로 나눈 예정배부율이 ₩5,000이라고 가정한다면, 근로자의 직접작업시간 8시간에 예정배부율 ₩5,000을 곱한 ₩40,000이 제조간접원가 예정배부액이 되는 것이다.

제조간접원가를 예정배부율에 따라 제품에 배부할 경우에 실제발생된 제조간접원가와 예정배부된 제조간접원가 사이에는 차이가 발생하게 된다. 이렇게 발생하는 차이를 제조간접원가배부차이라 하고, 이에 대하여는 뒤에서 자세하게 공부할 것이다.

그림 3-6 제조간접원가의 흐름

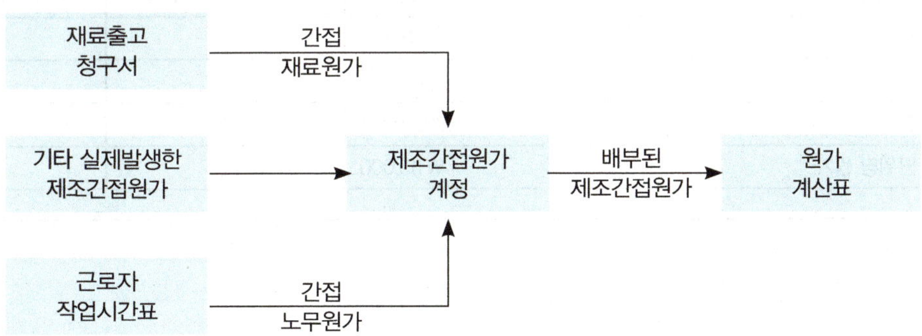

4) 작업원가집계표

작업원가집계표는 개별작업별로 직접재료원가, 직접노무원가, 제조간접원가를 합산하여 집계하는 표이다. 직접재료원가와 직접노무원가는 개별작업에서 직접적으로 추적되고, 제조간접원가는 배부되어 집계된 총제조원가를 생산수량으로 나누면 단위당 원가가 산출되는 것이다.

작업원가집계표를 사용하면 생산된 제품의 단위당 원가를 쉽게 산출할 수 있다. [그림 3-7]에서는 작업번호 A-2013의 경우, 나무상자를 생산하는 데 소요된 직접재료원가와 직접노무원가 그리고 제조간접원가를 작업원가집계표에 집계하면 나무상자 1단위를 생산하는 데 소요된 제품원가가 ₩115,000으로 산출된다는 것을 보여준다.

그림 3-7 작업원가집계표

원가집계표

작업번호 A-2013　　착수일 20×1년 3월 1일

부　　서 A15　　완료일

품　　명 운반용 나무상자　　수량 2

직접재료원가		직접노무원가			제조간접원가		
재료청구서 번호	금액	작업전표 번호	소요 시간	금액	소요 시간	배부율	금액
X 1-234	₩110,000	36	8	₩80,000	8	₩5,000	₩40,000

원가요약		출고량		
		일자	수량	재고
직접재료원가	₩110,000			
직접노무원가	80,000			
제조간접원가	40,000			
총원가	₩230,000			
단위당 원가	₩115,000			

2. 제조원가의 흐름과 회계처리

재료출고청구서에 의해 출고된 재료 중 직접재료는 원가집계표에 금액이 기록되며, 재공품계정의 차변에 기록한다. 간접재료의 경우는 제조간접원가계정 차변에 기록하고 후에 제조간접원가 배부에 의해 재공품계정에 배부된다. 재료원가의 흐름을 [그림 3-8]

과 같이 T계정으로 표시하면 쉽게 이해할 수 있을 것이다.

근로자의 작업전표에 기록된 노무원가 중 직접노무원가는 원가집계표의 직접노무원가에 합산하고, 재공품계정의 차변에 기록해야 한다. 간접노무활동에 대한 급여는 간접재료원가의 경우와 마찬가지로 제조간접원가계정 차변에 기록하고, 후에 제조간접원가 배부를 통하여 재공품계정에 기록된다. 노무원가의 흐름을 T계정으로 표시하면 [그림 3-9]와 같다.

그림 3-8 재료원가의 흐름

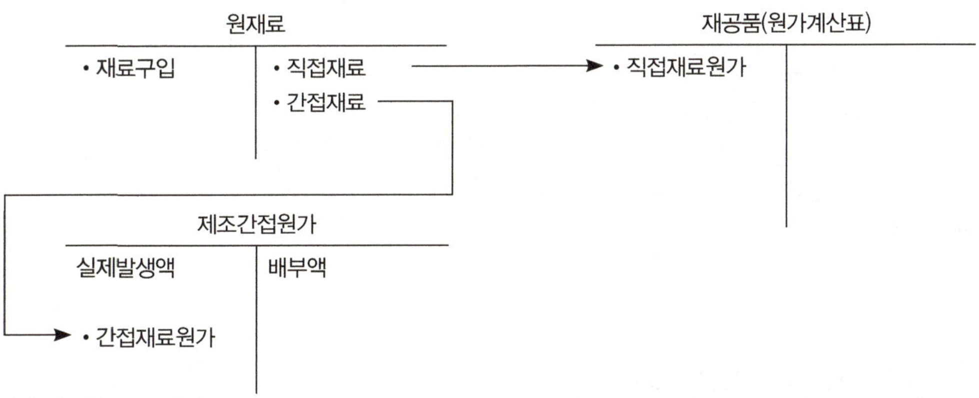

그림 3-9 노무원가의 흐름

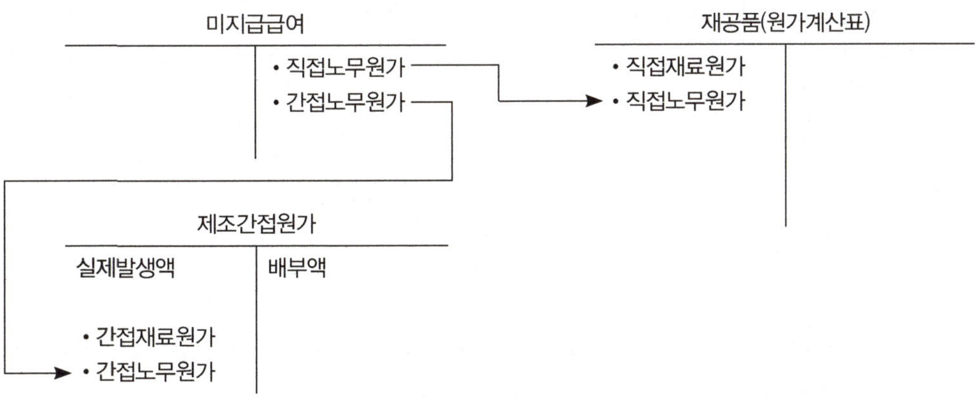

원재료의 투입에서부터 제조간접원가의 배분에 이르기까지 생산과정에서 발생한 제조원가의 흐름을 T계정으로 표시하면 [그림 3-10]과 같이 나타난다.

그림 3-10 **제조원가의 흐름**

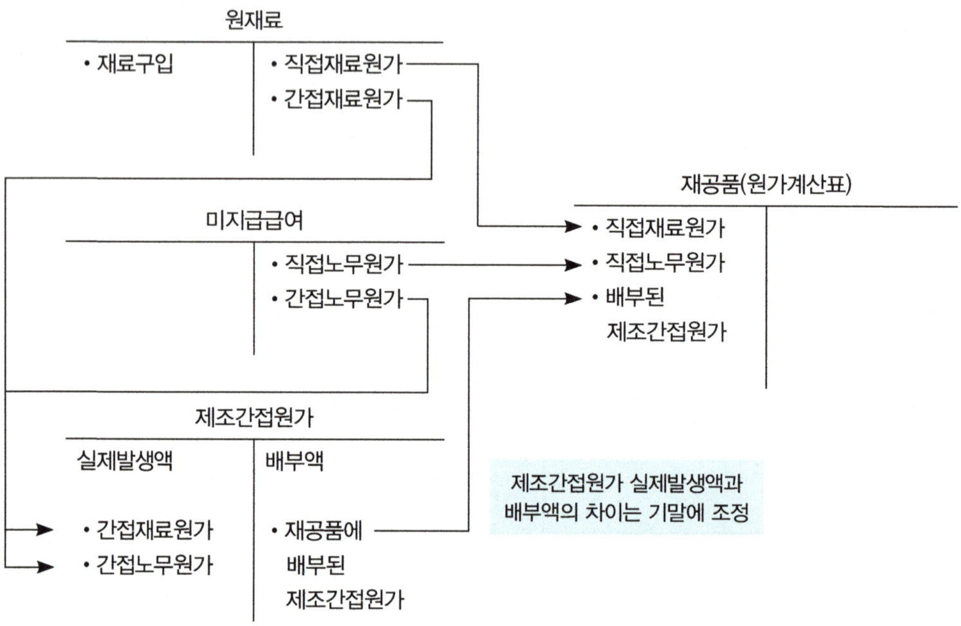

그림 3-11 **재공품과 제품의 흐름**

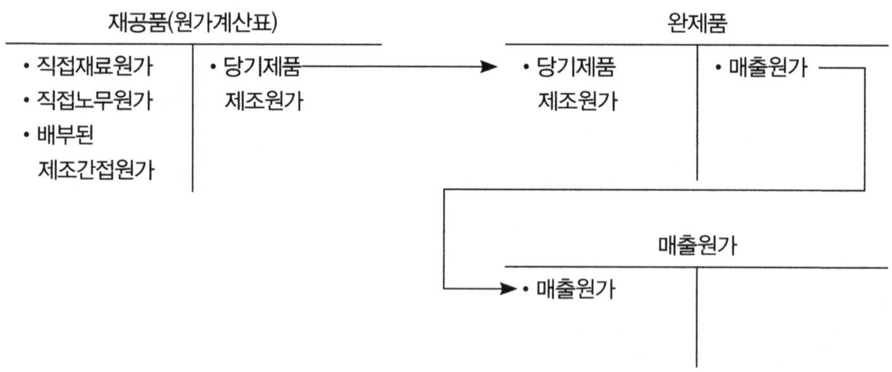

재공품계정에 집계된 직접재료원가, 직접노무원가 그리고 제조간접원가를 합계하면 당기에 제품생산을 위해 소요된 총원가인 당기총제조원가가 된다. 당기총제조원가는 기초재공품금액을 가산하고 기말재공품금액을 차감하면 당기제품제조원가가 산출된다. 당기제품제조원가는 생산이 완료되면 완제품계정에 기록하게 되고, 판매가 이루어지면 완제품계정에서 차감하여 매출원가계정에 기록하게 된다.

제조간접원가예정액을 배부하는 절차는 먼저 1년간 발생할 제조간접원가예산액을 회계기간 초에 결정한다. 결정된 제조간접원가예상액을 기계시간, 작업시간 생산량 등의 적절한 조업기준예정치로 나누면 제조간접원가예정배부율이 산출된다. 이렇게 산출된 제조간접원가예정배부율을 실제제품을 생산하기 위해 발생하는 조업도기준에 곱하여 제조간접원가를 특정제품이나 작업에 배부하게 된다.

$$\text{제조간접원가예정배부율} = \frac{\text{1년간 제조간접원가예상액}}{\text{1년간 배부기준예상치}}$$

제조간접원가예정배부율을 결정할 때 사용하는 배부기준은 주로 직접노무원가, 직접재료원가 등의 원가기준, 직접작업시간이나 기계시간 등의 시간기준, 제품수량이나 중량 등의 수량(산출량)기준 가운데에서 제조간접원가발생과의 상호 연관관계를 고려하여 경영자가 결정하면 된다.

예제 3-1 제품원가의 흐름

㈜북한산은 자동차를 생산 · 판매하고 있다. 20×1년 ㈜북한산은 500개의 타이어를 개당 ₩100,000식 구입하였고, 그 중 430개의 타이어를 사용하였다. 그런데 430개의 타이어 가운데 400개는 생산에 투입되었고, 나머지 30개는 회사판매원의 자동차 타이어를 새것으로 교체하는 데 사용되었다. 생산에 착수한 자동차 가운데 75%는 생산이 완료되었으며 그 중 80%가 판매되었다. 단 연초에 재고자산은 하나도 없었다.

▶ 요구사항

주어진 정보를 이용하여 20×1년 연말에 다음 계정에 나타날 타이어의 원가를 산출하시오.

1) 원재료기말재고　　2) 재공품기말재고
3) 완제품기말재고　　4) 매출원가　　5) 판매비

▶ 풀이

원재료와 재공품 그리고 완제품에 대한 기말재고액을 산출하기 위해서는 재고의 물량흐름을 파악하는 것이 중요하다. 재고의 물량흐름은 다음과 같이 다이아그램으로 작성하여 쉽게 파악할 수 있다.

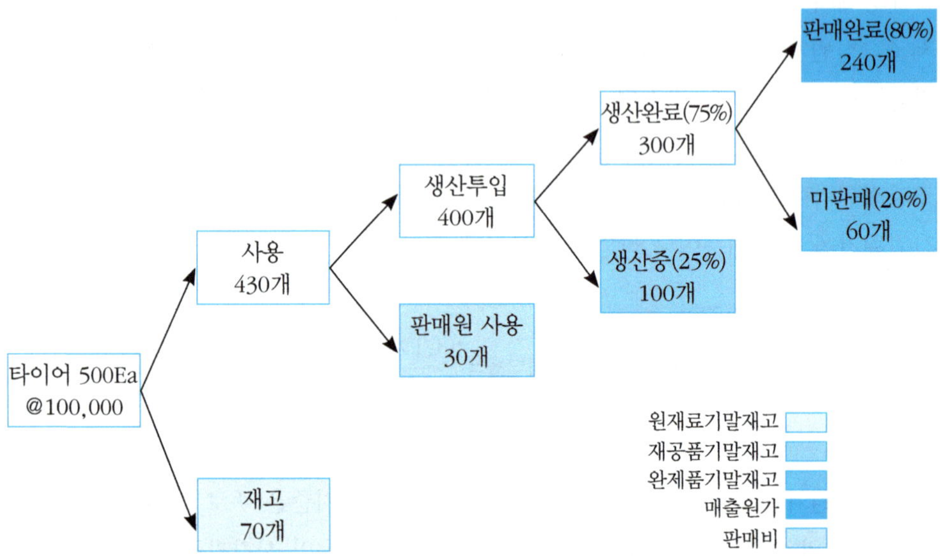

재고에 대한 물량흐름이 파악되면, 각각의 수량에 타이어의 단위당 원가를 적용하여 재고금액을 산출할 수 있을 것이다.

1) 원재료 기말재고

연초에 재고는 없는 것으로 가정하였으므로 원재료의 기초재고는 "0"이다. 따라서 기말재고는 당기구입된 수량에서 자동차의 생산에 사용된 수량과 판매원이 사용한 수량을 차감하여 단위당 원가를 적용하면 산출된다.

원재료기말재고 = (당기구입량−사용수량) × 단위당 원가
= (500개−430개) × ₩100,000
= ₩7,000,000

2) 재공품기말재고

재공품기말재고는 생산에 투입된 수량에서 완성된 수량을 차감하여 단위당 원가를 적용한다.

재공품기말재고 = (당기투입량 − 완성수량) × 단위당 원가
= [400개−(400개 × 75%)] × ₩100,000
= ₩10,000,000

3) 완제품기말재고

완제품기말재고는 생산에 투입하여 완성된 물량 중 기말 현재 판매하지 못한 제품에 포함된 타이어의 수량에 단위당 원가를 적용한다.

완제품기말재고 = (당기완성량−판매수량) × 단위당 원가
= [300개−(300개 × 80%)] × ₩100,000
= ₩6,000,000

4) 매출원가

매출원가는 생산이 완료된 완제품에서 고객에게 판매된 제품의 수량에 단위당 원가를 적용한다.

매출원가 = 당기판매량 × 단위당 원가
= 240개 × ₩100,000
= ₩24,000,000

5) 판매비

판매비는 회사판매원이 사용하는 자동차의 타이어를 교체하는 데 사용된 물량에 대한 비용이다.

판매비 = 판매원이 사용한 타이어 × 단위당 원가
= 30개 × ₩100,000
= ₩3,000,000

:: 쉬어가는 곳 뉴 아이패드 분해해 보니…부품 값, 판매가의 절반

애플이 신형 태블릿PC '뉴 아이패드'를 내놓으면서 부품공급업체를 다양화하고 고(高)마진정책을 썼다고 월스트리트저널이 18일(현지시각) 보도했다. 지난 16일 출시된 뉴 아이패드는 애플 공동창업자인 스티브 잡스 사망 이후 처음으로 내놓은 제품이어서 어떤 식으로 만들었을지 전 세계 IT업계의 관심이 집중됐다.

IT 조사업체 UBM테크인사이트가 '뉴 아이패드' 여러 대를 구입해 분해해 본 결과 629달러(저장용량 16기가바이트 · LTE 제품기준)짜리 제품에 들어간 부품가격은 309달러로 파악됐다고 이 신문은 보도했다. 부품원가는 이전 모델인 '아이패드2'의 원가(248달러)에 비해서는 다소 높아졌다. 지난해 아이패드2가 처음 출시될 시점에는 원가가 276.27달러였으나 시일이 지나면서 원가가 내려갔다.

뉴 아이패드의 부품원가는 실제판매가의 50%도 안 된다. 아이패드가 많이 팔릴수록 애플의 이익도 기하급수적으로 늘어나는 것이다. 애플은 작년 4분기에 매출 대비 37%의 영업이익률을 기록했다. 이번 분석에서 개발비 · 마케팅비 등은 고려되지 않았다.

'뉴 아이패드' 부품단가가 이전 모델에 비해 상승한 것은 더 높은 화질의 디스플레이(화면표시장치)와 더 큰 용량의 배터리가 필요했기 때문이라고 신문은 분석했다. 예를 들어 기존 '아이패드2'의 디스플레이 가격은 49.5달러지만 '뉴 아이패드'는 70달러짜리 고해상도 부품을 사용했다.

뉴아이패드에 쓰이는 주요 부품

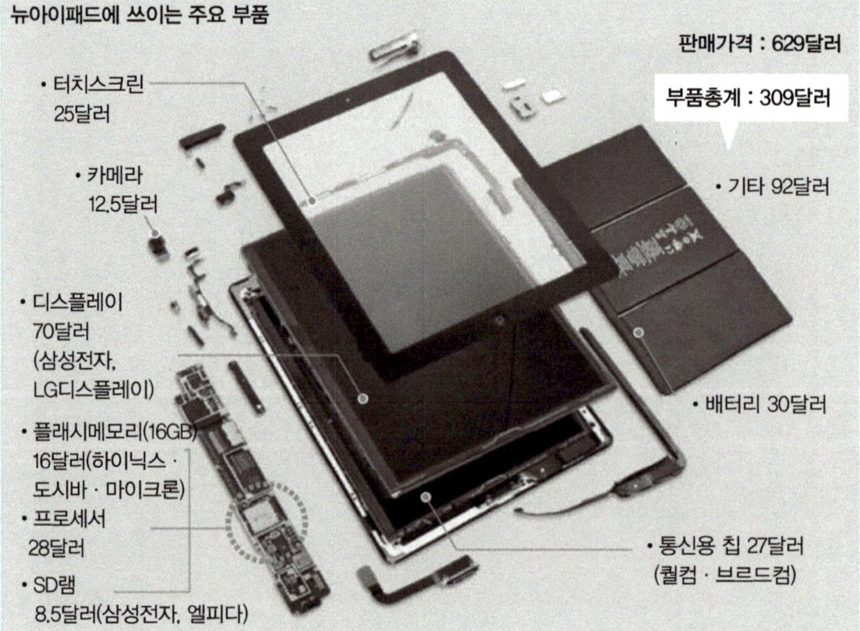

자료 : UBM테크인사이트

아이패드2에는 삼성전자 · LG디스플레이 등의 부품이 주로 쓰였지만 뉴 아이패드는 부품공급처가 더 다양해진 것으로 나타났다. 기존 아이패드2 부품공급업체들 외에 이전에는 쓰이지 않았던 하드웨어 업체들의 명단도 들어 있다.

분석결과 아이패드에 사용된 낸드플래시(데이터 저장기능 반도체)와 디스플레이는 서로 다른 세 곳의 업체 것이 쓰인 것으로 확인됐다. 낸드플래시의 경우 한국의 하이닉스, 미국마이크론, 일본도시바 제품이 사용됐다. 디스플레이는 삼성전자가 독점공급했을 것이라는 일부 추측과 달리 LG디스플레이 제품도 쓰였다. 구체적으로 이름이 확인되지 않은 또 다른 한 업체도 디스플레이를 공급한 것으로 나타났다. 이와 함께 통신용 반도체도 퀄컴과 브로드컴 두 곳이 담당한 것으로 확인됐다.

이 같은 부품업체 다변화전략은 공급업체 간에 경쟁을 유발해 단가를 낮추는 것은 물론 특정납품업체에서 발생할 수 있는 생산차질 위험을 최소화하기 위한 조치라고 월스트리트저널은 분석했다. 특히 최근 1년 사이 일본 대지진, 태국 홍수 등 천재지변이 잦아진 것도 이런 움직임에 한몫했을 것으로 이 신문은 분석했다.

월스트리트저널은 이런 공급의 다변화는 애플의 부품공급망을 오래도록 관리해 온 최고경영자(CEO) 팀 쿡이 주도한 것으로 보인다고 보도했다. 팀 쿡은 CEO에 오르기 전 전 세계 부품공급업체와 공급망을 짜는 일을 담당했다. 애플본사는 이번 분석결과에 대한 WSJ의 문의에 대해 코멘트하기를 거부했다.

자료 : 조선일보, 2012. 3. 20.

연 | 습 | 문 | 제

01 제2차 세계대전 이후 반세기에 걸쳐서 변화되어 온 세계경제의 시대적 배경과 기업환경에 따라서 여러 가지 원가관리기법들이 개발되어 왔다. 각각의 원가관리기법들에 대한 다음 설명 중 가장 타당하지 않은 것은? (CPA, 2002)

① 표준원가계산은 자원이 부족하던 시기에 기업들이 조직내부적 효율성을 증대시키기 위한 것으로서, 간접원가보다 상대적으로 비중이 큰 직접원가의 관리에 초점을 두고 있다.

② 변동원가계산은 세계경제의 구매력 향상에 따른 대량생산체제하에서 조업도의 확대를 통한 규모의 경제를 달성하기 위한 원가분석방법으로서, 고정제조간접원가를 제품원가에 포함시키지 않는 방법이다.

③ 현금창출률회계(throughput accounting)는 제약자원이론(theory of constraints)과 관련하여 대두된 것으로서, 재료원가를 제외한 운영비용의 절감에 일차적 초점을 두며 재고관리를 강조하고 있다.

④ 활동기준원가계산은 다품종소량생산체제, 설비투자로 인한 간접원가의 증가 등과 같은 기업환경하에서 직접원가보다는 간접원가의 정확한 배분에 일차적 초점을 두고 있다.

⑤ 목표원가계산(target costing)은 컴퓨터, 자동차 등 조립형 산업에서 주로 활용되는 것으로서, 시장중심의 목표원가와 생산중심의 표준원가와의 차이를 줄이려는 노력을 원가절감의 일차적 대상으로 삼고 기술개발과 디자인 등에 주력한다.

02 다음 원가계산에 관련된 설명 중 타당하지 않은 것은? (전산세무 2급, 2010)

① 원가회계는 일반적으로 회사내부 정보이용자에게도 유용한 정보를 제공한다.

② 제조원가명세서가 작성되었더라도 제품매출원가를 알 수 있는 것은 아니다.

③ 제조과정에 있는 모든 제조기업의 원가계산은 기업회계기준에서 정한 동일한 원가계산방식에 의해서 하여야 한다.

④ 제조원가에 해당하는 금액을 발생 즉시 비용처리하였다면 당기총제조원가를 과소계상하게 된다.

03 원가계산방법에 대한 설명 중 틀린 것은? (전산회계 1급, 2011)

① 실제원가계산은 직접재료원가, 직접노무원가, 제조간접원가를 실제원가로 측정하는 방법이다.

② 정상원가계산은 직접재료원가는 실제원가로 측정하고, 직접노무원가와 제조간접원가를 합한 가공원가는 예정배부율에 의해 결정된 금액으로 측정하는 방법이다.

③ 표준원가계산은 직접재료원가, 직접노무원가, 제조간접원가를 표준원가로 측정하는 방법이다.

④ 원가의 집계방식에 따라 제품원가를 개별작업별로 구분하여 집계하는 개별원가계산과 제

조공정별로 집계하는 종합원가계산으로 구분할 수 있다.

04 ㈜북한산은 5월중 ₩43,000의 직접재료를 구입하였다. 5월중 제조간접원가의 합은 ₩27,000, 총제조원가는 ₩106,000이었다. 직접재료의 5월초 재고가 ₩8,000, 5월말 재고가 ₩6,000이었다면 5월중 직접노무원가는 얼마인가? (세무사, 2004)

① ₩34,000 ② ₩38,000 ③ ₩36,000
④ ₩45,000 ⑤ ₩35,000

05 ㈜북한산의 1월중 발생한 비용과 재고자산 자료는 다음과 같다.

1월중 발생비용		재고자산	1월초	1월말
직접노무원가	₩300,000			
감가상각비-공장	50,000	재공품	₩1,000,000	₩800,000
감가상각비-영업점포	50,000	직접재료	300,000	100,000
공장감독자급여	100,000			
그 밖의 제조간접원가	200,000			

1월중 직접재료의 매입은 발생하지 않았다. 이 회사의 1월 당기제품제조원가는 얼마인가? (CPA, 2001)

① ₩850,000 ② ₩900,000 ③ ₩1,050,000
④ ₩1,100,000 ⑤ ₩1,200,000

06 ㈜북한산은 개별원가계산제도를 채택하고 있다. 제품 A의 제조와 관련한 다음의 자료를 토대로 당기에 발생한 제품 A의 직접재료원가를 구하면 얼마인가? (세무사, 2005)

- 당기총제조원가 : ₩6,000,000
- 당기제품제조원가 : 4,900,000

* 제조간접원가는 직접노무원가의 60%가 배부되었는데, 이는 당기총제조원가의 25%에 해당한다.

① ₩4,125,000 ② ₩2,000,000 ③ ₩4,500,000
④ ₩3,600,000 ⑤ ₩900,000

07 20×1년 1월 5일에 영업을 시작한 ㈜북한산은 20×1년 12월 31일에 직접재료재고 ₩5,000, 재공품재고 ₩10,000, 제품재고를 ₩20,000 가지고 있었다. 20×2년에 영업실적이 부진하자 이 회사는 동년 6월말에 재료와 재공품재고를 남겨두지 않고 전량 제품으로 생산한 뒤 싼 가격으로 처분하고 공장을 폐쇄하였다. 이 회사의 20×2년의 원가를 큰 순서대로 정리하면? (CPA, 1999)

① 매출원가, 당기제품제조원가, 당기총제조원가
② 매출원가, 당기총제조원가, 당기제품제조원가
③ 당기총제조원가, 당기제품제조원가, 매출원가
④ 모두 금액이 같다.
⑤ 매출원가만 높고, 당기제품제조원가와 당기총제조원가는 같다.

08 **㈜북한산은 정상원가시스템하에서 개별원가계산을 사용한다. 20×1년 4월 한 달 동안 재공품 계정의 내역은 다음과 같다.**

기초잔액	₩4,000	직접재료원가	₩24,000
직접노무원가	16,000	제조간접원가	12,800
제품계정으로의 대체액	48,000		

회사는 제조간접원가를 제품에 배부할 때, 예정제조간접원가율을 사용하며 당기의 제조간접원가예정배부율은 직접노무원가의 80%이다. 당기에 새로 시작한 작업 #5가 4월말 현재 유일하게 완성되지 않은 작업이며 작업#5를 완성하는 데 예정된 직접노무원가는 ₩3,000이지만 당기에 투입된 실제직접노무원가는 ₩2,000이다. 작업 #5에 지금까지 투입된 직접재료원가는 얼마인가? (세무사, 2002)

① ₩3,300 ② ₩5,200 ③ ₩8,000
④ ₩8,800 ⑤ ₩16,000

Chapter 04

원가의 배부-Ⅰ (지원부문원가의 배부)

CHAPTER 04 원가의 배부-I (지원부문원가의 배부)

제1절 원가배부의 기본개념

1. 원가배부의 의의와 목적

기업이 존재하는 궁극적인 목적은 다양한 경영활동을 통한 이윤창출로 기업의 가치를 상승시켜 소유주인 주주들의 부를 극대화하기 위함이다. 이러한 목적을 달성하기 위하여 기업은 이윤을 극대화하기 위한 다양한 활동을 전개하고 있으며, 그 활동들은 운영(영업)활동과 재무활동 그리고 투자활동으로 대별된다. 그 가운데 운영활동은 다시 제품의 제조활동과 판매활동 그리고 이들 활동이 원활하게 수행될 수 있도록 지원하는 지원활동으로 분류할 수 있다.

회계학에서는 경영활동에서 발생하는 다양한 종류의 비용들을 활동별로 구분하여 회계처리하는 방법을 채택하고 있다. 경영활동 가운데서 기업 고유목적을 달성하기 위해 발생한 비용, 즉 제품 또는 서비스의 생산 및 판매와 관련된 운영활동비용을 영업비용으로 구분하여 처리한다. 그리고 기업경영에 필요한 자금을 조달하는 재무활동과 조달한 자금을 경영목적상 필요한 자원을 취득하는 데 활용하는 투자활동에서 발생한 비용은 기업의 주된 영업활동 범위를 벗어난 것으로 간주하여 영업외비용으로 처리한다. 영업비용은 다시 제품의 제조활동에서 발생한 비용은 제품원가, 제조활동을 제외한 나머지 운영활동에서 발생한 비용은 판매비와 관리비로 분류된다. 이러한 비용들 가운데 제조활동의 결과로 발생하는 제품원가에 대한 부분이 원가회계에서 중요하게 다루어진다.

그림 4-1 기업활동과 발생비용

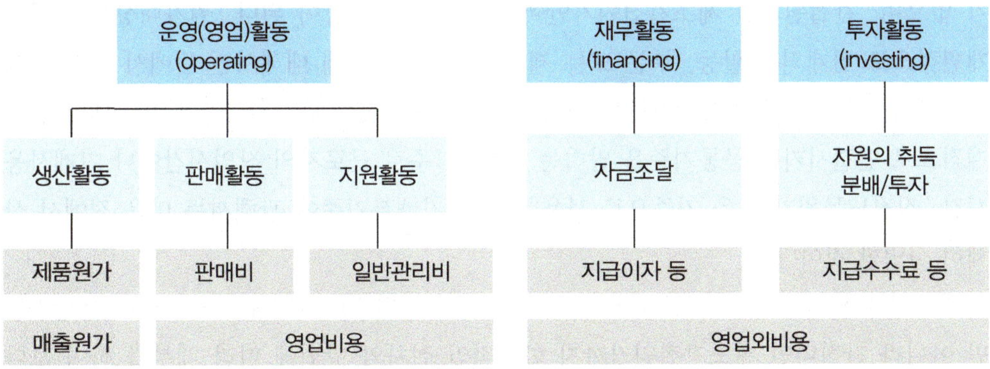

제품원가는 제품을 제조하는 과정에 직 · 간접적으로 관련된 부문에서 발생한 원가로 구성된다. 이러한 원가들을 적절한 기준에 따라 완성된 제품에 배부함으로써 제품의 단위당 원가를 산정할 수 있다.

그러나 제품원가 중에서 제조활동에 직접적으로 참여한 부문의 원가는 추적하여 제품에 직접부과할 수 있지만, 제조활동을 간접적으로 지원한 부문의 원가는 제품의 제조와 직접적인 연관이 없기 때문에 생산된 제품에 원가를 직접적으로 부과할 수는 없다. 즉, 제품생산을 위해 사용된 재료의 양(직접재료원가)이나 제품의 제조를 위해 직접 작업에 종사한 종업원의 인건비(직접노무원가)는 비교적 쉬운 절차로 제품별 직접추적이 가능하다. 그러나 제조활동에 관여를 했다 할지라도 감독자의 인건비나 공장건물의 감가상각비와 같은 비용(제조간접원가)은 제품의 제조와 직접적인 연관관계를 찾기 어렵다. 이와 같이 직접재료원가와 직접노무원가는 직접추적이 가능한 원가로 발생한 원가를 직접 제품에 부과하는 데 별 어려움이 없다. 그러나 감독자의 급여나 건물의 감가상각비와 같은 제조간접원가의 경우는 다양한 형태와 장소에서 발생하는 원가로 직접추적이 불가능하여 제품에 직접부과할 수 없다. 따라서 이들 제조간접원가는 일정한 기준에 따라 제품에 배부하는 절차를 따르게 된다. 이와 같이 발생된 제조간접원가를 합리적인 기준에 따라 제품에 배부하는 방법과 절차를 원가배부라고 한다.

즉, 원가배부란 제품의 생산과정을 통하여 원가풀에 집적된 원가를 관련된 활동, 부문, 또는 제품 등의 원가대상에 배부하는 것을 말하며, 일정한 원가배부기준에 따라 발생된 원가를 각 관련된 원가대상에 대응시키는 과정을 의미한다. 이때 직접재료원가나 직접노무원가는 개별제품별로 추적가능한 직접원가이기 때문에 원가대상에 배부할 필요가 없으며, 간접원가인 제조간접원가만이 배부원가의 대상이 된다. 원가대상은 원가가 개별적으로 집계되는 활동, 부문 또는 제품을 말한다. 이에 대해서는 뒤에서 다시 자세히 설명할 것이다. 원가배부기준은 원가 또는 원가의 집합체인 원가풀을 원가대상과 체계적으로 연결시키는 공통기준을 말하는 것으로, 주로 근로자의 작업시간이나 기계사용시간, 직접노무원가 등을 기준으로 사용한다. 원가배부기준에 관해서는 다음 절에서 상세히 설명할 것이다.

원가배부를 하는 목적은 제품을 제조하는 데 소요된 직접재료원가와 직접노무원가뿐만 아니라 간접비인 제조간접원가까지 합리적인 절차와 방법에 따라 배부를 하여 보다 정확한 제품원가를 산정, 회계정보이용자들에게 제공함으로써 그들의 효율적인 의사결정에 도움을 주기 위함이다. 재무회계에서는 제품의 매출원가와 기말재고자산가치를 정확히 결정하여 외부이용자들에게 제공하는 것을 목적으로 하고, 관리회계에서는 가격결정이나 의사결정 그리고 성과평가 및 통제를 위한 제품원가를 제공함으로써 경영자의 효율적인 의사결정에 도움을 주기 위한 것을 목적으로 한다.

2. 원가배부 관련용어

1) 원가풀(cost pool)

제품의 제조과정을 통해 발생된 원가가 집계되어 있는 원가의 집합을 원가풀이라고 한다. 원가풀은 발생기준, 발생원천 또는 발생된 원가의 내용에 따라 결정하게 되는데, 원가풀의 범위를 넓게 정의하면 원가풀의 숫자는 줄어들게 되고 범위를 좁히면 원가풀의 숫자는 늘어나게 된다. 예를 들어 기업전체를 하나의 원가풀로 정의할 수도 있으며, 특정제품을 생산하는 부문을 하나의 원가풀로 정의할 수도 있다.

만일 원가풀의 범위를 좁게 정의하여 원가풀의 숫자를 늘리면, 원가풀에 포함된 원가의 내용을 정확하게 반영한 원가배부기준을 설정할 수 있으므로 원가를 정확하게 배부할 수 있으나 복잡한 절차를 거쳐야 하므로 시간과 비용이 많이 소모되는 단점이 있다.

반대로 원가풀의 범위를 넓게 정의하여 원가풀의 숫자를 줄이면, 원가배부는 간단하게 할 수 있으나 원가배부의 정확성이 떨어지는 문제점이 발생한다. 따라서 원가계산 목적에 따라 원가풀의 범위를 적정하게 설정할 필요가 있다.

2) 원가배부기준(cost allocation base)

원가풀의 범위가 정의되면, 원가풀에 집계된 원가를 원가대상에 배부하는 합리적인 배부기준을 결정해야 한다. 원가배부기준은 다양한 인과관계에 따라 합리적으로 그 기준을 결정하는 것이 원칙이며, 주로 서비스를 제공받는 부문의 종업원수, 직접노동시간, 부문의 자본투자액 등이 사용된다. 만일 원가배부기준이 합리적이지 못하다면 정확한 원가배부가 이루어지지 않아 원가배부의 목적을 달성하지 못할 수도 있다. 일반적으로 이용되는 원가배부기준은 다음과 같은 기준에 의해 선정된다.

(1) 인과관계기준

인과관계기준은 원가풀과 원가대상 간에 인과관계가 존재하도록 원가를 배부하는 것을 의미한다. 예를 들어 공장에서 발생한 전력요금을 각 부문에 배부할 경우에 전력사용량을 기준으로 배부한다거나, 건물임대료의 배부기준으로 건물 점유면적을 사용하는 경우가 인과관계기준에 해당된다고 할 수 있다.

(2) 수혜기준

수혜기준은 각 원가대상이 공통원가로부터 제공받은 경제적 효익의 정도에 따라 원가를 배부하는 기준을 정하는 것이다. 예를 들어 기업의 통합이미지 제고를 위한 광고료를 배부할 때 광고로 인한 효과 정도에 따라 각 부문에 광고료를 배부하는 경우가 이에 해당된다.

(3) 부담능력기준

부담능력기준은 각 원가대상이 원가를 부담할 수 있는 능력에 비례하여 원가를 배부하는 기준을 설정하는 것이다. 예를 들어 기업에서 발생한 광고료를 배부할 때 각 부문의 매출액이나 순이익을 기준으로 배부할 경우가 이에 해당된다.

(4) 성과공평성기준

성과공평성기준은 원가배부는 공정하고 공평하게 이루어져야 한다는 기준으로서 각 부문의 성과 정도에 따라 원가를 배부하는 기준이다. 이 방법은 가장 정확하게 원가를 배부할 수 있는 기준이지만, 현실에서 적용하기가 어렵다.

3) 원가대상(cost objective)

원가대상은 원가가 개별적으로 집계되는 활동이나 부문 또는 제품을 의미한다. 원가대상이 활동인 경우는 나중에 학습하게 될 활동원가계산의 활동단위별로 원가를 배부하는 것을 말하며, 부문은 발생된 원가를 각 부문, 즉 조립부문이나 도장부문 등에 배부하는 것을 말한다. 제품이 원가대상이 되는 경우는 발생된 원가를 제품단위별로 배부하여 집계하는 것을 말한다. 기간의 경우도 원가대상이 될 수 있는데 감가상각비를 각 기간별로 배부하는 것이 그 예이다. 이와 같이 발생된 원가를 배부하는 대상을 원가대상이라고 하며, 활동, 부문, 제품, 기간 등이 원가대상이 된다.

원가대상은 또 중간원가대상과 최종원가대상으로 구분할 수 있다. 집계된 원가를 최종원가대상에 배부하기 전에 일시적으로 집계되는 원가대상을 중간원가대상이라고 하고, 원가계산 목적에 따라서 설정한 원가의 최종집결대상을 최종원가대상이라고 한다. 예를 들어 원가계산 목적이 제품원가를 산정하는 것이라면 원가풀에 집계된 원가를 부문별로 배부한 다음, 각 부문에 집계된 원가를 다시 제품에 배부하게 될 것이다. 이때 원가가 1차적으로 집계되는 각 부문이 중간원가대상이 되고, 제품이 최종원가대상이 된다.

4) 보조부문(지원부문)

기업의 조직은 그 역할에 따라 제조부문과 보조부문으로 분류할 수 있다. 제조부문은 제품의 제조에 직접적으로 참여하는 부서로 생산부, 가공부, 조립부 등의 부서를 통칭하는 용어이다. 보조부문은 서비스부문 또는 지원부문이라고도 하며, 제품생산에 직접 참여하지는 않지만 제품의 제조와 관련하여 보조적인 역할을 하는 부서를 통칭하는 용어이다. 기계의 수선을 위한 영선부, 건물이나 시설관리를 위한 시설부, 구매부, 생산관리부 등이 대표적인 지원부서에 해당한다.

제2절 제조간접원가의 배부

제품의 제조와 관련하여 발생한 제조간접원가의 배부는 [표 4-1]과 같이 3단계로 구분하여 설명할 수 있다. 1단계는 공장전체에서 발생한 공통제조원가를 각 부문에 배부하는 단계이다. 즉, 공장건물에 대한 임대료나 감가상각비, 전력요금 등과 같이 공장전체에 부과되는 원가를 합리적인 배부기준에 따라 제조부문과 지원부문 등으로 배부하는 단계이다. 이 단계에서는 원가배부기준만 합리적으로 선택된다면 발생된 원가를 각 부문에 배부하는 데 큰 문제는 발생하지 않는다.

2단계는 지원부문의 원가를 제조부문으로 배부하여 제품과 관련하여 발생된 모든 원가를 제조부문에 집계하는 단계이다. 즉 시설부나 구매부, 생산관리부와 같은 지원부문에서 자체적으로 발생한 원가와 1단계에서 배부된 공통제조원가를 제조부문에 배부하는 단계이다. 지원부문에서 발생된 원가를 제조부문에 배부하는 가장 근본적인 이유는 지원부문에서 발생한 원가는 제품의 제조와 직접적인 연관관계가 없어 최종원가대상인 제품에 원가를 직접배부하기가 곤란하기 때문이다. 따라서 비제조부문에서 발생된 모든 원가를 제조부문에 먼저 배부하는 것이다.

3단계는 제조부문에 집계된 원가를 최종원가대상인 제품에 배부하는 단계이다. 1단계에서 배부된 공통제조원가와 2단계에서 배부된 지원부문의 배부원가, 그리고 제조부문에서 자체발생한 제조간접원가를 최종제품이나 서비스에 배부하는 단계이다. 앞서 설명한 대로 제조부문에서 발생한 원가라 하더라도 직접재료원가와 직접노무원가는 추적이 가능한 직접원가이기 때문에 배부대상에서 제외하고 제조간접원가만을 배부대상으로 삼는다.

1단계 공통제조간접원가의 배부와 2단계 지원부문원가의 제조부문으로의 배부는 이 장에서 다루고, 3단계 제조부서에 집계된 제조간접원가를 최종원가대상인 제품에 배부하는 내용은 다음 장에서 다루기로 한다.

표 4-1 제조간접원가의 배부단계

	배분기준	지원부서 A	지원부서 B	제조1부	제조2부	제품 1	제품 2
		×××,×××	×××,×××	×××,×××	×××,×××		
부서자체발생원가							
원가의 배부							
1단계 : 공통제조간접원가의 배부		××,×××	××,×××	××,×××	××,×××		
공장임대료(감가상각비)	사용면적	××,×××	××,×××	××,×××	××,×××		
수도광열비	사용량	×,×××,×××	×,×××,×××	×,×××,×××	×,×××,×××		
2단계 : 지원부문 경비배부							
직접배부법		(×××,×××)	(×××,×××)	×××,×××	×××,×××		
단계배부법		(×××,×××)	(×××,×××)	×××,×××	×××,×××		
상호배부법							
		0	0	×,×××,×××	×,×××,×××		
3단계 : 제조부서의 간접비배부							
직접재료원가	직접배부			(×××,×××)	(×××,×××)	×××,×××	×××,×××
직접노무원가	직접배부			(×××,×××)	(×××,×××)	×××,×××	×××,×××
변동제조간접원가	실제조업도			(×××,×××)	(×××,×××)	×××,×××	×××,×××
고정제조간접원가	최대조업도			(×××,×××)	(×××,×××)	×××,×××	×××,×××
				0	0	×,×××,×××	×,×××,×××

1. 공통제조원가의 배부

공통제조원가의 배부는 공장전체에 발생된 제조간접원가를 배부대상 간의 인과관계를 고려하여 선정한 배부기준에 따라 배부하는 간단한 절차이다. 공통제조원가의 배부는 원가풀에 집계된 원가의 성격과 원가대상 간에 인과관계가 존재하는 배부기준을 선정하는 것이 필요하다. 예를 들어 [표 4-2]에 나타난 바와 같이 건물에 대한 감가상각비와 보험료는 점유면적을 기준으로, 기계장치의 감가상각비는 기계사용시간에 따라, 전력요금은 전력사용량을 기준으로, 복리후생비는 종업원의 수나 노무원가를 기준으로 발생된 비용을 원가대상에 배부하면 된다. 실제 기업에서는 공통제조간접원가가 발생하는 시점에 각 부서별로 공통제조간접원가를 배부하는 절차를 거친다.

표 4-2 | 공통제조원가의 배부기준

공통제조원가	배부기준
건물의 감가상각비, 보험료, 건물임차료 등	점유면적
기계감가상각비	기계사용시간
전력요금	전력사용량
복리후생비	종업원수 또는 노무원가

2. 지원부문원가의 배부

1) 지원부문원가배부의 의의

원가를 배부하는 방법을 설명하기 전에 지원부문과 제조부문에 대하여 간단하게 설명하면, 제조부문은 원재료를 가공하여 완제품을 만드는 제품의 제조와 직접적으로 관련이 있는 활동을 수행하는 부문을 지칭하는 용어이다. 흔히 말하는 생산부, 절삭부, 조립부, 도장부 등이 제조부문에 해당된다.

지원부문은 제조활동에 직접적으로 참여하지는 않지만 제품의 생산이 원활하게 이루어질 수 있도록 도와주거나 지원하는 부문을 칭한다. 시설부, 생산관리부, 전산부 등이 지원부문에 해당된다. 지원부문에서 발생된 원가는 제조활동에서 직접적으로 추적할 수 없는 간접원가이기 때문에 제조간접원가로 분류한다. 그러나 지원부문의 활동단위는 제조부문의 활동단위와 전혀 다르기 때문에 제품에 원가를 직접 할당할 수 없다. 따라서 지원부문에서 발생된 원가를 제조부문으로 배부할 필요가 있다.

그러면 지원부문의 원가배부는 관리회계적인 측면에서 어떠한 의미를 가지고 있을까? 먼저 지원부문에서 제조부문으로의 원가배부는 제조부문에 대한 서비스의 내부적인 판매로 간주할 수 있다. 만일 지원부문의 지원이 내부적으로 이루어지지 않는다고 가정하면 제조부문에서는 관련된 서비스를 외부에서 구입하거나 지원받아야 하며, 제공된 서비스에 상응하는 적정한 대가를 지불해야 할 것이다. 이러한 원리에 따라 동일한 서비스를 기업의 내부에서 지원받는다면 제조부문은 지원부문으로부터 제공받는 서비스에 대한 적정한 가격을 지불해야 할 것이다. 이때 지불해야 하는 적정한 대가가 지원부문으로부터 배부받는 원가이다.

만일 지원부문의 서비스에 대한 배부가격이 적정하지 않을 경우에는 다양한 문제가 발생할 수 있다. 먼저 배부가격이 낮을 경우에는 서비스를 이용하는 제조부문에서 지나치게 많은 서비스를 요구할 수 있다. 그렇게 되면 지원부문에서는 경제적으로 제공할 수준 이상의 서비스 부담이 발생하여 효율적으로 운영될 수 없다. 또한 지원부문에서 제공하는 서비스비용을 적절하게 평가할 수 없을 뿐만 아니라 서비스 품질을 평가할 수 있는 기준도 없어지게 될 것이다. 반대로 배부가격이 높을 경우에는 제조부문에서 지원부문 서비스의 이용을 원하지 않아 지원부문의 존재이유가 없을 것이다. 따라서 적정한 지원부문원가배부는 지원부문이 제공하는 서비스의 품질을 높일 수 있을 뿐만 아니라 지원부문을 효율적으로 운영할 수 있는 근거가 된다.

2) 지원부문원가배부의 목적

지원부문의 원가를 제조부문으로 배부하는 목적은 앞에서 살펴본 원가배부의 목적과 크게 다르지 않다. 즉, 제조부문 이외에서 발생한 원가를 제품에 적절하게 배부함으로써 재고자산이나 매출원가의 가치를 적정하게 계상하여 제품의 생산계획이나 가격결정 등의 의사결정을 효율적으로 내릴 수 있도록 이용자들에게 제공하는 것이다. 또한 기업내부적으로는 각 부서의 업적평가 및 통제 등의 목적을 효율적으로 수행하기 위해 필요하다.

3) 지원부문원가배부의 방법

지원부문원가를 제품에 배부하기 위해서는 먼저 지원부문원가를 중간원가대상인 제조부문에 1차적으로 배부한 다음, 제조부문에서 발생된 제조간접원가와 함께 최종원가대상인 제품에 배부한다. 여기에서는 지원부문에서 발생한 원가를 중간원가대상인 제조부문으로 배부하는 절차를 살펴보도록 하겠다. 지원부문의 원가를 제조부문에 배부할 경우, 지원부문과 제조부문이 각각 하나의 부서로만 이루어져 있을 때에는 단순하게 지원부문에서 발생한 원가를 제조부문으로 이전하는 절차만 거치면 되겠지만, 대부분의 기업에서 지원부문과 제조부문은 최소 2개 이상의 부서로 이루어져 있다. 이러한 경우, 지원부문 상호 간에도 다른 지원부문을 위해 서비스를 제공할 수 있으며, 이에 따른 비용이 발생한다. 따라서 지원부문 상호 간에 발생한 서비스에 대한 원가를 어떻게 배부할 것인지 또는 지원부문 상호 간의 원가배부의 우선순위를 어떻게 결정할 것인지 등의 문제가 발생할 수 있다.

그림 4-2 원가의 배부단계

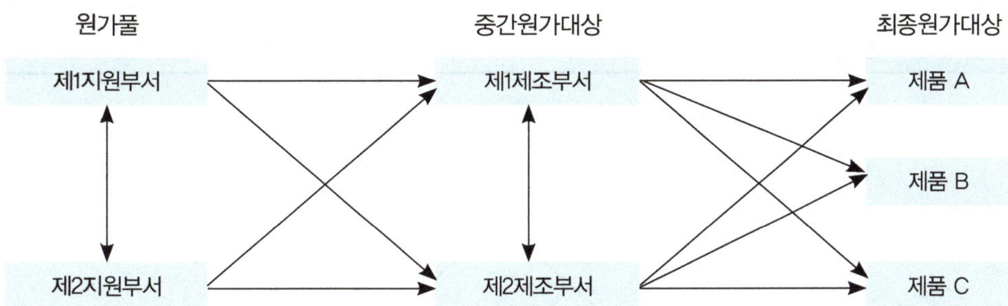

[그림 4-2]에 나타난 바와 같이 기업전체적으로 제1지원부서와 제2지원부서의 2개의 지원부문이 존재하고, 제조부문 또한 제1제조부서와 제2제조부서가 존재할 경우, 지원부서의 원가를 제조부서로 배부하는 방법은 다양하게 존재할 것이다. 먼저 제1지원부서의 원가를 제1제조부서와 제2제조부서에 적정한 배부기준에 따라 배부한 후 제2지원부서의 원가를 제1제조부서와 제2제조부서에 배부할 수 있다. 또 다른 방법으로는 제1지원부서의 원가를 제2지원부서와 제1제조부서 그리고 제2제조부서에 먼저 배부한 후 제2지원부서의 원가를 제1지원부서에서 배부받은 원가와 함께 제1제조부서와 제2제조부서에 배부하는 방법도 생각할 수 있다. 또는 제1지원부서의 원가를 제2지원부서와 2개의

제조부서에 배부한 후, 제2지원부서의 원가와 배부받은 제1지원부서의 원가를 제1지원부서와 2개의 제조부서에 배부하는 방법도 있을 것이다. 더욱 복잡한 경우에는 제조부서 상호 간에도 지원받은 부문에 대하여 원가를 배부하는 경우가 발생할 수 있다. 이렇게 지원부문의 원가를 배부하는 방법에는 다양한 방법과 절차를 적용할 수 있으나, 원가회계에서는 직접배부법, 단계배부법 그리고 상호배부법의 세 가지 방법을 채택하고 있다.

(1) 직접배부법(direct allocation method)

직접배부법은 지원부문에서 발생한 원가를 제조부문으로만 배부하는 방법이다. 이 방법은 지원부문에서 발생된 원가는 궁극적으로 제조부문에 배부된다는 개념에 기초하여 다른 지원부문으로의 원가배부는 고려하지 않는다. [그림 4-3]에서 보는 바와 같이 지원부문 A에서 발생한 원가를 합리적인 배부기준에 따라 제조부문 X와 Y에 배부하고, 지원부문 B에서 발생한 원가 또한 배분기준에 따라 제조부문 X와 Y에 배부하면 된다. 직접배부법은 지원부문의 원가를 가장 간단하게 제조부문으로 배부할 수 있는 방법으로, 가장 많이 사용된다.

그림 4-3 직접배부법

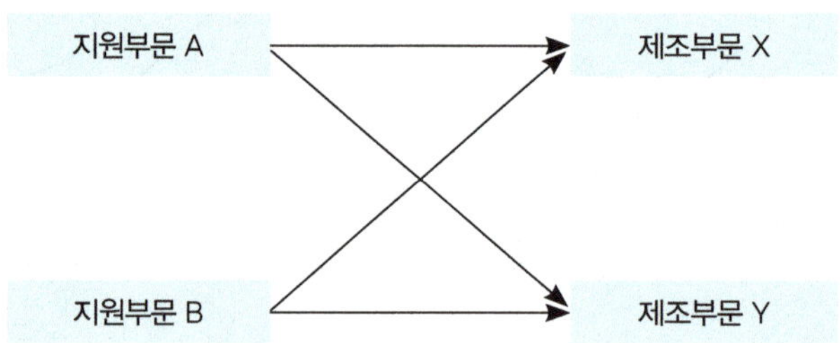

(2) 단계배부법(step-down allocation method)

단계배부법은 지원부문 상호 간의 서비스지원을 일부 고려하는 방법이다. 즉 다른 지원부문에 대한 서비스지원으로 인해 발생한 원가를 다른 지원부문에 일부 배부하는 방법이다. 그러나 이 경우에도 배부의 절차를 단순하게 하기 위하여 먼저 원가를 배부한 지원부문은 다른 지원부문으로부터 원가를 배부받지 않는 것으로 규정하고 있다. 즉, 지원부문 A에서 발생한 원가를 지원부문 B에 배부했다면, 지원부문 B에서 발생한 원가는 지원부문 A에 배부하지 않는 방법이다. 그러므로 단계배부법에서는 어떤 지원부문의 원가를 먼저 배분하느냐에 따라서 각 제조부문에 배부되는 원가금액이 달라질 수 있다. 단계배부법을 적용할 경우에는 다른 지원부문에 가장 많은 지원을 제공한 순서대로 원가를 배부하도록 규정하고 있다.

[그림 4-4]에서 지원부문 A의 원가가 지원부문 B의 원가보다 크다고 가정하고 단계배부법을 적용하여 지원부문의 원가를 배부한다면 지원부문 A에서 발생한 원가를 먼저 지원부문 B와 제조부문×그리고 제조부문 Y에 배부한 다음, 지원부문 B에서 발생한 원가와 지원부문 A에서 배부받은 원가를 제조부문 X와 제조부문 Y에 배부하는 절차를 거치게 된다. 지원부문 B는 지원부문 A로부터 원가를 배부받았기 때문에 지원부문 A에게는 원가를 배부하지 않는다.

그림 4-4 단계배부법

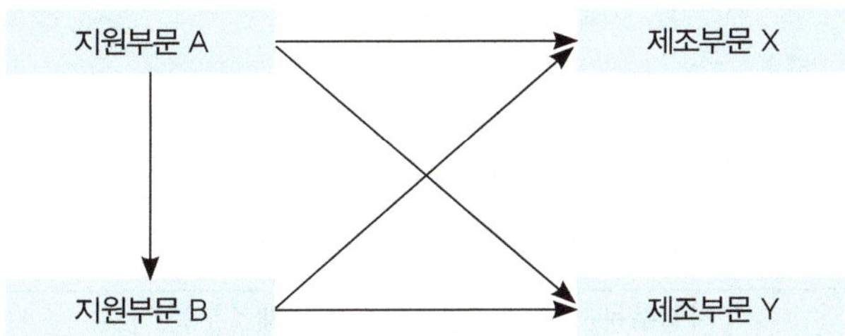

(3) 상호배부법(reciprocal allocation method)

상호배부법은 지원부문 간 서비스의 상호 교환을 모두 고려하는 방법으로 가장 논리적이고 정확한 정보를 제공해 주는 방법이다. 그러나 계산절차가 복잡하여 시간과 비용이 많이 소모되기 때문에 실무에서는 가장 적게 사용되는 방법이다. [그림 4-5]에서 지원부문에서 발생한 원가를 상호배부법을 적용하여 제조부문으로 배부할 경우, 지원부문 A의 원가를 지원부문 B와 제조부문 X 그리고 제조부문 Y에 배부하고, 지원부문 B는 지원부문 A에서 배부받은 원가와 지원부문 B의 원가를 지원부문 A와 제조부문 X 그리고 제조부문 Y에 배부하는 방법이다. 이러한 방식은 지원부문 A에서 발생한 원가를 다른 지원부서와 제조부서에 전부 배부했다 하더라도 지원부문 B로부터 다시 원가를 배부받는다면 지원부문 A에서는 다시 배부해야 하는 원가가 발생하게 되고, 그 배부원가를 또 다시 지원부문 B에 배부하게 되는 순환을 되풀이하게 된다. 이러한 순환문제를 해결하기 위해서 1차방정식을 유도하여 각 부문에 배부할 원가금액을 결정하게 된다. 이런 의미에서 상호배부법은 선형대수법이라고도 한다.

상호배부법을 이용할 경우 수립해야 하는 방정식에 대하여는 [예제 4-1]에서 자세히 설명한다.

그림 4-5 상호배부법

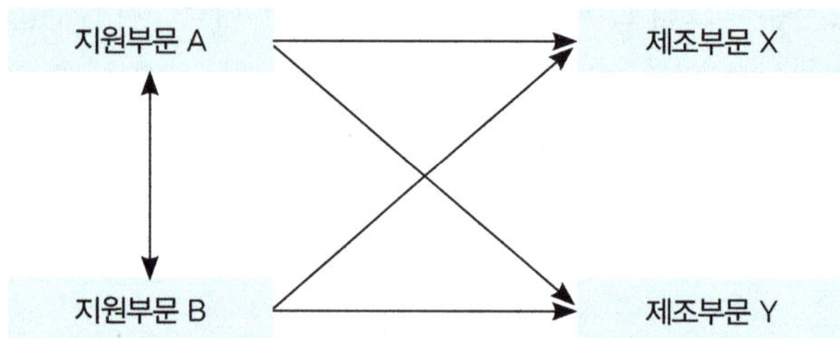

예제 4-1

㈜백두는 2개의 제조부문과 2개의 지원부문으로 구성되어 있는 철강제조회사이다. 지원부문의 서비스에 대한 원가배부기준과 관련한 자료는 다음과 같다.

	지원부문		제조부문		합계
	동력부문	수선부문	절단부문	조립부문	
제조간접원가	60,000	40,000	230,000	120,000	450,000
사용전력		10,000	60,000	30,000	100,000
	0%	10%	60%	30%	100%
기계시간	24,000		32,000	64,000	120,000
	20%	0%	27%	53%	100%
배부기준	전력량	기계시간			

▶ 요구사항

지원부문의 원가를 직접배부법, 단계배부법, 상호배부법에 의하여 제조부문에 배부하시오.

▶ 풀이

1) 직접배부법(direct allocation method)

위 표에서 보면 지원부문은 동력부문과 수선부문으로 구성되어 있으며, 각각의 발생원가는 ₩60,000과 ₩40,000이다. 이들 원가에 대한 배부기준은 동력부문은 각 부문에서 사용한 전력량, 수선부문에서는 수선에 사용된 기계시간임을 알 수 있다.

직접배부법을 사용할 경우 먼저 지원부문의 원가를 제조부문으로 배부한다. 동력부문의 원가 ₩60,000을 제조부문에 배부해야 하는데, 그 기준은 전력사용량이다. 절단부문과 조립부문의 전력사용량을 살펴보면 절단부문에서 60,000kw를 조립부문에서 30,000kw를 사용하고 있다. 따라서 각 부서별 전력사용량의 비율에 따라 동력부문의 원가 ₩60,000을 배부하면 될 것이다. 즉, 제조부문의 총사용전력량 대비 각 제조부문의 사용전력량의 비율로 보조부문의 원가를 배부하면 된다. 이때 지원부문의 수선부문에서 사용한 전력량은 무시해야 한다. 이러한 절차로 동력부문의 원가 ₩60,000을 절단부문에 ₩40,000(₩60,000×(60,000kw/90,000kw))을 배부하고 조립부문에 ₩20,000(₩60,000×(30,000kw/90,000kw))을 배부할 수 있을 것이다. 마찬가지 방법으로 수선부문의 원가 ₩40,000을 절단부문과 조립부문의 기계사용시간 비율에 따라 배부하면 지원부문의 원가배부는 완료된다. 이러한 절차에 따라 원가를 배부한 결과는 [표 4-3]과 같다. 직접배부법을 사용할 경우 동력부문의 원가를 먼저 배부하든지 아니면 수선부문의 원가를 먼저 배부하든지 간에 그 결과에서는 차이가 없다.

표 4-3 직접배부법에 따른 지원부문원가배부

	지원부문		제조부문		합계	배부기준
	동력부문	수선부문	절단부문	조립부문		
제조간접원가	₩60,000	₩40,000	₩230,000	₩120,000	₩450,000	
원가배부						
동력부문	(60,000)		₩40,000	₩20,000		
			60,000	30,000	90,000	전력사용량
			66.67%	33.33%		
수선부문		(40,000)	₩13,333	₩26,667		
			32,000	64,000	96,000	기계시간
			33.33%	66.67%		
배분후 원가	0	0	₩283,333	₩166,667	₩450,000	

2) 단계배부법(step-down allocation method)

단계배부법은 지원부문 상호 간의 서비스지원을 일부 고려하는 방법이므로, 지원부문의 원가를 제조부문으로 배부하기 위해서는 지원부문원가배부의 우선순위를 결정해야 한다. 원가배부의 우선순위는 각 지원부문에서 제공한 용역이 큰 순서에 따라 결정된다. 예제에서는 동력부문의 원가가 수선부문의 원가보다 크므로 동력부문의 원가를 먼저 배부하게 된다. 따라서 동력부문의 원가는 타 지원부문인 수선부문과 제조부문인 절단부문, 조립부문으로 배부된다. 이때 직접배부법을 적용할 때와는 달리 수선부문의 전력사용량 10,000kw를 포함하여 총 100,000kw 전력량을 기준으로 배부해야 한다. 따라서 수선부문에 ₩6,000(₩60,000×(10,000kw/100,000kw)), 절단부문에 ₩36,000(₩60,000×(60,000kw/100,000kw)), 그리고 조립부문에 ₩18,000(₩60,000

×(30,000kw/100,000kw))의 원가를 배부하게 될 것이다. 다음 단계로 수선부문의 원가 ₩40,000과 동력부문으로부터 배부받은 원가 ₩6,000을 합한 ₩46,000의 원가를 제조부문인 절단부문과 조립부문에 배부하게 된다. 이때 수선부문의 원가는 '서비스원가를 배부한 부문은 다시 서비스원가를 배부받지 않는다'는 원칙에 따라 동력부문에는 배부하지 않는다. 이러한 절차를 거쳐 지원부문의 원가를 배부받은 절단부문과 조립부문의 원가는 [표 4-4]와 같이 정리할 수 있다.

표 4-4 단계배부법에 따른 지원부문원가배부

	지원부문		제조부문		합계	배부기준
	동력부문	수선부문	절단부문	조립부문		
제조간접원가	₩60,000	₩40,000	₩230,000	₩120,000	₩450,000	
원가배부						
동력부문	(₩60,000)	₩6,000	₩36,000	₩18,000	0	
		10,000	60,000	30,000	100,000	전력사용량
		10.00%	60.00%	33.00%		
수선부문		(₩46,000)	₩15,333	₩30,667	0	
			32,000	64,000	96,000	기계시간
			33.33%	66.67%		
배분후 원가	0	0	₩281,333	₩168,667	₩450,000	

3) 상호배부법(reciprocal allocation method)

상호배부법은 지원부문 상호 간의 서비스지원으로 인한 비용을 전부 고려하여 원가를 배부하는 방법으로 원가배부의 순환문제가 발생하게 된다. 원가배부의 순환문제를 해결하고 정확한 원가배부를 위해 방정식을 수립하여 그 해를 찾음으로써 지원부문의 원가를 제조부문에 배부한다. 예제에서 동력부문은 동력부문에서 발생한 제조간접원가 ₩60,000과 수선부문으로부터 배부기준에 따라 배부받을 특정한 금액을 합하여 다른 부문들에 배부해야 하고, 수선부문은 수선부문의 원가 ₩40,000과 동력부문으로부터 배부기준에 따라 배부받을 특정한 금액을 합하여 서비스를 제공한 다른 부문들에 배부해야 한다.

그러나 동력부문과 수선부문은 상호 간에 배부해야 하는 비용이 확정되지 않은 상태이므로 동력부문에서 배부해야 할 전체비용의 합계를 미지수 X라 하고, 수선부문에서 배부해야 할 전체비용의 합계를 미지수 Y로 하여 일차방정식을 수립하면 다음과 같다.

X = ₩60,000 + 수선부문으로부터 배부받을 특정한 금액
Y = ₩40,000 + 동력부문으로부터 배부받을 특정한 금액

이때 수선부문에서 동력부문으로 배부해야 할 금액은 수선부문의 배부기준인 기계시간의 비율 즉 총기계시간 120,000시간에 대한 24,000시간의 비율로 수선부문에서 배부해야 할 금액

의 20%이다. 따라서 수선부문에서 0.2Y만큼의 원가를 동력부문에 배부하면 된다. 결국 동력부문에서 배부해야 할 금액(X)은 ₩60,000+수선부문으로부터 배부받을 원가 0.2Y로 표시할 수 있다. 마찬가지 원리로 동력부문으로부터 수선부문으로 배부해야 할 금액은 동력부문의 배부기준인 전력사용량의 비율, 즉 총 100,000kw에 대한 10,000kw로 10%이다. 따라서 동력부문에서 0.1X만큼의 원가를 수선부문에 배부하면 된다. 결국 수선부문에서 배부해야 할 금액(Y)은 ₩40,000+동력부문으로부터 배부받을 원가 0.1X로 표시할 수가 있다. 이러한 절차에 따라 다음과 같은 1차방정식을 수립할 수 있다.

표 4-5 | 상호배부법에 따른 방정식의 수립

구분	동력부문	수선부문	절단부문	조립부문
발생비용	₩60,000	₩40,000	₩230,000	₩120,000
동력부문원가의 배부	–	0.1X (10,000kw)	0.3X (30,000kw)	0.6X (60,000kw)
수선부문원가의 배부	0.2Y (24,000h)	–	0.27Y (32,000h)	0.53Y (64,000h)
배부할 비용의 합계	X	Y		

동력부문(X)=60,000+0.2Y　　수선부문(Y)=40,000+0.1X

절단부문=230,000+0.3X+0.27Y　　조립부문=120,000+0.6X+0.53Y

이렇게 수립된 방정식을 풀이하면 X는 ₩69,388, Y는 ₩46,939의 값을 갖는다. 풀이된 해를 제조부문의 비율만큼 적용하면 동력부문과 수선부문에서 절단부문과 조립부문으로 배부할 원가를 결정할 수 있다.

표 4-6 | 상호배부법에 따른 지원부문원가배부

	지원부문		제조부문		합계	배부기준
	동력부문	수선부문	절단부문	조립부문		
제조간접원가	₩60,000	₩40,000	₩230,000	₩120,000	₩450,000	
원가배부						
동력부문	(₩69,388)	₩6,939	₩41,633	₩20,816	0	
		10,000	60,000	30,000	100,000	전력사용량
		10%	60%	30%		
수선부문	₩9,388	(₩46,939)	₩12,674	₩24,878	0	
	24,000		32,000	64,000	120,000	기계시간
	20%		27%	53%		
배분후 원가	0	(0)	₩284,307	₩165,694	₩450,000	

예제 4-2

㈜지리는 지원부문인 구매부와 시설관리부의 원가를 생산부문인 절삭부와 조립부에 배부할 때 구매원가와 시설 점유면적을 배부기준으로 사용하기로 결정하였다.

사용부서 / 공급부서	배부기준량					발생원가
	구매부	시설관리부	절삭부	조립부	합계	
구매부		6	15	9	30(Ea)	60,000
시설관리부	50		200	250	500(M^2)	50,000

▶ 요구사항

구매부와 시설관리부의 발생원가와 배부기준이 표와 같을 경우, 직접배부법, 단계배부법, 상호배부법을 이용하여 구매부와 시설관리부의 원가를 절삭부와 조립부에 배부하시오.

▶ 풀이

〈직접배부법에 따른 원가의 배부〉

	지원부문		제조부문		합계	배부기준
	구매부	시설관리부	절삭부	조립부		
제조간접원가	₩60,000	₩50,000	–	–	₩110,000	
원가배부 구매부	(₩60,000)		₩37,500	₩22,500		
			15	9	24	구매단위
			62.50%	37.50%		
시설관리부		(₩50,000)	₩22,222	₩27,778		
			200	250	450	점유면적
			44.44%	55.56%		
배분 후 원가	0	0	₩59,722	₩50,278	₩110,000	

〈단계배부법에 따른 원가의 배부〉

	지원부문		제조부문		합계	배부기준
	구매부	시설관리부	절삭부	조립부		
제조간접원가	₩60,000	₩50,000	–	–	₩110,000	
원가배부 동력부문	(₩60,000)	₩12,000	₩30,000	₩18,000	0	
		6	15	9	30	구매단위
		20.00%	50.00%	30.00%		
수선부문		(₩62,000)	₩27,556	₩34,444	0	
			200	250	450	점유면적
			44.44%	55.56%		
배분 후 원가	0	0	₩57,556	₩52,444	₩110,000	

〈상호배부법에 따른 원가의 배부〉

	지원부문		제조부문		합계	배부기준
	구매부	시설관리부	절삭	조립		
제조간접원가	₩60,000	₩50,000	–	–	₩110,000	
원가배부	(₩66,327)	₩13,265	₩33,164	₩19,898	0	
동력부문		6	15	9	30	구매단위
		20%	20%	30%		
수선부문	₩6,327	(₩63,265)	₩25,306	₩31,632	0	
	50		200	250	500	점유면적
	10%		40%	50%		
배분 후 원가	0	0	₩58,470	₩51,530	₩110,000	

구매부문(S1)=60,000+0.1S2=66,327
시설관리부문(S2)=50,000+0.2S1=63,265
절단부분=0+0.50S1+0.40S2=58,470
조립부문=0+0.30S1+0.50S2=51,530

∷ 쉬어가는 곳 자동차업계의 원가혁명 – 플랫폼서 '레고블록형 설계'로

글로벌 자동차업계 원가경쟁이 새로운 차원으로 진입하고 있다. 기존 플랫폼(차의 기본 뼈대와 엔진 · 변속기 등) · 부품 공용화는 물론이고, 이제는 '레고블록형(型) 설계'로 경쟁의 '기본 틀' 자체가 바뀌고 있는 것이다. 일부 전문가는 이 레고블록형 설계가 올해 이후 10년간 자동차업계 원가경쟁력의 구조를 흔들어 놓을 혁명적인 변화라고 말한다. 1908년 포드 T형(型) 자동차 때부터 등장한 '부품 공용화'라는 개념이 100여 년 만에 다음 영역으로 옮아가고 있다는 것이다.

100년 전부터 시작된 부품 공용화… 업계의 고민

자동차에서 원가를 낮추는 방법은 무궁무진하다. 제조원가의 80%를 차지하는 부품 · 재료원가를 낮추는 게 원가경쟁의 핵심이다. 부품 · 재료원가를 낮추려면 우선 '규모의 경제'를 실현해야 한다. 어떤 부품을 1만 개 사는 것보다 100만 개 사는 게 가격부터 납품조건까지 절대적으로 유리하다.

한 번에 많이 구입하는 방법도 있지만, 부품 공용화 · 표준화를 통해 같은 제품을 대량으로 사용하는 환경을 만드는 것도 필요하다. 자동차회사의 플랫폼전략은 그래서 나오게 된 것이다. 플랫폼전략은 모델의 겉모습이 다르더라도 차량 하체에 해당하는 부분, 즉 차의 기본 뼈대 · 엔진 · 변속기 · 서스펜션(현가장치) 등을 공용화해 규모의 경제를 실현한다는 개념이다.

그런데 고민도 있다. 플랫폼 공용화를 확대할수록 원가는 낮출 수 있지만 차의 기본형상이나 운전하는 맛까지 비슷해질 가능성이 커지기 때문이다. 제품의 차별성이나 매력이 함께 떨어질 경우, 원가를 절감하더라도 제품이 소비자에게 외면당해 전체매출이 줄어드는 결과가 나오기도 한다.

레고블록에서 미래경쟁력의 비밀을 찾다

폴크스바겐 역시 원가를 낮추면서 제품매력을 높여야 한다는 딜레마를 풀기 위해 고민했다. 폴크스바겐은 폴크스바겐 외에도 아우디 · 세아트 · 스코다 · 포르셰 · 벤틀리 · 부가티 · 람보르기니 등 8개 승용차 브랜드를 거느리고 있다. 이 많은 브랜드의 부품을 많이 공용화할수록 비용절감은 되겠지만 브랜드의 개성은 무뎌지게 되는 딜레마에 빠진다.

이 고민에 대한 해답이 바로 레고형 설계방식이었다. 폴크스바겐은 2000년대 중반 스웨덴의 대형 상용차회사 스카니아를 주목했다. 스카니아는 경쟁업체보다 월등한 10% 중반대 영업이익률을 내는 업체로 유명했다. 폴크스바겐은 스카니아가 레고블록형 설계를 통해 개발비를 줄이면서도 성능이 뛰어난 차를 만들어 낸다는 비밀을 알게 됐다.

실제로 폴크스바겐은 2011년에 전년보다 15% 증가한 835만 대를 팔아 영업이익 16조원(약 113억유로)을 냈다. 폴크스바겐은 올해에도 40종이 넘는 신차를 쏟아내고 있는데 수익성도 좋다. 비밀은 레고블록형 설계다. 폴크스바겐은 차체, 파워트레인(엔진 · 변속기 등), 내 · 외장, 전장(전자장치) 등 4가지 관리영역을 만들고 이 부분들의 하위개념으로 30개 부품군(tool kit)을 만들었다. 즉, 이런 30개 부품군을 레고블록 쌓듯 조립하여 차 한 대를 만들 수 있게 한 것이다.

폴크스바겐 선도… 도요타 · 닛산 추격

대폭적인 원가절감을 위해서는 차량설계과정의 근본적인 전략수정이 필요하다는 것이 레고블록형 설계의 사상이다.

현대차그룹도 2002년 22개나 되던 플랫폼을 2009년 18개로 줄였고, 내년까지는 6개로 압축된다. 플랫폼 6개를 가지고 연간 신차 30~40종을 만들어 낼 수 있다는 것이다. 이 역시 획기적인 전략이지만 레고블록형 설계개념과는 다른 노선을 취하고 있는 것으로 보인다.

자료 : 조선일보, 2012. 7. 6.

연 | 습 | 문 | 제

01 **다음의 자료는 지원부문비용을 제조부문으로 배부하는 방법에 대한 설명이다. 설명의 내용과 가장 적합한 것은?** (전산세무 1급, 2010)

- 먼저 배부순서를 정하여야 그 순서에 따라 배부한다.
- 지원부문 간의 용역수수관계를 일부만 인식한다.
- 배부순서가 적절하지 않은 경우 원가배부결과가 왜곡되어 나타난다.

① 단계배부법　② 직접배부법　③ 단일배부율법　④ 상호배부법

02 **부문별 원가계산 시, 지원부문원가를 제조부문에 배부하는 방법에 대한 설명으로 틀린 것은?** (전산세무 1급, 2010)

① 지원부문 상호 간의 용역수수를 인식하는지 여부에 따라 직접배부법, 단계배부법, 상호배부법으로 구분된다.
② 단계배부법은 지원부문의 배부순서에 따라 각 부문별 배부액이 달라지게 된다.
③ 상호배부법은 지원부문 상호 간의 용역수수를 전부 고려하는 방법이다.
④ 직접배부법은 지원부문원가를 제조부문을 거치지 아니하고 직접 제품(재공품계정)에 배부하는 방법이다.

03 **㈜백두는 2개의 제조부문과 3개의 지원부문이 있으며, 각 부문에서 당기 중에 발생한 원가와 지원부문이 제공한 용역수수관계는 다음과 같다. 직접배부법에 의하여 지원부문원가를 배부할 경우 제조부문 S2에 배부되는 지원부문의 원가는?** (기업회계 2급, 2010)

	제조부문		지원부문		
	S1	S2	M1	M2	M3
부문비 합계	₩500,000	₩800,000	₩80,000	₩120,000	₩150,000
영역제공비율					
M1	0.30	0.50	–	0.05	0.05
M2	0.35	0.35	0.08	–	0.02
M3	0.32	0.48	0.10	0.10	0.10

① ₩200,000　② ₩210,500　③ ₩239,038　④ ₩239,417

04 **㈜백두는 두 개의 제조부문인 P1, P2와 지원부문인 S1, S2를 두고 있다. 지원부문의 제조부문에 대한 용역제공비율은 다음과 같다. S1의 원가는 ₩160,000, S2의 원가는 ₩200,000이었다면 단계배부법에 의하고 S1의 원가를 먼저 배부하는 경우 지원부문 S2에서 배부되어야 할 금액**

은 얼마인가? (기업회계 2급, 2010)

	지원부문		제조부문	
	S1	S2	P1	P2
S1	0	40%	20%	40%
S2	30%	0	40%	30%

① ₩160,000 ② ₩200,000 ③ ₩264,000 ④ ₩360,000

05 ㈜백두는 아래와 같은 부문을 통해 제품을 제조하고 있다. 20×1년에 지원부문 A에서 발생한 변동원가는 ₩1,000,000이고, B에서 발생한 변동원가는 ₩1,500,000이다. 이런 상황에서 X부문에 집계될 지원부문원가를 직접배부법과 단계배부법으로 계산하게 되면 그 차이금액은 얼마인가? (기업회계 1급, 2010)

부문 / 지원부문	지원부문		제조부문	
	A	B	X	Y
A	0	10%	45%	45%
B	80%	0	10%	10%

① ₩0 ② ₩100,000 ③ ₩150,000 ④ ₩250,000

06 ㈜백두의 지원부문에서 발생된 제조간접원가와 용역제공비율은 아래와 같다. 상호배부법에 의하여 배부할 경우 조립부문과 절단부문에 배부되는 지원부문의 제조간접원가총액은 얼마인가? (기업회계 2급, 2010)

		지원부문		제조부문	
		수선부문	관리부문	조립부문	절단부문
제조간접원가		₩100,000	₩205,000	₩400,000	₩500,000
부문별 배부율	수선부문		30%	20%	50%
	관리부문	20%		40%	40%

① ₩400,000 ② ₩350,000 ③ ₩305,000 ④ ₩265,000

07 ㈜백두는 A, B제조부문과 X, Y의 지원부문이 있다. 각 부문의 용역수수관계와 제조간접원가발생원가가 다음과 같다. 직접배부법에 의해 지원부문의 제조간접원가를 배부한다면 B제조부문의 총제조간접원가는 얼마인가? (전산회계 1급, 2010)

		지원부문		제조부문	
		X	Y	A	B
제조간접원가		₩150,000	₩250,000	₩300,000	₩200,000
제공한 횟수	X		200회	300회	1,200회
	Y	500회		500회	1,500회

① ₩200,000 ② ₩292,500 ③ ₩492,500 ④ ₩600,000

08 **다음 자료에 의하여 단계배부법에 따라 지원부문비를 제조부문에 대체할 경우, 제1제조부문과 제2제조부문 각각에 집계된 비용의 차액은 얼마인가? (단, 지원부문의 대체 1순위는 동력부이고, 2순위는 공장사무부이다)** (기업회계 1급, 2012)

부문 / 항목	제1제조부	제2제조부	공장사무부	동력부
부문비 배부액	₩24,000	₩35,000	₩24,000	₩38,000

〈지원부문비 배부기준〉

부문 / 배부기준	제1제조부	제2제조부	공장사무부	동력부
인원수	34	28	14	4
kw/h(동력)	540	390	70	30

09 **㈜백두의 공장에는 두 개의 지원부문 A, B와 두 개의 제조부문 X, Y가 있다. 각 부문의 용역수수관계와 발생원가(제조간접원가)는 다음과 같다. 상호배부법에 의하여 제조부문 X에 배부될 지원부문의 원가를 계산하면 얼마인가?** (기업회계 1급, 2011)

	지원부문		제조부문	
	A	B	X	Y
발생원가	₩200,000	₩300,000	₩400,000	₩100,000
A	–	50%	10%	40%
B	40%	–	30%	30%

① ₩170,000 ② ₩180,000 ③ ₩190,000 ④ ₩200,000

10 **㈜백두는 2개의 제조부문과 2개의 지원부문이 있으며, 각 부문에서 당기 중에 발생한 원가와 지원부문이 제공한 용역수수관계는 다음과 같다. 상호배부법에 의하여 지원부문원가를 배부할**

경우 제조부문 M2에 배부되는 지원부문의 원가는? (원단위 미만은 반올림하시오) (기업회계 2급, 2011)

	제조부문		지원부문	
	M1	M2	S1	S2
부문비 합계	₩800,000	₩1,200,000	₩80,000	₩120,000
용역제공비율				
S1	0.40	0.50	–	0.10
S2	0.40	0.40	0.20	–

① ₩105,306 ② ₩110,257 ③ ₩150,038 ④ ₩215,217

11 ㈜백두에는 두 개의 지원부문 X, Y와 두 개의 제조부문 Z, W가 있다. 지원부문에서 당기 중 생산하여 다른 부문에 제공한 용역은 다음과 같다. X에서는 시간당 ₩50, Y에서는 kwh당 ₩20의 변동원가가 발생한다. 상호배부법에 의하여 Z에 배부된 원가는 얼마인가? (기업회계 1급, 2011)

사용부문 / 제공부문	지원부문		제조부문		합계
	X	Y	Z	W	
X(시간)	–	40,000	60,000	–	100,000
Y(kwh)	200,000	100,000	100,000	100,000	500,000

① ₩11,000,000 ② ₩11,250,000 ③ ₩12,000,000 ④ ₩12,250,000

12 ㈜백두는 지원부문과 제조부문을 통해 제품을 제조하고 있다. 20×1년에 지원부문 A에서 발생한 변동비는 ₩500,000이고, 고정비는 ₩300,000이다. 지원부문의 원가를 변동비는 실제사용비율로, 고정비는 최대사용가능비율로 배부한다면 X부문에 집계될 지원부문원가로서 올바른 것은? (기업회계 1급, 2011)

사용부문 / 용역제공비율	지원부문	제조부문	
	A	X	Y
최대사용가능비율	–	40%	60%
실제사용비율	–	80%	20%

① ₩440,000 ② ₩480,000 ③ ₩520,000 ④ ₩560,000

13 ㈜백두는 직접배부법을 이용하여 지원부문원가를 제조부문에 배부하고자 한다. 각 부문별 원가 발생액과 지원부문의 용역공급이 다음과 같은 경우 수선부문에서 조립부문으로 배부될 지원부문원가는? (전산세무 2급, 2011)

구분	제조부문		지원부문	
	조립부문	절단부문	전력부문	수선부문
자기부문원가(₩)	2,800,000	1,500,000	250,000	150,000
동력부문(kw/h)	200	300	–	100
수선부문(횟수)	30	20	5	–

① ₩60,000　② ₩90,000　③ ₩100,000　④ ₩150,000

14 ㈜백두는 두 개의 지원부문 A와 B, 그리고 두 개의 제조부문 C와 D를 가지고 있다. 20×1년 3월의 각 부문에 대한 자료는 다음과 같다.

구분	지원부문		제조부문	
	A	B	C	D
기계시간	–	500	400	100
직접노무시간	400	–	200	400
각부문의 제조간접원가(₩)	30,000	50,000	10,000	20,000
제조단위			50	100

C부문에서 생산하는 갑제품에 대한 단위당 기초원가는 ₩500이다. ㈜백두는 갑제품의 제품제조원가에 20%를 가산해서 판매가격을 결정한다. 지원부문의 원가는 상호배부법을 사용하여 제조부문에 배부하며, A부문의 원가는 기계시간에 의하여, B부문의 원가는 직접노무시간에 의하여 배부한다. 갑제품에 대한 월초 및 월말재공품잔액은 모두 ₩0이다. 갑제품의 단위당 판매가격은 얼마인가? (CPA, 2000)

① ₩1,830　② ₩1,525　③ ₩1,025
④ ₩825　⑤ ₩1,325

15 ㈜백두는 두 개의 제조부문(P1, P2)과 두 개의 지원부문(S1, S2)으로 운영된다. 회사는 상호배부법을 이용하여 지원부문비를 제조부문에 배부하고 있으며, 각 지원부문의 용역제공비율은 다음과 같았다.

지원부문 \ 부문	제조부문		지원부문	
	P1	P2	S1	S2
S1	50%	30%	–	20%
S2	40%	40%	20%	–
부문비	?	?	X	?

두 개의 지원부문(S1, S2)으로부터 P1에 배부된 금액은 ₩50,000이고, P2에 배부된 금액은 ₩40,000이었다. 부문비 배부 전 S1에 집계된 원가(X)는 얼마인가? (CPA, 2008)

① ₩37,500 ② ₩38,200 ③ ₩47,200
④ ₩52,500 ⑤ ₩57,200

16 ㈜백두는 자동차를 생산하고 있다. 회사는 승용차를 생산하는 부문과 승합차를 생산하는 부문을 이익중심점으로 운영하고, 그 밖에 이들 생산부문을 지원하는 자재부와 시설관리부를 두고 있다. 자재부는 시설관리부를 위해 자재를 구입하여 주고, 시설관리부는 자재부의 시설을 관리한다. 갑과 을은 각각 승용차와 승합차 생산부문을 책임지고 있는데, 부문별 성과평가를 앞두고 신경이 매우 곤두서 있는 상태다. 아래의 원가자료를 부문 간 배부기준으로 사용하여 직접배부법 또는 상호배부법에 의해 부문별 원가계산을 하려 한다. 아래의 원가자료를 제외하고 승용차와 승합차 생산부문 간에 다른 모든 사항이 동일하다면 다음 중 타당한 것은? (단, 지원부문인 자재부와 시설관리부의 배부대상원가는 각각 ₩100이다) (CPA, 2010)

〈 부문 간 배부기준 자료 〉

사용부서 / 공급부서	자재 부문	시설관리 부문	승용차 부문	승합차 부문	합계
자재부문	–	₩5	₩45	₩50	₩100
시설관리부문	₩10	–	₩30	₩60	₩100

① 갑에게는 직접배부법, 을에게는 상호배부법이 유리하다.
② 갑에게는 상호배부법, 을에게는 직접배부법이 유리하다.
③ 갑, 을 모두 직접배부법이 유리하다.
④ 갑, 을 모두 상호배부법이 유리하다.
⑤ 갑, 을 모두 어떤 방법을 사용하든 유리하거나 불리하지 않다.

※ 다음 설명을 읽고 17~18번 문제에 답하시오.

㈜백두는 두 개의 제조부문(P1, P2)과 세 개의 지원부문(S1, S2, S3)을 가지고 있으며, 부문 간의 용역수수관계와 지원부문의 원가자료는 다음과 같다.

공급부문 \ 사용부문	제조부문		지원부문			합계
	P1	P2	S1	S2	S3	
S1	4,000단위	3,000단위	0단위	1,500단위	1,500단위	10,000단위
S2	5,000단위	4,000단위	1,000단위	0단위	0단위	10,000단위
S3	4,000단위	5,000단위	1,000단위	0단위	0단위	10,000단위
변동원가	?	?	₩300,000	₩200,000	₩100,000	?
고정원가	?	?	₩500,000	₩100,000	₩200,000	?

㈜백두는 동일한 생산수준을 유지하면서 지원부문 S1의 용역을 모두 외부로부터 구입하고자 하며, 이 경우에 지원부문 S1의 고정원가 10%, 지원부문 S2의 고정원가 5%, 지원부문 S3의 고정원가 5%가 각각 감소할 것으로 예상된다.

17 **지원부문 S1의 용역을 모두 외부로부터 구입하는 경우, ㈜백두에서 필요로 하는 지원부문 S1의 용역은 몇 단위인가?** (CPA, 2011)

① 9,600단위 ② 9,700단위 ③ 9,800단위
④ 9,900단위 ⑤ 10,000단위

18 **지원부문 S1의 용역을 모두 외부로부터 구입하는 경우, ㈜백두가 외부구입으로 인한 손실을 발생시키지 않고 지불할 수 있는 보조용역 S1의 최대구입금액은 얼마인가?** (CPA, 2011)

① ₩365,000 ② ₩375,000 ③ ₩385,000
④ ₩395,000 ⑤ ₩405,000

19 **㈜백두는 현재 지원부문의 원가를 생산부문의 부문직접원가기준으로 배부하고 있다. 생산부문과 지원부문의 관련자료는 아래와 같다.**

	생산부문		지원부문	
	A	B	C	D
부문직접원가	₩5,000,000	₩4,000,000	₩3,000,000	₩6,000,000
서비스 제공비율				
지원부문 C	40%	50%	–	10%
지원부문 D	30%	60%	10%	–

㈜백두는 지원부문 C의 원가를 우선 배부하는 단계배부법으로 지원부문의 원가배부방법을 변경하고자 한다. 이 변경이 생산부문 A에 배부되는 지원부문원가에 미치는 영향은? (CPA, 2012)

① ₩900,000 감소 ② ₩1,200,000 증가 ③ ₩1,500,000 증가
④ ₩1,700,000 감소 ⑤ ₩1,900,000 증가

Chapter 05

원가의 배부-Ⅱ (제조간접원가의 배부)

CHAPTER 05 원가의 배부-Ⅱ (제조간접원가의 배부)

제1절 제조간접원가의 배부

1. 제조간접원가의 배부

제4장에서 설명한 바와 같이 제품생산을 위해 공장에서 공통적으로 발생하는 경비에 대한 1단계 원가배부와 지원부문에서 발생된 원가를 제조부문에 배부하는 2단계 원가배부를 거쳐 제품의 제조를 위하여 발생된 모든 원가는 제조부문에 집계된다. 제조부문에 집계된 제품원가 중에서 직접재료원가와 직접노무원가 같은 직접원가는 제품에 직접적으로 부과하면 되지만, 제품의 제조와 직접적인 연관관계를 추적할 수 없는 제조간접원가의 경우는 합리적인 배부기준에 따라 최종원가대상인 작업이나 제품에 원가를 배부하는 절차를 따르게 된다.

제조간접원가는 앞서 설명한 바와 같이 다양한 제조간접원가항목을 모아놓은 집합계정이므로 모든 제조간접원가항목에 대하여 인과관계에 의한 배부기준을 설정하기가 매우 곤란하다. 그러므로 제조간접원가의 경우는 추정치에 근거하여 예정배부율(predetermined overhead rate)을 산출, 배부기준으로 이용하고 있다. 기업에 따라서는 제조간접원가실제발생금액을 실제조업도로 나누는 실제배부율을 사용하기도 하나, 주로 제조간접원가예산금액을 예정조업도로 나누는 예정배부율에 따라 배부를 하고 회계기말에 그 차이를 조정하는 것이 일반적이다.

예정배부율의 경우, 기업에 따라 하나의 배부율만을 사용하기도 하나, 대체적으로 제조간접원가를 변동비부분과 고정비부분으로 구분하여 변동제조간접원가에 대한 배부율과 고정제조간접원가에 대한 배부율을 별도로 적용하는 이중배부율을 사용하고 있다. 원가배부기준에 있어서도 공장전체에 하나의 배부기준만을 적용하는 단일배부기준과 부문별로 배부기준을 각각 적용하는 복수배부기준이 있다.

2. 제조간접원가의 배부절차

[그림 5-1]에 나타난 바와 같이 경영자의 의사결정을 위한 제품원가정보를 적시에 제공하기 위해서는 발생한 제조간접원가를 적시배부하여 제품원가를 산출할 필요가 있을 것이다. 그러나 제조간접원가실제발생액을 집계하여 완전한 원가정보를 제공하기 위해서는 많은 시간이 소요되므로 의사결정에 유용한 정보를 제공하기는 어렵다. 이러한 문제점을 감안하여 제조간접원가에 관한 원가정보를 적시에 제공하기 위해서는 제조간접원가실제발생액보다는 사전에 결정된 제조간접원가예산금액에 의한 예정배부액을 적용할 필요가 있다. 제조간접원가예정배부액은 제조간접원가예산금액에 합리적인 배부기준

그림 5-1 제조간접원가의 배부절차

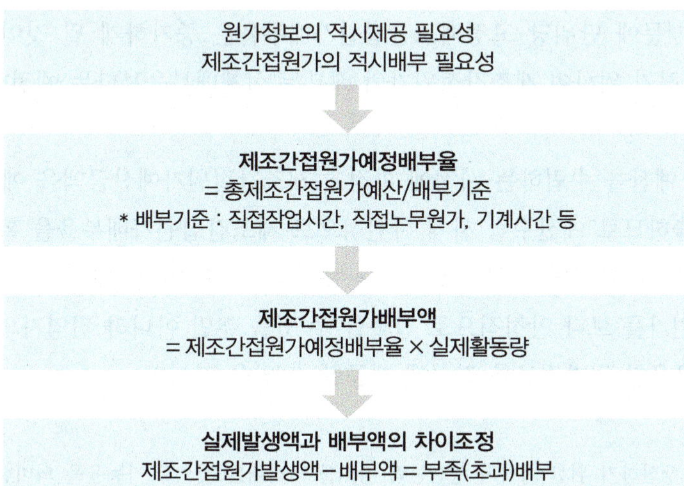

을 적용하여 산출된 제조간접원가예정배부율에 실제조업도[1]를 적용하여 산출할 수 있다. 이러한 절차에 따라 예정배부된 제조간접원가금액은 실제발생된 제조간접원가금액과 차이를 나타내는데, 이 차이를 제조간접원가배부차이라 하고 결산 시에 매출원가계정을 비롯한 관련계정에서 그 차이를 조정하게 된다.

3. 제조간접원가의 배부율

1) 예정배부율과 실제배부율

제조간접원가를 제품에 배부하기 위한 배부율로 실제배부율과 예정배부율을 적용할 수 있다. 실제배부율은 제품의 생산을 위해 실제발생한 제조간접원가금액을 합리적인 인과관계기준에 의해 선정된 배부기준으로 나누어 산출하게 된다. 따라서 결산기일 이후에야 산출할 수 있어 의사결정을 위한 정보의 적시성이 떨어진다는 문제를 야기한다. 또한 제조간접원가에는 변동제조간접원가뿐만 아니라 고정제조간접원가도 포함되어 있으므로 만일 실제조업도 기준으로 배부율을 산정하게 된다면 조업도의 변동에 따라 배부율이 변동하여 제품원가의 차이가 발생할 수가 있다. 즉, 조업도가 증가하면, 증가된 조업도만큼 고정비가 증가하지는 않기 때문에 단위당 고정제조간접원가의 배부율은 낮아지게 된다. 반대로 경기둔화에 따라 조업도가 낮아지더라도 고정제조간접원가는 일정하게 발생하기 때문에 단위당 고정제조간접원가배부율은 증가하게 될 것이다. 이러한 문제점들을 배제하기 위하여 제조간접원가의 배부는 실제배부율보다는 예정배부율에 따라 이루어진다.

예정배부율은 예산을 수립하는 시점에 확정된 제조간접원가예산금액을 예정조업도에 따라 나누어 산출하므로 예산수립 시에 사전적으로 제조간접원가배부율을 확정할 수 있다. 배부율이 사전에 확정되면 실제조업도가 변동하더라도 일정한 배부율 사용이 가능하게 되어 제품원가를 보다 안정적으로 산출할 수 있을 뿐만 아니라 경영자의 신속한 의사결정을 위한 유용한 원가정보를 적시에 제공할 수 있을 것이다.

1 조업도는 제품을 생산하기 위한 기업의 생산능력 정도를 나타내는 것으로 가동율을 의미한다. 조업도의 기준으로는 직접노동시간이나 직접노무원가예산, 기계작업시간 그리고 생산량 등을 주로 사용하고 있다. 조업도에는 실제조업도와 기준조업도 그리고 표준허용조업도가 있다.

그림 5-2 **실제배부율과 예정배부율**

실제배부율에 의한 배부액

- 제조간접원가실제배부율 $= \dfrac{\text{제조간접원가실제발생액}}{\text{실제조업도}}$
- 작업별 배부액=작업별 실제조업도 × 제조간접원가실제배부율

예정배부율에 의한 배부액

- 제조간접원가예정배부율 $= \dfrac{\text{제조간접원가예상총액}}{\text{예정조업도(기준조업도)}}$
- 작업별 배부액=작업별 실제조업도 × 제조간접원가실제배부율

[그림 5-2]에서 나타난 바와 같이 실제배부율은 제조간접원가실제발생액을 실제조업도로 나누어 산출을 하는 반면에 예정배부율은 제조간접원가예산금액을 예정조업도 또는 기준조업도로 나누어 산출한다는 것을 알 수 있다. 여기서 말하는 예정조업도는 예산수립 시에 계획한 조업도를 의미하며 기준조업도라고도 한다. 예를 들어 예산수립 시에 다음연도에 제품 1,000단위를 생산하기 위하여 기계를 1,000시간 동안 가동할 때 발생하는 제조간접원가소요금액이 ₩1,000,000인 예산을 수립하였을 경우, 경기의 하강으로 인해 800시간밖에 가동을 하지 못하였으나 제조간접원가는 ₩880,000이 발생했다고 하자. 이 경우 1,000시간이 예정조업도 또는 기준조업도이며, 800시간이 실제조업도이다. 따라서 실제배부율은 기계시간당 ₩1,100(실제제조간접원가발생액 ₩880,000/실제조업도 800시간)이 산출되고, 예정배부율은 기계시간당 ₩1,000(제조간접원가예산액 ₩1,000,000/예정조업도 1,000시간)이 된다. 이와 같이 산출된 배부율에 각 작업별 또는 제품별 조업도를 적용함으로써 작업별 또는 제품별 제조간접원가배부액을 산정할 수 있다.

제조간접원가배부액을 산정할 때, 한 가지 주의해야 할 점은 예정배부율을 사용하든지 실제배부율을 사용하든지 간에 배부액을 산정하기 위해서는 반드시 실제조업도를 사용한다는 점이다. 앞에서 설명한 예에서 실제배부율을 이용하여 제조간접원가배부액을 산출하면 실제배부율 ₩1,100×실제조업도 800시간을 적용하여 ₩880,000이 결정되는 반면, 예정배부율을 사용하여 산출할 경우에는 예정배부율 ₩1,000×실제조업도 800시간을 적용하여 ₩800,000이 된다. 이러한 절차에 따라 실제발생액과 예정배부율을 이용하여 배부한 제조간접원가배부액 사이에 ₩880,000－800,000＝₩80,000의 배부차이가 발생하는 것이다.

예제 5-1 **제조간접원가예정배부율**

▶ **요구사항**

제조간접원가배부기준이 직접노동시간이고 당기에 추정된 제조간접원가와 직접노무원가가 각각 ₩6,400,000과 ₩1,400,000이었으며 추정된 총노동시간이 160,000시간인 경우, 당기의 시간당 제조간접원가 예정배부율을 산출하시오.

▶ **풀이**

제조간접원가예정배부율 = 제조간접원가총예산 ÷ 예상조업도
= ₩6,400,000 ÷ 160,000시간
= ₩40/직접노동시간

2) 단일배부율과 이중배부율

실제배부율을 사용하든 예정배부율을 사용하든 간에 제조간접원가 전체금액을 기준으로 배부율을 산정하는 경우는 단일배부율에 의해 제조간접원가를 배부한다. 이렇게 하면 제조간접원가배부액은 간단하게 산정할 수 있지만, 제조간접원가에 고정비요소와 변동비요소가 함께 존재한다는 것을 감안한다면 정확한 제조간접원가의 배부가 이루어지지 않는다는 것을 알 수 있다. 이러한 문제를 해결하기 위해 제조간접원가를 고정원가요소와 변동원가요소로 구분하여 각각 배부율을 적용하면 보다 더 정확한 제조간접원가의 배부가 이루어질 수 있을 것이다.

이중배부율을 이용하여 제조간접원가를 배부할 때 주의해야 할 점은 변동제조간접원가의 경우에는 단일배부율일 경우와 마찬가지로 실제조업도를 기준으로 배부금액을 산출하지만, 고정제조간접원가를 배부할 경우에는 실제조업도가 아니라 최대조업도 또는 예정조업도를 기준으로 배부금액을 산출해야 한다는 것이다. 고정제조간접원가의 경우는 조업도의 변동에 따라서 발생비용이 변동하는 것이 아니라 조업도의 변동에 관계없이 일정하게 발생하기 때문이다. 예를 들어 고정제조간접원가예산금액이 ₩500,000이고 예정조업도가 500시간인 경우에 예정배부율은 조업시간에 대하여 ₩1,000으로 결정될 것이다. 그러나 경기의 추락으로 인하여 실제조업도가 100시간에 불과했다고 하더라도 실제고정제조간접원가는 약 ₩500,000이 발생할 것이다. 이러한 경우에 만일 실제조업도를 기준으로 고정제조간접원가를 제품별로 배부하면 조업도단위당 예정배부율

₩1,000에 실제조업도 100시간을 적용한 ₩100,000만을 제품에 배부하는 결과가 발생하게 될 것이다. 물론 결산을 통하여 제조간접원가배부차이의 조정으로 발생한 전체비용은 정확하게 계상되겠지만 기중에 경영자에게 제공되는 원가정보는 의사결정에 유용한 정보가 될 수 없을 것이다. 이러한 문제점을 배제하기 위해 고정제조간접원가를 예정조업도를 기준으로 배부하게 되면 ₩1,000×500시간=₩500,000을 배부하게 되어 보다 적절한 원가정보를 정보이용자에게 제공할 수 있을 것이다. 따라서 고정제조간접원가를 배부할 경우에는 반드시 예정조업도를 기준으로 배부액을 산출해야 한다.

예제 5-2 변동제조간접원가와 고정제조간접원가의 배부율

㈜한라는 절단부문과 조립부문에서 발생한 제조간접원가를 이중배부율에 의하여 생산된 제품에 배부하고 있다. 당월의 조업도와 원가자료가 다음과 같다.

구분	절단부문	조립부문	합계
최대조업도	150시간	150시간	300시간
실제조업도	80시간	120시간	200시간
변동제조간접원가	₩200,000	₩300,000	₩500,000
고정제조간접원가	150,000	150,000	300,000
합계	₩350,000	₩450,000	₩800,000

▶ **요구사항**

제품에 배부되는 절단부문과 조립부문의 제조간접원가배부율을 계산하시오.

▶ **풀이**

이중배부율에 따라 제조간접원가를 배부한다는 것은 변동제조간접원가는 실제조업도를 기준으로 배부율을 결정하고, 고정제조간접원가는 최대조업도를 기준으로 배부율를 결정한다는 것을 의미한다. 그러므로 절단부문과 조립부문에 대한 제조간접원가배부율은 다음과 같이 변동제조간접원가와 고정제조간접원가로 분리하여 각각 산출해야 한다.

① 절단부문의 제조간접원가 배부율
변동제조간접원가 ₩200,000/80시간=₩2,500/시간
고정제조간접원가 ₩150,000/150시간=₩1,000/시간

② 조립부문의 제조간접원가 배부율
변동제조간접원가 ₩300,000/120시간=₩2,500/시간
고정제조간접원가 ₩150,000/150시간=₩1,000/시간

4. 제조간접원가의 배부기준

기업에 따라 하나의 제품만을 생산하는 것이 아니라 복수의 제품을 생산하는 경우에는 제조부문이 하나가 아닌 다수가 존재할 것이다. 이러한 경우에 제조간접원가를 제품에 배부하기 위해서 기업전체의 제조부문을 통합하여 공장전체에 하나의 배부기준을 이용하는 단일배부기준을 적용하기도 하지만, 각각의 제조부문에 대한 특성에 따라 제조부문별로 각기 다른 배부기준을 적용하기도 한다. 이렇게 제조부문의 특성에 따라 여러 가지 배부기준을 적용하는 것을 복수배부기준이라 한다. 단일배부기준을 적용할 경우에는 공장전체 제조간접원가배부율(plant-wide overhead rate)을 공장전체 제조간접원가의 발생과 인과관계 있는 배부기준에 적용하여 배부하고, 복수배부기준을 적용할 경우에는 부문별 제조간접원가배부율(departmental overhead rate)을 각 부문별 작업특성을 반영한 배부기준에 적용하여 계산된다.

그림 5-3 단일배부기준과 복수배부기준

단일배부기준

- 공장전체 제조간접원가예정배부율 $= \dfrac{\text{공장전체 제조간접원가예산금액}}{\text{공장전체 배부기준예정사용량}}$
- 제품별 제조간접원가배부액 = 공장전체 제조간접원가예정배부율 × 제품별 배부기준 사용량

복수배부기준

- 부문별 제조간접원가예정배부율 $= \dfrac{\text{부문별 제조간접원가예산금액}}{\text{부문별 배부기준예정사용량}}$
- 제품별 제조간접원가배부액 = Σ 부문별 제조간접원가예정배부율 × 부문별 배부기준 사용량

단일배부기준을 적용하든 복수의 배부기준을 적용하든 제품별로 제조간접원가를 배부하는 절차는 동일하다. 단일배부기준을 적용하는 경우에는 공장전체의 제조간접원가 예산금액을 공장전체 예정조업도로 나누어 산정된 예정배부율을 실제조업도에 곱하여 배부액을 결정하고, 복수의 배부기준을 적용할 경우에는 각 부문별로 예정배부율을 산정하여 실제조업도를 곱하여 산정된 부문별 제조간접원가배부액을 각각 더하여 총제조간접원가배부액을 결정하게 된다. 따라서 단일배부기준을 적용하든 복수의 배부기준을 적용하든 제조간접원가를 배부하는 데 있어서 큰 차이점은 없다. 그러나 단일배부기준

보다 복수배부기준을 적용하여 제조간접원가를 배부할 경우 좀 더 정확한 원가정보를 제공할 수 있을 것이다.

제2절 제조간접원가의 배부차이

1. 제조간접원가배부차이의 개념

예정배부율을 적용하여 제조간접원가를 배부하는 경우에는 실제발생된 제조간접원가와 차이가 발생할 수 있다. 이러한 차이를 제조간접원가배부차이라 하는데, 실제발생액보다 더 많은 금액을 제품원가에 배부했을 경우를 초과배부라 하고, 실제발생액보다 더 적은 금액을 배부한 경우를 부족배부라고 한다. 초과배부가 되었든 부족배부가 되었든 제조간접원가배부차이가 발생했을 경우에는 매출원가와 재고자산의 정확한 산출을 위하여 반드시 차이금액을 조정해 주어야 한다.

제조간접원가배부차이는 예정배부율을 적용하여 배부된 제조간접원가금액이 존재하는 계정을 찾아서 각각 조정을 해주는 것이 가장 바람직하다. 제조간접원가는 원재료를 투입한 이후의 공정에서 발생하므로 재공품계정에 배부되었을 것이다. 재공품계정에 재고간접비가 배부되었다면 재공품계정에서 제품이 완성되어 전환된 완제품계정에도 제조간접원가가 포함되어 있을 것이며, 완제품계정에서 판매가 이루어져 만들어진 매출원가계정에도 제조간접원가가 포함되어 있을 것이다. 따라서 재고간접비배부차이는 이들 3계정, 즉 재공품계정, 완제품계정, 그리고 매출원가계정에 포함된 제조간접원가금액의 비율에 따라 조정되는 것이 원칙이다. 그러나 제조간접원가배부차이금액의 중요성에 비추어볼 때 과연 이와 같은 복잡한 방법에 의하여 조정할 필요성이 있을까 하는 의문이 제기된다. 따라서 원가계산준칙에서는 제조간접원가배부차이에 다른 배부기준을 적용할 수 있도록 하고 있다. 즉 매출원가에서 전체배부차이를 일괄적으로 조정하는 매출원가조정법, 재공품, 완제품, 그리고 매출원가의 기말재고금액 비율에 따라 조정하는 총원가기준법, 그리고 위에서 설명한 바와 같이 3계정에 포함되어 있는 제조간접원가의 비율에 따라 조정하는 원가요소기준법이 그것이다.

2. 제조간접원가배부차이의 조정

발생된 제조간접원가배부차이는 원가요소기준법, 총원가기준법 그리고 매출원가조정법을 적용하여 특정한 계정에서 제조간접원가금액을 조정하면 된다. 이때 제조간접원가배부금액이 실제발생된 제조간접원가금액보다 많은 초과배부가 발생했을 경우에는 각 계정에 포함되어 있는 제조간접원가과다배부액을 제거해야 하므로 각 계정잔액에서 배부차이금액만큼을 차감하고, 제조간접원가배부금액이 실제발생된 제조간접원가금액보다 적은 부족배부가 발생했을 경우에는 각 계정에 제조간접원가를 추가적으로 배부해야 하므로 각 계정에 제조간접원가배부차이금액을 가산해 주면 된다.

1) 원가요소기준법

원가요소기준법은 제조간접원가가 영향을 미치는 3계정, 즉 재공품기말재고, 완제품기말재고 그리고 당기의 매출원가에 포함되어 있는 제조간접원가금액의 비율을 기준으로 배부차이금액을 조정하는 방법이다. 이 원가요소기준법을 적용하기 위해서는 각 계정에 포함되어 있는 제조간접원가의 금액을 먼저 산출해 각 계정에 포함된 제조간접원가의 비율대로 차이를 조정해야 하기 때문에 매출원가조정법이나 총원가기준법에 비하여 매우 복잡한 과정을 거쳐야 한다는 단점이 있으나, 제조간접원가를 가장 정확하게 배부할 수 있다.

원가요소기준법을 적용하여 배부차이를 조정할 때 초과배부의 경우에는 각 계정에 배부된 제조간접원가금액을 차감조정하고, 부족배부의 경우에는 각 계정에 제조간접원가차이금액을 가산조정하면 된다.

〈초과배부의 경우〉

차) 제조간접원가	×××	대) 재공품	×××
		제　품	×××
		매출원가	×××

〈부족배부의 경우〉

차) 재공품	×××	대) 제조간접원가	×××
제　품	×××		
매출원가	×××		

2) 총원가기준법

총원가기준법은 제조간접원가가 영향을 미치는 3계정, 즉 재공품, 완제품 그리고 매출원가의 기말현재의 금액을 기준으로 배부차이금액을 조정하는 방법이다. 총원가기준법을 적용할 경우에도 원가요소기준법에서와 마찬가지로 초과배부가 이루어졌을 경우에는 각 계정의 배부차이금액을 비율별로 차감하면 되고, 부족배부가 이루어졌을 경우에는 배부차이를 가산하면 된다. 총원가기준법을 적용하면 매출원가조정법에 비해 보다 정확한 제조간접원가배부가 이루어지면서도 그 절차는 그리 복잡하지 않은 장점이 있다.

총원가기준법과 원가요소기준법은 3계정의 기말잔액 또는 계정에 포함된 제조간접원가의 비율대로 차이금액을 조정하기 때문에 두 가지 방법을 통칭하여 안분법이라고 부른다.

3) 매출원가조정법

매출원가조정법은 발생된 제조간접원가배부차이 전체금액을 매출원가에서 일괄적으로 조정하는 방법이다. 매출원가계정의 금액과 비교하여 재공품기말재고와 완제품기말재고의 금액이 적거나 중요하지 않을 경우에 적합한 방법이다. 일반적으로 제조기업의 경우 매출원가와 재고자산(재공품재고와 완제품재고)의 비율을 살펴보면, 대부분의 기업에서 매출원가가 90~95%의 비율을 차지할 정도로 매출원가의 비율이 압도적인 우위를 점하고 있기 때문에 제조간접원가배부차이와 같은 적은 금액은 매출원가에서 통합적으로 조정을 하더라도 전체회계정보에 미치는 영향은 미미하다.

매출원가조정법을 적용하여 제조간접원가배부차이를 조정할 경우, 초과배부가 발생했을 경우에는 매출원가에 포함되어 있는 제조간접원가과다배부액을 제거해야 하므로 매출원가에서 배부차이금액을 차감하고, 부족배부가 발생했을 경우에는 매출원가에 제조간접원가를 추가적으로 배부해야 하므로 매출원가에 배부차이금액을 가산하면 된다. 이러한 매출원가조정법은 적용하기가 매우 간단하지만 정확한 제조간접원가배부가 이루어지지 않는다는 단점이 있다.

그림 5-4 제조간접원가 배부차이의 조정

제조간접원가배부차이	매출원가조정법	안분법
초과배부	매출원가에 차감	재공품 완제품 매출원가 } 에 차감
부족배부	매출원가에 가산	재공품 완제품 매출원가 } 에 가산

예제 5-3 제조간접원가배부차이와 회계처리

㈜한라는 예정배부율에 따라 제조간접원가를 배부하고 있으며, 20×1년말 현재 제조간접원가과소배부액 ₩50,000이 발생하였다. 20×1년기말 현재의 재공품, 완성품 그리고 매출원가에 대한 명세는 다음과 같다.

	재공품	완성품	매출원가
직접재료원가	₩10,000	₩10,000	₩140,000
직접노무원가	20,000	20,000	300,000
제조간접원가	60,000	20,000	420,000
계	₩90,000	₩50,000	₩860,000

▶ 요구사항

원가요소기준법, 총원가기준법 그리고 매출원가조정법에 의하여 제조간접원가배부차이를 조정하고 필요한 회계처리를 하시오.

▶ 풀이

1) 원가요소기준법

원가요소기준법에 의하면 각 계정에 포함된 제조간접원가금액의 비율에 따라 다음과 같이 제조간접원가를 조정한다.

구분	재공품	완성품	매출원가	합계
제조간접원가	₩60,000	₩20,000	₩420,000	₩500,000
비율	12%	4%	84%	100%
배부차이의 배부	₩6,000	₩2,000	₩42,000	₩50,000

〈분개〉

차) 재공품	6,000	대) 제조간접원가	50,000
완성품	2,000		
매출원가	42,000		

2) 총원가기준법

총원가기준법에 의하면 각 계정금액의 잔액비율에 따라 다음과 같이 제조간접원가를 조정한다.

구분	재공품	완성품	매출원가	합계
제조간접원가	₩90,000	₩50,000	₩860,000	₩1,000,000
비율	9%	5%	86%	100%
배부차이의 배부	₩4,500	₩2,500	₩43,000	₩50,000

〈분개〉

차) 재공품	4,500	대) 제조간접원가	50,000
완성품	2,500		
매출원가	43,000		

3) 매출원가조정법

매출원가조정법에 의하면 각 계정금액에 관계없이 전체배부차이금액을 매출원가계정에서 조정하면 된다. 따라서 예제에서는 과소배부된 배부차이 ₩50,000을 매출원가에 가산조정하면 된다.

차) 매출원가	50,000	대) 제조간접원가	50,000

3. 제조간접원가배부차이의 회계처리

제조간접원가의 배부와 관련한 회계처리를 살펴보면 먼저 제조간접원가를 배부할 경우에는 제조간접원가를 배부하는 금액만큼 재공품계정이 증가하게 되고, 제조간접원가계정은 감소하게 될 것이다. 따라서 재공품계정의 증가, 즉 자산의 증가로서 차변에 재공품계정을 기록하고, 제조간접원가배부, 즉 제조간접원가(비용)의 차감계정을 대변에 기록해야 한다. 배부차이가 발생했다면, 초과배부인 경우에는 각 계정에 포함된 제조간접원가를 감소시켜야 하기 때문에 비용의 감소를 기록, 즉 차변에 제조간접원가를 기록하고, 차이금액만큼 매출원가를 감소시켜야 하기 때문에 대변에 매출원가를 기록하면 된다. 부족배부인 경우에는 초과배부의 경우와는 반대로 차변에 매출원가를 기록하여 매출원가를 증가시켜 주고, 대변에 부족배부된 제조간접원가만큼을 기록해야 할 것이다.

〈제조간접원가의 배부〉

차) 재공품	××,×××	대) 제조간접원가	××,×××

〈초과배부액의 조정〉

차) 제조간접원가	×××	대) 매출원가	×××

〈부족배부액의 조정〉

차) 매출원가	×××	대) 제조간접원가	×××

예제 5-4 제조간접원가배부차이와 회계처리

▶ 요구사항

직접노동시간 1시간당 ₩40의 제조간접원가예정배부율을 사용한다고 할 때, 총 170,000시간의 직접노동시간을 사용하였고, 실제제조간접원가가 ₩6,500,000 발생하였을 경우에 배부될 제조간접원가금액과 배부차이를 산출하시오. 산출된 배부차이는 매출원가에서 조정하는 것으로 한다.

▶ 풀이

① 제조간접원가예정배부액 = 제조간접원가예정배부율 × 실제조업도
= ₩40 × 170,000시간
= ₩6,800,000

② 제조간접원가배부차이 = 제조간접원가예정배부액 − 제조간접원가실제발생액
= ₩6,800,000 − ₩6,500,000 = ₩300,000(초과배부)

③ 배부차이의 회계처리

차) 제조간접원가	300,000	대) 매출원가	300,000

:: 쉬어가는 곳 기내식 쟁반 가볍게, 마실 물도 필요량만… 기내용 서적 대신 아이패드 도입 검토

고유가 시대가 지속되면서 항공사들은 운항 중인 항공기 무게를 100g이라도 줄이기 위해 총력전을 기울이고 있다.

대한항공은 기내식을 담는 쟁반까지 경량화(輕量化)하고 있다. 쟁반 무게를 기존 993g에서 649.1g으로 줄인 것이다. 이를 통해 연간 32,000달러의 연료절감효과가 발생한다. 아시아나항공은 기내식 등을 끌고 다니는 카트 무게를 27.3kg에서 20kg짜리로 교체하는 작업을 내년까지 끝낼 계획이다. 기내에 비치하는 책자도 가벼운 재질을 사용하고 크기를 줄이는 추세이다. 항공사들은 기내에 들고 타는 객실 승무원들의 개인용품 무게도 최소한으로 줄이는 내부 캠페인을 진행하고 있다.

항공기 엔진을 자주 청소하는 것은 기본이다. 엔진별로 특수 제작된 노즐을 이용해 엔진 내부에 고압의 물을 분사해 엔진으로 유입된 미세먼지를 제거하는 방식이다. 엔진 수명을 늘릴 뿐 아니라 연료효율성까지 최대 0.5% 높인다.

항공사들은 항공기에 싣는 물과 기름까지 줄이고 있다. 대한항공은 비행시간과 승객수, 물 사용량을 수백 번 입력하고 분석한 끝에 음용수 탑재량기준을 마련했다. 비행을 마치고도 비행기 안에 남는 물이 의외로 많다는 점에 착안한 것이다. 음용수 탑재량기준을 정한 덕분에 대한항공은 2009년 179만달러, 2010년 239만달러의 연료비를 아꼈다.

연료효율을 높이기 위한 항공업계의 노력은 정부정책까지 바꿨다. 만일의 경우를 대비해 총비행시간의 10%에 해당하는 연료를 추가로 싣도록 하는 기존법규를 국제기준인 5% 이하로 개선하도록 정부에 요청했다. 2006년 12월부터 예비연료를 5%만 탑재하도록 정책을 인가받아 운영하고 있다.

한 방울의 기름이라도 아끼기 위해 비행기 운항방식까지 바꿨다. 무게가 적게 나가는 중소형 항공기는 처음부터 활주로를 달리게 하지 않고 중간에 진입하도록 하고 있다. 지상 활주거리를 줄인 만큼 기름을 아낄 수 있기 때문이다. 착륙한 뒤에는 엔진이 2개인 항공기는 1개의 엔진을, 4개인 항공기는 2개의 엔진을 끄고 움직이도록 하는 등의 원칙을 강화했다.

일부 외국 항공사들은 기내에 비치되는 안내책자 등의 무게를 줄이기 위해 승객들에게 아이패드를 나눠주는 방안도 검토하고 있다. 680g인 아이패드는 15.87kg의 서류정보를 담을 수 있어 그만큼 연료효율을 높인다.

날개 끝을 접어라…치열한 연비경쟁

가장 눈에 띄는 변화는 항공기 날개 끝에 붙이는 장치인 윙렛(winglet)의 대중화다. 윙렛을 달면 공기의 흐름을 개선해 와류(渦流)현상을 감소시킨다. 와류현상은 날개 위와 아래 면의 압력차로 인해 날개 끝에서 공기가 소용돌이쳐 저항을 크게 만드는 현상이다. 윙렛은 이를 감소시켜 연료절감효과를 내는 장치이다.

예전 윙렛은 매우 작은 크기였고, 모양도 제한적이었다. 그러다 보니 연료효율을 높이는 역할이 미미했다. 최근에는 가벼우면서도 다양한 형태로 만들 수 있는 탄소복합재의 발달로 성능을 극대화한 윙

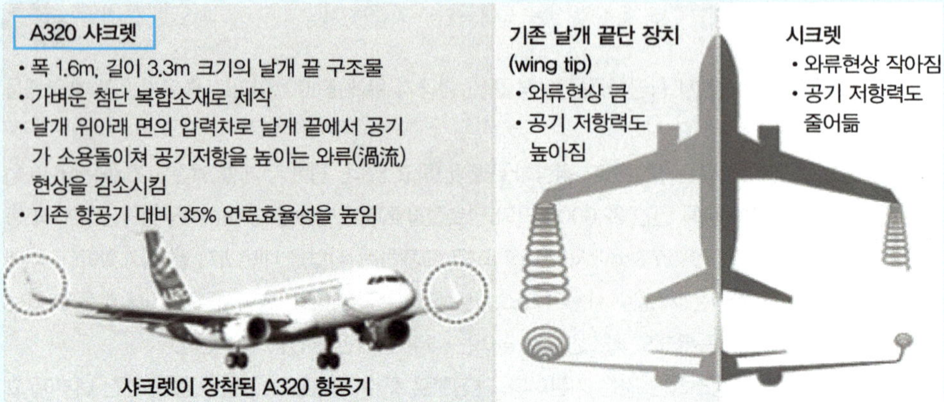

렛이 선보이고 있다.

대한항공이 최근 독자 개발해 양산하는 '샤크렛(sharklet)'이 대표적이다. 폭 1.6m, 길이 3.3m의 샤크렛은 에어버스 A320 항공기의 주 날개 끝부분에 장착되는 윙렛이다. 상어(shark) 지느러미처럼 생겼다고 해서 이런 이름이 붙었다. 이 샤크렛을 단 A320은 비행시험결과 기존 항공기 대비 3.5%의 연료절감효과를 나타냈다.

'코수술'한 비행기, 누드 항공기까지 등장

항공기가 가장 먼저 공기와 접촉하는 부분인 '노즈 섹션(Nose Section, 항공기 조종석이 있는 앞부분)'도 변화를 거듭하고 있다. 노즈 섹션의 각진 부분을 없애 역학적으로 공기가 부드럽게 흐르게 만들어 연료절감에 한몫하는 쪽으로 기술이 발전하고 있다. 엔진의 공기흡입부위도 유선형 모양을 적용해 공기흐름을 원활하게 만들어 공기저항력을 감소시켰다. 항공기 날개 두께도 축소하는 등 공기저항을 줄이려는 노력은 곳곳에서 나타나고 있다.

고유가는 한때 '누드 항공기'까지 등장시켰다. 장거리 운항노선이 많은 캐세이퍼시픽의 B747 화물기는 조종실, 꼬리 날개, 동체의 회사명과 로고만 남기고 나머지 부분의 페인트칠을 모두 벗겨냈다. 이렇게 벗겨낸 페인트의 무게는 약 20kg. 성인 남자 승객 세 명의 무게에 해당하며 1년 동안 비행기 한 대당 약 2억원의 연료비를 절약할 수 있다.

항공업계 관계자는 "유가가 배럴당 1달러 오르면 대한항공은 연간 310억원, 아시아나항공은 137억원의 추가비용이 발생한다"며 "항공사들의 최우선 과제가 에너지 효율을 높이는 것"이라고 말했다

자료 : 조선일보, 2012. 4. 19.

연 | 습 | 문 | 제

01 원가배부와 관련한 다음의 설명 중에서 틀린 것은? (기업회계 1급, 2010)

① 전체제조원가에서 제조간접원가가 차지하는 비중이 커질수록 단순한 원가배부기준을 설정해야 보다 정확한 원가계산이 된다.
② 원가배부기준은 인과관계기준, 수혜기준, 부담능력기준, 공정성과 공평성기준 등이 있다.
③ 활동기준원가계산제도에서는 비단위기준원가동인을 사용하는데, 그 예로는 배치활동, 제품유지활동, 설비수준활동 등이 있다.
④ 보조부문원가의 배부방법 중 변동비와 고정비로 구분하여 배부하는 방법을 이중배부율법이라고 한다.

02 다음 중 제조간접원가의 예정배부에 대한 설명으로 올바른 것을 모두 나열한 것은? (기업회계 1급, 2010)

1. 제조간접원가예정배부는 모든 제조업이 필수로 적용해야 하는 사항이다.
2. 제조간접원가배부차액은 매출원가, 제품, 재공품계정에 배부할 수 있다.
3. 제조간접원가예정배부는 기계시간, 노동시간기준은 가능해도, 직접재료원가, 직접노무원가기준은 불가능하다.
4. 제조간접원가의 예정배부율 산정은 월단위로 선정된 조업도를 기준으로 제조간접원가를 산출하는 개념이다.
5. 제조간접원가배부차액은 소비차이, 능률차이, 예산차이, 조업도차이로 분석할 수 있다.

① 1, 3　② 2, 4　③ 2, 5　④ 3, 5

03 원가배부의 목적으로서 옳지 않은 것은? (전산세무 1급, 2010)

① 회사의 미래계획수립 또는 자원배분과 관련된 의사결정을 하기 위해서이다.
② 책임원가계산제도의 형성에 따른 조직구성원에 대한 동기부여와는 관련이 없다.
③ 재고자산, 매출원가를 정확히 산출하여 주주, 채권자 등 이해관계자들에게 합리적인 정보를 제공하기 위해 원가를 배분한다.
④ 계약금액 등을 결정함에 있어서 발생한 원가를 정당화할 수 있다.

04 다음 중 제조간접원가의 예정배부에 대한 설명으로 틀린 것을 모두 나열한 것은? (기업회계 1급, 2010)

1. 제조간접원가의 시간당 예정배부액은 연간예산을 기준으로 설정한다.
2. 제조간접원가의 예정배부를 위한 기준조업도는 생산공정마다 다르게 적용할 수 없다.
3. 제조간접원가의 초과배부와 부족배부는 전월과 차월의 상계가 가능하다.

4. 제조간접원가의 예정배부는 조기에 제조간접원가를 추정하는 데 유용하다.
5. 제조간접원가의 예정배부는 직접노동시간 또는 기계시간 등 시간당 배부액을 적용해야 한다.

① 1, 2, 3 ② 1, 2, 4 ③ 2, 3, 4 ④ 2, 3, 5

05 **㈜금강은 직접노동시간에 따라 제조간접원가예정배부율을 산정한다. 20×1년 1월초 원가담당자는 과거의 원가자료를 분석하여 다음과 같은 식을 만들었다.**

연간제조간접원가예산 = ₩10,000,000 (=고정제조간접원가) + @200 × 직접노동시간 (=변동제조간접원가)

회사는 20×1년의 총직접노동시간을 5,000시간(예상조업도)으로 예상하고 있다. 20×1년의 제조간접원가 예정배부율은 얼마인가? (기업회계 2급, 2011)

① ₩200 ② ₩2,200 ③ ₩1,000,000 ④ ₩11,600,000

06 **㈜금강은 정상원가계산을 적용하고 제조간접원가배부차이를 기말재고자산 및 매출원가에 포함된 제조간접원가 예정배부액에 비례하여 조정할 경우 실제발생한 제조간접원가는 얼마인가?** (전산세무 1급, 2010)

구분	매출원가	기말재공품	기말제품
배부차액조정 전 원가	₩5,000,000	₩1,000,000	₩2,000,000
예정배부된 제조간접원가	400,000	300,000	100,000

제조간접원가배부차액조정 시 기말제품에서 차감된 금액이 ₩3,000이다.

① ₩776,000 ② ₩788,000 ③ ₩812,000 ④ ₩824,000

07 **㈜금강은 개별원가계산제도를 채택하고 있다. 다음 자료를 참조하여 제조지시서 No.7의 제조간접원가배부차이를 산정하면?** (전산세무 2급, 2010)

- 제조간접원가배부기준 : 직접작업시간
- 제조간접원가예산액 : ₩400,000
- 기준조업도 : 100,000시간
- 제조지시서 No.7의 예정작업시간 : 10,000시간
- 실제작업시간 : 9,000시간
- 실제제조간접원가 : ₩34,000

① 과소배부 ₩2,000 ② 과대배부 ₩2,000
③ 과소배부 ₩4,000 ④ 과대배부 ₩4,000

08 **제조간접원가를 예정배부율을 이용하여 제조간접원가를 배부하는 경우 실제발생한 총제조간접원가와 차이가 발생하게 된다. 이러한 차이를 조정하는 방법으로서 비례배분법, 매출원가조정법, 기타손익법이 있다. 각 방법별로 조정하였을 경우 재무상태표상의 자산가액이 가장 크게 계상되는 방법은?** (전산세무 1급, 2010)

	과대배부된 경우	과소배부된 경우
①	매출원가조정법	원가비례배분법
②	원가비례배분법	기타손익법
③	매출원가조정법	기타손익법
④	원가비례배분법	매출원가조정법

09 **제조간접원가(공통비)의 배부기준을 정할 때 고려해야 되는 요소로서 다음 중 가장 합리적이고, 우선적으로 적용되어야 하는 요소는?** (전산세무 2급, 2010)

① 목적적합성 ② 신뢰성 ③ 인과관계 ④ 예측가능성

10 **㈜금강은 직접노무시간을 기준으로 제조간접원가를 배부하고 있다. 당기말현재 제조간접원가 실제발생액은 ₩1,500,000이고, 실제직접노무시간은 6,000시간이다. 당해연도초의 예상제조간접원가는 ₩1,650,000이고, 예상직접노무시간은 5,500시간이다. 당기의 제조간접원가과소(과대)배부는 얼마인가?** (전산세무 1급, 2010)

① ₩300,000 과대배부 ② ₩300,000 과소배부
③ ₩150,000 과대배부 ④ ₩150,000 과소배부

11 **㈜금강은 제조간접원가를 직접노무시간을 기준으로 배부하고 있다. 당해 제조간접원가배부차이는 ₩100,000이 과대배부되었다. 당기말현재 실제제조간접원가발생액은 ₩500,000이고, 실제직접노무시간이 20,000시간일 경우 예정배부율은 얼마인가?** (전산회계 1급, 2010)

① ₩25/시간 ② ₩30/시간 ③ ₩40/시간 ④ ₩50/시간

12 **㈜금강은 제조간접원가를 직접노무시간기준으로 배부하고 있다. 추정제조간접원가총액은 ₩1,020,000이고, 추정직접노무시간은 400,000시간이다. 전기말의 제조간접원가잔액은 ₩1,080,000이고, 실제사용직접노무시간은 420,000시간이다. 전기의 제조간접원가과소(대)배부액은?** (기업회계 1급, 2012)

① ₩9,000 과소배부 ② ₩9,000 과대배부
③ ₩60,000 과대배부 ④ ₩30,000 과소배부

13 **㈜금강의 실제제조간접원가발생액은 ₩1,000,000이고 실제직접노무시간은 200시간이다. 제조간접원가예정배부율이 직접노무시간당 ₩5,500(추정 직접노무시간은 210시간)인 경우 제조간접원가배부차이는 얼마인가?** (전산세무 2급, 2012)

① ₩100,000(과대배부) ② ₩100,000(과소배부)
③ ₩155,000(과대배부) ④ ₩155,000(과소배부)

14 **㈜금강은 개별원가계산을 하고 있다. 다음은 20×1년 3월 ㈜금강의 재공품계정에 차기(대기)된 내용이다.**

3월	내용	금액
1일	기 초 재 고	₩ 4,000
30일	직접재료원가	24,000
30일	직접노무원가	16,000
30일	제조간접원가	12,800
30일	제품으로 이체	(48,000)

㈜금강은 제조간접원가예정배부율을 이용하여 제조간접원가를 배부하고 있으며, 예정배부율은 직접노무원가의 80%이다. 20×1년 3월 31일 현재 작업번호 5번의 작업만이 끝나지 않은 상태이며, 5번 작업은 직접노무원가가 ₩2,000으로 기록되어 있다. 5번 작업에 기록된 직접재료원가는 얼마인가? (CPA, 1997)

① ₩8,800 ② ₩7,200 ③ ₩5,200
④ ₩4,800 ⑤ ₩1,600

15 **다음 자료에 의하여 공장의 기계감가상각비와 화재보험료를 월할계산할 경우, 당년도 공장의 화재보험료발생액은 얼마인가?** (기업회계 1급, 2012)

- 당년도 제조간접원가예산 : ₩420,000
- 당년도 기계가동예상시간 : 1,680시간
- 제조간접원가예정배부의 기준조업도는 기계시간 적용
- 당월의 기계가동시간 : 130시간
- 당월의 제조간접원가예정배부차이 : ₩2,500(초과배부)
- 당월의 기계수선유지비발생액 : ₩6,000
- 당월의 외주가공원가발생액 : ₩8,000
- 당년도 기계감가상각비 : ₩60,000
- 당년도 공장화재보험료 : ?

① ₩102,000 ② ₩132,000 ③ ₩162,000 ④ ₩192,000

16 **㈜금강은 제조간접원가를 직접노무원가를 기준으로 배부한다. 당해 연도초 제조간접원가예상액은 ₩6,000,000이고 예상직접노무원가는 ₩5,000,000이다. 당기말현재 실제제조간접원가 발생액이 ₩6,150,000이고 실제직접노무원가가 ₩5,200,000일 경우 당기의 제조간접원가과소(과대)배부는 얼마인가?** (전산세무 1급, 2012)

① ₩90,000(과소배부) ② ₩150,000(과소배부)
③ ₩90,000(과대배부) ④ ₩150,000(과대배부)

17 **다음 분개에 대한 설명으로 바른 것은?** (기업회계 1급, 2011)

(차) 제조간접원가배부차액 ₩12,000	(대) 제조간접원가 ₩12,000

① 실제발생한 제조간접원가가 예정배부한 제조간접원가보다 ₩12,000 적다.
② 제조간접원가배부차액 ₩12,000에 대한 유리한 차이를 나타낸 분개이다.
③ 제조간접원가배부차액 ₩12,000을 매출원가가 부담하는 경우이다.
④ 제조간접원가부족배부 ₩12,000이 발생한 경우이다.

18 **㈜금강은 제조간접원가를 직접노무시간을 기준으로 예정배부하고 있다. 당기말현재 실제제조간접원가발생액이 ₩6,150,000원이고 실제직접노무시간이 50,000시간인 경우 당기의 제조간접원가는 ₩150,000원 과소배부된다는 것을 알았다. 이 경우 제조간접원가예정배부율은 직접노무시간당 얼마인가?** (전산세무 1급, 2011)

① ₩110 ② ₩120 ③ ₩126 ④ ₩130

19 **㈜금강의 전력부문은 조립부문 및 도색부문에 용역을 공급하고 있다. 전력부문에서 발생된 원가는 변동비가 ₩200,000이고 고정비가 ₩300,000이다. ㈜금강이 전력부문에서 발생된 원가를 이중배부율법에 의하여 조립부문 및 도색부문에 배부할 경우에 다음 중 틀린 것은? (단, 실제제공시간 및 최대제공시간은 다음과 같다고 가정한다)** (전산세무 1급, 2011)

구분	조립부문	도색부문	합계
실제제공시간	400시간	600시간	1,000시간
최대제공시간	900시간	600시간	1,500시간

① 조립부문에 배부된 변동원가는 ₩80,000이다.
② 도색부문에 배부된 고정원가는 ₩120,000이다.
③ 도색부문보다 조립부문에 배부된 원가가 ₩20,000 크다.
④ 도색부문에 배부된 총배부원가는 ₩260,000이다.

20 **㈜금강은 20×1년 1월 1일 영업을 개시하였다. 제조간접원가는 예정배부하며 기말현재 원가자료는 다음과 같다. 제조간접원가부족배부액 ₩50,000을 매출원가조정법과 총원가비례배분법에 의해 각각 배부할 경우 이익에 미치는 차이금액은 얼마인가?** (기업회계 2급, 2012)

	재공품	제품	매출원가
직접재료원가	₩30,000	₩80,000	₩140,000
직접노무원가	50,000	140,000	200,000

제조간접원가배부액	70,000	130,000	160,000
합계	₩150,000	₩350,000	₩500,000

① 매출원가조정법에 의해 배부하는 경우가 이익이 ₩25,000 더 크다.
② 매출원가조정법에 의해 배부하는 경우가 이익이 ₩50,000 더 크다.
③ 총원가비례배분법에 의해 배부하는 경우가 이익이 ₩25,000 더 크다.
④ 총원가비례배분법에 의해 배부하는 경우가 이익이 ₩50,000 더 크다.

21 **㈜금강의 제조간접원가예정배부 및 작업별 제조원가는 다음과 같다. 20×1년 중 작업번호가 #201, #202, #203인 세 가지 작업을 시작하여 #201, #202가 완성되었고, #201은 판매되었다. 20×1년 중 제조간접원가실제발생액은 ₩1,200,000이었다. 제조간접원가배부차이를 매출원가조정법, 비례배분법, 영업외손익법으로 회계처리할 경우 매출총이익을 가장 크게 하는 방법은?** (전산세무 1급, 2011)

	#201	#202	#203
직접재료원가	₩150,000	₩150,000	₩200,000
직접노무원가	250,000	150,000	100,000
제조간접원가	500,000	300,000	260,000
합계	₩900,000	₩600,000	₩500,000

① 영업외손익법　② 비례배분법　③ 매출원가조정법　④ 모두 동일

22 **㈜금강은 제조간접원가를 직접노무시간기준으로 배부하고 있다. 추정제조간접원가총액은 ₩800,000이고, 추정직접노무시간은 400,000시간이다. 제조간접원가발생액은 ₩850,000이고, 실제사용직접노무시간은 440,000시간이다. 제조간접원가과소(대)배부액은?** (전산세무 1급, 2011)

① ₩30,000 과대　② ₩10,000 과소　③ ₩15,000 과소　④ ₩45,000 과대

23 **㈜금강의 제조간접원가예정배부율은 작업시간당 ₩5,000이다. 작업시간이 800시간이고, 제조간접원가배부차이가 ₩500,000 과대배부라면, 실제제조간접원가발생액은 얼마인가?** (전산세무 2급, 2011)

① ₩3,500,000　② ₩4,000,000　③ ₩4,500,000　④ ₩5,000,000

24 **다음 자료에서 제조간접원가배부차액에 대한 결과로 올바른 것은?** (기업회계 1급, 2011)

- 제조간접원가예정배부에 의한 당기총제조원가의 합계 : ₩180,000
- 직접재료원가발생액 : 직접노무원가발생액의 50%
- 제조간접원가예정배부액 : 직접노무원가발생액의 150%
- 실제제조간접원가발생액 : ₩93,000

① ₩3,000(부족배부) ② ₩3,000(초과배부)
③ ₩5,000(부족배부) ④ ₩5,000(초과배부)

25 **다음 자료에서 당월의 노동시간에 의한 제조간접원가의 예정배부율은 얼마인가?** (기업회계 1급,2011)

- 당월제품제조원가 : ₩143,000
- 월말재공품재공액 : ₩25,000
- 월초재공품재고액 : 32,000
- 당월 실제노동시간 : 1,000시간
- 당월 직접노무원가 발생액 : 30,000
- 당월 직접재료원가 발생액 : ₩61,000

① ₩35 ② ₩40 ③ ₩45 ④ ₩50

26 **㈜금강의 보조부문에서 발생한 변동제조간접원가는 ₩1,600,000이고, 고정제조간접원가는 ₩3,000,000이다. 이중배부율법에 의하여 보조부문의 제조간접원가를 제조부문에 배부할 경우 조립부문에 배부할 제조간접원가는 얼마인가?** (기업회계 2급 , 2010)

	실제기계시간	최대기계시간
절단부문	3,000시간	7,000시간
조립부문	5,000시간	8,000시간

① ₩1,900,000 ② ₩2,400,000 ③ ₩2,600,000 ④ ₩3,000,000

27 **㈜금강은 20×1년초에 설립되었으며 정상원가계산을 적용하고 있다. 제조간접원가는 직접노무시간을 기준으로 예정배부한다. 회사는 제조간접원가배부차이를 기말재고자산 및 매출원가에 포함된 제조간접원가예정배부액에 비례하여 안분한다. 당기에 기말재공품, 기말제품 및 매출원가에는 1 : 3 : 4의 비율로 제조간접원가가 각각 예정배부되었고, 기말재공품에 차감하여 조정된 배부차이는 ₩2,500이었다. 당기의 실제제조간접원가는 ₩180,000이고, 실제직접노무시간은 총 1,250시간이었다면, 제조간접원가예정배부율은 직접노무시간당 얼마인가?** (CPA, 2008)

① ₩144 ② ₩160 ③ ₩168
④ ₩170 ⑤ ₩178

28 **㈜금강은 당기에 영업을 개시하였고, 그 제조와 관련된 자료는 아래와 같다. 제조간접원가 배부차액은 총원가비례법에 따라 조정하기로 한다. 이에 따라 배분할 때 #2의 제조원가는 어떤 금액으로 조정되는가?** (기업회계 1급, 2010)

1) 12월 31일 현재 작업상황은 다음과 같다.

원가요소	#1	#2	#3	합계
직접재료원가	₩100,000	₩120,000	₩80,000	₩300,000
직접노무원가	230,000	260,000	210,000	700,000
제조간접원가 배부액	100,000	200,000	150,000	450,000
진행 정도	미완성	완성	미완성	

2) 당기에 구입한 원재료는 모두 투입되었다.
3) 당기의 제조간접원가실제발생액은 ₩400,000이다.
4) 위 이외의 재고자산은 없으며, 매출된 부분은 없다.

① ₩580,000 ② ₩560,000 ③ ₩540,000 ④ ₩520,000

29 **㈜금강은 제품 A와 제품 B를 생산하고 있는데 두 제품은 모두 제조부문 X와 제조부문 Y를 거쳐야 한다. 제조부문 X에서 발생한 제조간접원가는 각 제품이 소비한 기계시간을 기준으로 배부하고, 제조부문 Y에서 발생한 제조간접원가는 각 제품이 소비한 노무시간을 기준으로 배부한다. 또한 각 제조부문의 제조간접원가는 월별로 실제배부한다. 다음은 5월중 제품 A와 제품 B를 생산하는 데 각각 소비한 기계시간과 노무시간, 그리고 각 제품에 최종적으로 배부된 제조간접원가 자료이다.**

구분	제품 A	제품 B	합계
기계시간	10시간	30시간	40시간
노무시간	90시간	60시간	150시간
제조간접원가배부액	₩870,000	₩930,000	₩1,800,000

제조부문 X에서 5월중 발생한 제조간접원가는 얼마인가? (CPA, 2011)

① ₩600,000 ② ₩720,000 ③ ₩800,000
④ ₩960,000 ⑤ ₩1,080,000

30 **㈜금강은 개별원가계산을 사용하고 있으며, 직접노무원가의 150%를 제조간접원가로 예정배부하고 있다. 제조간접원가배부차이는 전액 매출원가에서 조정한다.**

기초재공품 :		당기투입원가 :	
직접재료원가	₩6,000	직접재료원가	₩45,000
직접노무원가	4,000	직접노무원가	36,000
제조간접원가	6,000	실제제조간접원가	59,000
계	₩16,000	계	₩140,000

당월중 제조간접원가배부차이는 얼마인가? (CPA, 1998)

① ₩5,000 과대배부 ② ₩5,000 과소배부 ③ ₩7,000 과대배부
④ ₩7,000 과소배부 ⑤ ₩0

31 **제조간접원가배부차이계정의 차변잔액이 ₩1,800이다. 배부차이를 매출원가조정법으로 회계처리하는 경우에 비하여 총원가비례법으로 회계처리하면 당기순이익은 얼마가 증감하겠는가? (단, 계정잔액은 다음과 같다)** (CPA, 1996)

원재료	기말재공품	기말제품	매출원가
₩1,000	₩1,400	₩2,600	₩5,000

① ₩1,000 증가　② ₩800 증가　③ ₩1,000 감소
④ ₩800 감소　⑤ ₩720 증가

Chapter 06

개별원가계산

CHAPTER 06 개별원가계산

제1절 개별원가계산

1. 개별원가계산의 개념과 절차

제품원가계산(product costing)이란 제조기업에서 완제품을 생산 · 가공하는 데 소요된 제반 제조원가를 재고자산에 부과 및 배분시켜 완제품을 생산하는 데 소요된 원가를 파악하는 절차이다. 즉, 제품 한 단위를 생산하는 데 소요되는 제조원가를 산정하는 과정을 말한다. 단순하게 생각한다면, 한 가지 제품만을 제조하는 기업이라면 발생된 총원가를 생산된 제품단위로 나누어 제품단위당 원가를 산출할 수 있을 것이다.

제품원가계산은 제조원가를 집계하는 방법에 따라서 개별원가계산과 종합원가계산으로 분류할 수 있으며, 원가집계방법은 제품의 생산형태에 따라 달라질 수 있다. 선박의 건조나 댐건설공사와 같은 다품종소량생산을 하는 기업과 볼펜이나 소형전자제품과 같은 소품종대량생산을 하는 기업은 원가를 집계하는 방법이 달라야 하기 때문이다.

개별원가계산방법은 선박건조와 같은 다품종소량생산을 하는 기업에 적합한 원가계산방법이다. 일반적으로 다품종소량생산을 하는 경우는 수요를 예측한 생산계획에 의해 일괄적으로 생산하는 것이 아니라, 주로 고객의 주문에 의해 제품을 생산하게 되고, 제품별 또는 작업별로 원가계산을 하게 된다. 따라서 제품원가계산에 있어서 제품별 또는 작업별로 추적이 가능한 직접재료원가와 직접노무원가는 개별제품별/작업별로 직접 집계하게 된다. 발생한 직접재료원가와 직접노무원가가 제품별/작업별로 직접 집계가능한 이유는 소량의 제품만을 생산하는 방법이기 때문이다. 그러나 제조간접원가는 작업별/제품별 직접추적을 할 수 없기 때문에 예정배부율을 사용하여 작업별로 배부한다. 이러한 방식으로 작업별/제품별로 직접재료원가, 직접노무원가 그리고 제조간접원가를 집계하여 원가계산을 하는 방식을 개별원가계산(job-order costing)이라 한다.

그림 6-1 **개별원가계산의 절차**

개별원가계산방법은 다품종소량생산의 경우가 대부분인 관계로 먼저 고객의 주문에 의해 제품생산에 관한 계획을 수립하게 된다. 즉 고객에 주문에 근거하여 수립된 작업계획에 따라 원재료를 주문하고 필요한 인력을 충원하여 제품의 생산을 시작하게 되는 것이다. 선박의 건조나 항공기 제작 등이 바로 이러한 예에 해당한다고 볼 수 있다.

2. 개별원가계산의 특징

개별원가계산방법은 작업별/제품별로 모든 원가가 누적되는 작업원가집계표를 통하여 원가계산을 수행하고 있다. 개별원가계산의 경우 제조간접원가를 예정배부율에 의하여 배부하기 때문에 실제발생된 제조간접원가와의 사이에 제조간접원가배부차이가 발생하게 된다. 이러한 배부차이를 관련계정의 조정을 통해 합리적으로 해결하는 것이 개별원가계산의 핵심이라고 할 수 있다.

개별원가계산의 장단점을 살펴보면, 개별원가계산은 작업별/제품별로 원가계산을 하는 방법이기 때문에 정확한 원가계산이 가능할 뿐만 아니라 제품별 손익계산 및 분석이 용이하다는 장점이 있다. 또한 작업원가집계표를 분석하여 생산활동에 대한 효율성을 평가할 수 있을 뿐만 아니라 미래에 유사한 작업에 대한 제조예산의 설정이 수월하다. 반면에 기록이 상세하고 복잡하기 때문에 오류발생가능성이 클 뿐만 아니라 이에 따른 회계비용이 과다할 수 있다는 단점도 있다.

표 6-1 | 개별원가계산의 특징

항목	개별원가계산의 특징
제품원가의 누적	특정 작업 또는 제품에 누적
재공품계정	각 작업(주문)마다 설치하는 것이 원칙이며 보조재공품계정을 설치하는 경우도 있다
제품원가 측정시점	생산이 불연속적, 작업이 완성될 때마다 측정
생산품목	이질적인 제품으로 불연속적 생산형태에 적합한 품목 : 건설업, 가구, 조선 등
운영비용	많은 비용이 소요되나 원가정보의 정확성 높음
원가계산방법	작업원가지시서와 작업원가집계표를 통한 제품원가 산출
원가의 분류	원가의 추적가능성을 중시하여 직접비와 간접비로 분류

제2절 개별원가계산의 원가흐름

1. 제품원가의 흐름

컴퓨터산업의 발달로 인해 지금은 대부분의 기업에서 제품생산과 관련한 재료의 출고청구나 근로자에 대한 작업지시와 같은 업무협조뿐만 아니라 작업원가집계표와 같은 원가집계표 등 모든 문서처리가 컴퓨터를 통하여 이루어지고 있으며, 제품의 제조와 관련한 모든 원가계산도 ERP시스템을 통하여 자동으로 이루어진다. 이에 따라 제품원가계산을 위한 모든 문서와 절차도 과거에 사용하던 것과는 완전히 다른 방식으로 진행된다. 그러나 원가계산을 위한 모든 절차와 방식이 자동화시스템으로 이루어진다 하더라도 기본적인 절차와 방식에 대하여는 이해할 필요가 있기 때문에 전통적인 방식의 개별원가 계산방법을 여기에서 소개하기로 한다.

1) 작업지시서와 작업원가집계표

작업지시서는 고객으로부터 주문을 받은 제품을 생산하기 위한 작업명령서로 작업지시서 번호, 작업의 담당부서와 작업지시 내용이 기재되어 있다. 이러한 작업지시서를 기본으로 작업원가집계표를 작성한다. 작업원가집계표는 작업지시서의 작업내용에 따라 발생한 원가를 기록하는 문서로 작업지시서 번호별로 작성 · 집계된다.

그림 6-2 작업지시서와 작업원가집계표

No.0000

작업지시서

담당부서 ______ 발행일 년 월 일
주 문 처 ______ 수주일 년 월 일
주문 No. ______ 납기일 년 월 일

품명(규격, 종류)	수량	작업명세

작업개시 년 월 일
작업완료 년 월 일 발행자 (인)

작업원가집계표

작업지시서번호 _____ 착수일 _____
부 서 _____ 완료일 _____
품 명 _____ 수 량 _____

직접재료원가		직접노무원가			제조간접원가		

	원가집계 총원가	단가
직접재료원가		
직접노무원가		
제조간접원가	______	______
총 액	______	______

작업지시서와 작업원가표의 형식을 보면, 작업지시서에는 작업지시서 번호가 기재되어 있고, 작업을 담당할 부서 및 주문자와 관련한 사항 그리고 작업내용과 작업기간 등을 기재하도록 구성되어 있다.

작업원가집계표는 작업지시서 번호별로 작성되는 관계로 작업지시서 번호와 담당부서 등의 내용을 기본적으로 기재하고, 작업에 소요된 직접재료원가, 직접노무원가, 제조간접원가금액을 기재 · 집계하여 작업단위당 원가까지 산출할 수 있도록 구성되어 있다.

2) 재료출고청구서

재료출고청구서는 작업지시서에 따른 작업을 수행하기 위해 제품생산에 필요한 재료의 출고를 창고에 요청하는 양식으로 생산부서에서 작성하여 창고관리부서로 청구한다. 재료출고청구서는 작업지시서 번호별로 작성되며, 출고요청하는 재료의 품목과 수량 그리고 단가 등을 기재하도록 구성되어 있어 직접재료원가나 간접재료원가 원가계산의 기초자료가 된다.

재료출고가 완료되면 재료출고청구서는 창고관리부서에서 원가부서로 이송되며, 청구서상에서 사용된 재료의 수량과 단가를 작업원가집계표에 집계하게 된다.

그림 6-3 재료출고청구서

재료출고청구서

No.

작업지시번호 ______________ 작성일 ________

인 도 부 문 ______________ 발행일 ________

재료품목	적요	출고수량	단가	금액

3) 작업전표

작업전표는 작업지시서에 따라 작업을 수행하기 위해 필요한 작업자와 관련한 사항을 기재하도록 되어 있다. 작업전표 역시 작업지시서 번호별로 작성하며, 작업자의 작업시간과 관련 내용을 기재하여 직접노무원가와 간접노무원가의 계산근거가 된다. 작업전표는 생산부서에서 작성하며, 작업이 완료되는 시점에서 원가부서로 이송되어 작업원가집계표에 원가가 집계된다.

그림 6-4 작업전표

작업전표

No.
일자 ________

작업자 ______________
작업장 ______________

작업지시서 번호	작업개시시간	작업완료시간	소요시간	임률	노무원가

감독자 ________

2. 개별원가계산의 원가흐름

재료출고청구서에 의해 출고된 재료는 제품의 생산을 위한 생산공정에 투입된다. 재료출고에 따른 원가의 흐름은 원재료계정의 대변에 기록되어 원재료를 차감함과 동시에 직접재료는 재공품의 차변에, 간접재료는 제조간접원가계정의 차변에 기록하여 재공품계정의 증가를 나타내게 된다. 원재료의 원가흐름을 T전표를 통하여 살펴보면 [그림 6-5]와 같다.

그림 6-5 원재료의 투입

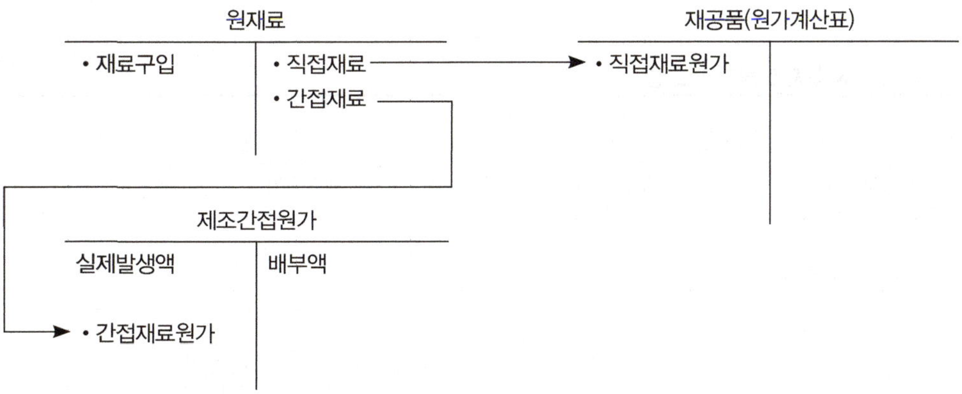

근로자의 제품생산과 관련한 작업에 대한 급여를 지급하지 않았다면 부채계정인 미지급급여의 대변에 기록을 하고, 대응하는 금액만큼의 직접노무원가는 재공품계정의 차변에, 간접노무원가는 제조간접원가의 차변에 기록한다.

그림 6-6 노무원가발생과 제조간접원가의 배부

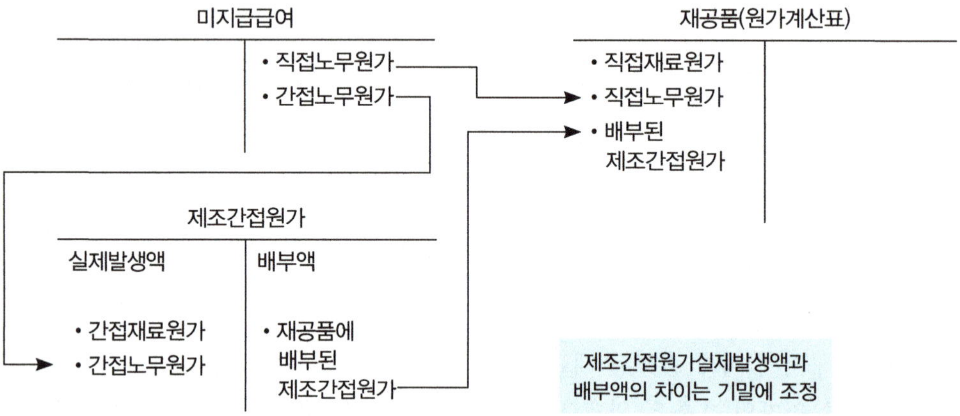

제조간접원가의 경우는 각 제조간접원가계정의 비용이 발생할 때마다 차변에 기록하고, 실제발생액과 관계없이 예정배부율에 의한 배부액을 제조간접원가계정 대변에 기록하여, 같은 금액을 재공품계정의 차변에 기록한다. 만일 제조간접원가배부액과 실제발생액 사이에 차이가 발생할 경우에는 기말에 차이조정을 한다.

그림 6-7 제품제조원가의 흐름

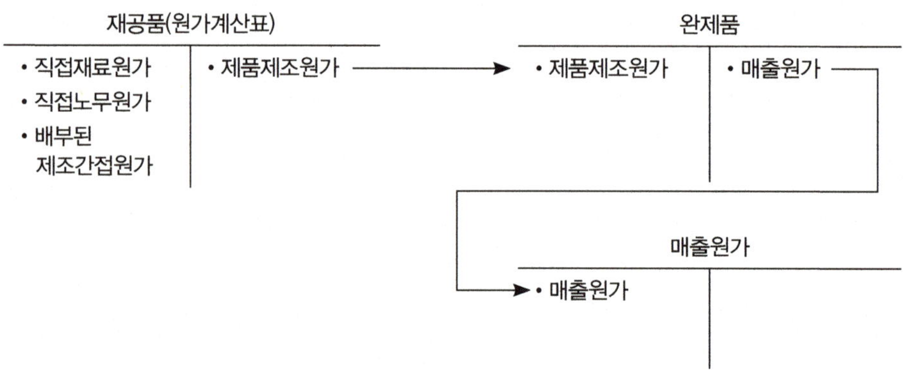

재공품계정의 차변에 당기에 투입한 원가가 기록되면 기초재공품과 함께 제품생산을 위해 투입된 총원가(당기총제조원가)가 집계되고, 제품의 완성과 동시에 재공품계정의 대변에 당기제품제조원가를 기록하고 완제품계정의 차변에 동시에 기록한다. 완제품계정에서 판매가 이루어지면 매출원가로 이동하는 흐름을 볼 수 있다.

제3절 개별원가계산의 사례

〈기본자료〉

계룡산 주식회사는 개별원가계산을 적용하고 있으며, 1월초 재고자산 유형별 재고는 다음과 같다.

- 원재료 : ₩5,000
- 재공품 : 15,000(작업번호 100 : ₩5,000, 작업번호 101 : ₩10,000)
- 제　품 : 35,000

1) 원재료의 구입

계룡산㈜는 원재료 A와 B를 가각 ₩50,000과 ₩46,000에 구입하였다. 이러한 경우에 원재료별로 분개를 할 수도 있으며, 다음과 같이 하나의 분개로 처리할 수도 있다.

차) 원재료	96,000	대) 매입채무	96,000

2) 원재료의 투입

원재료 ₩92,610을 제품의 제조공정에 투입했으며, 그 중 직접재료는 ₩91,350이고 나머지는 간접재료로 사용되었다. 직접재료로 사용된 ₩91,350은 재공품계정의 차변에 기록하고, 나머지 간접재료 ₩1,260은 제조간접원가계정의 차변에 기록한다.

차) 재공품 – 직접재료원가 91,350 대) 원재료 92,610
제조간접원가 – 간접재료원가 1,260

재공품계정의 차변에 기록되는 금액은 작업별 원가계산을 위해 작업별로 분리하여 작업별 재공품집계표에 기록해야 한다. 작업번호 #100에 ₩35,000, #101에 ₩45,000 그리고 #102에 ₩11,350의 재료원가가 각각 발생하였다.

표 6-2 작업별 재공품집계표

구분	작업# 100	작업# 101	작업# 102	합계
기초재고	₩5,000	₩10,000	₩0	₩15,000
직접재료원가	35,000	45,000	11,350	91,350
직접노무원가				
제조간접원가				
합계				

3) 노무원가의 발생

노무원가 ₩46,000이 발생되었는데, 그 중 ₩31,600은 직접노무원가이고 나머지는 간접노무원가이다. 원재료와 마찬가지로 노무원가의 경우에도 직접노무원가와 간접노무원가가 동시에 발생할 수 있으며, 직접노무원가는 재공품계정에, 간접노무원가는 제조간접원가계정의 차변에 각각 기록해야 한다.

차) 재공품 31,600 대) 미지급급여 46,000
제조간접원가 14,400

직접노무원가는 ₩31,600이다. 작업번호 100번, 101번, 102번의 작업을 위하여 각각 ₩9,300, ₩12,000, 그리고 ₩10,300이 발생하였다.

| 표 6-3 | 작업별 재공품집계표

구분	작업 # 100	작업 # 101	작업 # 102	합계
기초재고	₩5,000	₩10,000	₩0	₩15,000
직접재료원가	35,000	45,000	11,350	91,350
직접노무원가	9,300	12,000	10,300	31,600
제조간접원가				
합계				

4) 제조간접원가의 발생과 배부

제품의 제조기간 동안에 발생된 제조간접원가는 다음과 같다.

- 기계감가상각비 : ₩10,440
- 공장재산세 : 26,400
- 수도광열비 : 9,600

제조간접원가가 발생했을 경우에는 각각의 제조간접원가비용을 계정으로 사용하여 차변에 기록해도 되나, 편의상 제조간접원가계정으로 통일하여 기록한다.[1] 각각의 발생비용을 차변에 기록하고 대변에 현금 혹은 매입에 따르는 채무를 각각 기록한다.

차) 제조간접원가	46,440	대) 감가상각누계액	10,440
		미지급재산세	26,400
		미지급수도광열비	9,600

㈜계룡산은 기계사용시간을 기준으로 제조간접원가를 배부하며, 제조간접원가예정배부율은 기계시간당 ₩12이다. 작업 #100에서 2,000시간, 작업 #101에서 2,200시간, 그리고 작업 #102에서 900시간의 기계작업시간이 발생하였다.

차) 재공품	61,200	대) 제조간접원가	61,200

1 기업실무에서는 제조간접원가 개별항목별로 각각 별도의 계정을 사용하고 있으며, 결산시점에 이들 항목을 통합집계한다.

제조간접원가의 발생과는 별도로 개별원가계산방법에서는 제조간접원가의 배부가 중요한 부분이다. 예제를 보면 배부기준은 기계사용시간이며 예정배부율은 시간당 ₩12이고, 실제기계사용시간은 5,100시간인 것으로 나타나 있다. 따라서 제조간접원가배부액은 5,100시간에 시간당 예정배부율 ₩12원을 곱하면 ₩61,200이라는 배부액을 산출할 수 있다. 배부된 제조간접원가는 작업별 재공품집계표에 작업별로 기록을 한다.

5) 제조의 완료

작업 #100과 #101의 작업이 완료되었으며, 작업별 재공품집계표에 기록된 원가는 다음 표와 같다.

구분	작업 # 100	작업 # 101	작업 # 102	합계
기초재고	₩5,000	₩10,000	₩0	₩15,000
직접재료원가	35,000	45,000	11,350	91,350
직접노무원가	9,300	12,000	10,300	31,600
제조간접원가	24,000	26,400	10,800	61,200
합　　계	₩73,300	₩93,400	₩32,450	₩199,150

작업번호 100번과 101번에 집계된 원가 ₩73,300과 ₩93,400은 재공품계정에서 제품계정으로 옮겨가게 된다. 102번의 경우에는 작업이 완료된 상태가 아니므로 재공품계정에 계속 남아 있게 된다. 즉, 재공품기말재고계정이 되는 것이다.

차) 제품	166,700	대) 재공품	166,700

6) 제품의 판매

완성된 제품 ₩244,00을 외상으로 판매하였다. 이때 판매된 제품의 원가는 ₩182,000이다.

차) 매출채권	244,000	대) 매　출	244,000
매출원가	182,000	제　품	182,000

제품을 판매했을 경우에는 판매와 동시에 매출원가를 기록하는 방법을 사용한다. 이는 판매금액과 관련하여 매출로 기록하고, 판매원가와 관련하여 매출원가를 기록 하는 방법이다.

7) 제조간접원가배부차이의 조정

㈜계룡산의 제조간접원가배부액은 ₩61,200인 반면, 실제제조간접원가는 ₩62,100원이 발생하였다. 회사는 제조간접원가배부차이를 매출원가에서 일괄조정하는 방법을 택하고 있다.

차) 매출원가	900	대) 제조간접원가	900

개별원가계산에서는 결산시점에서 제조간접원가의 배부차이를 조정해 주어야 한다. 제조간접원가배부차이를 매출원가에서 일괄조정할 경우, 부족배부일 경우에는 매출원가에 차이금액만큼을 가산하고, 초과배부일 경우에는 차이금액만큼을 매출원가에서 차감하면 된다.

8) 제조원가의 흐름

㈜계룡산에서 제품의 제조와 관련하여 발생된 거래를 T계정에 전기하여 정리하면 [그림 6-8]과 같다. 그림에서 보는 바와 같이 T계정을 이용하면 제조원가의 흐름을 이해할 수 있을 뿐만 아니라, 손익계산시와 제조원가명세서를 쉽게 작성할 수 있다.

그림에서 재공품계정을 면밀하게 살펴보면 제조원가명세서를 작성하기 위한 기본정보가 모두 포함되어 있다. 제조원가명세서는 ① 직접재료원가, ② 직접노무원가, ③ 제조간접원가금액을 합계한 당기총제조원가에서 기초재공품을 가산하고 기말재공품을 차감하여 당기제품제조원가를 산출하는 것이므로, 재공품계정에 모든 정보가 포함되어 있다. 따라서 재공품계정에 있는 항목들의 순서를 잘 조정하여 옮겨 적기만 하면 제조원가명세서를 작성할 수 있는 것이다.

그림 6-8 제조원가의 흐름(개별원가계산)

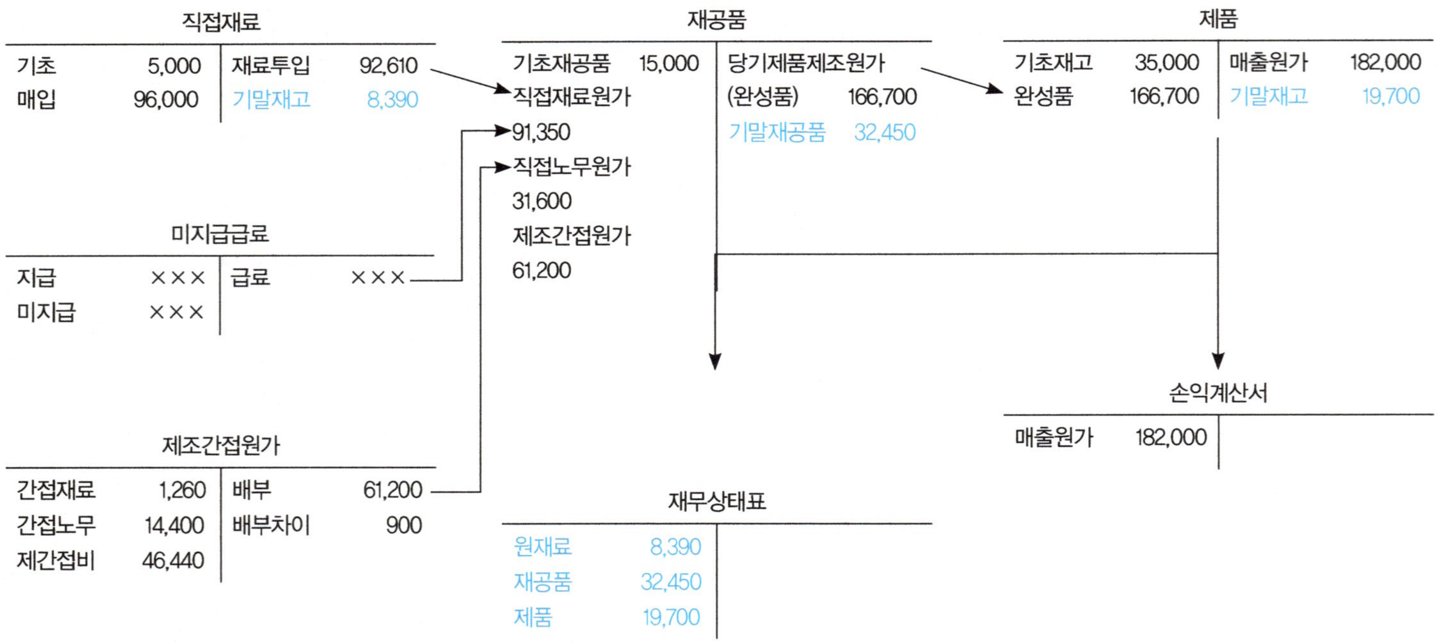

| 표 6-4 | 제조원가명세서와 손익계산서

제조원가명세서

㈜계룡산 20×1년 1월 1일 ~ 20×1년 1월 31일

당기총제조원가			
직접재료원가			
기초원재료재고	₩5,000		
당기매입액	96,000		
기말원재료재고	(8,390)		
간접재료원가	(1,260)	₩91,350	
직접노무원가		31,600	
제조간접원가배부액		61,200	₩184,150
기초재공품재고			15,000
총생산가능액			199,150
차감 : 기말재공품재고			32,450
당기제품제조원가			₩166,700

손익계산서

㈜계룡산 20×1년 1월 1일 ~ 20×1년 1월 31일

매출액		₩244,000
매출원가		
조정된 매출원가	182,000	
제조간접원가배부차이	900	182,900
매출총이익		₩61,100

:: 쉬어가는 곳 중국, 태양광산업의 원가경쟁력

올해 글로벌 태양광 시장 기상도를 압축하면 시장수요를 뛰어넘는 공급과잉과 급격한 가격하락에 따른 대대적인 산업재편이다. '미국경제의 미래'라고 각광받던 솔린드라(Solyndra)가 지난해 도산하고, 독일의 대표 태양광기업이던 솔론(Solon SE)도 2011년 법원에 파산보호신청을 냈다.

한국에선 삼성 · LG · 현대중공업 · KCC 등 많은 업체가 투자보류 혹은 매각절차에 들어가고 있다. 그나마 국내에서 명맥을 이어가는 업체는 중견기업인 신성솔라에너지, 모듈업체인 에스에너지, 한화케미칼 정도다.

한국을 포함한 글로벌 태양광 시장의 과잉공급과 가격폭락을 낳은 주범은 중국이다. 중국은 2000년대 중반 이후 대대적인 국가적 지원을 등에 업고 초대형 투자와 규모의 경제를 무기로 세계 시장을 석권해 왔다.

중국 태양광기업의 최대 무기는 '원가경쟁력'

지난해 글로벌 랭킹 10위권 가운데 중국 기업은 5개가 포진했다. 여기에 대만 3개 업체를 덧붙이면 톱(Top)10 순위 안에 8개가 중화권 기업이다. 미국의 퍼스트솔라와 한국의 한화솔라원(중국 소재)을 제외한 모든 업체가 중국 업체로 사실상 중국이 천하통일을 해가는 형국이다. 2010년 톱10 안에 들었던 독일 큐셀과 일본의 교세라 · 샤프는 지난해 순위권 밖으로 탈락했다.

사상 최악의 불황이었던 지난해(1~9월) 중국 대형 업체 중 잉리 · 트리나 · JA솔리나 · 캐네디언솔라 등은 최대 9%의 영업이익률을 기록했다. 반면 같은 기간 한국의 모든 셀 · 모듈 제조사는 매출액 대비 10~35%의 영업손실을 냈다.

이유는 무엇일까? 원가(原價)분석을 해보면 중국과 한국 태양광산업의 실력을 가늠해 볼 수 있다. 태양광분석기관 '솔라앤에너지'에 따르면 올 1월 현재 태양전지의 핵심소재인 폴리실리콘을 같은 가격에 구입했다고 가정했을 경우, 중국의 태양광 모듈(태양전지를 모은 태양광 완제품)회사인 A사는 와트당 0.87달러의 원가를 기록했다. 한국의 B사는 1.03달러로 중국 A기업보다 18% 더 들어간 것으로 조사

태양광 생산단계

1. 폴리실리콘
모래 등에 있는 규소에서 실리콘을 뽑아 만든 것으로, '태양광의 쌀', OCI, 독일 바커(Wacker), 미국 헴록(Hemlock), 중국 GCL솔라 등이 대표적 업체이다.

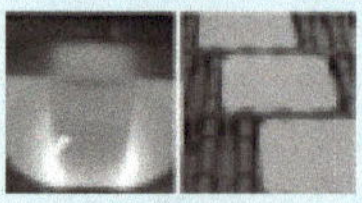

2. 잉곳 · 웨이퍼
폴리실리콘을 도가니에 넣고 붕소나 인을 첨가해 고온으로 녹여 만든다. 보통 원기둥 모양이다. 이를 얇게 절단한 것이 웨이퍼다. 중국 GCL솔라, LDK솔라가 대표기업이다.

3. 태양전지(셀)
웨이퍼를 가공해 만든 것으로 빛에너지를 전기에너지로 바꾸는 가장 기본적인 반도체 소자다.

4. 모듈
태양전지를 한데 모아 하나의 판형태로 만드는 것. 계산기에 붙어 있는 작은 태양전지도 하나의 모듈로 본다. 다른 밸류 체인에 비해 장치투자에 대한 부담이 작아 진입장벽이 낮다.

5. 태양광 발전시스템
모듈을 여러 장 연결해 거치대에 세우면 태양광산업의 최종단계인 발전시스템이 완성된다.

됐다. 올 2월 현재 태양광 모듈가격은 와트당 0.9달러 안팎이다.

같은 원료를 사용하는데도 원가차이가 나는 결정적 이유는 규모의 경제 탓이란 분석이다. 중국은 막대한 투자를 통해 원가절감을 달성했다. 톱10에 든 중국기업은 대부분 1GW(기가와트)가 넘는 생산량을 갖추고 있으며, 썬텍의 경우 2GW가 넘는다. 하지만 한국 태양광 모듈회사 중 1GW를 넘는 곳은 전무하다.

중국의 대형 태양광 모듈기업들은 대부분 폴리실리콘 · 잉곳 · 웨이퍼 · 태양전지(셀)와 같은 중간재 사업부문을 다 갖추고 있다. 태양광산업의 수직계열화이다. 삼성이 스마트폰 생산을 위한 반도체 · 전자부품 · 디스플레이 사업부문을 동시에 갖춘 것과 마찬가지이다.

태양전지의 핵심 소재인 폴리실리콘 가격경쟁력에서도 중국은 톱클래스수준이다. 중국의 태양광 분석기관 'QY 리서치'와 업계 분석에 따르면 중국의 G기업의 kg당 원가는 20달러인데, 한국 O사는 28달러, 유럽 R사는 26달러다. 한국 기업은 폴리실리콘의 주원료인 메탈실리콘을 중국 등에서 수입한다.

중국 업체들의 '태양광 발전효율(태양광이 전기에너지로 전환되는 비율)'도 상당하다. 한국 기업수준(16% 안팎)과 엇비슷하거나 일부 분야에서는 중국 업체들이 앞서 있는 것이다. 문제는 태양광발전의 효율을 단시간에 올리기 힘들어 당분간 중국을 뒤쫓는 후발주자들에게는 한계가 분명하다는 점이다. 태양광 효율을 올리는 연구개발은 실험을 거듭하며 조금씩 효율을 올리는 작업의 연속이기 때문이다.

1와트 태양광 모듈을 만들 때
한국 · 중국 태양광 생산기업 원가 비교

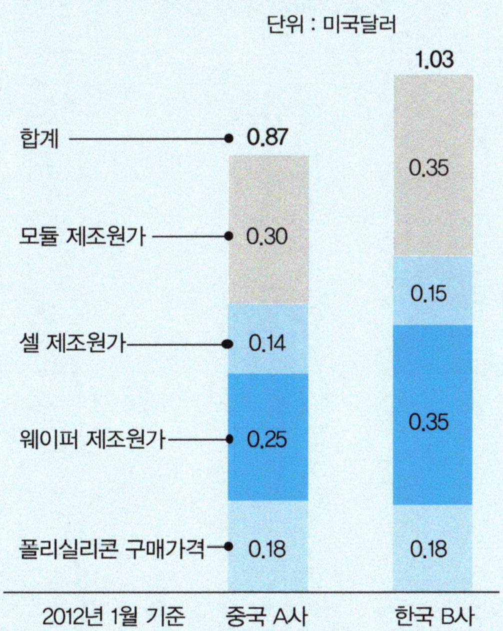

글로벌 구조조정 후 중국 더 강력해질 가능성

중국 기업들도 최근 공급과잉과 가격폭락으로 인한 구조조정의 무풍지대는 아니다. 중국 내부에서도 태양광 분야의 중복투자와 과잉투자에 대한 반성의 목소리가 높다. 중국 현지 폴리실리콘 업체 가운데 5~8개사만이 계속 생산 중이며, 나머지 30여 개 업체는 가동을 중단하거나 장비점검을 이유로 공장라인 가동을 멈췄다. 잉곳 · 웨이퍼 · 태양전지(셀) · 모듈 등 태양광생산공정별로도 절반 안팎의 중국 기업이 전체 라인의 가동을 중단하거나 일부 라인을 세워놓은 상태이다.

관심은 글로벌 업계재편 이후의 상황이다. 상당수 전문가는 태양광산업 구조개편이 끝나면 중국의 독주체제가 더 강고해질 것으로 본다. 중국 내 마이너 업체와 유럽의 큐셀 등이 사업을 정리할 경우, 태양광 시장은 소수의 중국 대형 기업들의 손아귀에 들어간다는 시나리오가 유력하다.

세계 각국의 견제에도 불구하고 중국 정부는 더 강력한 태양광기업 육성의지를 분명히 하고 있다. 중국 산업정보기술부는 최근 내놓은 '태양광산업 12차 5개년(2011~2015년) 계획'에서 2015년까지 연간 태양광 모듈 생산량이 5GW에 이르고, 매출액은 1,000억위안(약 18조원)에 이르는 초대형 기업이 나올 것이라고 밝혔다. 지난해 중국 최대 기업인 썬텍의 생산량은 2.1GW였고, 매출액은 3조 3,000억원 안팎이었다. 지금보다 2~3배 이상 큰 공룡급 태양광기업을 키우겠다는 담대한 전략이다.

자료 : 조선일보, 2012. 3. 3.

연 | 습 | 문 | 제

01 다음 중 개별원가계산을 적용하기에 가장 적합하지 않은 경우는? (전산세무 2급, 2011)

① 개별제품의 제작원가가 비교적 크다.
② 주문생산형태로 제품을 제작한다.
③ 다양한 품종을 생산한다.
④ 동일한 종류의 제품을 대량으로 생산하고 있다.

02 개별원가계산에 대한 설명이다. 잘못된 것은? (전산세무 2급, 2011)

① 평균화과정으로 원가계산을 단순화시킬 수 있다.
② 실제배부율과 예정배부율의 구분은 제조간접원가와 관련된 문제이다.
③ 부문별 제조간접원가배분율을 사용하는 것이 공장전체 제조간접원가배분율 적용보다 더 정확하다.
④ 고객의 주문에 따라 제품을 생산하는 주문생산형태에 적합한 원가계산이다.

03 다음 중 조선업의 원가계산을 위한 회계처리로 바른 것을 모두 나열한 것은? (기업회계 1급, 2010)

1. 다품종소량생산의 형태로 개별원가계산방식이 적합하다.
2. 각 생산부문별로 제조간접원가의 예정배부율 산정기준에 적용되는 조업도기준을 달리 적용할 수 있다.
3. 작업지시서별로 재공품계정을 별도로 설정할 수 있다.
4. 제조간접원가배부차액은 각 제품별로 매출원가에 부담시킬 수 있다.
5. 보조부문비는 제조부문에 상호배부법으로 대체할 수 있다.

① 1, 2, 3　② 1, 2, 4　③ 1, 2, 5　④ 모두 해당

04 제조간접원가가 과대배부되었을 경우 다음 중 당기순이익을 가장 크게 하는 방법은? (전산세무 1급, 2004)

① 충당금법　② 매출원가가감법
③ 총원가비례배분법　④ 모두 동일하다.

05 다음은 개별원가계산에 관한 설명이다. 가장 옳지 않은 것은? (전산세무 2급, 2010)

① 작업원가표를 근거로 하여 원가계산을 한다.
② 주문생산형태에 가장 적합한 원가계산방법이다.
③ 직접비와 제조간접원가의 구분이 중요하다.
④ 공정별로 제품원가를 집계한 다음, 당 공정의 생산량으로 나누어 단위당 원가를 계산한다.

06 **개별원가계산의 제조간접원가와 관련한 설명이다. 가장 옳지 않은 것은?** (전산세무 2급, 2010)

① 제조간접원가 배부방법 중 실제배부법은 제조간접원가 실제발생총액이 집계되어야 하므로 원가계산시점이 지연되는 단점이 있다.
② 재료원가는 직접추적가능한 원가이므로 제조간접원가배부대상이 되지 아니한다.
③ 제조간접원가배부차이는 처리방법에 따라 영업외손익으로도 반영이 가능하다.
④ 제조간접원가의 예정배부액이 실제발생액보다 큰 경우에는 과다배부로 유리한 차이를 가져온다.

07 **㈜관악산은 개별원가계산제도를 채택하고 있다. 제품 A의 제조와 관련한 다음의 자료를 토대로 당기에 발생한 제품 A의 직접재료원가를 구하면 얼마인가?** (기업회계 1급 , 2012)

- 당기총제조원가 : ₩6,000,000
- 당기제품제조원가 : ₩4,900,000
- 제조간접원가는 직접노무원가의 60%가 배부되었는데, 이는 당기총제조원가의 25%에 해당한다.

① ₩1,800,000 ② ₩2,000,000 ③ ₩3,600,000 ④ ₩900,000

08 **원가배부의 목적으로서 옳지 않은 것은?** (기업회계 2급, 2012)

① 경영자가 회사의 미래계획수립과 관련된 의사결정을 하기 위해서이다.
② 정확한 원가배분은 조직구성원에 대한 동기부여와는 관련 없다.
③ 재고자산, 매출원가를 정확히 산출하여 주주, 채권자 등 이해관계자들에게 합리적인 정보를 제공하기 위해 원가를 배분한다.
④ 제품가격결정을 위하여 원가를 배분한다.

09 **㈜관악산의 제조원가자료이다. 직접노무원가의 금액으로 올바른 것은?** (기업회계 1급, 2011)

- 기초원재료재고액 : ₩1,000,000
- 기말원재료재고액 : ₩1,600,000
- 당기원재료매입액 : ₩5,000,000
- 당기제품제조원가 : ₩25,000,000
- 기초재공품재고액 : ₩3,000,000
- 기말재공품재고액 : ₩2,000,000

※ 원재료소비액은 모두 직접비에 해당하며, 제조간접원가는 직접노무원가의 40%로 배부한다.

① ₩13,500,000 ② ₩14,000,000 ③ ₩14,500,000 ④ ₩15,000,000

10 **㈜관악산은 개별원가계산제도를 채택하고 있다. 다음의 자료를 토대로 당기에 발생한 제품의 직접재료원가는 얼마인가?** (기업회계 1급, 2011)

- 당기제품제조원가 : ₩4,900,000
- 당기총제조원가 : ₩8,000,000

- 제조간접원가는 직접노무원가의 50%가 배부되었다.
- 제조간접원가는 당기총제조원가의 25%에 해당한다.

① ₩2,000,000 ② ₩2,500,000 ③ ₩3,000,000 ④ ₩3,500,000

11 **㈜관악산은 예정원가계산으로 제조간접원가를 배부하고 있다. 당해연도에 과대배부액 ₩1,000,000이 발생하였다. 다음의 기말재고자산을 통하여 원가요소별 비례배분법에 따라 배분한 후의 기말재고자산으로 올바른 것은?** (기업회계 1급, 2011)

구분	재공품	제품	매출원가
직접재료원가	₩2,000,000	₩1,200,000	₩2,100,000
직접노무원가	3,000,000	2,500,000	1,800,000
제조간접원가	2,000,000	5,000,000	3,000,000
합계	₩7,000,000	₩8,700,000	₩6,900,000

① 기말재공품 ₩7,200,000 ② 제품 ₩9,200,000
③ 기말재공품 ₩6,800,000 ④ 제품 ₩8,500,000

12 **다음은 실제원가계산제도에 대한 설명이다. 틀린 설명은 몇 개인가?** (기업회계 1급, 2011)

- 실제원가계산은 원가요소의 실제발생액을 비목별 계산을 거쳐 원가부문별로 계산한 후 제품별로 제조원가를 집계한다.
- 재료의 소비가격은 취득원가에 의하여 계산하며, 동일재료의 취득원가가 다를 경우에는 개별법·선입선출법·후입선출법·이동평균법 또는 총평균법 등의 방법을 적용하여 계산한다.
- 작업시간 또는 작업량에 비례하여 발생하는 노무원가는 실제작업시간 또는 실제작업량에 임율을 곱하여 계산한다. 이 경우 임율은 개별임율만 적용될 뿐 평균임율은 적용되지 않는다.
- 상여금 또는 특별수당 등과 같이 월별·분기별로 지급금액 또는 지급시기가 일정하지 아니한 노무원가는 회계연도중의 원가계산기간에 안분하여 계산한다.
- 당기제품제조와 관련하여 발생한 외주가공원가는 당해 기간에 실제로 발생한 비용을 집계하여 계산한다.

① 1개 ② 2개 ③ 3개 ④ 4개

13 **㈜관악산은 개별원가계산을 실시하고 있다. 제조간접원가는 직접노무원가의 120%이다. 작업 A에서 발생한 직접재료원가는 ₩1,500,000이며, 제조간접원가는 ₩1,350,000이다. 또한 작업 B에서 발생한 직접재료원가는 ₩2,500,000이며, 직접노무원가는 ₩750,000이다. 작업 A에서 발생한 직접노무원가 및 작업 B의 총원가는 얼마인가?** (기업회계 1급, 2010)

	작업 A의 직접노무원가	작업 B의 총원가		작업 A의 직접노무원가	작업 B의 총원가
①	₩1,620,000	₩3,875,000	②	₩1,620,000	₩4,520,000
③	₩1,125,000	₩4,520,000	④	₩1,125,000	₩4,150,000

14 **㈜관악산은 개별원가계산시스템을 채택하고 있다. 제조간접원가의 예정배부율은 직접노무원가의 150%이다. 제조간접원가의 배부차이는 매월말 매출원가계정에서 조정한다. 추가정보는 다음과 같다.**

(1) 작업 #701만이 20×1년 2월말에 작업이 진행 중이며 원가는 다음과 같다.

직접재료원가	₩8,000
직접노무원가	4,000
제조간접원가배부액	6,000
	₩18,000

(2) 작업 #702, #703, #704, #705는 20×1년 3월중에 작업이 시작된 것이다.

(3) 20×1년 3월중에 작업에 투입된 직접재료원가는 ₩52,000이다.

(4) 20×1년 3월중에 발생한 직접노무원가는 ₩40,000이다.

(5) 20×1년 3월중 제조간접원가의 실제발생액은 ₩64,000이다.

(6) 20×1년 3월말 현재 진행 중인 작업은 #705뿐이며 이 작업과 관련된 직접재료원가는 ₩5,600, 직접노무원가는 ₩3,600이다.

㈜관악산이 20×1년 3월중에 생산한 제품의 당기제품제조원가는 얼마인가? (세무사, 2007)

① ₩155,400 ② ₩155,600 ③ ₩156,000
④ ₩159,400 ⑤ ₩170,000

15 **다음 원가계산 자료에서 제조지시서 #1과 #2는 완성되었으나 제조지시서 #3은 미완성이다. 제조간접원가는 직접재료원가에 근거하여 배부한다고 할 때, 재공품계정의 월말재고액은?** (9급 공채, 2008)

비목	지시서 #1	지시서 #2	지시서 #3	합계
직접재료원가	₩2,000	₩2,000	₩1,000	₩5,000
직접노무원가	5,000	6,000	2,500	13,500
제조간접원가	( )	( )	( )	9,000

① ₩1,800 ② ₩5,300 ③ ₩10,600 ④ ₩11,600

16 **㈜관악산의 5월의 생산 및 원가자료는 다음과 같다.**

원가계산표

과목	제조지시서 #1	제조지시서 #2
월초재공품	₩180,000	–
직접재료원가	950,000	₩380,000
직접노무원가	650,000	200,000
제조간접원가	220,000	100,000
합계	₩2,000,000	₩680,000

월초제품재고액은 ₩400,000이고, 월말제품재고액은 ₩500,000이다. 그리고 제조지시서 #1은 완성되었으나, 제조지시서 #2는 완성되지 못하였다. ㈜관악산의 손익계산서에 계상될 매출원가는 얼마인가? (9급 공채, 2007)

① ₩1,800,000 ② ₩1,900,000 ③ ₩2,000,000 ④ ₩2,100,000

17 제조간접원가과소배부액을 매출원가법과 원가요소비례법으로 정리하는 경우에 대한 설명으로 틀린 것은? (전산세무 1급, 2008)

① 원가요소비례법을 적용하는 경우가 재무상태표상의 자산이 더 크게 계상된다.
② 당기순이익은 원가요소비례법이 매출원가법에 비하여 더 크게 계상된다.
③ 재무상태표상의 자본은 원가요소비례법이 더 크게 계상된다.
④ 원가요소비례법이 매출원가법보다 매출원가가 더 크게 계상된다.

18 ㈜관악산은 직접노동시간에 근거하여 제조간접원가를 예정배부하고 있다. 실제직접노동시간은 700시간이었고, 예정직접노동시간은 800시간이었다. 실제제조간접원가는 ₩3,000,000 발생했다. 만일 제조간접원가를 ₩200,000 과소배부했다면 제조간접원가 노동시간당 예정배부율은 얼마인가? (전산세무 1급, 2007)

① ₩3,000 ② ₩4,000 ③ ₩3,500 ④ ₩6,000

19 개별원가계산 시 제조간접원가배부차이를 안분할 때 전혀 영향이 없는 항목은? (전산세무 1급, 2008)

① 재무상태표상 재고자산가액 ② 손익계산서상 매출원가
③ 당기총제조원가 ④ 재무상태표상 자본총계

20 ㈜관악산은 제조간접원가를 직접노무시간으로 배부하고 있다. 당해 연도초의 제조간접원가예상액은 ₩6,000,000이고 예상직접노무시간은 50,000시간이다. 당기말 현재 실제제조간접원가발생액이 ₩6,150,000이고 실제직접노무시간이 52,500시간일 경우 당기의 제조간접원가과소(과대)배부는 얼마인가? (전산세무 1급, 2007)

① ₩150,000(과소배부) ② ₩150,000(과대배부)

③ ₩250,000(과소배부) ④ ₩250,000(과대배부)

21 ㈜관악산은 기계가동시간을 기준으로 예정제조간접원가배부율을 적용한다. 이 회사의 정상 기계가동시간은 10,000시간, 예산제조간접원가는 ₩300,000이다. 만일 실제기계가동시간이 11,000시간, 실제제조간접원가 발생액이 ₩325,000일 경우, 제조간접원가 초과 또는 부족배부액은 얼마인가? (9급 세무직, 2007)

① ₩30,000(초과) ② ₩30,000(부족)
③ ₩5,000(초과) ④ ₩5,000(부족)

22 ㈜관악산은 개별원가계산을 실시하고 있다. 제조간접원가는 직접노무원가의 120%이다. 작업 #201에서 발생한 직접재료원가는 ₩1,764,000이며, 제조간접원가는 ₩1,058,400이다. 또한 작업 #301에서 발생한 직접재료원가는 ₩294,000이며, 직접노무원가는 ₩735,000이다. 작업 #201에서 발생한 직접노무원가 및 작업 #301의 총원가는 얼마인가? (세무사, 2000)

	#201 직접노무원가	#301 총원가
①	₩1,270,000	₩2,263,800
②	₩1,058,400	₩1,234,800
③	₩2,116,800	₩2,263,800
④	₩1,045,800	₩2,123,400
⑤	₩ 882,000	₩1,911,000

23 ㈜관악산은 제조간접원가를 직접노무원가기준으로 배부하고 있다. 추정제조간접원가총액은 ₩255,000이고, 추정직접노무시간은 100,000시간이다. 지난 기말의 제조간접원가잔액은 ₩270,000이고, 실제사용직접노무시간은 105,000시간이다. 이 기간 동안 제조간접원가과소(대)배부는 얼마인가? (CPA, 1994)

① ₩2,250 과대배부 ② ₩2,250 과소배부
③ ₩15,000 과대배부 ④ ₩15,000 과소배부
⑤ ₩13,500 과소배부

24 ㈜관악산은 제조간접원가를 직접노무원가기준으로 배부하고 있다. 추정제조간접원가총액은 ₩1,020,000이고, 추정직접노무시간은 400,000시간이다. 전기말의 제조간접원가잔액은 ₩1,080,000이고, 실제사용직접노무시간은 420,000시간이다. 전기의 제조간접원가의 과소(대)배부액은 얼마인가? (세무사, 1998)

① ₩9,000 과대배부 ② ₩9,000 과소배부
③ ₩60,000 과대배부 ④ ₩30,000 과소배부
⑤ ₩54,000 과소배부

25 ㈜관악산은 개별원가계산을 사용하고 있으며, 직접노무원가의 150%를 제조간접원가로 예정배부하고 있다. 이때 발생되는 과대 또는 과소배부액은 매월말 매출원가에서 조정하고 있다.

기초재공품 관련 원가자료		당월 관련 원가자료	
직접재료원가	₩6,000	직접재료사용액	₩45,000
직접노무원가	4,000	직접노무원가발생액	36,000
제조간접원가배부액	6,000	실제제조간접원가	59,000
계	₩16,000	계	₩140,000

당월중 제조간접원가 배부차이는 얼마인가? (CPA, 1998)

① 과대배부액 ₩5,000 ② 과소배부액 ₩5,000
③ 과대배부액 ₩7,000 ④ 과소배부액 ₩7,000
⑤ ₩0

26 다음 자료를 이용하여 물음에 답하시오.

	재공품	완성품	매출원가
직접재료원가	₩20,000	₩10,000	₩140,000
직접노무원가	40,000	15,000	300,000
제조간접원가	60,000	21,000	375,000
계	₩120,000	₩46,000	₩815,000

제조간접원가 과소배부액 ₩50,000을 기말잔액을 기준으로 재공품에 배부할 때 배부되는 금액은 얼마인가? (CPA, 1995)

① ₩5,590 ② ₩6,120 ③ ₩6,500
④ ₩6,650 ⑤ ₩7,120

27 ㈜관악산은 계약건별로 추적이 가능한 원가는 직접원가로 파악하고, 간접원가에 대해서는 복수의 간접원가집합으로 분류한 다음 각각의 간접원가배부율을 적용하여 원가계산을 한다. 다음 자료를 토대로 '갑'회사의 세무조정계약건에 대한 원가를 산출하시오. (세무사, 2002)

(1) 직접노무원가 : '갑'회사의 계약건과 관련하여 책임세무사 200시간, 담당세무사 400시간이 투입되었으며, 관련자료는 다음과 같다.

구분	인원수	연간총투입시간(조업도)	연간급여
책임세무사	10명	1,600시간×10명=16,000시간	₩800,000,000
담당세무사	40명	1,600시간×40명=64,000시간	1,600,000,000
계		80,000시간	₩2,400,000,000

(2) '갑'회사의 세무조정계약건에서 발생된 직접노무원가 이외의 직접원가 : ₩2,600,000

(3) 간접원가는 연간 총 ₩496,000,000이며, 관련 자료는 다음과 같다.

[가] 일반관리비(세무사 총투입시간에 비례하여 배분) :	₩240,000,000
[나] 보험료(세무사 직접노무원가에 비례하여 배분) :	96,000,000
[다] 비서실운영비(책임세무사 투입시간에 비례하여 배분) :	160,000,000
계	₩496,000,000

① ₩22,600,000 ② ₩26,300,000 ③ ₩27,200,000
④ ₩27,750,000 ⑤ ₩35,300,000

28 **㈜관악산은 제조원가항목을 직접원가항목인 직접재료원가, 직접노무원가, 직접경비(외주가공원가 및 설계비)와 간접원가항목인 제조간접원가로 분류한 후 예정배부기준에 의해 원가계산을 한다. 다음 자료를 이용하여 제조간접원가예정배부액과 실제발생액 간의 배부차이를 구하시오.** (세무사, 2003)

(1) 기초와 기말의 제조원가 관련 계정잔액 :

구분	원재료	선급외주가공원가	미지급설계비	재공품	제품
기초잔액	₩500,000	₩100,000	₩150,000	₩700,000	₩750,000
기말잔액	600,000	80,000	80,000	400,000	550,000

(2) 당기중 원재료구입액은 ₩1,890,000이다.

(3) 당기중 직접경비로서 외주가공원가 관련 현금지출은 ₩180,000이며, 설계비 관련 현금지출은 ₩460,000이다.

(4) 제조간접원가는 직접노무원가의 50%를 예정배부한다.

(5) 제조간접원가실제발생액은 ₩300,000이다.

(6) 당기의 매출원가는 ₩3,660,000이다.

(7) 제조간접원가배부차이는 비정상적인 것으로 간주하여 영업외비용으로 처리한다.

① ₩35,000 과소배부 ② ₩40,000 과소배부 ③ ₩40,000 과대배부
④ ₩46,000 과소배부 ⑤ ₩46,000 과대배부

29 **㈜관악산은 배치(batch)제조공정에 의하여 옵션품목이 장착되지 않은 기본형과 기본형에 옵션품목이 장착된 고급형 및 고객의 특별주문에 의해 고급형에 특수컬러를 도색한 주문형의 3가지 유형의 승용차를 생산하고 있으며, 개별원가계산을 하고 있다. 다음 원가계산자료를 활용하여 주문형의 1대당 제조원가를 계산하면 얼마인가?** (세무사, 2006)

(1) 재료원가

유형	생산된 단위	재료원가총액		
		기본형	옵션품목장착	특수컬러도장
기본형	100대	₩408,000,000	–	–
고급형	80		₩96,000,000	–
주문형	20			₩8,000,000

(2) 가공원가

유형	생산된 단위	가공원가총액		
		기본형	옵션품목장착	특수컬러도장
기본형	100대	₩840,000,000	–	–
고급형	80		₩72,000,000	–
주문형	20			₩4,000,000

① ₩8,640,000　② ₩8,940,000　③ ₩8,620,000
④ ₩8,540,000　⑤ ₩8,520,000

Chapter 07

종합원가계산

CHAPTER 07 종합원가계산

제1절 종합원가계산의 기초

1. 종합원가계산의 개념

종합원가계산은 섬유, 화학, 자동차제조 등과 같이 소품종대량생산방식의 제품을 생산하는 기업에 적합한 원가계산방법이다. 소수의 제품을 대량으로 생산하는 기업은 제조공정이 연속공정형식으로 이루어져 있으며, 제품이 표준화되어 있는 주로 동질적인 제품을 생산하는 경우가 대부분이다. 볼펜, 음료수, 또는 자동차와 같은 제품이 여기에 해당될 것이다. 하루에도 수천, 수백만 개씩 생산하는 볼펜이나 음료수의 단위당 원가계산을 위해 개별원가계산방식을 적용하는 것은 의미도 없을 뿐더러 원가계산에 소요되는 비용도 많이 발생한다. 이와 같이 대량으로 생산되는 제품의 원가를 효율적으로 계산하기 위해서는 당기에 투입된 총제조원가를 생산된 제품의 수량으로 나누어 제품단위당 원가를 산출하는 방법을 생각할 수 있다. 예를 들어, 볼펜을 생산하기 위해 투입된 총원가가 10억원이고 생산된 볼펜의 개수가 100만 개라면 볼펜의 단위당 원가는 ₩1,000(10억원/100만 개)으로 산출할 수 있을 것이다. 이러한 방식으로 원가계산을 하는 것을 종합원가계산(process costing)이라 하고, 이것은 제품별로 원가계산을 하는 개별원가계산에 비해 간편한 원가계산방법이다.

그러나 문제는 제품을 생산하기 위해 투입된 원가전체가 생산된 완제품의 원가로 이전되는 것은 아니라는 데 있다. 투입된 원가는 기말현재 공정 중의 재공품으로 남아 있을 수도 있다. 예를 들어 1월 1일 아침에 작업을 시작하여 12월 31일 저녁에 생산 작업이 끝나는 기업에서 1년 간 총 1억원을 투입하여 볼펜을 생산했을 경우, 12월 31일에 모든 공정이 종료되는 것은 아니다. 즉, 12월 31일에는 공정 중에 있는 재공품도 있을 수 있다. 이러한 경우, 재공품에 포함된 원가를 어떻게 처리할 것이냐 하는 문제에 부딪히게 된다. 가령 1년간 제품 8백만 개를 생산하였고, 12월 31일 현재 공정 중에 있는 재공품이 2백만 개가 있다고 하자. 이때 단위당 제품원가를 산출하기 위해 적용해야 하는 제품의 생산개수를 어떻게 산정할 것이냐가 문제이다. 완제품만을 기준으로 하는 것도 맞지 않고, 그렇다고 완제품과 재공품의 수를 더하여 적용하는 것은 더더욱 정확한 방법이 아니다. 왜냐하면 완제품 1단위의 원가와 생산 중에 있는 재공품 1단위의 원가는 차별되어야 하기 때문이다. 더구나 제품의 생산을 시작하는 시점인 1월 1일에 기초재공품이 존재하는 경우에는 원가계산방법이 더욱 복잡해진다. 이러한 경우에 종합원가계산방법에서는 공정 중에 있는 재공품의 수량을 완성 정도에 따라 완성품의 수량으로 환산한 완성품환산량 개념을 적용해 원가계산한다.

앞에서 종합원가계산은 주로 연속생산공정에서 제품을 제조하는 기업에 적합한 원가계산방법이라고 하였다. 연속생산공정이란 재료의 투입에서부터 제품의 완성에 이르기까지의 제품생산공정이 연속적으로 이루어지는 경우를 말한다. 흔히 TV에서 보여주는 자동차제조공정의 흐름이라든지 음료수를 생산하는 공정 등이 바로 연속생산공정이다. 연속생산공정에서는 생산되는 제품이 표준화되어 있으며, 제조공정도 표준화되어 있는 것이 일반적이다. 연속생산공정에서의 원가계산절차는 단일공정에서의 원가계산방법과 동일하나 앞선 공정에서 넘어온 재공품의 원가(전공정대체원가)를 포함하여 원가계산을 한다는 점이 다르다.

2. 종합원가계산의 특징

종합원가계산은 제품의 생산기간에 걸쳐 투입된 총원가를 완성품환산량으로 나누어 산출된 환산량 단위당 원가를 완제품과 재공품에 배부하는 원가계산방법이므로 원가계산이 간편하며 경제적이다. 따라서 종합원가계산은 단일제품을 대량으로 생산하는 연속생산공정에 적합하다. 종합원가계산에서는 직접원가와 간접원가의 구분보다는 투입된 재료와 이를 가공하는 가공원가의 구분이 더욱 중요하다. 재공품의 완성품환산량을 산출할 때 투입된 재료의 완성도와 이를 가공하기 위한 가공원가에 대한 완성도의 정도가 차이 날 수 있기 때문이다. 종합원가계산은 개별원가계산에 비하여 상대적으로 부정확하다는 단점도 지니고 있다. 개별원가계산과 종합원가계산의 주요 특징의 비교는 [표 7-1]과 같다.

표 7-1 개별원가계산과 종합원가계산

	개별원가계산	종합원가계산
제품원가의 누적	• 특정작업(또는 고객)에 누적	• 공정별로 누적
재공품계정	• 각 작업(주문)마다 하나씩 • 보조재공품계정을 설치	• 공정별로 설치
제품원가 측정시점	• 생산이 불연속적 • 작업이 완성될 때마다 측정	• 생산이 연속적 • 회계기간마다 측정
생산품목	• 소량의 이질적인 제품 • 불연속적 생산형태 : 건설업, 가구, 조선 등	• 대량생산의 동질적 제품 • 연속적 생산형태 : 화학, 유류, 시멘트 등
운영비용	• 많은 비용이 소요됨 • 원가정보의 정확성 높음	• 원가계산이 간편하며 경제적 • 원가가 상대적으로 부정확
원가계산방법	• 작업원가지시서 → 제품원가	• 기간별 · 공정별 평균화과정 • 공정 → 평균화 → 제품원가
원가의 분류	• 원가대상에 대한 추적가능성 중시 • 직접비와 간접비	• 원가의 변형과정 중시 • 직접재료원가와 가공원가

3. 종합원가계산의 원가흐름

종합원가계산의 제조원가흐름을 살펴보면, 원재료의 투입과 직접노무원가의 투입 그리고 제조간접원가의 배부에 이르기까지의 흐름은 개별원가계산과 차이가 없다. 그러나 종합원가계산은 연속생산공정에 적용하는 원가계산방법이므로 하나의 작업공정으로 생산이 완료되는 것이 아니라 2개 이상의 공정이 존재한다. 따라서 공정의 순서대로 편의

상 제1공정, 제2공정이라 한다면 제1공정의 작업이 끝나면 제2공정의 작업으로 넘어가게 된다. 이때 제1공정에서 완성된 재공품 또는 반제품의 원가도 제2공정으로 대체되는데, 이때 대체되는 원가를 차공정대체원가(transferred-out costs)라 하고, 제2공정에서는 전공정대체원가(transferred-in costs)라고 한다. 이 전공정대체원가는 제1공정에서의 작업이 완료된 재공품 또는 반제품이 제2공정으로 넘어온 것이기 때문에 완제품으로 완성시키기 위해서는 직접재료를 비롯한 추가적인 원가를 투입해야 한다. 제1공정에서 투입된 재료와 다른 재료이긴 하지만 원재료를 투입하고 가공을 위한 작업자를 투입하고 제조간접원가도 배부해야 한다.

이러한 작업과정을 거쳐 제2공정의 작업이 완료되면 제품의 생산이 완료되며, 전공정대체원가를 포함하여 제2공정에서 투입된 원가를 완제품계정으로 대체하게 된다. 이를 당기제품제조원가라 하며, 완제품의 원가가 된다. 완제품이 판매되었을 경우에 매출원가계정으로 대체하는 것은 개별원가계산에서의 제조원가흐름과 동일하다.

그림 7-1 종합원가계산의 원가흐름

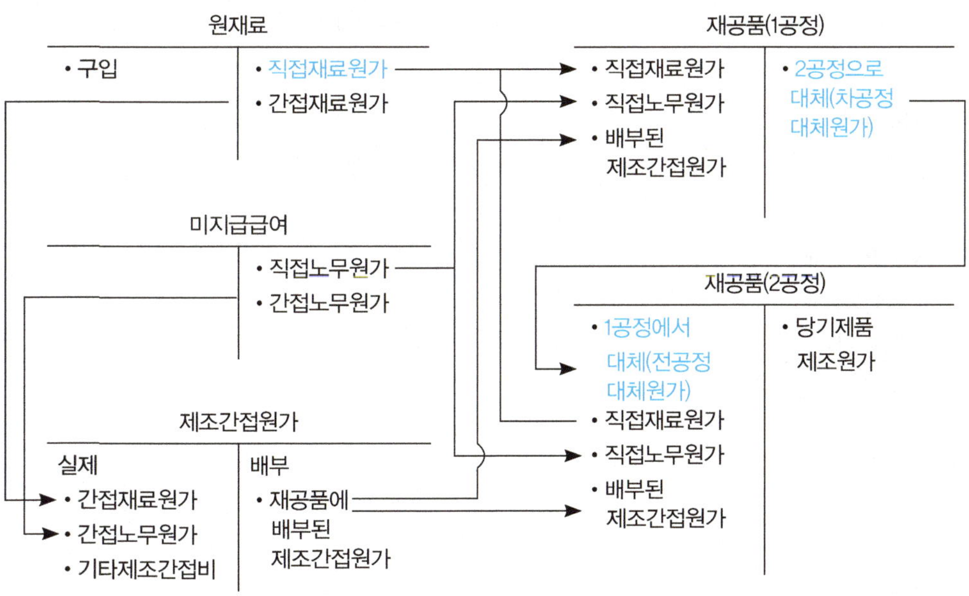

4. 종합원가계산의 회계처리

종합원가계산에서 직접재료원가, 직접노무원가 그리고 배부된 제조간접원가가 재공품계정을 구성하기까지의 회계처리방법은 개별원가계산과 차이가 나지 않는다. 즉, 제조원가를 투입하여 공정이 진행 중일 때 발생한 원가를 재공품계정으로 집계하는 것은 개별원가계산에서와 동일하다. 다만 종합원가계산은 연속생산공정을 거쳐 제품을 제조하는 방식이므로 공정별로 재공품계정을 별도로 설정한다. 공정별로 재공품계정을 설정하는 경우, 공정에 투입된 원가 및 공정 간의 대체에 대한 회계처리는 다음과 같다.

〈제조원가의 투입〉

차) 재공품－제1공정	×××	대) 원재료	×××
		미지급임금	×××
		제조간접원가	×××

〈차공정대체〉

차) 재공품－제2공정	×××	대) 재공품－제1공정	×××

〈제품의 완성〉

차) 제　　품	×××	대) 재공품－제2공정	×××

〈제품의 판매〉

차) 매출채권	×××	대) 매출	×××
매출원가	×××	제품	×××

제2절 완성품환산량

1. 완성도와 완성품환산량

완성품환산량이라는 개념을 이해하기 위해서는 완성도의 개념을 이해해야 한다. 완성도는 제품의 완성(진척) 정도를 의미하는 것으로 회계학에서는 제품의 물리적 완성도보다는 제품에 투입된 원가의 비율을 의미한다. 즉, 볼펜 한 자루를 완성하는 데 ₩1,000의 원가가 소요된다고 가정을 했을 경우, 공정 중에 있는 볼펜의 제조에 ₩500의 원가가 투입되었다면 볼펜의 완성도는 50%가 되는 것이고, ₩800의 원가가 투입되었다면 볼펜의 완성도는 80%가 되는 것이다.

완성도는 제품원가전체를 기준으로 완성도를 산정하는 경우도 있으나 원가의 구성요소별, 즉 직접재료원가와 가공원가의 완성도를 분리하여 산출하는 것이 일반적이다. 예를 들어 볼펜을 제작하는 경우에 원재료를 공정의 시작점에서 100% 투입한다면 제품이 완성되지 않았더라도 공정 진행 중인 재공품에 대한 직접재료원가의 완성도는 100%라 할 수 있으며, 재료를 공정이 끝나는 시점에서 투입한다면 공정 중인 제품의 직접재료원가 완성도는 0%라 할 수 있다. 물론 재료가 공정 중에 균등하게 투입된다면 직접재료원가의 완성도는 공정의 완성 정도에 따라 이루어질 것이다. 가공원가는 공정에 투입된 재료를 가공하는 데 소요되는 원가이므로 일반적으로 전체공정에 걸쳐서 균등하게 발생한다고 가정한다. 즉, 가공이 30% 정도 이루어졌으면 가공원가도 30% 정도 발생한 것으로 간주하고, 가공이 80% 정도 이루어졌으면 가공원가도 80% 정도 발생한 것으로 가정한다.

종합원가계산에서 완성도는 공정 중에 있는 재공품 한 단위의 원가가 완성된 제품의 한 단위 원가와 비교하여 어느 정도의 원가를 부담하고 있는지를 살펴보는 척도가 될 수 있을 것이다.

완성품환산량(equivalent unit)은 공정 중에 있는 재공품의 진행 정도가 완제품과 비교하여 어느 정도인지를 측정하는 단위이다. 완성품환산량은 공정 중에 있는 재공품의 단위에 완성도를 적용하여 산출할 수 있다.

재공품의 완성품환산량 = 기말재공품수량 × 완성도

완성도가 70%인 재공품 100단위가 있다고 할 경우, 완성품환산량은 70단위가 된다. 완성품환산량 70단위는 완성도가 70%인 재공품 100단위의 원가는 완제품 70단위의 원가와 동일하다는 의미이다. 완성품환산량도 완성도와 마찬가지로 재공품전체에 대하여 산출할 수도 있으나 직접재료원가는 직접재료원가대로, 가공원가는 가공원가대로 분리하여 산출하는 것이 일반적이다.

2. 완성품환산량의 계산

완성품환산량은 재공품에 투입되는 원가의 발생시점의 차이에 따라 달라질 수 있으며, 기초재공품의 존재 여부에 따라 산출하는 방법, 즉 가중평균법 또는 선입선출법에 따라 달라질 수 있다.

먼저 직접재료원가와 가공원가의 발생시점 차이는 원가의 투입시점 차이에 따른 것이다. 직접재료원가는 제품의 제조를 시작하는 공정의 시점에서 투입할 수도 있고 공정의 완료시점에서 투입할 수도 있다. 또 때로는 공정의 진행과정 중에 균등하게 투입할 수도 있을 것이다. 따라서 직접재료원가의 완성품환산량은 결국 원재료의 투입시점에 의해 결정된다. 직접노무원가와 제조간접원가는 원재료가 투입된 이후에 원재료를 가공하는 과정에서 발생하는 원가이기 때문에 제조공정전체에 걸쳐서 균등하게 발생된다고 볼 수 있다. 따라서 가공원가에 대한 완성품환산량은 작업자와 제조간접원가의 투입 정도, 즉 공정의 완성 정도에 따라 결정된다.

예제 7-1 완성품환산량의 이해

㈜무등산은 3월 한 달간 1,000단위를 투입하여 800단위를 완성하였다.

▶ 요구사항

기말재공품의 완성도는 재료원가가 80%이고 가공원가가 50%일 경우, ㈜무등산의 3월 한 달간 완성품환산량을 계산하시오. 단 기초재공품은 없다고 가정한다.

▶ **풀이**

구분	물량	완성품환산량	
		직접재료원가	가공원가
완성품	800	800	800
기말재공품	200	160 (200×80%)	100 (200×50%)
완성품환산량		960	900

[예제 7-1]에서 나타난 바와 같이 완성품환산량을 계산할 때 완성품의 경우에는 완성도 100%를 적용하여 산출하고, 기말재공품에는 직접재료원가와 가공원가에 대한 각각의 완성도를 적용하여 산출할 수 있을 것이다. 그러나 기초재공품이 존재하는 경우에는 기초재공품의 처리 여부에 따라 선입선출법과 가중평균법을 적용하여 완성품환산량을 산출해야 한다. 후입선출법은 실제물량의 흐름과는 반대되는 경우이므로 완성품환산량 계산 시에는 사용하지 않는다.

1) 가중평균법(weighted average method)

당기에 완성된 완제품을 구성하는 수량과 원가는 다음과 같이 세 가지 요소로 구성된다.

① 전기에 투입된 기초재공품의 수량과 원가
② 기초재공품을 완제품으로 완성하기 위해 당기에 투입된 수량과 원가
③ 당기에 새로이 제조를 시작하여 완성한 완제품에 투입된 수량과 원가

이 중에서 기초재공품의 원가는 전기에 투입된 원가이고, 나머지는 당기에 투입된 원가이다. 전기에 투입된 원가는 당기에 투입된 원가에 비해 인플레이션 등 여러 경제상황과 변수에 따라 차이가 날 수 있으므로 보다 정확한 원가정보의 제공을 위해서 전기와 당기의 원가를 구분하여 정확한 원가계산을 할 필요가 있다.

가중평균법에 의한 완성품환산량의 계산은 전기에 투입된 수량과 원가를 당기에 투입된 수량과 원가와 구분하지 않고 평균하여 적용하는 것이다. 즉 전기와 당기에 투입된

원가를 구분하지 않고 완성품환산량을 산출한다는 개념이다. 따라서 가중평균법에 의한 완성품환산량의 계산은 당기완성품의 수량을 일괄적으로 포함하고 여기에 기말재공품의 완성품환산량을 더하여 산출한다. 예를 들어, 기초에 60% 완성도를 가진 재공품 100단위가 있고, 당기에 추가적인 원재료와 가공원가를 투입하여 전체적으로 1,000단위의 완제품과 50%의 완성도를 가진 재공품 200단위를 얻었다면, 전기에 투입된 물량, 즉 기초재공품과 당기에 투입된 부분과의 물량구분 없이 당기에 전체적으로 완성한 1,000단위와 기말재공품의 완성품환산량 100단위(200단위×50%)를 더한 1,100단위가 당기의 완성품환산량이 되는 것이다.

당기완성품환산량 = 당기완성량 + 기말재공품의 완성품환산량
1,100단위 = 1,000단위 + 200단위×50%

2) 선입선출법(first in first out : FIFO)

선입선출법에 의한 완성품환산량의 계산은 전기에 투입된 수량과 원가를 당기에 투입된 수량과 원가와 구분하여 적용한다. 즉, 전기에 투입된 수량은 별도로 하고 당기에 투입된 수량만을 기준으로 완성품환산량을 산출한다는 개념이다. 따라서 선입선출법에 의한 완성품환산량의 계산은 기초재공품의 완성을 위해 추가투입된 수량과 당기에 투입하여 당기에 완성한 완제품의 수량에 기말재공품의 완성품환산량을 더하여 산출한다. 위 가중평균법에서 설명한 예제를 선입선출법에 적용하여 완성품환산량을 계산하면, 먼저 기초재공품 100단위의 완성을 위해 추가투입한 40단위[100단위×(1－60%)]에 당기에 투입하여 당기에 완성한 900단위(당기완성품 1,000단위－기초재공품 100단위)를 더하고, 기말재공품의 완성품환산량 100단위(200단위×50%)를 추가한 1,040단위가 된다.

당기완성품환산량 = 기초재공품 추가투입분에 대한 완성품환산량 + 당기투입 당기완성량
+ 기말재공품의 완성품환산량

1,040단위 = 40 [100×(1－60%)] + 900 + 100(200×50%)

예제 7-2 완성품환산량의 계산

㈜무등산은 6월 한 달간 제품제조를 위해 투입한 물량은 6,000단위이고, 전체적으로 생산이 완료된 제품은 5,400개이다. 6월 1일 현재의 재공품재고는 300단위(직접재료원가 40%, 가공원가 20%)이며, 6월 30일 현재의 재공품재고는 900단위(직접재료원가 60%, 가공원가 30%)이다.

▶ **요구사항**

㈜무등산의 완성품환산량을 가중평균법과 선입선출법을 이용하여 산출하시오.

▶ **풀이**

1) 가중평균법의 완성품환산량

가중평균법을 이용할 경우에는 전기의 물량과 당기의 물량을 구분하지 않고 완성품환산량을 산출하므로 기초재공품 유무에 관계없이 당기에 완성된 물량과 기말재공품에 대해서만 완성품환산량을 산출하면 된다. 따라서 당기에 완성된 물량 5,400단위와 기말재공품 900단위의 완성도에 따른 직접재료원가와 가공원가의 완성품환산량을 계산하면 된다.

[그림 7-2]의 완성품환산량 개념도에 나타난 바와 같이 직접재료원가의 경우는, 당기에 완성한 제품 5,400단위와 기말재공품 540단위(900단위×60%)를 합한 5,940단위가 완성품환산량이 되는 것이다. 가공원가의 경우에도 당기에 완성된 총 5,400단위에 기말재공품 270단위(900단위×30%)를 더한 5,670단위가 완성품환산량이 되는 것이다.

2) 선입선출법의 완성품환산량

선입선출법을 이용한 완성품환산량의 산출은 전기에 투입된 물량은 제외하고 당기에 투입된 물량에 대한 부분만 고려하면 된다. 따라서 기초재공품에 투입된 원가를 전기에 이미 투입된 원가와 제품의 완성을 위해 추가적으로 투입한 원가를 구분하여 산출해야 한다. 즉, 기초재공품의 완성을 위해 추가투입한 수량과 당기에 투입하여 당기에 완성된 수량을 더하고, 여기에 기말재공품의 완성품환산량을 합계하여 완성품환산량을 산출한다.

그림 7-2 완성품환산량 개념도

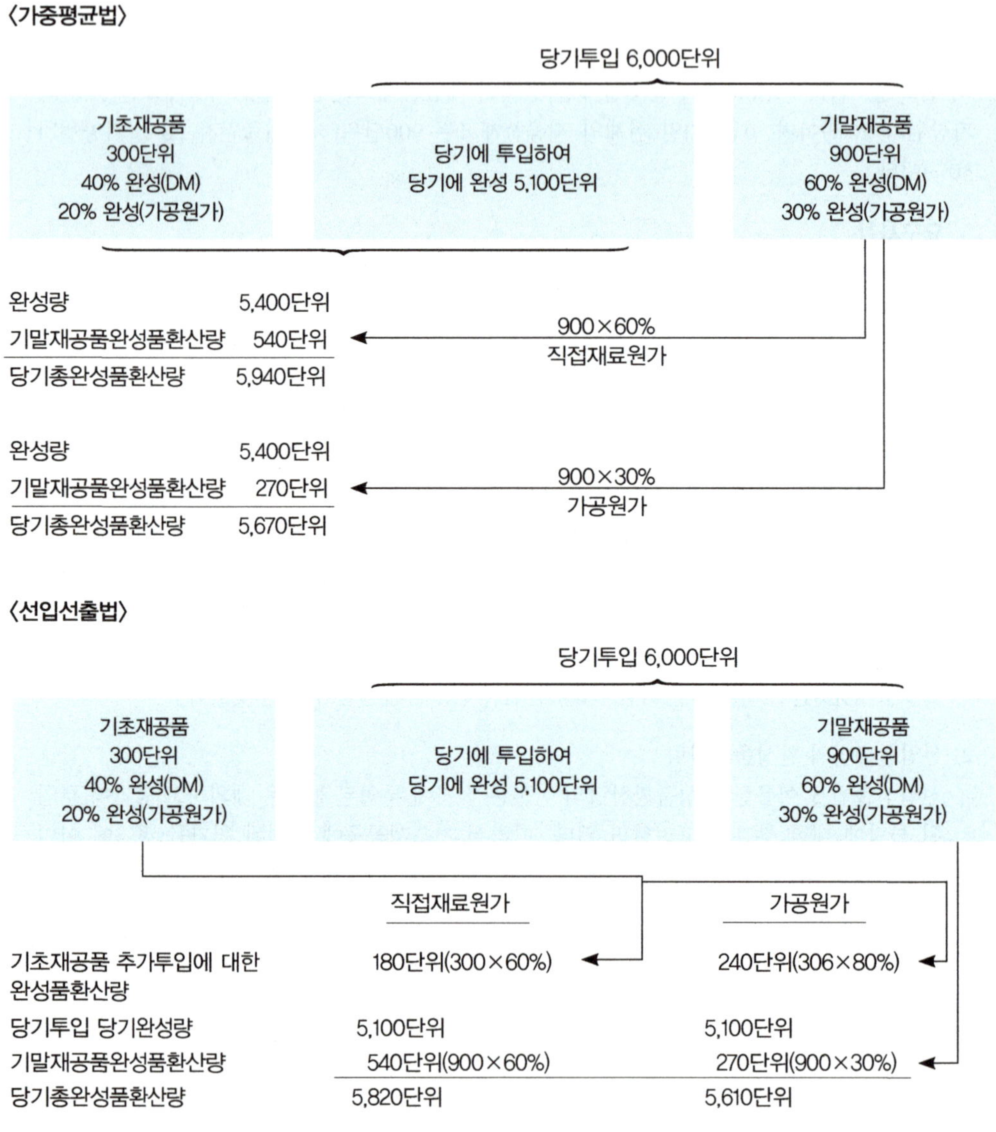

[그림 7-2] 완성품환산량의 개념도 하단부에 나타난 바와 같이 직접재료원가의 완성품환산량은 기초재공품 300단위를 완성하기 위해 추가로 투입되어야 될 부분 180단위[300단위×(1-40%)]에, 당기에 투입하여 당기에 완성된 5,100단위를 더하고, 기말재공품의 완성품환산량 540단위(900단위×60%)를 더해 주면 된다. 따라서 선입선출법을 이용한 직접재료원가의 완성품환산량은 5,820단위가 된다. 가공원가의 경우, 기초재공품

의 추가투입부분 240단위[300단위×(1−20%)]에, 당기에 투입하여 당기에 완성한 5,100단위와 기말재공품의 완성품환산량 270단위(900단위×30%)를 더한 총 5,610단위가 완성품환산량이다.

[표 7-2]에 가중평균법을 이용하여 완성품환산량을 산출하는 방식과 선입선출법을 이용하여 완성품환산량을 산출하는 방식을 비교표시하였다.

기초재공품이 존재하는 경우 선입선출법에 의한 완성품환산량은 가중평균법에 의한 완성품환산량에 비하여 기초재공품의 완성품환산량만큼 항상 적다는 것을 알 수 있다. 이는 선입선출법에서는 전기에 투입된 수량인 기초재공품을 제외하고 완성품환산량을 산출하기 때문이다. 따라서 당기 완성품환산량을 산출하는 공식을 다음과 같이 수정하여 사용할 수 있을 것이다.

가중평균법의 완성품환산량 = 당기완성량 + 기말재공품의 완성품환산량
선입선출법의 완성품환산량 = 당기완성량 + 기말재공품의 완성품환산량 − 기초재공품의 완성품환산량

산식에서 나타난 바와 같이 평균법의 완성품환산량에서 기초재공품의 완성품환산량을 차감하면 선입선출법에 의한 완성품환산량을 산출할 수 있다.

표 7-2 가중평균법과 선입선출법의 완성품환산량 비교

가중평균법			선입선출법		
	직접재료원가	가공원가		직접재료원가	가공원가
당기완성품	5,400	5,400	기초재공품에의 추가투입		
기말재공품(6월 30일)			300×(1−40%)	180	
900×60%	540		300×(1−20%)		240
900×30%		270	당기투입 당기완성품		
완성품환산량	5,940	5,670	5,400−300	5,100	5,100
			기말재공품(6월 30일)		
			900×60%	540	
			900×30%		270
			완성품환산량	5,820	5,610
당기완성품 + 기말재공품 완성품환산량			당기완성품 + 기말재공품 − 기초재공품완성품환산량		
5,400 + 900 × 60%	5,940		5,400 + 900 × 60% − 300 × 40%	5,820	
5,400 + 900 × 30%		5,670	5,400 + 900 × 30% − 300 × 20%		5,610

가중평균법	선입선출법
당기총완성품환산량 = 당기완성량 + 기말재공품의 완성품환산량	당기총완성품환산량 = 당기완성량 + 기말재공품의 완성품환산량 − 기초재공품의 완성품환산량

제3절 종합원가계산

1. 원가계산절차

종합원가계산은 원칙적으로 개별원가계산과 동일하지만 공정이 연속적이고, 각 공정마다 재공품이 존재한다는 차이가 있으며, 완성품환산량을 이용하여 단위당 원가를 산정함으로써 완제품과 재공품의 기말재고와 매출원가를 산출한다. 종합원가계산방법에는 단일제품종합원가계산, 조별제품종합원가계산, 단일공정 또는 공정별종합원가계산이 있으나 그 절차나 방법은 동일하다.

2. 5단계접근법에 의한 원가계산

종합원가계산을 하는 절차는 여러 가지 방법이 있으나 [그림 7-3]에서 제시하는 바와 같이 5단계접근법을 이용하여 제품원가를 계산하는 것이 가장 효율적이다.

그림 7-3 5단계접근법에 의한 종합원가계산

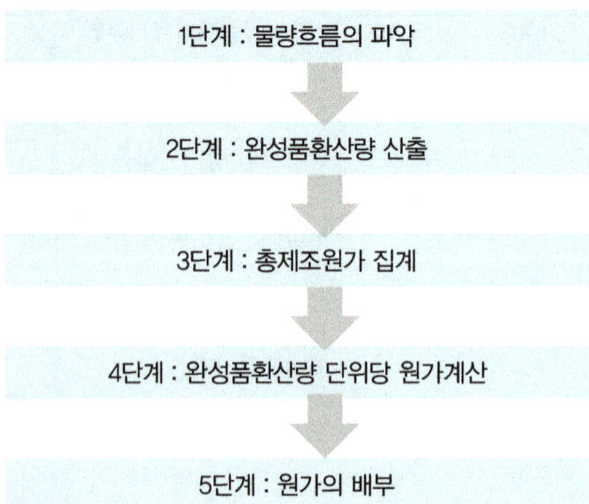

종합원가계산을 위한 1단계는 제품제조를 위한 물량흐름을 파악하는 것이다. 즉 공정

에 투입된 물량단위와 공정을 거쳐 완성된 물량단위를 파악한다. 투입량인 기초재공품의 물량단위와 제품제조를 위해 당기에 투입된 물량단위를 파악하고, 당기에 완성된 완제품과 기말에 재공품으로 존재하는 물량의 산출량을 파악한다. 투입된 물량단위와 산출된 물량단위는 항상 같아야 한다는 점을 유념하면 물량흐름 파악은 큰 문제가 없을 것이다.

2단계는 완성품환산량을 산출하는 것이다. 앞서 학습한 가중평균법 또는 선입선출법에 의한 완성품환산량을 기업의 실정에 따라 선택하여 사용하면 된다.

3단계는 총제조원가를 집계하는 단계이다. 완성품환산량을 가중평균법이나 선입선출법에 의하여 산출했으므로 총제조원가도 가중평균법과 선입선출법에 의해 산출할 수 있을 것이다. 완성품환산량을 산출하는 방법과 마찬가지로 가중평균법에서는 전기에 투입된 원가, 즉 기초재공품의 원가와 당기에 투입된 원가를 합하여 제조원가를 집계하고, 선입선출법에서는 전기에 투입된 기초재공품의 원가는 일단 무시하고 당기에 투입된 원가만을 집계하여 총제조원가를 산출한다. 선입선출법에서 기초재공품의 원가를 무시하고 당기에 투입된 원가만을 집계하는 이유는 완성품환산량 단위와 통일시키기 위함이다. 즉, 완성품환산량 산출 시에 기초재공품의 수량을 제외했으므로 제조원가에서도 제외시키는 것이다.

4단계는 완성품환산량 단위당 원가를 산출하는 절차이다. 단위당 원가는 총제조원가를 총생산수량으로 나눈 값이므로 3단계에서 산출한 총제조원가를 2단계에서 산출한 완성품환산량으로 나누어주면 된다.

마지막 5단계는 4단계에서 산출한 단위당 원가를 완제품과 재공품의 완성품환산량으로 곱하여 완제품과 기말재공품에 배부하는 단계이다. 가중평균법의 경우에는 산출된 완성품환산량 단위당 원가를 완제품의 완성품환산량 단위와 기말재공품의 완성품환산량 단위에 곱하여 배부한다.

선입선출법을 적용하여 기말재공품에 원가를 배부하는 방법은 가중평균법에서와 마찬가지로 기말재공품의 완성품환산량에 환산량 단위당 원가를 적용하여 배부한다. 그러나 완제품에의 원가배부는 완제품의 완성품환산량에 환산량 단위당 원가를 적용한 금액에 기초재공품의 원가를 가산하는 절차를 거쳐야 한다. 앞서 설명한 바와 같이 완제품의 원가는 전기에서 이월된 기초재공품의 원가, 기초재공품을 완제품으로 완성시키기 위해 당기에 추가로 투입한 원가, 그리고 당기에 제품의 제조를 시작하여 당기에 완성시킨 완제품의 원가로 구성되어 있다. 그러나 4단계에서 완성품환산량 단위당 원가를 전기에 투입된 기초재공품의 원가와 수량을 배제하고 당기의 원가와 수량만을 이용하여 산출했기 때문에 완성품의 원가에는 배제되어 있는 상태이다. 따라서 선입선출법을 이용하여 완제품의 원가를 배부할 경우에는 완성품환산량 단위당 원가에 배제되어 있는 기초재공품의 원가를 포함해야 한다.

3. 종합원가계산의 사례

〈기본자료〉

㈜무등산은 종합원가계산제도를 채택하고 있다. 제품은 절단공정을 통해 완성되는데, 재료는 공정의 시점에서 투입되며, 가공원가는 제품완성도에 따라 균등하게 발생한다. 20×1년 1월의 생산자료는 다음과 같다.

- 절단공정에서 기초재고는 10,000개(완성도 40%)이며 직접재료원가는 ₩40,000, 가공원가는 ₩10,700이다.
- 1월중 당기착수량이 40,000개이고, 완성품은 48,000개이며, 기말재공품수량은 2,000개(완성도 50%)이다.
- 절단공정에서 1월중 발생한 직접재료원가가 ₩220,000이고, 가공원가는 ₩175,500(직접노무원가 ₩80,000, 제조간접원가 ₩95,500)이다.

위의 자료를 이용하여 가중평균법과 선입선출법을 이용한 종합원가계산 5단계법을 설명하도록 한다.

1) 1단계 : 물량흐름의 파악

1단계는 물량흐름의 파악이다. 투입된 물량은 기초재공품 10,000단위와 당기착수량 40,000단위를 합한 50,000단위이고, 산출된 물량은 완성품 48,000단위에 기말재공품 2,000단위를 합한 50,000단위이다.

그림 7-4 물량흐름의 파악

투입물량(50,000단위)		산출물량(50,000단위)
기초재공품 + 당기착수량	=	완성품수량 + 기말재공품
10,000단위 + 40,000단위		48,000단위 + 2,000단위

2) 2단계 : 완성품환산량의 산출

㈜무등산의 경우, 기초재공품이 존재하므로 가중평균법의 완성품환산량과 선입선출법에 의한 완성품환산량의 결과가 다르게 산출될 것이다.

(1) 가중평균법

가중평균법에 의한 완성품환산량은 당기완성품수량 48,000단위에 기말재공품의 완성품환산량을 가산하면 된다. 완성품환산량을 직접재료원가와 가공원가로 구분하여 산출하면, 먼저 직접재료원가의 경우 재료가 공정의 시점에서 투입된다는 의미는 재공품 상태의 직접재료원가 완성도가 항상 100%임을 의미한다. 따라서 기말재공품의 직접재료원가에 대한 완성품환산량은 2,000단위에 완성도 100%인 2,000단위가 된다. 가공원가의 경우는 완성도 50%를 적용한 1,000단위가 될 것이다. 따라서 직접재료원가의 당기완성품환산량은 48,000 + 2,000 = 50,000단위이고 가공원가의 완성품환산량은 48,000 + 1,000 = 49,000단위가 된다.

표 7-3 가중평균법에 의한 완성품환산량

구분	물량	완성품환산량	
		직접재료원가	가공원가
당기완성품수량	48,000	48,000	48,000
기말재공품수량	2,000		
(2,000단위×100%)		2,000	
(2,000단위×50%)			1,000
당기완성품환산량		50,000	49,000

(2) 선입선출법

선입선출법에 의한 완성품환산량은 기초재공품 추가투입분에 대한 완성품환산량과 당기투입하여 당기완성한 물량 그리고 기말재공품에 대한 완성품환산량을 각각 합계하면 된다.

직접재료원가의 경우, 공정의 시점에 투입되기 때문에 재공품의 재료원가 완성도는 100%이다. 따라서 기초재공품에 대한 추가투입은 필요 없으므로 완성품환산량은 0단위이며, 기말재공품은 재료가 투입된 상태이므로 완성품환산량은 2,000단위이다. 여기에 당기에 투입하여 완성된 제품 38,000단위(당기에 완성된 완성품 48,000단위 중 기초재공품을 완성한 10,000단위를 제외)를 포함한 40,000단위가 완성품환산량이 된다. 가공원가는 40% 완성된 기초재공품의 나머지 60%를 추가적으로 투입해야 하므로 10,000단위의 60%인 6,000단위가 된다. 여기에 당기완성품 38,000단위와 50% 완성된 기말재공품 10,000단위를 추가하면 45,000단위의 가공원가 완성품환산량을 얻을 수 있다.

표 7-4 | 선입선출법에 의한 완성품환산량

구분	물량	완성품환산량	
		직접재료원가	가공원가
기초재공품 추가투입분 (10,000단위×(1−100%)) (10,000단위×(1−40%))	10,000	 0 	 6,000
당기투입 당기완성품	38,000	38,000	38,000
기말재공품수량 (2,000단위×100%) (2,000단위×50%)	2,000	 2,000 	 1,000
당기완성품환산량		40,000	45,000

3) 3단계 : 총제조원가의 집계

총제조원가 집계는 원가흐름의 가정에 따라 다르다. 평균법은 당기에 발생한 원가에 전기의 원가를 포함하여 총제조원가를 집계하므로 기초재공품에 포함되어 있는 원가와 당기에 발생한 원가를 함께 집계한다. 선입선출법은 전기와 당기의 원가를 분리하므로 당기에 투입된 원가만 집계한다.

이렇게 당기와 전기에 투입된 원가를 분리하여 집계하는 이유는 2단계의 완성품환산량을 산출할 때 전기와 당기의 수량을 분리하여 산출했기 때문에 각 단위에 대한 형평성을 맞추기 위함이다.

표 7-5 | 총제조원가의 집계

단계	가중평균법		선입선출법	
	직접재료원가	가공원가	직접재료원가	가공원가
기초재공품원가	₩40,000	₩10,700	–	–
당기투입원가	220,000	175,500	₩220,000	₩175,500
총제조원가	₩260,000	₩186,200	₩220,000	₩175,500

4) 4단계 : 완성품환산량 단위당 원가계산

완성품환산량 단위당 원가는 3단계에서 집계된 총제조원가를 2단계에서 산출한 완성품환산량으로 나누어 계산한다.

표 7-6 | 완성품환산량 단위당 원가

단계	가중평균법		선입선출법	
	직접재료원가	가공원가	직접재료원가	가공원가
총제조원가(3단계)				
기초재공품원가	₩40,000	₩10,700	–	–
당기투입원가	220,000	175,500	₩220,000	₩175,500
	₩260,000	₩186,200	₩220,000	₩175,500
완성품환산량(2단계)	50,000	49,000	40,000	45,000
완성품환산량 단위당 원가 (3단계/2단계)	₩5.2	₩3.8	₩5.5	₩3.9

5) 5단계 : 원가의 배부

5단계는 4단계에서 산출한 완성품환산량 단위당 원가를 이용하여 완제품과 기말재공품에 원가를 배부하는 단계이다.

가중평균법이나 선입선출법 중 어떠한 원가흐름의 가정을 이용하든지 환산량 단위당 제품원가를 각각 완제품의 완성품환산량과 기말재공품의 완성품환산량에 따라 배부하여 완제품과 기말재공품의 원가를 산출한다. 그러나 선입선출법을 이용하여 완제품의 원가를 계산하는 경우, 전기에 투입된 원가인 기초재공품의 원가를 완제품의 원가에 반드시 가산해야 한다. 따라서 선입선출법을 이용하여 완제품의 원가를 배부하는 경우에는 다음과 같이 세 부류의 원가로 분리하여 원가를 계산해야 한다.

① 기초재공품원가
② 기초재공품의 추가투입원가(기초재공품 추가투입수량×완성품환산량 단위당 원가)
③ 당기투입되어 당기완성원가(당기투입 당기완성품 수량×완성품환산량 단위당 원가)

완제품과 기말재공품의 원가를 가중평균법과 선입선출법에 의해 배부하면 각각 [표 7-7], [표 7-8]과 같다.

표 7-7 | 가중평균법에 의한 원가의 배부

구 분	직접재료원가	가공원가	합계
완제품의 원가			
완성품환산량	48,000	48,000	
완성품환산량 단위당 원가	₩5.2	₩3.8	
	₩249,600	₩182,400	₩432,000
기말재공품의 원가			
완성품환산량	2,000	1,000	
완성품환산량 단위당 원가	₩5.2	₩3.8	
	₩10,400	₩3,800	₩14,200
당기총원가	₩260,000	₩186,200	₩446,200

표 7-8 선입선출법에 의한 원가의 배부

	직접재료원가	가공원가	합계
완제품의 원가			
1. 기초재공품원가	₩40,000	₩10,700	₩50,700
2. 기초재공품의 추가투입원가			
직접재료원가(0×₩5.5)	0		
가 공 원 가(6,000×₩3.9)		23,400	23,400
3. 당기투입 당기완성품원가			
직접재료원가(38,000×₩5.5)	209,000		
가 공 원 가(38,000×₩3.9)		148,200	357,200
	₩249,000	₩182,300	₩431,300
기말재공품의 원가			
직접재료원가(2,000×₩5.5)	11,000		
가 공 원 가(1,000×₩3.9)		3,900	14,900
	₩11,000	₩3,900	₩14,900
당기총원가	₩260,000	₩186,200	₩446,200

6) 제조원가보고서의 작성

종합원가계산의 제조원가보고서는 재무제표의 부속명세서는 아니지만 5단계법에 의한 종합원가계산의 결과를 요약하여 보고하는 내부보고서이다. 그러므로 일정한 양식이 있는 것은 아니고, 기업에 따라 다양하게 작성할 수 있다. [표 7-9]와 [표 7-10]은 가중평균법과 선입선출법을 이용하여 작성한 제조원가보고서이다.

표 7-9 제조원가보고서(가중평균법)

1단계 : 물량흐름의 파악	
기초재공품 수량	10,000
당기투입량	40,000
투입합계	50,000
당기중완성품수량	48,000
기말재공품수량	2,000
산출합계	50,000

2단계 : 완성품환산량의 계산

	재료원가	가공원가	합계
당기완성품	48,000	48,000	
기말재공품	2,000	1,000	
당기완성품환산량	50,000	49,000	

3 & 4단계 : 총원가 및 단위당 원가

	재료원가	가공원가	합계
기초재공품원가	₩40,000	₩10,700	₩50,700
당기완성품원가	220,000	175,500	395,500
당기총원가	₩260,000	₩186,200	₩446,200
당기완성품환산량	50,000	49,000	
완성품환산량 단위당 원가	₩5.2	₩3.8	₩9.0

5단계 : 원가의 배부

	재료원가	가공원가	합계
완성품원가	₩249,600	₩182,400	₩432,000
기말재공품	10,400	3,800	14,200
총 원 가	₩260,000	₩186,200	₩446,200

표 7-10 제조원가보고서(선입선출법)

1단계 : 물량흐름의 파악

기초재공품수량	10,000
당기투입량	40,000
투입합계	50,000
당기중완성품수량	48,000
기말재공품수량	2,000
산출합계	50,000

2단계 : 완성품환산량의 계산

	재료원가	가공원가	합계
기초재공품에의 추가투입	0	6,000	
당기투입 당기완성품	38,000	38,000	
기말재공품	2,000	1,000	
당기완성품환산량	40,000	45,000	

3 & 4단계 : 총원가 및 단위당 원가			
기초재공품 원가	–	–	–
당기투입원가	220,000	175,500	395,500
당기총원가	₩220,000	₩175,500	₩395,500
당기완성품환산량	40,000	45,000	
완성품환산량 단위당 원가	₩5.5	₩3.9	₩9.4
5단계 : 원가의 배부			
전기투입분(기초재공품)	₩40,000	₩10,700	₩50,700
당기추가투입분	0	23,400	23,400
당기투입분	209,000	148,200	357,200
완성품원가	₩249,000	₩182,300	₩431,300
기말재공품	11,000	3,900	14,900
총 원 가	₩260,000	₩186,200	₩446,200

제4절 공정별 종합원가계산

1. 원가계산절차

공정별 종합원가계산은 표준화된 여러 연속공정을 거쳐 제품을 생산할 때 적합한 원가계산방법으로, 각 공정별로 원가요소를 집계하고 제품원가를 산출한다. 제1공정에서 작업이 완료된 재공품을 다음 공정인 제2공정으로 대체할 때 이를 차공정대체원가(transferred-out costs)라 하고, 제2공정에서는 제1공정에서 대체받은 원가를 전공정대체원가(transferred-in costs)라고 한다. 전공정(제1공정)으로부터 재공품을 대체받은 2공정에서는 전공정에서 받은 재공품을 해당 공정의 원재료의 일종으로 보아 원가계산을 하면 된다. 즉, 제2공정은 제1공정에서 대체받은 전공정대체원가를 100% 투입된 원재료처럼 간주하여 완성품환산량과 완성품의 원가를 계산한다.

그림 7-5 복수공정의 원가흐름

재공품 : 제1공정

차변	대변
기초재고액	당기완성액
직접재료원가	차기이월액
가공원가	(기말재공품)

재공품 : 제2공정

차변	대변
기초재고액	당기완성액
전공정대체원가	차기이월액
직접재료원가	(기말재공품)
가공원가	

2. 공정별 종합원가계산의 사례

〈기본자료〉

㈜무등산의 자료를 제1공정(절단공정)이라 가정하고, 그 자료를 그대로 이용한다. 제2공정(조립공정)에서는 절단공정의 완성품은 모두 투입되며 재료는 생산완료시점에 투입된다. 가공원가는 제품완성도에 따라 균등하게 발생한다. 20×1년 1월의 생산자료는 다음과 같다.

- 조립공정의 기초재고는 12,000개(완성도 60%)이며, 전공정비가 ₩108,000, 가공원가가 ₩100,080이다.
- 조립공정의 1월중 완성품은 44,000개이며, 기말재공품수량은 16,000개(완성도 40%)이다.
- 조립공정에서 1월중 발생한 직접재료원가가 ₩132,000이고, 가공원가는 ₩630,720이다.

공정별 종합원가계산의 절차는 단일공정의 종합원가계산의 절차와 차이가 없다. 다만 절단공정으로부터 대체받은 전공정대체원가가 존재한다는 것만 감안한다면 문제해결에 별다른 부담이 없다. 전공정대체원가는 절단공정에서 산출한 완성품의 원가를 그대로 대체하고 완성품환산량의 계산은 작업의 시작점에서 재료를 투입하는 것처럼 하면 된다. 또 예제에서 재료는 생산완료시점에 투입한다고 되어 있다. 이는 재공품이 완성되는 시점까지는 추가적인 재료의 투입이 없다는 것이므로 조립공정에서의 기말재공품은 직접재료원가가 0이라는 것이다. 이러한 사항을 참고하여 5단계법을 적용하면 다음과 같다.

1) 1단계 : 물량흐름의 파악

조립공정에 투입된 물량과 공정을 통하여 산출된 물량을 표시하면 [그림 7-6]과 같다

그림 7-6 물량흐름의 파악

투입물량(60,000단위)		산출물량(60,000단위)
기초재공품 + 당기 착수량 12,000단위 + 48,000단위	=	당기완성품 + 기말재공품 44,000단위 + 16,000단위

2) 2단계 : 완성품환산량의 산출

조립공정의 완성품환산량의 산출방법은 절단공정에서의 산출방법과 동일하다. 다만 조립공정에서 대체된 물량에 대하여는 공정의 시점에 투입된 것으로 보고 완성품환산량을 계산한다. 가중평균법과 선입선출법에 의하여 완성품환산량을 계산하면 [표 7-11]과 같다.

표 7-11 완성품환산량의 산출

가중평균법			
구분	완성품환산량		
	전공정대체	직접재료원가	가공원가
당기완성품수량	44,000	44,000	44,000
기말재공품수량			
전공정대체 : 16,000×100%	16,000		
직접재료원가 : 16,000×0%		0	
가 공 원 가 : 16,000×40%			6,400
당기완성품환산량	60,000	44,000	50,400
선입선출법			

기초재공품 추가투입분			
전공정대체 : 12,000×0%	0		
직접재료원가 : 12,000×100%		12,000	
가 공 원 가 : 12,000×40%			4,800
당기투입 당기완성품수량	32,000	32,000	32,000
기말재공품수량			
전공정대체 : 16,000×100%	16,000		
직접재료원가 : 16,000×0%		0	
가 공 원 가 : 16,000×40%			6,400
당기완성품환산량	48,000	44,000	43,200

3) 3 & 4단계 : 총제조원가의 집계와 완성품환산량 단위당 원가의 산출

조립공정에 투입된 총제조원가의 집계와 완성품환산량 단위당 원가는 동시에 산출하는 것이 편리하다. 가중평균법과 선입선출법에 의하여 집계된 총제조원가를 2단계에서 산출한 완성품환산량으로 나누어 완성품환산량 단위당 원가를 얻을 수 있다.

표 7-12 완성품환산량 단위당 원가

단계	가중평균법			선입선출법		
	전공정 대체원가	직접재료원가	가공원가	전공정 대체원가	직접재료원가	가공원가
기초재공품	₩108,000	0	₩100,080	–	–	–
당기투입원가	432,000	₩132,000	630,720	₩431,300	₩132,000	₩630,720
총제조원가	₩549,000	₩132,000	₩730,800	₩431,300	₩132,000	₩630,720
완성품환산량	60,000	44,000	50,400	48,000	44,000	43,200
완성품환산량 단위당 원가	₩9.0	₩3.0	₩14.5	₩8,985	₩3.0	₩14.6

4) 5단계 : 원가의 배부

4단계에서 산출된 완성품환산량 단위당 원가를 완제품과 기말재공품에 배부하면 [표 7-13]과 같은 원가를 얻을 수 있다. 가중평균법과 선입선출법에 의해 원가를 배부하는 방법은 제1공정에서의 방법과 동일하다.

표 7-13 원가의 배부

가중평균법				
	전공정대체	직접재료원가	가공원가	합계
완제품의 원가				
완성품환산량	44,000	44,000	44,000	
완성품환산량 단위당 원가	₩9.0	₩3.0	₩14.5	
	₩396,000	₩132,000	₩638,000	₩1,166,000
기말재공품의 원가				
완성품환산량	16,000	0	6,400	
완성품환산량 단위당 원가	₩9.0	₩3.0	₩14.5	
	₩144,000	0	₩92,800	₩236,800
당기총원가	₩540,000	₩132,000	₩730,800	₩1,402,800
선입선출법				
완제품의 원가				
1. 기초재공품원가	₩108,000	0	₩100,080	₩208,080
2. 당기투입원가				
기초재공품 추가투입환산량	0	12,000	4,800	
당기투입 당기완성품환산량	32,000	32,000	32,000	
완성품환산량 합계	32,000	44,000	36,800	
환산량 단위당 원가	₩8.985	₩3.0	₩14.6	
	₩287,530	₩132,000	₩537,280	₩956,810
	₩395,530	₩132,000	₩637,360	₩1,164,890
기말재공품의 원가				
완성품환산량	16,000	0	6,400	
완성품환산량 단위당 원가	₩8.985	₩3.0	₩14.6	
	₩143,770	0	₩93,440	₩237,210
당기총원가	₩539,300	₩132,000	₩730,800	₩1,402,100

5) 제조원가보고서의 작성

5단계법에 의하여 산출된 공정별 종합원가계산의 원가자료를 이용하여 가중평균법과 선입선출법의 제조원가보고서를 작성하면 각각 [표 7-14]와 [표 7-15]는 같다.

표 7-14 제조원가보고서(가중평균법)

1단계 : 물량흐름의 파악

기초재공품수량	12,000	당기중완성품수량	44,000
당기투입량	48,000	기말재공품수량	16,000
투입합계	60,000	산출합계	60,000

2단계 : 완성품환산량의 계산

	전공정대체	직접재료원가	가공원가	합계
당기완성품	44,000	44,000	44,000	
기말재공품	16,000	0	6,400	
당기완성품환산량	60,000	44,000	50,400	

3 & 4단계 : 총원가 및 단위당 원가

	전공정대체	직접재료원가	가공원가	합계
기초재공품원가	₩108,000	0	₩100,080	₩208,080
당기투입원가	432,000	132,000	630,720	1,194,720
당기총원가	₩540,000	₩132,000	₩730,800	₩1,402,800
당기완성품환산량	60,000	44,000	50,400	
완성품환산량 단위당 원가	₩9.0	₩3.0	₩14.5	₩26.5

5단계 : 원가의 배부

	전공정대체	직접재료원가	가공원가	합계
완성품원가	₩396,000	₩132,000	₩638,000	₩1,166,000
기말재공품	144,000	0	92,800	236,800
총 원 가	₩540,000	₩132,000	₩730,800	₩1,402,800

표 7-15 제조원가보고서(선입선출법)

1단계 : 물량흐름의 파악

기초재공품수량	12,000	당기중완성품수량	44,000
당기투입량	48,000	기말재공품수량	16,000
투입합계	60,000	산출합계	60,000

2단계 : 완성품환산량의 계산

	전공정대체	직접재료원가	가공원가	합계
기초재공품 추가투입	0	12,000	4,800	
당기투입 당기완성품	32,000	32,000	32,000	
기말재공품	16,000	0	6,400	
당기완성품환산량	48,000	44,000	43,200	

3 & 4단계 : 총원가 및 단위당 원가

기초재공품원가	–	–	–	–
당기투입원가	431,300	132,000	630,720	1,194,020
당기총원가	₩431,300	₩132,000	₩630,720	₩1,194,020
당기완성품환산량	48,000	44,000	43,200	
완성품환산량 단위당 원가	₩8.985	₩3.0	₩14.6	₩26.585

5단계 : 원가의 배부

전기투입분(기초재공품)	₩108,000	₩0	₩100,080	₩208,080
기초재공품 추가투입분	0	36,000	70,080	106,080
당기투입 당기완성분	287,530	96,000	467,200	851,200
완성품원가	₩395,530	₩132,000	₩637,360	₩1,164,890
기말재공품	143,770	0	93,440	237,210
총원가	₩539,300	₩132,000	₩730,800	₩1,402,100

6) 공정별 원가흐름

절단공정에서 조립공정으로 대체되는 원가흐름을 T계정으로 표시하면 다음 [그림 7-7]과 같다.

그림 7-7 복수공정의 원가흐름

〈가중평균법〉

재공품 : 절단공정

기초재공품	50,700	차공정대체	432,000
직접재료원가	220,000	기말재공품	14,200
직접노무원가	80,000		
제조간접원가	95,500		

재공품 : 조립공정

기초재공품	208,080	완제품	1,166,000
전공정대체	432,000	기말재공품	236,800
직접재료원가	132,000		
직접노무원가	300,000		
제조간접원가	330,720		

〈선입선출법〉

재공품 : 절단공정

기초재공품	50,700	차공정대체	431,300
직접재료원가	220,000	기말재공품	14,900
직접노무원가	80,000		
제조간접원가	95,500		

재공품 : 조립공정

기초재공품	208,080	완제품	1,164,890
전공정대체	431,300	기말재공품	237,210
직접재료원가	132,000		
직접노무원가	300,000		
제조간접원가	330,720		

:: 쉬어가는 곳 '빅맥'은 알고 있었다… 韓 · 日 물가역전의 쓰나미가 몰려오고 있음을

한 · 일 '빅맥' 가격역전의 비밀

맥도날드의 간판 햄버거 '빅맥(Big Mac)'은 맥도날드가 진출한 나라에서 거의 비슷한 품질로 판매된다. 그런데 각국의 빅맥값은 다르다. 물가와 환율이 다르게 변하기 때문이다. 빅맥값이 경쟁국보다 비싸면 물가가 과하게 올랐거나 그 나라 통화가 고평가됐다는 것을 뜻할 수 있다. 이를 환산해 '빅맥지수'라는 것도 만든다.

2013년 현재 한국 빅맥값은 3,900원, 일본 빅맥값은 320엔이다. 현재 원 · 엔 환율인 11배를 적용하면 3,520원이다. 한국 빅맥이 380원 비싸다. 빅맥값이 상대적 변화를 일으킨 두 가지 이유는 한국과 일본 경제가 지난 몇 년 동안 어떻게 흘러왔는지를 보여준다.

2009년 16배까지 뛴 뒤 고공행진을 계속하던 원 · 엔 환율이 엔화 약세로 최근 11배까지 압축됐다. 또 다른 이유는 한국 빅맥값이 그동안 일본보다 훨씬 많이 뛰었다는 점이다. 한국 맥도날드는 2007년부터 지금까지 빅맥값을 네 번 올리면서 34%를 인상했다. 일본 맥도날드는 6년 동안 한 번, 14%를 올렸다. 두 나라 모두 값을 올리지 않았다면, 일본 빅맥이 한국보다 180원 정도 비쌌을 것이다. 이는 환율만큼 한국의 가격인상이 한 · 일 빅맥 가격역전의 중요한 이유라는 사실을 알려준다. 물론 이런 현상은 빅맥에서만 일어난 것이 아니다.

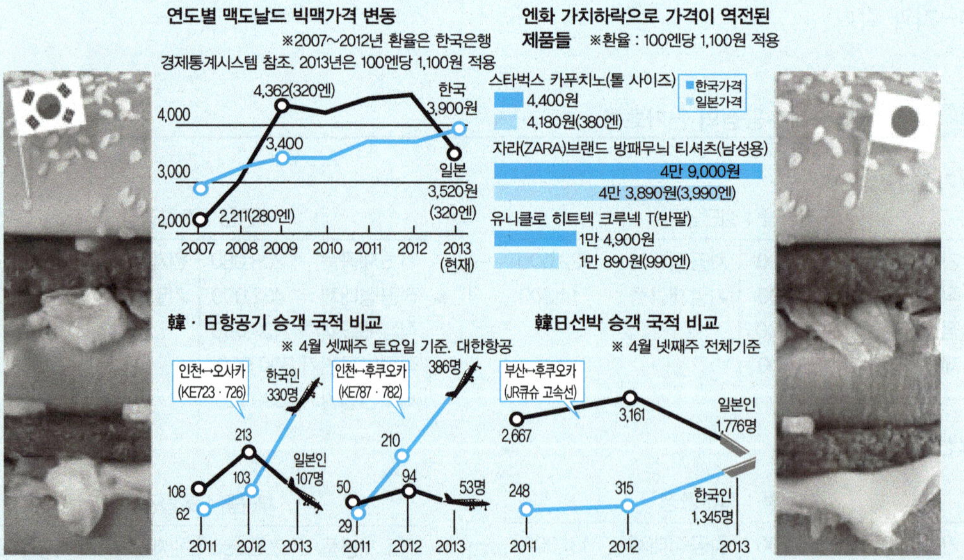

스타벅스 · 유니클로도 뒤집히기 시작

빅맥에서 일어난 가격역전은 다른 품목으로도 확대되고 있다. 빅맥처럼 국제적으로 비교가능한 품

목 중 하나가 세계 최대의 커피 브랜드인 스타벅스 커피이다. 비교가능한 두 나라 스타벅스 메뉴 6개를 비교해 보니, 25일 현재 세 품목의 가격이 역전됐다. 카푸치노, 캐러멜 마끼아또, 티라테 등이다. 이 중 카푸치노 톨(Tall) 사이즈의 가격역전은 빅맥과 흐름이 비슷하다.

한국 스타벅스는 2006년 3,800원이던 카푸치노 가격을 두 차례 인상해 7년 뒤인 지금 4,400원을 받고 있다. 인상률 16%. 일본 스타벅스는 같은 품목 가격을 한 차례 인상해 지금 380엔(4,180원)을 받는다. 인상률 12%. 2012년 가격을 올렸을 때, 스타벅스는 "가파르게 상승한 우유, 원두, 인건비, 임대료 등 각종 직간접 운영비용을 반영해 가격을 조정했다"고 밝혔다.

비교가능한 또 다른 브랜드가 유니클로이다. 유니클로는 일본 브랜드이지만, 각국 매장에서 파는 의류의 70%를 중국에서 생산한다. 나머지는 방글라데시 · 베트남 · 인도네시아 공장에서 생산한다. 일본을 거치지 않고 모두 판매국으로 직수출된다. 그래서 일본과 한국의 수입비용이 비슷하다.

그런데 유니클로 히트상품 '히트텍 반팔(남성)'과 '에어리즘(여성)'의 경우 일본에선 990엔에 판매하지만 한국에선 14,900원에 판매하고 있다. 서울 매장과 후쿠오카 매장을 조사해 보니 여성용 가방과 러닝셔츠처럼 일본에서 990엔에 팔리는 제품들이 서울에서 14,900원에 팔리고 있었다.

일본의 '990엔 제품'이 서울 매장에도 들어온 것은 환율이 한창 올라가던 2008년이었다. 당시 환율을 반영해 가격이 책정된 것이다. 원 · 엔 환율이 15~16배일 때에는 같은 품목 가격이 일본이 비쌀 때도 있었지만, 15배를 뚫고 내려온 시점부터 가격역전이 일어나기 시작했다. 그 시점이 작년 중순이었다. 유니클로 관계자는 "생산에서 판매까지 8개월 정도 걸리기 때문에 생산시점의 환율을 반영해 판매가격을 결정한다"며 "원화 강세현상이 장기화하면 추가로 가격조정을 할 수 있다"고 말했다.

여행자들은 특히 환율변동에 민감하게 반응한다. 원 · 엔 환율이 하락하면서 올해 한국을 방문하는 일본인의 숫자는 절반 정도 줄었다.

일본의 경쟁력 환율 7~8배 시대와 비슷

실질실효환율이란 것이 있다. 기준시점을 설정하고 주요 교역 상대국(한국 포함)과의 물가상승률 차이를 반영한 환율이다. 기준시점 대비 100 이상이면 높아진 것이고, 이하면 낮아진 것이다. 높아질수록 자국 상품의 가격경쟁력이 약화되고, 낮아질수록 강화된다. 낮아지는 흐름은 자국 화폐가치가 하락하는 동시에 물가가 상대적으로 안정되는 경우 더욱 속도가 붙는다.

일본 엔화의 실질실효환율은 2011년 10월 105로 정점을 찍은 뒤 추세적으로 하락해 2013년 1월 87 수준까지 내려갔다. 이는 한국의 대일본 여행수지 적자가 확대되고 일본 제품의 가격경쟁력이 크게 높아진 2007년과 비슷하다. 한국은행 관계자는 "물가를 고려할 때 일본 원 · 엔 환율은 7배였던 2007년 수준으로 하락한 것(엔화가치 하락)"이라며 "한국과 일본의 여행자 입장에선 원 · 엔 환율하락과 한국의 물가상승 영향을 동시에 받고 있는 것"이라고 말했다.

자료 : 조선일보, 2013. 4. 27.

연 | 습 | 문 | 제

01 종합원가계산에 대한 설명이다. 틀린 것은? (기업회계 1급, 2010)

① 기말재공품에 대한 완성도가 과소계상되었다면 완성품환산량 단위당 원가도 과소계상된다.
② 기초재공품에 대한 완성도가 과소계상되었다면 선입선출법하에 완성품환산량 단위당 원가도 과소계상된다.
③ 기초재공품이 없다면 평균법과 선입선출법하의 완성품환산량은 동일하다.
④ 평균법하의 집계된 총원가와 선입선출법하의 집계된 총원가의 차이는 기초재공품원가가 될 것이다.

02 종합원가계산에 대한 다음의 설명 중에서 틀린 것은? (전산세무 1급, 2011)

① 평균법은 전기에 이미 착수된 기초재공품의 기완성도를 무시하고 기초재공품이 당기에 착수된 것처럼 가정하고 원가계산을 한다.
② 선입선출법에 비해 평균법은 당기의 성과를 이전의 기간과 독립적으로 평가할 수 있는 보다 적절한 기회를 제공한다.
③ 기초재공품이 없다면 평균법이든 선입선출법이든 기말재공품원가는 동일하다.
④ 선입선출법에서는 공손품은 모두 당기에 착수된 물량에서 발생한 것으로 보고 원가계산을 한다.

03 다음 중 종합원가계산에 관한 설명으로 틀린 것은? (전산세무 1급, 2012)

① 평균법에 의한 원가계산 시 기초재공품의 완성도는 계산상 불필요하다.
② 선입선출법에 의한 원가계산 시 기말재공품의 완성도는 계산상 불필요하다.
③ 기초재공품이 없는 경우 평균법과 선입선출법에 의한 완성품환산량이 동일하다.
④ 평균법에 의한 완성품환산량은 선입선출법을 적용한 경우와 비교하여 항상 크거나 같다.

04 다음 중 종합원가계산에서의 완성도에 대한 설명으로 바른 것으로 묶인 것은? (기업회계 1급, 2011)

1. 가중평균법은 기초재공품의 완성도를 모르면 원가계산이 불가능하다.
2. 공정별 원가계산에서 직접재료원가가 공정의 초기시점에서 모두 투입되었다면, 직접재료원가와 전공정대체액의 완성품환산량이 동일하게 나타난다.
3. 기말재공품의 완성도가 기초재공품의 완성도보다 높으면, 기말재공품의 완성품환산량이 기초재공품의 완성품환산량보다 높음을 의미한다.
4. 기말재공품 완성도의 오류는 당기의 원가에 영향을 미치고 차기에는 영향을 미치지 않는다.
5. 기말재공품의 완성도를 과대평가하면 완성제품의 단위원가는 낮아진다.

① 1, 3　　② 2, 4　　③ 3, 4　　④ 2, 5

05 ㈜무등산은 단일공정으로 단일제품을 제조 · 판매한다. 이 회사는 공정별 원가계산제도를 채용하고 있다. 기말재공품에 대한 완성도가 실제보다 과소평가되어 있다면 ㈜무등산의 완성품 환산량과 완성품제조원가에는 각각 어떠한 영향을 미치는가? (기업회계 1급, 2010)

	완성품환산량	완성품제조원가		완성품환산량	완성품제조원가
①	과소평가	과소평가	②	과소평가	과대평가
③	과대평가	과소평가	④	과대평가	과대평가

06 다음 중 종합원가계산에서 기초재공품의 완성도를 과다산정하였을 때 발생하는 현상으로 올바른 것을 모두 고른 것은? (기업회계 1급, 2011)

1. 평균법의 단위원가 산정과 무관하다.
2. 선입선출법의 단위원가 산정과 무관하다.
3. 평균법의 완성품환산량이 높게 나타난다.
4. 선입선출법의 완성품환산량이 낮게 나타난다.
5. 평균법과 선입선출법의 제품원가는 동일하다.
6. 평균법과 선입선출법의 제품원가는 다르게 나타난다.

① 1, 3, 5 ② 1, 4, 6 ③ 2, 3, 5 ④ 3, 4, 6

07 종합원가계산에서 선입선출법과 가중평균법에 대한 설명 중 가장 잘못된 것은? (전산세무 2급, 2012)

① 가중평균법은 선입선출법보다 간편한 방법이지만 원가계산의 정확성이 떨어진다.
② 선입선출법에서 완성품환산량은 순수하게 당기발생원가로 이루어진 작업량만으로 계산한다.
③ 기초재공품이 없다면 선입선출법과 가중평균법의 결과는 차이를 보이지 않는다.
④ 선입선출법은 기초재공품원가와 당기발생원가를 구분하지 않고 모두 당기발생원가로 가정하여 완성품과 기말재공품에 배분한다.

08 다음 중 종합원가계산의 평균법과 선입선출법에 대한 설명으로 틀린 것을 모두 고른 것은? (기업회계 1급, 2011)

1. 기초재공품의 완성도를 알 수 없어도 평균법의 완성품환산량 산출이 가능하다.
2. 평균법에 의한 완성품환산량은 선입선출법에 의한 방법보다 항상 크거나 같다.
3. 선입선출법에서는 전기의 작업능률과 당기의 작업능률이 평균화되어서 완성품환산량의 단위당 원가를 계산한다.
4. 폐업하는 회계기간은 평균법과 선입선출법 중 어떠한 방법을 채택하더라도 원가는 동일하다.
5. 전기재공품의 잔존재고가 없는 상황에서는 평균법과 선입선출법 중 어떠한 방법을 채택하더라도 원가는 동일하다.

① 1, 2　　② 1, 3　　③ 3, 4　　④ 3, 5

09 가중평균법을 적용한 공정별 원가계산에 대한 설명으로 가장 부적절한 것은? (CPA, 2001)

① 가중평균법은 기초재공품 모두를 당기에 착수, 완성한 것으로 가정한다.
② 적시재고관리(Just-In-Time : JIT)를 적용하고 원가요소의 기간별 가격차이가 크지 않다면 선입선출법과 거의 차이가 없다.
③ 가중평균법은 착수 및 원가발생시점에 관계없이, 당기완성량의 평균적 원가를 계산한다.
④ 선입선출법에 비해 가중평균법은 당기의 성과를 이전의 기간과 독립적으로 평가할 수 있는 보다 적절한 기회를 제공한다.
⑤ 흐름생산의 경우, 선입선출법이 가중평균법에 비해 실제물량흐름에 보다 충실한 원가흐름 가정이라 볼 수 있다.

10 다음 중 기말재공품 평가 시 사용되는 평균법과 선입선출법에 대한 설명으로 옳지 않은 것은? (CPA, 2005)

① 선입선출법을 이용하여 종합원가계산을 수행하는 회사가 기말재공품의 완성도를 실제보다 과대평가할 경우 완성품환산량과 완성품원가는 과대평가된다.
② 기초재공품이 존재하지 않을 경우에는 평균법과 선입선출법에 의한 완성품환산량이 같지만, 기초재공품이 존재할 경우에는 평균법에 의한 완성품환산량이 선입선출법에 의한 완성품환산량보다 크다.
③ 선입선출법은 평균법에 비해 실제물량흐름에 충실한 원가흐름의 가정이며, 당기의 성과를 이전의 기간과 독립적으로 평가할 수 있어 계획과 통제목적에 유용한 방법이다.
④ 정상적인 공손수량은 평균법을 적용하나 선입선출법을 적용하나 동일하며, 정상적인 공손원가는 완성품과 기말재공품원가에 가산되나 비정상적인 공손원가는 영업외비용으로 처리한다.
⑤ 공손품에 대한 가공원가의 완성도를 검사시점으로 하며, 선입선출법을 사용할 경우 공손품은 모두 당기에 착수된 물량에서 발생한 것으로 가정한다.

11 다음 자료에 의하여 회계처리할 경우 평균법과 선입선출법의 완성품환산량의 차이에 대한 설명으로 올바른 것은? (기업회계 1급, 2010)

• 기초재공품	수량 : 700단위, 완성도 : 70%
• 당기완성	수량 : 3,200단위
• 기말재공품	수량 : 500단위, 완성도 : 80%

① 선입선출법에 의한 환산량이 평균법에 의한 환산량보다 크다.
② 선입선출법에 의한 환산량이 당기완성수량보다 크게 나타난다.
③ 평균법에 의한 환산량이 선입선출법에 의한 환산량보다 300단위 이상 크다.

④ 평균법에 의한 환산량이 당기완성수량보다 적다.

12 **다음 원가계산 및 원가배분과 관련된 문장들 중 올바르거나 타당한 문장들만을 모은 것은?** (CPA, 2003)

1. 종합원가계산의 경우, 기초재공품이 없을 때 선입선출법에 의한 제품제조원가나 평균법에 의한 제품제조원가는 동일하다.
2. 종합원가계산의 경우, 기초재공품과 기말재공품의 완성도(진척도)가 다 같이 50%일 때 선입선출법에 의한 제품제조원가나 평균법에 의한 제품제조원가는 동일하다.
3. 기말재공품의 원가가 기초재공품원가에 비해 증가하였다면 당기발생제조원가가 당기제품제조원가보다 더 크다
4. 보조부문원가를 계제식 방법(step-down method)으로 배분할 경우, 어떤 부문을 먼저 배분하는가에 상관없이 배분결과는 동일하다

① 1, 2　　② 1, 3　　③ 1, 2, 3　　④ 1, 3, 4　　⑤ 2, 4

13 **다음 자료에 의하여 선입선출법에 의한 공정별 종합원가계산을 할 때, 각 원가요소별 당기투입액은 얼마인가?** (기업회계 1급, 2010)

- 기초재공품수량 : 300단위(가공원가 완성도 60%)
- 당기완성수량 : 1,700단위
- 기말재공품수량 : 200단위(가공원가 완성도 70%)
- 직접재료는 공정의 개시시점에서 모두 투입
- 기말재공품의 직접재료원가단위원가 : ₩60
- 기말재공품의 가공원가단위원가 : ₩50
- 기말재공품의 전공정대체액단위원가 : ₩70

	전공정대체액	직접재료원가	가공원가
①	₩112,000	₩96,000	₩83,000
②	₩96,000	₩86,000	₩112,000
③	₩112,000	₩86,000	₩96,000
④	₩96,000	₩96,000	₩112,000

14 **㈜무등산은 종합원가계산방법을 사용하고 있으며 완성품환산량의 계산에 선입선출법을 사용하고 있다. ㈜무등산은 당기 중 10,000단위의 완성품을 생산하였다. 회사는 단일공정을 이용하여 제품을 생산하고 있다. 재료는 공정초기에 전량투입되며 가공원가는 균등하게 발생한다고 가정한다. ㈜무등산의 1월중 재료에 대한 완성품환산량은 얼마인가?** (기업회계 1급, 2010)

- 기초재공품 : 2,000단위(완성도 : 30%)
- 당기완성품 : 10,000단위

• 기말재공품 : 9,000단위(완성도 : 70%)

① 15,700단위 ② 16,700단위 ③ 17,000단위 ④ 17,700단위

15 ㈜무등산은 종합원가계산제도를 채택하고 있으며, 원재료는 공정의 초기에 전량투입되며, 가공원가는 공정 전반에 걸쳐서 균등하게 발생한다. 재료원가의 경우 평균법에 의한 완성품환산량은 760,000단위이고, 선입선출법에 의한 완성품환산량은 640,000단위이다. 또한 가공원가의 경우 평균법에 의한 완성품환산량은 544,000단위이고, 선입선출법에 의한 완성품환산량은 520,000단위이다. ㈜무등산의 기초재공품의 진척도는 몇 %인가? (기업회계 1급, 2010)

① 20% ② 25% ③ 30% ④ 35%

16 ㈜무등산은 종합원가계산에 의한 제품원가계산을 하고 있다. 20×1년 제조활동과 관련된 다음 자료를 이용하여 평균법과 선입선출법에 의하여 원가계산한 결과를 비교한 것으로 옳지 않은 것은? (전산세무 1급, 2010)

• 당기완성량 : 1,500개
• 기말재공품 : 100개(재료원가 완성도 100%, 가공원가 완성도 20%)
• 당기투입원가 : 재료원가 ₩210,000
  가공원가 ₩900,000
• 기초재공품수량은 없다.
• 당기중 공손 및 감손은 전혀 발생하지 않았다.
• 재료는 공정초기에 전량투입된다.

① 완성품환산량은 평균법이 선입선출법보다 크다.
② 재료원가의 완성품환산량은 평균법이나 선입선출법 모두 1,600개이다.
③ 기말재공품의 원가는 평균법이나 선입선출법 모두 동일하다.
④ 당기제품제조원가는 평균법이나 선입선출법 모두 동일하다.

17 기초재공품은 1,000개(80%), 완성품은 3,000개이고, 기말재공품은 800개(완성도 50%)인 경우 선입선출법에 의한 종합원가계산에서 재료원가 및 가공원가 완성품환산량은 몇 개인가? (단, 재료는 공정 30% 시점에 전량투입되며, 가공원가는 전공정에 균일하게 투입된다) (전산세무 1급, 2010)

	재료원가	가공원가		재료원가	가공원가
①	2,800개	2,600개	②	2,600개	2,400개
③	2,600개	2,600개	④	2,800개	2,400개

18 다음 자료에 의하여 종합원가계산방법을 적용하는 ㈜무등산의 기말재공품원가를 평균법에 의하여 계산하면 얼마인가? (다만, 재료원가는 공정 초기에 전액투입되고 가공원가는 공정 전반에 걸쳐 균등하게 투입된다) (전산세무 1급, 2010)

	수량	재료원가	가공원가	완성도
기초재공품	300단위	₩819,000	₩627,000	30%
당 기 착 수	1,300단위	3,133,000	2,597,000	
기말재공품	600단위			40%

① ₩2,106,000 ② ₩2,214,000 ③ ₩2,318,000 ④ ₩2,407,000

19 **㈜무등산은 공정별 종합원가계산제도(선입선출법)를 채택하고 있다. 원재료는 1공정의 초기에 전량투입되며, 가공원가는 전공정에 걸쳐 균등하게 발생한다. 관련자료가 아래와 같을 때 제1공정의 가공원가에 대한 완성품환산량은?** (전산세무 1급, 2010)

	수량	완성도
기초재공품	700단위	30%
당기착수	5,100단위	
2공정대체	5,200단위	
기말재공품	600단위	60%

① 5,070단위 ② 5,200단위 ③ 5,350단위 ④ 5,800단위

20 **다음 자료에 의하여 회계처리할 경우 평균법과 선입선출법의 완성품환산량의 차이에 대한 설명으로 올바른 것은? (단, 재료원가는 공정 초기에 모두 투입되고 가공원가는 공정 전반에 걸쳐 균등하게 발생된다)** (기업회계 1급, 2012)

- 기초재공품수량 : 700단위(완성도 70%)
- 당기완성수량 : 3,200단위
- 기말재공품수량 : 500단위(완성도 80%)

① 선입선출법에 의한 재료원가환산량이 평균법에 의한 환산량보다 크다.
② 선입선출법에 의한 가공원가환산량이 평균법에 의한 환산량보다 크다.
③ 평균법에 의한 재료원가환산량과 선입선출법에 의한 재료원가환산량이 동일하다.
④ 평균법에 의한 재료원가환산량이 선입선출법에 의한 재료원가환산량보다 크다.

21 **다음 자료에 의하여 선입선출법으로 종합원가계산을 실행할 경우, 각 원가요소의 당기투입비용으로 옳은 것은?** (기업회계 1급, 2012)

- 기초재공품수량 : 800단위(가공원가 완성도 70%)
- 당기완성수량 : 6,900단위
- 기말재공품수량 : 900단위(가공원가 완성도 80%)
- 직접재료원가의 단위원가 : ₩30
- 가공원가의 단위원가 : ₩40

• 직접재료원가는 공정의 시작과 동시에 모두 투입되고 가공원가는 공정전반에 걸쳐 균등하게 발생된다.

	직접재료원가	가공원가		직접재료원가	가공원가
①	₩210,000	₩282,400	②	₩200,000	₩262,400
③	₩190,000	₩282,400	④	₩180,000	₩262,400

22 다음의 자료를 참고하여 평균법에 의한 완성품환산량과 선입선출법에 의한 완성품환산량의 차이를 설명한 것 중 올바른 것은? (단, 재료원가는 공정 초반에 투입되고 가공원가는 공정 전반에 걸쳐 균등하게 발생된다) (전산세무 1급, 2012)

구분	기초재공품	당월제조원가	당월완성품	기말재공품
재료원가	₩150,000	₩1,230,000		
가공원가	₩550,000	₩3,550,000		
수량	1,000개 (완성도 40%)		10,000개	5,000개 (완성도 60%)

	재료원가 완성품환산량 차이	가공원가 완성품환산량 차이
①	1,000개	600개
②	1,000개	400개
③	없음	600개
④	없음	400개

23 다음 자료에 의하여 평균법으로 '갑'과 '을' 두 제품의 조별 종합원가계산을 실행할 경우, 두 제품의 조 간접비총발생액으로 바른 것은? (기업회계 1급, 2011)

• '갑' 제품가공원가의 기초재공품재고액 : ₩76,000
• '갑' 제품의 당기완성수량 : 1,400단위
• '갑' 제품의 기말재공품수량 : 200단위(가공원가 완성도 80%)
• '갑' 제품 가공원가의 단위원가 : ₩300
• 당기투입된 '갑' 제품가공원가의 조 직접비와 조 간접비의 비율 6:4
• '갑' 제품과 '을' 제품에 배분된 조 간접비의 비율 7:3

① ₩224,000 ② ₩204,000 ③ ₩186,000 ④ ₩166,000

24 다음 자료에 의하여 가중평균법으로 원가계산을 할 경우, 당기기초재공품에 투입된 직접재료원가와 가공원가는 얼마인가? (기업회계 1급, 2011)

• 당기완성제품의 원가요소별 단위원가 : 직접재료원가 ₩200, 가공원가 ₩300

- 당기제품완성수량 : 1,400단위
- 당기의 기말재공품수량 : 300단위
- 직접재료는 공정의 시작과 동시에 모두 투입되었고, 가공원가는 공정기간 중에 균등하게 투입되었다. 가공원가의 기말재공품완성도는 70%이다.
- 당기투입비용 : 직접재료원가 ₩316,000, 가공원가 ₩441,000

	직접재료원가	가공원가		직접재료원가	가공원가
①	₩20,000	₩46,000	②	₩22,000	₩44,000
③	₩24,000	₩42,000	④	₩26,000	₩40,000

25 **다음 자료에 의하여 평균법에 의한 가공원가의 단위원가는 얼마인가?** (기업회계 1급, 2011)

- 당기완성품수량 : 900단위
- 기말재공품수량 : 200단위(완성도 80%)
- 기초재공품수량 : 150단위(완성도 60%, 직접재료는 공정의 시점에서 투입)
- 직접재료원가의 단위원가 : ₩300
- 가공원가의 총원가는 직접재료원가보다 ₩200,000 크다.

① ₩500 ② ₩600 ③ ₩700 ④ ₩800

26 **㈜무등산은 종합원가계산제도를 채택하고 있으며, 원재료는 공정의 초기에 전량투입되며, 가공원가는 공정 전반에 걸쳐서 진척도에 따라 균등하게 발생한다. 재료원가의 경우 평균법에 의한 완성품환산량은 78,000단위이고, 선입선출법에 의한 완성품환산량은 66,000단위이다. 또한 가공원가의 경우 평균법에 의한 완성품환산량은 54,400단위이고, 선입선출법에 의한 완성품환산량은 52,000단위이다. 기초재공품의 진척도는 몇 %인가?** (CPA, 2005)

① 10% ② 20% ③ 30% ④ 50% ⑤ 70%

27 **㈜무등산은 한 가지 종류의 플라스틱 장난감을 제조한다. 이번 기의 자료는 다음과 같다.**

	단위	재료원가	가공원가
기초재공품	1,000	₩9,000	₩12,000
당기착수	30,000	₩240,000	₩305,000
기말재공품	500	–	–

모든 재료는 공정의 초기단계에 100% 투입된다. 기초재공품은 가공원가가 40% 투입되었으며, 기말재공품에는 80%가 투입되었다. 이 회사는 공정별 원가계산방법(process costing)을 사용하고 있으며, 원가흐름에 대한 가정으로 선입선출법(FIFO)을 사용하고 있다. 이번 기에 발생한 차공정대체원가(transfer-out cost)는 얼마인가? (CPA, 2007)

① ₩531,000　② ₩552,000　③ ₩558,000
④ ₩549,000　⑤ ₩560,000

28 ㈜무등산은 하나의 공정에서 단일 종류의 제품을 생산하며, 종합원가계산(process costing)을 적용하여 선입선출법에 따라 제품원가를 계산한다. 원재료는 공정의 초기단계에 100% 투입되며 당기의 생산 및 원가자료는 다음과 같다. 기말재공품원가는 얼마인가? (CPA, 2009)

구분	물량단위	가공원가 완성도	직접재료원가	가공원가
기초재공품	600	1/3	₩5,000	₩60,950
	400	1/2		
당기착수(투입)	9,000	–	135,000	281,700
기말재공품	200	40%	?	?
	300	70%		

① ₩16,200　② ₩14,760　③ ₩10,800　④ ₩9,840　⑤ ₩5,400

29 ㈜무등산은 20×1년 10월 1일 현재 완성도가 60%인 월초재공품 4,000개를 보유하고 있다. 직접재료원가는 공정 초기에 투입되고, 가공원가는 전공정을 통해 균등하게 투입된다. 10월중에 34,000개가 생산에 착수되었고, 36,000개가 완성되었다. 10월말 현재 월말재공품은 완성도가 40%인 2,000개이다. 10월의 완성품환산량 단위당 원가를 계산할 때 평균법에 의한 완성품환산량이 선입선출법에 의한 완성품환산량보다 몇 개 더 많은가? (전산세무 1급, 2011)

	직접재료원가	가공원가		직접재료원가	가공원가
①	0개	2,400개	②	0개	3,600개
③	4,000개	2,400개	④	4,000개	3,600개

30 ㈜무등산은 고객의 주문에 따라 고급 카메라를 생산하고 있다. 고객은 외부표면재료 및 도료 등을 선택할 수 있지만, 카메라의 기본적인 조립 및 가공작업은 주문별로 차이가 없다. 이러한 점을 감안하여 ㈜무등산은 재료원가에 대해서는 주문별로 집계하는 개별원가계산방식을 적용하고, 가공원가에 대해서는 종합원가계산방식을 적용하는 소위 혼합원가계산(hybrid costing)을 사용하고 있다. 가공원가는 공정전체를 통해 균등하게 발생하며, 동 원가에 종합원가계산방식을 적용할 때 사용하는 원가흐름 가정은 선입선출법이다. ㈜무등산의 4월 생산 및 원가관련 자료는 다음과 같다. 4월 완성품의 원가는 얼마인가? (CPA, 2011)

(1) 월초재공품

주문번호	#101
수량	200개
직접재료원가	₩1,500,000
가공원가	₩960,000
가공원가 완성도	80%

(2) 당월주문 및 생산착수

주문번호	#105	#206	#207
수량	200개	100개	150개

(3) 당월발생원가

주문번호	#101	#105	#206	#207	합계
직접재료원가	₩500,000	₩1,800,000	₩3,200,000	₩2,400,000	₩7,900,000
가공원가	?	?	?	?	₩4,092,000

(4) 월말재공품

주문번호	#105	#207
수량	200개	150개
가공원가 완성도	50%	60%

① ₩5,436,000　② ₩6,556,000　③ ₩7,936,000
④ ₩7,896,000　⑤ ₩7,956,000

Chapter 08

결합원가계산

제1절 | 결합원가의 기초
제2절 | 결합원가계산
제3절 | 부산물의 회계처리

CHAPTER 08 결합원가계산

제1절 결합원가의 기초

1. 결합제품

한 종류의 원재료로부터 한 종류의 제품을 생산하는 것이 일반적이다. 그러나 경우에 따라서는 한 종류의 원재료로부터 여러 종류의 제품을 동시에 얻는다. 도축업에서 돼지 한 마리를 도축할 경우, 고기, 뼈, 가죽, 내장 등을 얻을 수 있으며, 고기도 삼겹살, 갈비, 목살 등 가치가 다른 여러 부위별 고기를 얻을 수 있다. 석유정유업에서는 원유를 가공하여 휘발유, 등유, 경유 등을 생산한다. 이렇게 동일한 원재료로부터 동일한 제조공정을 거쳐 동시에 생산되는 여러 종류의 제품을 결합제품 또는 연산품(joint products)이라고 한다.

결합제품은 제품의 상대적 가치에 따라 주산품과 부산품으로 구분할 수 있다. 즉, 상대적 가치가 높은 제품을 주산품(main products)이라 하고, 상대적 가치가 낮은 제품을 부산품(by-products)이라 한다. 도축업에서 돼지 한 마리로부터 얻을 수 있는 삼겹살, 갈비 등과 같은 고기부위는 주산품이고, 돼지껍질이나 뼈, 꼬리와 같이 상대적으로 싸게 팔리는 부위는 부산품이라 할 수 있을 것이다. 경우에 따라서는 제품으로서의 가치도 없을 뿐만 아니라 처분하는 데 비용이 발생하는 작업폐물도 생길 수 있다.

2. 분리점과 결합원가

분리점(split-off point)은 제조공정에서 결합제품을 개별적으로 식별할 수 있는 상태에 도달한 공정의 특정지점을 이르는 용어이다. 즉, 하나의 공정에서 여러 개의 다른 제품으로 분리되는 특정지점을 말한다. 분리점에 도달한 개별제품은 그 상태에서 판매할 수도 있고, 추가가공을 거쳐 판매할 수도 있다.

제조공정에서 분리점 이전에 투입된 원가를 결합원가(joint costs)라 하고 분리점 이후에 각 제품별로 추가투입된 원가를 추가가공원가(additional processing costs) 또는 분리가능원가(separable costs)라고 한다. 추가가공원가는 각 제품별로 발생하기 때문에 추가적인 배부절차가 필요 없으나 결합원가는 적절한 기준에 따라 개별결합제품에 배부해야 한다.

그림 8-1 결합원가와 분리점

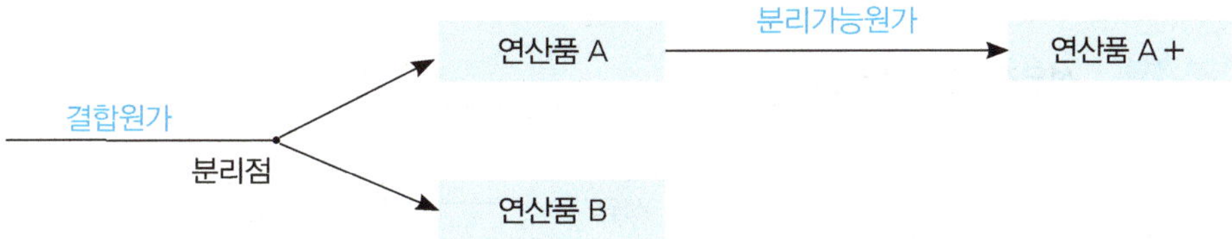

원유정제업의 경우, 원유를 투입하면 공통생산과정을 거쳐 석유, 휘발유, 등유를 비롯한 여러 가지 화학제품을 생산할 수 있는데, 공통생산과정이 끝나는 시점을 분리점이라 하고, 이 과정에서 발생한 원가를 결합원가라고 한다. 석유나 휘발유 그리고 화학제품은 그대로 소비자에게 판매되거나 혹은 추가적인 가공절차를 거쳐 최종판매되는데, 이 과정에서 추가적인 가공절차를 거치며 발생되는 원가를 추가가공원가라 한다. 추가가공원가는 해당제품에 직접추적하여 원가를 배부한다. 물론 추가가공 없이 제품을 판매할 경우에는 배부된 결합원가가 최종원가가 될 것이다.

제2절 결합원가계산

1. 결합원가의 배부

결합원가는 합리적인 기준에 따라 각각의 결합제품에 배부되어야 하는 원가이다. 결합원가를 배부하는 방법은 결합제품을 분리점에서 추가가공하지 않을 경우와 추가가공하는 경우에 따라서 달라진다. 추가가공을 하지 않고 분리점상태에서의 제품을 판매하는 경우에는 제품의 수량이나 단위를 기준으로 배부하는 물량기준법, 분리점에서 결합제품의 상대적인 판매가치를 기준으로 배부하는 분리점판매가치법을 이용할 수 있다. 추가가공절차를 거쳐 최종완성된 제품을 판매하는 경우에는, 최종제품의 순실현가치를 기준으로 결합원가를 배부하는 순실현가치법과 각 결합제품의 판매를 통하여 균등한 매출이익률을 얻을 수 있도록 원가를 배부하는 균등이익률법이 있다.

그림 8-2 석유정제업의 연산품

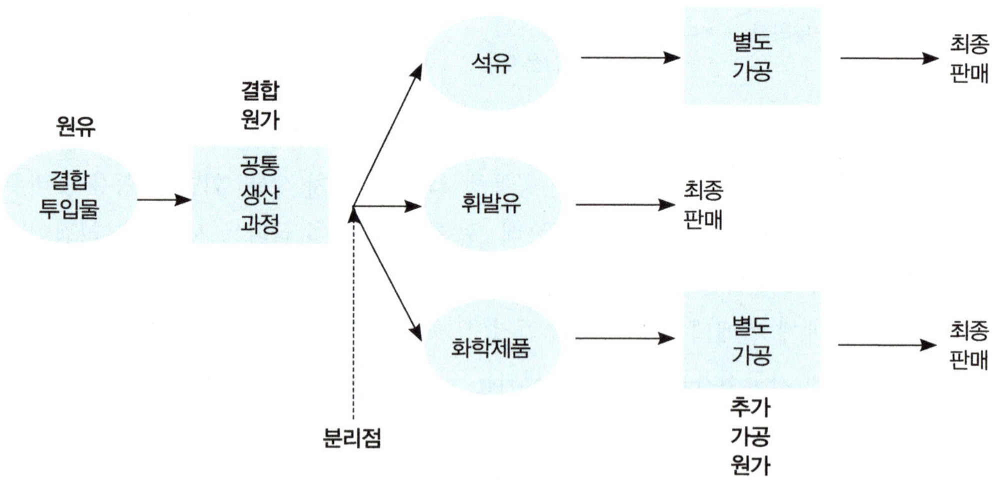

1) 물량기준법

물량기준법(physical quantities method)은 분리점에서 각 결합제품의 상대적인 물리적 단위, 즉 제품의 생산량, 무게, 부피 등을 기준으로 결합원가를 배부하는 방법이다.

물량기준법은 배부되어야 하는 결합원가와 배부기준이 되는 물량단위 간에 밀접한 상관관계가 존재할 때 사용하는 방법이다. 제품의 생산량을 기준으로 결합원가를 배부한다면 결합제품의 결합원가가 제품의 개수에 비례하여 발생했다고 볼 수 있어야 한다. 이 방법은 결합제품별로 물리적 단위당 가격이 크게 차이가 날 경우에는 부적합한 방법이다. 도축업에서 돼지 뼈와 고기의 결합원가배부를 무게를 기준으로 한다면 합리적인 배부기준이 아닐 것이다.

예제 8-1 물량기준법

20×1년 7월 ㈜지리는 900kg의 화학물질을 가공하여 600kg의 제품 A와 300kg의 제품 B를 생산하였다. 발생된 원가는 직접재료원가 ₩100,000, 직접노무원가 ₩40,000 제조간접원가 ₩40,000이다. 생산된 결합제품 A의 단위당 판매가격은 ₩300이고, 결합제품 B의 단위당 판매가격은 ₩600이다.

▶ 요구사항

㈜지리에서 발생한 결합원가를 물량기준법에 따라 배부하시오.

▶ 풀이

가. 분리점의 물량흐름도

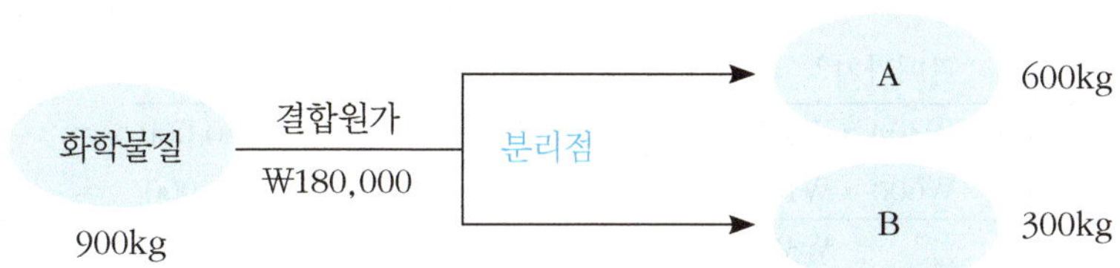

나. 결합원가의 배부

제품	무게	상대적 무게		결합원가		배부액
A	600kg	2/3	×	₩180,000	=	₩120,000
B	300kg	1/3	×	180,000	=	60,000
	900kg	1				₩180,000

결합원가는 제품 A와 제품 B의 물리적 단위, 즉 무게의 비율에 따라 배부된다.

2) 상대적 판매가치법

상대적 판매가치법(relative sales value method)은 분리점에서의 각 결합제품의 상대적 판매가치를 기준으로 결합원가를 배부하는 방법으로서 이 방법을 적용하기 위해서는 분리점에서 각 결합제품의 판매가치를 공정하게 측정할 수 있어야 한다. 상대적 판매가치법은 분리점에서의 판매가치가 높은 제품일수록 원가를 부담할 능력도 크기 때문에 결합원가를 더 많이 배부해야 한다는 부담능력기준의 논리에 따라 결합원가를 배부하는 것이다.

이 방법을 사용하여 결합원가를 배부하게 되면 판매가치의 비율에 따라 결합원가가 배부되기 때문에 분리점에서 각 결합제품의 매출총이익률이 동일하게 나타난다.

예제 8-2 상대적 판매가치법

▶ 요구사항

[예제 8-1]의 자료를 이용하여 ㈜지리에서 발생한 결합원가를 상대적 판매가치법에 따라 배부하시오.

▶ 풀이

제품	판매가치*	상대적 판매가치		결합원가		배부액
A	600Kg×₩300 = ₩180,000	0.5	×	₩180,000	=	₩90,000
B	300Kg×₩600 = ₩180,000	0.5	×	180,000	=	90,000
	₩360,000	1				₩180,000

* 판매가치는 제품을 판매했을 경우 발생하는 매출액과는 다른 개념으로, 제품의 전량이 판매되었을 경우 얻을 수 있는 금액을 의미한다.

물량기준법과 상대적 판매가치법은 분리점의 결합제품에 대하여 추가가공을 하지 않는 경우에 적합한 배부방법이다. 두 방법을 이용하여 각 제품별 손익계산서를 작성해 보면 [표 8-1]과 같다.

[표 8-1]에 나타난 바와 같이 물량기준법을 적용했을 경우에는 제품 A와 제품 B의 매출총이익률이 각각 33.3%와 66.7%인 반면, 상대적 판매가치법을 적용했을 경우 제품 A와 제품 B의 매출총이익률이 각각 50%인 것을 알 수 있다. 이는 곧 물량기준법을 적용

하여 결합원가를 배부할 경우에는 제품의 원가계산을 왜곡하여 잘못된 원가정보를 경영자에게 제공할 수 있다는 것이다. 따라서 물량기준법은 물량단위에 의한 결합원가배부액이 제품의 경제적 가치를 적절하게 반영하는 경우에 한하여 합리적인 배부방법이 될 수 있다. 반면에 상대적판매가치법은 결합원가가 각 제품의 이익을 창출하는 데 동일한 공헌을 하는 것으로 가정하기 때문에 분리점에서 개별제품의 매출총이익률이 동일하게 나타난다.

표 8-1 제품별 손익계산서

제품별 손익계산서(물량기준법)

	제품 A	제품 B	합계
판매량	600kg	300kg	900kg
매출액	₩180,000	₩180,000	₩360,000
매출원가	120,000	60,000	180,000
매출총이익	₩60,000	₩120,000	180,000
매출총이익률	33.3%	66.7%	50.0%

제품별 손익계산서(상대적 판매가치법)

	제품 A	제품 B	합계
판매량	600kg	300kg	900kg
매출액	₩180,000	₩180,000	₩360,000
매출원가	90,000	90,000	180,000
매출총이익	₩90,000	₩90,000	180,000
매출총이익률	50.0%	50.0%	50.0%

3) 순실현가치법

결합제품을 분리점 이후에 추가가공한다면 결합원가의 배부는 순실현가치법과 균등이익률법의 사용을 고려해야 한다. 순실현가치(net realize value)는 정상적인 영업활동을 통해서 예측된 제품의 판매가치에서 판매비용을 차감한 가치를 의미한다. 따라서 순실현가치법(net realize value method)은 결합제품의 최종순실현가치를 기준으로 결합원가를 배부하는 방법이다. 이때 결합제품의 순실현가치는 분리점에서 추정하여 적용을 하게 되므로 최종판매가치에서 추가가공원가를 차감하여 산출할 수 있다.

순실현가치 = 최종판매가치 − 추가가공원가

예제 8-3 순실현가치법

㈜지리는 분리점에서의 제품 A와 제품 B를 추가가공하여 제품 C와 제품 D를 생산하였다. 제품 C와 제품 D를 추가가공하는 데 소요된 비용은 각각 ₩60,000과 ₩90,000이며, 추가가공 후 제품 C와 제품 D의 판매가격은 각각 ₩500과 ₩1,000으로 상승하였다.

▶ 요구사항

㈜지리의 제품 C와 제품 D에 배부될 결합원가를 순실현가치법에 의해 계산하고, 제품별 손익계산서를 작성하시오.

▶ 풀이

가. 물량흐름도

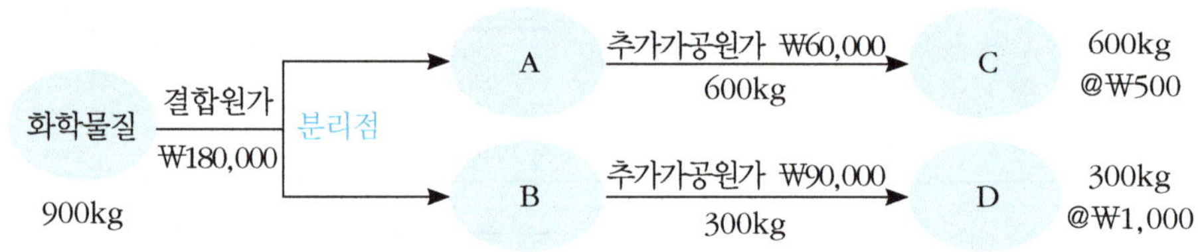

나. 결합원가의 배부

제품	판매가치	추가가공원가	순실현가치*	배부율**		배부액**
C	₩300,000	₩60,000	₩240,000	53.3%	=	₩96,000
D	300,000	90,000	210,000	46.7%	=	84,000
	₩600,000	₩150,000	₩450,000	100%		₩180,000

* (600kg × ₩500) − 60,000 = ₩240,000
** ₩240,000 ÷ 450,000 = 53.3%
*** ₩180,000 × 53.3% = ₩96,000

다. 제품별 손익계산서

제품별 손익계산서(순실현가치법)

	제품 C	제품 D	합계
판매량	600kg	300kg	900kg
매출액	₩300,000	₩300,000	₩600,000
매출원가−결합원가	96,000	84,000	180,000

추가가공원가	60,000	90,000	150,000
매출총이익	₩144,000	₩126,000	270,000
매출총이익률	48.0%	42.0%	45.0%

순실현가치법에서 제품 C와 제품 D의 매출총이익률이 동일하게 산출되지 않는 것은 분리점에서의 순실현가치, 즉 최종판매가치에서 추가가공원가를 차감한 금액을 기준으로 결합원가를 배부하기 때문이다. 다시 말하면 분리점 이후에 발생한 추가가공으로 인한 부가가치는 고려하지 않기 때문에 결합제품들의 매출총이익률이 달라지게 되는 것이다.

4) 균등이익률법

균등이익률법은 결합제품들의 최종판매가치를 기준으로 제품별 매출총이익률이 동일하도록 결합원가를 배부하는 방법이다. 즉, 전체결합제품의 매출총이익률이 동일할 수 있도록 결합원가를 조정하여 배부하는 방법이다. 균등이익률법을 적용한 결합원가의 배부는 다음의 단계에 따라 실시한다.

- 1단계 : 전체결합제품의 매출총이익을 산정
  매출총이익 = 총판매가치 − 결합원가 − 추가가공원가
- 2단계 : 전체결합제품의 매출총이익률을 산정
  매출총이익률 = 매출총이익 ÷ 총판매가치
- 3단계 : 제품별 매출총이익과 매출원가의 산정
  매출총이익 = 제품별 총판매가치 × 매출총이익률
  매출원가 = 제품별 총판매가치 − 매출총이익
- 4단계 : 제품별 결합원가배부금액의 산정
  결합원가배부금액 = 제품별 매출원가 − 추가가공원가

예제 8-4 균등이익률법

▶ 요구사항

[예제 8-3]의 자료를 이용하여 ㈜지리에서 발생한 결합원가를 균등이익률법에 의해 계산하고, 제품별 손익계산서를 작성하시오.

▶ 풀이

가. 결합원가의 배부

① 결합제품의 매출총이익률

제품	제품 C	제품 D		합계
매출액	₩300,000	₩300,000		₩600,000
매출원가				
결합원가			180,000	
추가가공원가	60,000	90,000	150,000	330,000
매출총이익				₩270,000
매출총이익률				45.0%

② 결합원가의 배부

제품	매출액	매출총이익률	매출총이익	매출원가	추가가공원가	배부액*
C	₩300,000	45.0%	₩135,000	₩165,000	₩60,000	₩105,000
D	300,000	45.0%	135,000	165,000	90,000	75,000
	₩600,000	45.0%	₩270,000	₩330,000	₩150,000	₩180,000

* 배부액 = 매출원가 − 추가가공원가

나. 제품별 손익계산서

제품별 손익계산서(순실현가치법)

	제품 C	제품 D	합계
판매량	600kg	300kg	900kg
매출액	₩300,000	₩300,000	₩600,000
매출원가 − 결합원가	105,000	75,000	180,000
추가가공원가	60,000	90,000	150,000
매출총이익	₩135,000	₩135,000	270,000
매출총이익률	45.0%	45.0%	45.0%

균등이익률법에서의 매출총이익률은 순실현가치법과는 달리 동일한 결과를 가져왔다. 순실현가치법은 분리점에서 개별제품의 매출총이익률이 동일하도록 결합원가를 배부한다면, 균등이익률법에서는 최종판매가치를 기준으로 매출총이익률이 동일하도록 결합원가를 배부하기 때문이다.

이상에서 결합원가를 배부하는 네 가지 방법의 배부기준과 특징 그리고 장 · 단점을 비교하여 [표 8-2]에 제시하였다.

표 8-2 | 결합원가배부방법의 비교

구분	추가가공을 하지 않는 경우		추가가공을 하는 경우	
	물량기준법	분리점판매가치법	순실현가치법	균등이익률법
배부기준	• 물리적 단위	• 분리점의 판매가치	• 순실현가치	• 매출총이익률
장점	• 판매가치가 없을 경우 사용 • 단위당 결합원가배부액이 동일	• 계산이 간편 • 분리점에서의 매출총이익률이 동일	• 분리점에서의 판매가치를 모를 경우 사용	• 결합제품의 매출총이익률 동일
단점	• 단위당 판매가치가 상이할 경우 비합리적	• 추가가공을 고려하지 않음	• 추가가공에 따른 부가가치를 무시	

2. 복수분리점의 결합원가배부

지금까지는 결합제품을 가공하는 데 있어서 분리점이 하나인 경우에 대하여 살펴보았다. 그러나 실무에서는 분리점이 하나 이상인 경우, 즉 여러 공정을 거쳐서 생산되는 제품이 있다. 이러한 경우를 복수의 분리점이라 하고, 각각의 분리점 이전에서 발생하는 결합원가를 최종결합제품에 배부해야 한다.

복수의 분리점이 존재하는 경우 주로 순실현가치법을 적용하여 결합원가를 배부한다. 따라서 복수의 분리점이라 하더라도 분리점에서의 순실현가치를 기준으로 결합원가를 배부하는 개념은 동일하다. 그러나 분리점이 2개 이상이므로 어느 분리점에서의 결합원가를 먼저 배부하느냐가 관건이 될 것이다. 순실현가치법에 의한 복수분리점의 결합원가는 다음 단계에 따라서 배부한다.

- 1단계 : 각 공정의 물량흐름도를 작성한다. 물량흐름도에는 제품의 물리적 흐름, 결합원가, 추가가공원가, 최종판매가치 등을 포함하여 작성한다.
- 2단계 : 최종분리점에서 시작하여 최초분리점까지 역방향으로 각 분리점에서의 결합제품 순실현가치를 산출하여 결합원가배부비율을 구한다.
- 3단계 : 2단계에서 산출된 각 분리점에서의 배부비율에 따라 결합원가를 최초분리점에서부터 최종분리점까지 순서대로 배부한다.

원가의 배부비율은 반드시 최종제품에서부터 산정하여 제품의 생산공정과는 역의 방향으로 순실현가치를 기준으로 산출한다. 즉 마지막 분리점에서의 원가배부비율을 최종제품의 순실현가치를 기준으로 결정하고, 그 다음으로 이전의 분리점에서의 원가배부비율을 분리점에서의 결합제품 순실현가치를 기준으로 결정하는 방식이다. 따라서 최초분리점의 결합원가배부비율을 가장 나중에 결정한다. 이러한 절차를 통하여 분리점 이후의 각 결합제품의 순실현가치에 따라 배부비율이 결정되면 결합원가를 배부해야 하는데, 결합원가는 반드시 최초의 분리점에서부터 최종분리점까지 순서대로 배부해야 한다. 그 이유는 최초분리점에서 배부받은 결합원가도 다음 분리점에서 각각의 결합제품에 배부해야 하는데, 배부받은 결합원가를 알지 못할 경우에는 다음 원가를 배부할 수 없기 때문이다.

예제 8-5 복수분리점의 결합원가배부

㈜지리는 3개의 공정을 통해 다음과 같은 제품을 생산하고 있다.

- 제1공정에서 화학물질 900kg을 가공하여 제품 A와 제품 B를 각각 600kg과 300kg 생산하며, 제품 B의 판매가격은 ₩500/kg이다.
- 제품 A는 추가가공을 거쳐 제품 C와 제품 D를 200kg과 300kg 생산한다. 이 과정에서 산업폐기물도 100kg이 발생한다. 제품 D의 판매가치는 ₩400/kg이며, 제품 C는 추가가공을 거쳐 제품 E 200kg을 생산하는데, ₩800/kg의 판매가치를 갖는다.
- 각 공정별 발생된 원가는 다음과 같다.

	공정 1	공정 2	공정 3
직접재료원가	₩100,000	₩60,000	0
직접노무원가	40,000	20,000	40,000
제조간접원가	40,000	20,000	40,000
	₩180,000	₩100,000	₩80,000

▶ **요구사항**

㈜지리의 물량흐름도를 작성하고, 각 공정에서 발생한 결합원가를 순실현가치법에 의해 결합제품에 배부하고, 제품별 손익계산서를 작성하시오.

▶ **풀이**

가. 물량흐름도의 작성

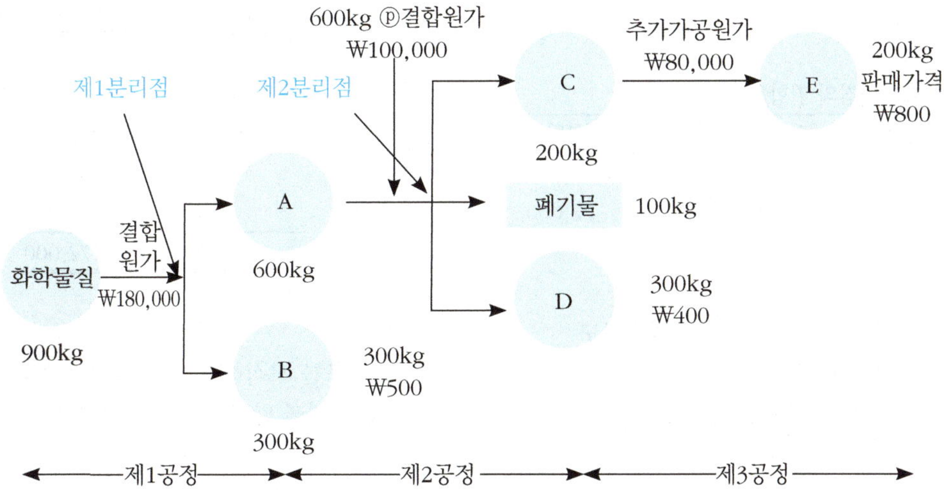

나. 결합원가의 배부

① 복수분리점의 배부비율의 결정 – 역방향 흐름

제2분리점의 배부율

제품	최종판매가치	추가가공원가	순실현가치	배부율
E → C	200kg × ₩800 = ₩160,000	₩80,000	₩80,000	40%
D	300kg × ₩400 = ₩120,000	0	120,000	60%
	₩280,000	₩80,000	₩200,000	100%

제1분리점의 배부율

제품	최종판매가치	추가가공원가	순실현가치	배부율
A	₩200,000	₩100,000	₩100,000	40%
B	300kg × ₩500 = ₩150,000	0	150,000	60%
	₩350,000	₩100,000	₩250,000	100%

* 제품 A의 최종판매가치 = 제품 E의 판매가치 + 제품 D의 판매가 – 추가가공원가
  = ₩160,000 + 120,000 – 80,000 = ₩200,000

② 결합원가의 배부 – 정방향 흐름

제1분리점의 결합원가배부

제품	결합원가	배부된 결합원가	총결합원가	배부율		배부액
A	₩180,000	0	₩180,000	40%	=	₩72,000
B	180,000	0	180,000	60%	=	108,000
				100%		₩180,000

제2분리점의 결합원가배부

제품	결합원가	배부된 결합원가	총결합원가	배부율		배부액
E	₩100,000	₩72,000	₩172,000	40%	=	₩68,800
D	100,000	72,000	172,000	60%	=	103,200
				100%		₩172,000

③ 결합원가 배부 후의 물량흐름도

각 분리점에서의 결합원가를 배부한 이후의 물량흐름도를 도식하면 다음 그림과 같다. 물량흐름도에는 각 제품에 배부된 결합원가와 단위당 원가를 알기 쉽게 표시하였다.

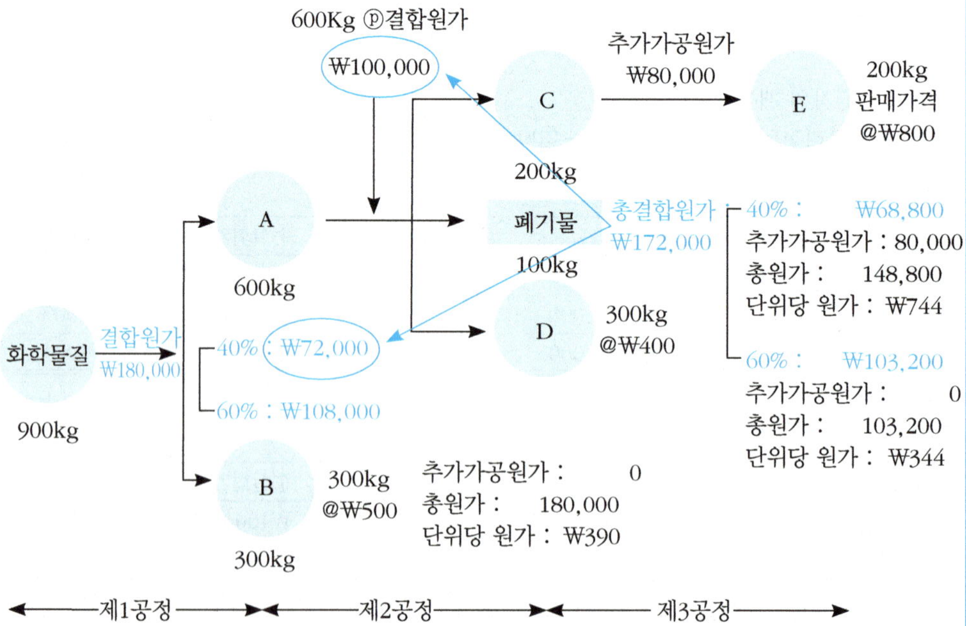

다. 제품별 손익계산서

제품별 손익계산서(복수분리점의 순실현가치법)

	제품 B	제품 D	제품 E
판매량	300kg	300kg	200kg
단위당 판매가격	₩500	₩400	₩800
단위당 원가	₩360	₩344	₩744
매출액	₩150,000	₩120,000	₩160,000
매출원가－결합원가	108,000	103,200	68,800
추가가공원가	0	0	80,000
매출총이익	₩42,000	₩16,800	₩12,000
매출총이익률	28.0%	14.0%	7.0%

각 결합제품의 매출총이익률은 추가가공을 하지 않은 제품 B의 매출총이익률이 가장 높고, 추가가공을 2번 거친 제품 E의 매출총이익률이 가장 낮은 것을 알 수 있다. 이러한 결합제품의 원가정보는 경영자들의 제품 추가가공 여부에 대한 의사결정에 중요한 정보가 된다.

3. 결합제품과 의사결정

결합제품을 생산하는 기업에서는 생산된 제품을 분리점에서 판매할 것인지 아니면 추가가공을 거쳐 판매할 것인지에 대한 의사결정이 필요하다. 제품의 추가가공에 관한 의사결정은 추가가공으로 인한 증분이익이 발생할 경우에 이루어진다. 즉, 추가가공으로 인한 증분수익이 추가가공에 따른 증분비용보다 많은 경우에는 추가가공을 할 것이고, 그렇지 않으면 추가가공 없이 분리점에서 판매를 결정하게 된다. 분리점 이전에 발생한 결합원가는 추가가공에 관한 의사결정에 영향을 미치지 못하는 매몰원가(sunk costs)이므로 고려대상에서 제외된다.

예제 8-6 추가가공에 관한 의사결정

㈜지리는 3종류의 결합제품을 생산하고 있으며, 분리점 이전에 발생한 결합원가는 분리점에서의 상대적 판매가치에 따라 배부된다. 관련된 자료는 다음 표와 같다.

	제품 A	제품 B	제품 C	합계
결합원가	?	₩10,000	?	₩50,000
분리점에서의 판매가치	₩80,000	?	?	200,000
추가가공원가	3,000	2,000	5,000	10,000
추가가공후 판매가치	85,000	42,000	90,000	217,000

▶ 요구사항

㈜지리에서 제품 A, 제품 B, 제품 C 중 하나의 제품만을 추가가공한다면 어느 제품을 추가가공하는 것이 가장 유리하며, 추가가공으로 인한 이익은 얼마인지 계산하시오.

▶ 풀이

결합원가는 분리점에서의 판매가치비율에 따라 배분하기 때문에 결합원가와 분리점에서의 판매가치비율을 보면, 분리점에서의 판매가치는 결합원가의 4배임을 알 수 있다. 따라서 제품 B의 판매가치는 ₩40,000(₩10,000×4배)이고, 제품 C의 판매가치는 ₩80,000(₩200,000－80,000－40,000)임을 알 수 있다. 이러한 정보에 기준하여 각 제품의 증분수익과 추가가공원가를 비교하면 다음 표와 같다.

	제품 A	제품 B	제품 C	합계
결합원가	₩20,000	₩10,000	₩20,000	₩50,000
분리점판매가치(A)	80,000	40,000	80,000	200,000
추가가공 후 판매가치(B)	85,000	42,000	90,000	
증분수익(B－A)	5,000	2,000	10,000	
추가가공원가	3,000	2,000	5,000	
증분이익	₩2,000	0	₩5,000	

제품 C의 증분이익이 ₩5,000으로 가장 크므로, 제품 C를 추가가공하는 것이 가장 유리하다.

제3절 부산물의 회계처리

1. 부산물과 작업폐물

결합제품에서 상대적으로 가치가 높은 제품을 주산물이라 하고 상대적으로 가치가 낮은 제품을 부산물이라고 한다. 따라서 부산물은 주산물을 생산하면서 부수적으로 발생한 결과물이라고 할 수 있다. 또 다른 부산물 중의 하나로 스크랩(scrap)이라는 것이 있는데 자투리제품을 말한다. 자투리제품은 폐기물(waste products)과 마찬가지로 판매가치가 없을 수도 있으며, 처분하는 데 비용이 발생하는 경우도 있다. 따라서 이러한 스크랩이나 폐기물은 별도의 회계처리방법이 없고, 처분에 따른 비용이 발생하는 경우 비용을 계상하면서 자산에서 제거해 주면 된다.

2. 부산물의 회계처리

부산물의 경우에는 크지는 않지만 약간의 판매가치가 있으므로 이에 대한 회계처리를 필요로 한다. 부산물의 회계처리 방법에는 두 가지가 있는데 생산기준법과 판매기준법이 바로 그것이다.

1) 생산기준법

생산기준법(production method)은 부산물의 가치를 생산시점에 인식하는 방법으로 부산물의 순실현가치만큼 배부받은 결합원가가 바로 부산물의 원가로 인식되며, 부산물을 처분하더라도 그에 따른 손익은 인식하지 않는 것이 원칙이다. 이 방법은 순실현가치를 기준으로 결합원가를 배부받으므로 순실현가치법(net realized method)이라고도 한다.

〈부산물생산 시〉

차) 부산물	×××	대) 재공품	×××

〈부산물판매 시〉

차) 매출채권	×××	대) 부산물	×××

2) 판매기준법

판매기준법(sales method)은 생산시점에서 부산물이 발생하더라도 이에 대한 인식을 하지 않고 있다가 판매시점에 발생된 가치만큼 잡수익으로 인식하는 방법이다. 즉 부산물이 생성되더라도 아무런 회계처리를 하지 않고 있다가, 부산물을 처분할 때 발생하는 현금이나 매출채권 금액을 차변에 기록하고 그에 상응하는 금액을 잡수익으로 대변에 기록하는 방법이다. 이 방법은 일명 잡수익법이라고도 한다. 판매기준법에 의하면 발생된 결합원가는 모두 주산물에 배부된다.

〈부산물생산 시〉

분개 없음

〈부산물판매 시〉

차) 매출채권	×××	대) 잡수익	×××

예제 8-7 부산물의 회계처리

㈜지리는 결합원가 ₩10,000,000을 투입하여 제품 A, 제품 B 그리고 부산물 X를 생산하였다. 기초제품은 없고 결합원가는 순실현가치법에 의하여 배부하고 있다.

제품	생산량	판매량	추가가공원가	판매가격
A	5,000개	4,500개	₩2,000,000	₩10,000
B	3,000개	2,700개	3,000,000	5,000
X	1,000개	500개	500,000	1,000
	9,000개	7,700개	₩5,500,000	

▶ **요구사항**

다음 자료를 이용하여 생산기준법 및 판매기준법에 의하여 부산물의 회계처리를 한다고 가정할 경우, 제품 A, 제품 B 및 부산물에 배부해야 할 결합원가를 계산하시오.

▶ **풀이**

생산기준법은 부산물의 순실현가치만큼 배부하고, 판매기준법에서는 결합원가를 부산물에 배부하지 않는다.

가. 생산기준법

생산기준법에서 결합원가의 배부는 부산물의 순실현가치부분을 먼저 부산물에 배부하고, 나머지 결합원가를 제품 A와 제품 B에 순실현가치비율대로 배부하면 된다. 따라서 ₩10,000,000의 결합원가에서 부산물의 순실현가치 ₩500,000을 차감한 ₩9,500,000의 결합원가를 제품 A와 제품 B에 배부하면 된다.

	제품 A	제품 B	부산물 X
생산량	5,000	3,000	1,000
판매가격	₩10,000	₩5,000	₩1,000
판매가치	50,000,000	15,000,000	1,000,000
추가가공원가	2,000,000	3,000,000	500,000
순실현가치	48,000,000	12,000,000	500,000
배부율	80%	20%	–
배부액	₩7,600,000	₩1,900,000	₩500,000

나. 판매기준법

판매기준법에서는 부산물에 결합원가를 배부하지 않는다. 따라서 결합원가는 제품 A와 제품 B에 순실현가치비율대로 배부하면 된다.

	제품 A	제품 B	부산물 X
생산량	5,000	3,000	1,000
판매가격	₩10,000	₩5,000	₩1,000
판매가치	50,000,000	15,000,000	1,000,000
추가가공원가	2,000,000	3,000,000	500,000
순실현가치	48,000,000	12,000,000	500,000
배부율	80%	20%	–
배부액	₩8,000,000	₩2,000,000	0

:: 쉬어가는 곳 **삼겹살, 황당합니다-돼지값은 30% 넘게 떨어지는데… 식당에서는 오히려 올라**

지난 2013년 4월 돼지고기 1kg 산지가격은 ₩2,500이었다. 구제역으로 값이 폭등했던 2011년 9월 16일 가격(₩3,809)보다 34% 하락한 것이다. 대한한돈협회 관계자는 "최근 농가에서 도매시장으로 들어가는 물량을 인위로 줄여 값을 조금 올려놨는데도 돼지 사육 두수가 계속 늘어 지난 19일부터 가격이 다시 내리고 있다"고 말했다.

하지만 식당 삼겹살값은 계속 오르고 있다. 안전행정부에 따르면 지난 3월 서울시내 식당에서 파는 삼겹살 1인분(200g)가격은 평균 ₩13,818으로, 구제역 파동으로 가격이 올랐던 2011년 9월(₩13,755)보다 비쌌다. 인천 · 경기 · 대전 등 다른 대도시도 상황은 마찬가지다. 돼지고기 산지가격은 내려가는데, 고깃집 삼겹살가격은 꿈쩍도 하지 않는 것이다. 왜 그럴까?

① 유별난 삼겹살 사랑

유통업계는 가장 큰 이유로 한국인의 유별난 삼겹살 사랑을 꼽는다. 돼지 한 마리에서 삼겹살이 차지하는 비중(수율)은 13%에 불과하다. 그런데도 삼겹살 매출이 전체 돈육의 50%를 넘다 보니 돼지가격이 내려가도 삼겹살값에는 직접적인 영향을 미치지 못한다는 것이다.

농수산물유통공사가 2011년 11개 도시 742만 802가구를 대상으로 돼지고기 소비패턴을 조사했을 때도 국내산 돼지 삼겹살 소비가 47.3%로 제일 많았다. 그 다음이 목살(22.2%), 갈비살(11.3%) 순이었다. 외국산도 삼겹살이 58.3%로 절반을 넘었다. 삼겹살 소비편중이 가격을 떠받치는 것이다. 삼겹살 이외의 부위를 저장할 방법도 별로 없다. 소시지나 베이컨 등의 수요가 적기 때문이다. 돼지고기를 즐겨 먹는 유럽인들은 소시지나 햄, 베이컨 등을 주로 소비하지만, 우리는 직접 구워먹는 삼겹살을 선호한다.

이 때문에 삼겹살은 식당가격뿐 아니라 시중 소비자가격도 비싸다. 지난 10일 돼지고기 1kg 평균 도매가격은 3,654원이었지만, 삼겹살 소비자가격은 14,549원이었다. 4배 가까이 비싼 것이다. 지난해 5월 18일 돼지고기 1kg 평균 도매가격은 4,727원, 삼겹살 소비자가격은 16,397원이었다. 작년보다 돼지고기 평균 도매가격은 29% 떨어졌지만, 삼겹살 소비자가격은 12%만 떨어진 셈이다.

② 복잡한 유통구조

산지에서 식당까지의 중간유통과정이 복잡한 것도 문제다. 한국농촌경제연구원이 낸 보고서에 따르면, 돼지고기 유통은 '축산 농가 → 산지 조합 · 수집 반출상(중개인) → 도축 작업장 → 육가공업체 → 중간유통업체 → 소매 등 6단계를 거친다. 연구원 관계자는 "돼지고기는 과다한 유통단계, 특히 유통마진이 큰 소매단계의 마진을 줄일 필요가 있다"고 말했다. 대한한돈협회 관계자도 "복잡한 유통단계가 가장 큰 문제여서 산지에서 식당으로 직송할 수 있는 방안을 정부 측에 요청하고 있다"고 말했다.

③ 식당임차료, 인건비 비중 커

식당에서 파는 고기가격에서 고기값이 차지하는 비율이 30%도 안 돼 산지 가격하락에 연동해 음식값을 바로 낮추기 어려운 측면도 있다. 식당에서는 대부분 인건비 · 임차료 등을 감안해 얻을 수 있는

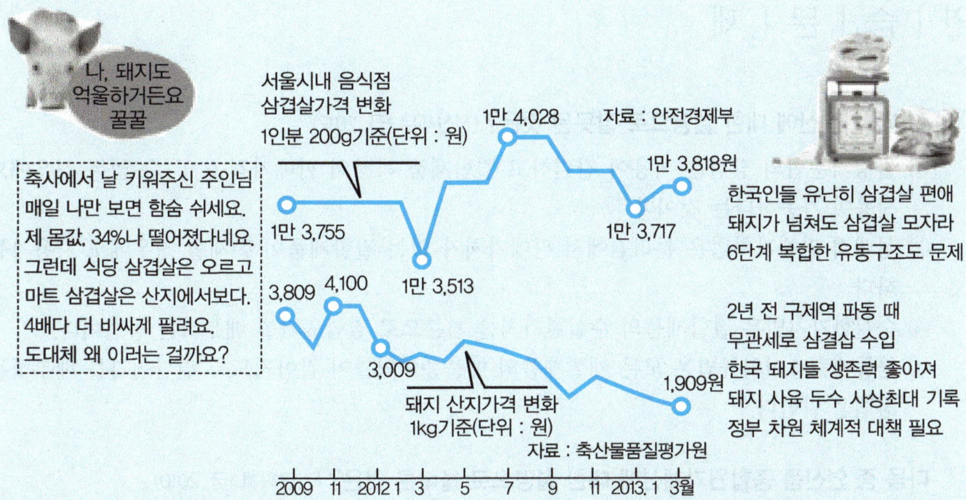

이윤을 먼저 설정하고 거기에 맞춰 판매가격을 정한다. 한 고깃집 주인은 "식당 고기값에는 임차료와 인건비, 채소값 등이 포함돼 있기 때문에 돼지고기 원가의 영향을 적게 받는다"며 "돼지값은 내려도 임차료나 인건비 등이 올라 가격을 내릴 수 없다"고 말했다.

식당들이 산지가격에 따라 유기적으로 가격을 바꾸기 어려운 데는 국내 돼지값 변동이 너무 심하다는 이유도 있다. 정부의 허술한 정책 탓이 크다. 최근 돼지가격이 폭락한 이유는 2011년 구제역 당시 정부에서 가격안정을 위해 돼지고기를 무관세로 수입했기 때문이다.

또 당시 농가들은 돼지고기를 살처분하고 생육환경을 개선했는데 이 과정에서 돼지의 생존력이 과거보다 좋아져 사육 두수가 급증한 탓도 있다. 통계청에 따르면, 지난 3월 1일 돼지 사육 두수는 10,107,000마리로 사상 최대를 기록했다.

돼지는 태어난 지 7개월이 지나면 고기로 판매해 버는 이윤보다 키우는 비용이 더 많이 든다. 하지만 지금은 7개월 때 팔자니 가격이 너무 내려가 역시 이윤이 나지 않는 상황이다. 농가에서 자체적으로 돼지 사육 두수를 줄이지 않는 한 방법이 없다는 것이다. 대한한돈협회 관계자는 "국가의 체계적인 통제가 필요하다"고 말했다.

자료 : 조선일보, 2013. 4. 25.

연 | 습 | 문 | 제

01 결합원가계산에 대한 설명으로 잘못된 것은? (전산세무 1급, 2012)

① 물량기준법의 장점은 적용이 간편하고 결합제품 각각의 판매가격을 알 수 없는 경우에도 사용이 가능하다는 것이다.
② 상대적 판매가치법은 분리점에서 판매가치가 없는 결합제품이 존재할 경우에도 사용가능하다.
③ 순실현가치법은 결합제품의 순실현가치를 기준으로 결합원가를 배부하는 방법이다.
④ 균등매출총이익률법은 모든 개별제품의 매출총이익률이 같아지도록 결합원가를 배부하는 방법을 말한다.

02 다음 중 연산품 종합원가계산에 대한 설명으로 올바른 것은? (기업회계 1급, 2010)

① 주산물과 부산물을 명확히 구분할 수 있는 경우에도 연산품 원가계산이 적용된다.
② 물량기준, 시가기준, 순실현가치법 기준 등 어떤 방법을 채택하는가에 따라 당해 기업의 당기순이익은 다르게 나타난다.
③ 순실현가치법에 의한 결합원가의 배분은 제품별 이익이 다르게 나타날 수 있다.
④ 물량기준에 의한 결합원가의 배분은 산정과정이 복잡하다는 단점이 있다.

03 결합원가에 대한 설명 중 가장 옳지 않은 것은? (기업회계 1급, 2012)

① 균등이익율법에서는 조건이 같다면 추가가공원가가 높은 제품에 더 많은 결합원가가 배부된다.
② 결합원가의 배분방법 중 순실현가치법이란 연산품의 순실현가치를 기준으로 하여 결합원가를 배분하는 방법이다.
③ 결합공정에서 만들어지는 산출물에는 부산물이 있는데, 연산품과 마찬가지로 분리점 이전까지는 개별적으로 식별할 수 없지만 다른 제품에 비하여 판매가치가 상대적으로 낮은 제품을 말한다.
④ 기업이익을 극대화하기 위한 추가가공 의사결정을 할 때에는 이미 배분된 결합원가를 고려하지 않는다.

04 다음 자료에 의하여 순실현가능가액으로 결합원가를 배분할 경우, 각 제품의 단위당 추가가공원가는 얼마인가? (기업회계 1급, 2010)

- 결합원가 : ₩1,312,000
- 생산량 : 제품 A 700단위, 제품 B 900단위
- 제품 A의 총순실현가능가액 : ₩560,000
- 제품 B의 결합원가배분액 : ₩864,000

• 단위당판매가액 : 제품 A ₩1,000, 제품 B ₩1,500

	제품 A	제품 B		제품 A	제품 B
①	₩200	₩300	②	₩100	₩200
③	₩300	₩200	④	₩200	₩100

05 ㈜지리는 20×1년에 연산품 A, B를 생산하고 있다. 연산품 A와 B의 분리시점까지의 결합원가는 ₩1,000,000이다. 분리점에서 결합원가를 순실현가치법으로 배분한다면 A의 이익률은? (기업회계 1급, 2010)

	연산품 A	연산품 B
생산량	500kg	300kg
kg당 판매가격	₩2,500	₩5,000
kg당 판매비용	500	500
추가가공원가	200,000	150,000

① 30%　　② 32%　　③ 34%　　④ 36%

06 ㈜지리는 동일한 원재료를 가공하여 두 개의 결합제품 A와 B를 생산한다. 20×1년도 중 A와 B의 생산과정에서 발생한 직접재료원가는 ₩1,140,000, 가공원가는 ₩860,000이었으며, 순실현가치법으로 배분한다. 분리점에서의 A의 판매가치는 ₩2,800,000인 반면, B는 추가가공을 거쳐 C라는 제품으로 전환되어 ₩5,000,000에 판매되며, 추가공정에서 ₩800,000의 가공원가가 발생된다. 최종판매시점에서 C제품의 매출총이익률은 얼마인가? (기업회계 1급 , 2010)

① 50%　　② 55%　　③ 60%　　④ 65%

07 연산품 A, B, C에 대한 결합원가 ₩800,000을 순실현가치기준법에 의하여 배부하는 경우 C제품의 제품원가는 얼마인가? (전산세무 1급, 45회)

제품	생산량(kg)	판매단가(₩/Kg)	추가가공원가
A	200	₩2,000	₩30,000
B	280	1,500	10,000
C	260	1,800	48,000

① ₩280,000　　② ₩328,000　　③ ₩370,000　　④ ₩420,000

08 ㈜지리는 동일한 원재료를 투입하여 동일한 공정에서 각기 다른 A, B, C, D제품을 생산하고 있다. ㈜지리가 결합원가 ₩3,700,000을 판매가치법에 의하여 배부하는 경우, 다음 자료를 보고 A제품에 배부될 결합원가를 계산하면? (전산세무 2급, 2012)

제품	생산량(개)	판매단가
A	1,500	₩1,000
B	2,000	900
C	2,500	800
D	3,000	700

① ₩550,000 ② ₩650,000 ③ ₩750,000 ④ ₩850,000

09 **㈜지리는 A, B, C제품으로 구성된 세 개의 연산품을 생산하고 있는데, 9월의 결합원가는 ₩7,000,000이다. 분리점 이후 제품을 판매가능한 형태로 전환하는 데 필요한 가공원가는 아래와 같다. 순실현가능가치를 기준으로 결합원가를 배분한다면 9월의 결합원가 중 B제품에 배분될 금액은 얼마인가?** (기업회계 1급, 2011)

종류	분리점에서 생산량	분리점 후 총추가가공원가	단위당 판매가격
A	5,000단위/월	₩400,000	₩500/단위당
B	10,000단위/월	₩500,000	₩200/단위당
C	20,000단위/월	₩600,000	₩350/단위당

① ₩1,000,000 ② ₩1,050,000 ③ ₩1,100,000 ④ ₩1,150,000

10 **㈜지리는 원재료를 결합공정에 투입하여 제품 X와 제품 Y를 생산하고 있다. 순실현가치법으로 결합원가를 배분하는 경우 제품 X에 배부된 결합원가가 ₩1,500,000이라면, 제품 Y에 배분되는 결합원가는 얼마인가?** (기업회계 1급, 2011)

구분	생산량	분리점에서의 단위당 가격	단위당 추가가공원가	단위당 최종판매가격
제품 X	4,000개	₩50	₩20	₩80
제품 Y	6,000개	₩40	–	₩60

① ₩2,250,000 ② ₩3,250,000 ③ ₩3,750,000 ④ ₩4,500,000

11 **㈜지리는 연산품을 다음과 같이 생산하고 있다. A와 B에 배분된 결합원가의 합계액은 얼마인가?** (기업회계 1급, 2011)

	연산품 A	연산품 B
1kg당 추가가공원가	₩100	₩350
최종 1kg당 판매가격	₩1,500	₩6,500
생산량(모두 판매됨)	100kg	50kg
매출총이익률	25%	20%

① ₩320,000 ② ₩345,000 ③ ₩372,500 ④ ₩395,000

12 **다음 자료에서 각 제품의 단위당 판매가액은 얼마인가?** (기업회계 1급, 2011)

	연산품 A	연산품 B
총판매가치	₩96,000	₩35,000
결합원가배부액	21,600	7,500
판매이익	50,400	17,500
분리점에서의 단위당 순실현가치	900	500

① A : ₩200, B : ₩300 ② A : ₩300, B : ₩200
③ A : ₩700, B : ₩1,200 ④ A : ₩1,200, B : ₩700

13 **㈜지리는 종합원가계산과 결합원가계산을 혼합하여 사용한다. 결합공정을 완료하면 연산품 A와 연산품 B가 분리된다. 결합공정에서 발생한 직접재료원가는 ₩8,000이고 가공원가는 ₩2,220이다. 직접재료원가는 결합공정의 초기에 투입된다. 결합공정에서 기초재공품은 없고, 기말재공품은 100톤이며 가공원가 완성도는 40%이다. 공손과 감손은 없으며, 연산품 A와 연산품 B의 관련자료는 아래와 같다. 순실현가치법 결합원가배분에 의한 연산품 A의 예상 톤당 영업이익은 얼마인가?** (CPA, 2012)

	연산품 A	연산품 B
결합공정 완성량	300톤	400톤
톤당 예상판매가격	₩100	₩50
톤당 추가가공원가	₩60	₩0

① ₩23.755 ② ₩25.325 ③ ₩28.625
④ ₩31.495 ⑤ ₩34.235

14 **㈜지리는 운동화, 등산화, 슬리퍼 세 제품을 결합공정에 의하여 생산한다. 각 제품은 분리점에서 판매되기도 하고 추가가공할 수도 있다. 추가가공 시 특별한 설비는 필요 없으며 추가가공원가는 추적가능하고 또한 모두 변동비이다. 운동화, 등산화, 슬리퍼 세 제품 모두 분리점 이후 추가가공되었으며, 결합원가는 ₩60,000이고, 판매가격과 원가에 관한 자료는 다음과 같다. 결합원가는 상대적 생산수량에 비례하여 할당된다. 이익을 극대화하기 위하여 추가가공해야 할 제품은 어느 것인가?** (기업회계 1급, 2010)

	운동화	등산화	슬리퍼
생산량	6,000	4,000	2,000
분리점에서의 판매가격	₩25,000	₩41,000	₩24,000
〈추가가공할 경우〉			
판매가격	42,000	45,000	32,000
추가비용	9,000	7,000	8,000

① 운동화 ② 등산화 ③ 등산화, 슬리퍼 ④ 슬리퍼

15 **㈜지리는 A, B, C 세 가지 결합제품을 생산하고 있으며, 결합원가는 분리점에서의 상대적 판매가치에 의해 배분된다. 관련자료는 다음과 같다. 만약 A, B, C 중 하나만을 추가가공한다면 어느 제품을 추가가공하는 것이 가장 유리하며, 이때 추가가공으로 인한 이익은 얼마인가?** (기업회계 1급, 2012)

	A	B	C	합계
결합원가	?	₩10,000	?	₩50,000
분리점에서의 판매가치	₩80,000	?	?	200,000
추가가공원가	3,000	2,000	₩5,000	
추가가공 후 판매가격	85,000	42,000	90,000	

① A, ₩2,000 ② B, ₩1,000 ③ C, ₩3,000 ④ C, ₩5,000

16 **㈜지리는 동일한 원재료를 가공하여 두 개의 결합제품 A와 B를 생산한다. 7월중 A와 B의 생산과정에서 발생한 직접재료원가는 ₩140,000, 가공원가는 ₩180,000이었다. 분리점에서 A의 판매가치는 ₩280,000인 반면, B는 추가가공을 거쳐 C라는 제품으로 전환되어 ₩500,000에 판매된다. 추가공정에서는 ₩80,000의 가공원가가 발생한다. 최종판매시점에서 A제품과 B제품의 매출총이익률은 각각 얼마인가?** (CPA, 2005)

① 25.71%와 38.40% ② 25.71%와 61.60% ③ 45.71%와 61.60%
④ 45.71%와 38.40% ⑤ 54.29%와 45.60%

17 **다음 중 부산물에 관한 설명으로 틀린 것은?** (기업회계 1급, 2011)

① 부산물을 판매시점에서 인식하는 경우 최초결합원가는 모두 주산품에만 배분된다.
② 부산물을 생산시점에서 인식하는 경우 분리점에서의 평가액은 부산물의 순실현가치이다.
③ 부산물을 순실현가치로 평가하는 경우 판매시점에서 판매손익이 인식된다.
④ 부산물은 비누생산 시 부수적으로 생산되는 글리세린을 예로 들 수 있다.

18 **부산물의 가액을 산정하여 이를 발생부문의 주산물 총원가에서 안분하여 차감하려는 경우 다음 두 부산물의 가액으로 바른 것은?** (기업회계 1급, 2010)

	'갑'	'을'
• 추정매각가격	₩54,000	₩26,000
• 판매비와 관리비	12,000	9,000
• 추가가공원가	3,000	2,000
• 정상이윤	1,000	500
• 추정매입가격	25,000	13,000

• '갑'은 가공 없이 그대로 외부에 매각하고, '을'은 추가가공 후 매각

	'갑'	'을'		'갑'	'을'
①	₩41,000	₩14,500	②	₩44,000	₩16,500
③	₩45,000	₩13,000	④	₩42,000	₩12,500

19 **㈜지리는 20×1년에 영업을 개시하여, 주산품(갑)과 부산물을 생산하고 있다. 20×1년의 매출액과 생산활동에 관한 자료는 다음과 같다. ㈜지리는 생산시점에서 부산물에 대해 회계처리하고 있다. 20×1년 동안의 부산물의 매출원가는 얼마인가?** (기업회계 1급, 2010)

• 결합공정원가
　– 직접재료원가 : ₩2,300,000
　– 직접노무원가 : 1,250,000
　– 제조간접원가 : 280,000
• 주산품(갑)의 매출액 : ₩11,450,000
• 부산물처분가치: 43,000
• 주산품(갑)의 20×1년도말 재고액 : 525,000
• 부산물의 추가적인 원가
　– 관리비 : ₩10,000
　– 추가가공원가 : 15,000

20 **㈜지리는 20×1년에 영업을 시작하여 주산물 A 및 부산물을 생산하고 있다. 20×1년의 매출액과 원가자료는 다음과 같다. ㈜지리는 생산시점에서 부산물에 대해 회계처리하고 있다. 20×1년 동안 주산물 A의 매출총이익과 부산물의 매출원가는 각각 얼마인가?** (기업회계 1급, 2012)

• 결합공정원가 : 직접재료원가 ₩400,000, 직접노무원가 ₩350,000, 제조간접원가 ₩150,000
• 주산물 A 매출액 : ₩2,000,000
• 주산물 A 20×1년 기말재고액 : ₩35,000
• 부산물처분가치 : ₩50,000
• 부산물의 추가적인 비용 : 판매관리비 ₩20,000, 추가가공원가 ₩25,000

	주산물A	부산물		주산물A	부산물
①	₩1,185,000	₩25,000	②	₩1,185,000	₩0
③	₩1,140,000	₩25,000	④	₩1,140,000	₩0

21 ㈜지리는 동일한 원료를 결합공정에 투입하여 주산품 X, Y와 부산품 B를 생산한다. 결합원가는 순실현가치를 기준으로 제품에 배부한다. 당기결합공정에 투입된 총원가는 ₩150,000이고, 주산품 X, Y 및 부산품 B의 분리점에서 순실현가치의 상대적 비율은 6 : 3 : 1 이었다. 주산품 X에 배부된 결합원가가 ₩80,000이었다면, 부산품 B의 순실현가치는 얼마인가? 단, 부산품은 생산된 시점에서 순실현가치로 평가하여 재고자산으로 계상한다. (CPA, 2009)

① ₩15,000　② ₩30,000　③ ₩35,000
④ ₩43,333　⑤ ₩45,000

Chapter 09

원가의 추정과 분석

제1절 | 원가의 행태

제2절 | 원가의 추정

CHAPTER 09 원가의 추정과 분석

제1절 원가의 행태

제품원가를 추정하고 분석하기 위해서는 원가의 행태에 대한 이해가 우선되어야 한다. 기업의 경영자들은 계획수립이나 의사결정의 목적을 위해서 조업도나 판매량 등 기업활동이 변화함에 따라 그에 따른 원가가 어떻게 반응하는 지를 파악하고자 할 것이다. 이때 기업활동(조업도)의 변화에 따른 원가의 반응을 원가행태(cost behavior)라 한다. 경영자들이 원가행태를 올바르게 이해하지 못한다면 관련된 의사결정을 올바르게 내릴 수 없다. 예를 들어 기업의 최고경영자가 제품생산량을 전년 대비 20% 증가시키기로 결정했다면, 그에 따라 소요될 원가가 어느 정도 증가할지를 미리 파악하고 있어야 한다. 소요될 원가를 예측하기 위해서는 원가의 행태를 파악할 필요가 있다. 이 장에서는 원가를 행태에 따라 분류하고, 분류된 원가의 특성을 설명한 후 원가행태의 유형에 따라 원가를 분석할 수 있는 방법을 소개하도록 한다.

1. 선형성의 가정과 관련범위

일반적으로 기업의 활동과정에서 나타나는 제품의 생산량과 총제조원가의 관계는 제품생산 초기단계에서는 조업도의 증가에 따라 총원가가 빠른 속도로 증가하다가, 어느 정도 생산량이 증가되어 규모의 경제가 나타나게 되면 총원가는 일정한 비율로 증가한다. 그러다가 일정수준의 조업도를 초과하면 설비자산의 재투자와 작업의 비효율로 인하여 총원가의 증가속도가 기하급수적으로 빨라질 것이다. 경제학에서는 이러한 생산량의 변화에 따른 총제조원가의 반응을 비선형으로 표시하고 있다([그림 9-1] 참조). 그러나 회계학에서 생산량의 변화에 따른 총제조원가의 반응을 비선형으로 표현한다면 원가행태를 정확히 파악하여 원가를 예측하기가 매우 어렵게 될 것이다. 따라서 회계학에서는 원가계산을 용이하게 하기 위하여 원가행태를 직선으로 가정한다. 즉, 일정한 관련범위 내에서 생산량의 변화에 따른 총제조원가의 변화를 선형으로 표시하는데, 이를 선형성의 가정(assumption of linearity)이라 한다. 그러나 모든 조업도범위에서 원가의 반응이 선형으로 나타나는 것이 아니라 일정한 범위 내에서만 이러한 가정이 성립된다고 전제한다. 즉, 기업이 단기간 동안에 활동을 효율적으로 수행할 수 있는 활동범위 내에서만 선형성을 가정하는 것이다. 이러한 활동범위를 관련범위(relevant range)라 하며, 단기간 동안에 활동이 이루어지는 것을 의미하기 때문에 생산설비를 확장하거나 축소하는 것이 아니라 주어진 생산능력 이내에서 효율적으로 활동할 수 있는 범위를 말한다.

그림 9-1 **제품원가의 행태**

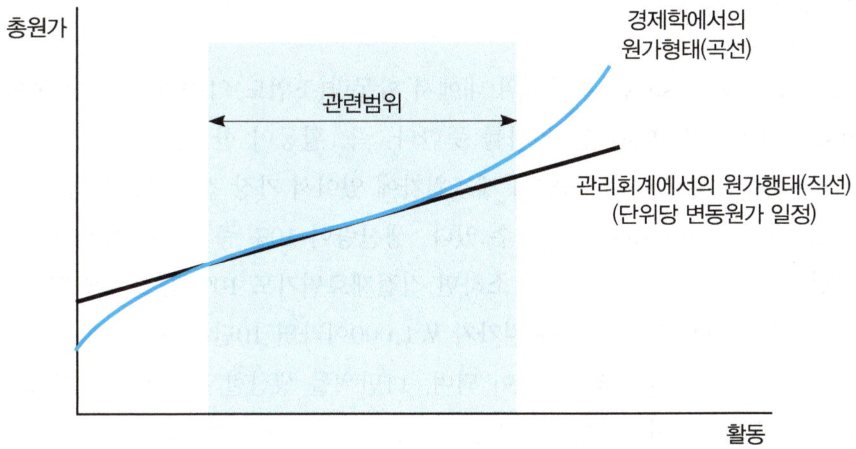

관련범위 내부에서는 기업활동이 효율적으로 수행된다. 그러나 기업활동이 관련범위보다 낮은 범위에서는 주어진 설비를 충분히 활용하지 못한 결과가 초래되어 비효율적인 활동이 이루어지며, 기업활동이 관련범위보다 높은 범위에서는 주어진 설비를 무리

하게 사용하기 때문에 역시 비효율적인 활동이 이루어질 것이다. 따라서 관리회계에서는 효율적인 기업활동이 이루어지는 관련범위 이내에서의 활동에 대한 총제조원가의 관계를 선형이라고 가정하는 것이다. 그러나 기업활동에서 관련범위를 구체적으로 결정하기는 쉽지 않다. 단지 주어진 설비를 이용하여 정상적인 조업상태를 유지하면서 효율적인 생산활동이 이루어지는 범위를 관련범위라고 정의할 수밖에 없을 것이다. 관련범위를 설명하는 기업활동은 조업도, 생산량, 판매량 등이며, 이외에도 원가의 변동을 표시하면서 원가와의 인과관계를 지니고 있는 것은 모두가 기준으로 이용될 수 있다.

2. 원가의 행태

원가행태(costs behavior)란 기업활동의 변화에 따른 원가의 반응을 말하며, 행태별 원가분류에 있어서 가장 기본적인 원가는 변동원가(variable costs)와 고정원가(fixed costs)의 두 유형이다. 이 외에 혼합원가(mixed costs)나 계단식 변동원가(step-variable costs)는 기본원가의 혼합유형이다.

1) 변동원가

변동원가(variable costs)는 관련범위 내에서 활동량(조업도)의 변화에 따라 총원가가 직접적이고 비례적으로 변동하는 원가를 뜻한다. 즉, 활동이 한 단위 변화하면 총원가도 한 단위 변화한다는 것이다. 기업의 제조원가에 있어서 가장 전형적인 변동원가는 직접재료원가(direct materials)라고 할 수 있다. 생산량이 10% 증가하면 직접재료원가도 10% 증가될 것이며, 생산량이 10% 감소하면 직접재료원가도 10% 감소하게 될 것이다. 예를 들어, 제품 한 단위당 직접재료원가가 ₩1,000이라면 10단위를 생산할 경우의 직접재료원가는 ₩10,000(10×₩1,000)이 되며, 11단위를 생산할 경우의 직접재료원가는 ₩11,000(11×₩1,000)이 되고, 9단위를 생산할 경우의 직접재료원가는 ₩9,000(9×₩1,000)이 될 것으로 예측할 수 있다. 이와 같이 변동원가는 활동량의 변화에 따라 총원가가 비례적으로 변화되므로 관련범위 내에서의 단위당 변동원가는 항상 일정하다고 볼 수 있다. 앞의 예에서 10단위를 생산하든 11단위를 생산하든, 9단위를 생산하든 단위당 직접재료원가는 생산수준에 관계없이 단위당 ₩1,000으로 일정하다. 물론 현실적으로 단위당 직접재료원가는 대량구입에 따른 할인, 기술력의 발달에 따른 가격의 인하 등의 다양한 요인에 의하여 변동될 수도 있을 것이나, 여기에서는 무시하기로 한다. 그러나 예산편성이나 관리적 의사결정 시에는 다양한 요인에 의한 단위당 변동원가의 변화를 반영해야 할 것이다.

변동원가의 행태를 그래프로 표시하면 [그림 9-2]와 같다. X축은 기업활동, 즉 조업도(생산량)를 나타내며, Y축은 소요되는 총원가를 나타낸다. 활동수준이 0인 경우 총원가는 0이기 때문에 원점을 지나고 있으며, 활동수준이 한 단위 증가할 때마다 총원가도 한 단위 증가하기 때문에 변동원가를 나타내는 직선은 우상향하는 모습을 보이게 된다. 이때 직선의 기울기(b)는 단위당 변동원가를 나타낸다. 따라서 단위당 변동원가가 크면 직선의 기울기도 커지고, 단위당 변동원가가 작으면 직선의 기울기도 작아진다.

그림 9-2 변동원가의 행태

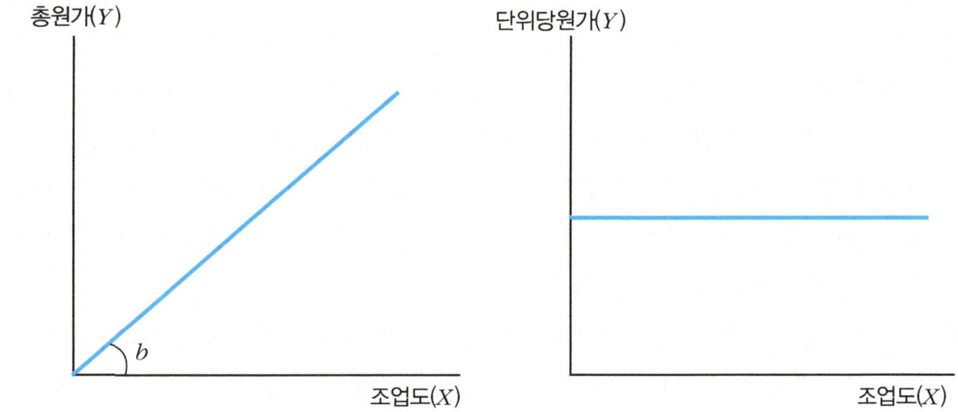

(a) 변동원가 (b) 단위당 변동원가

단위당 변동원가는 항상 일정하므로 조업도축에 평행하는 직선으로 표시할 수 있다.([그림 9-2(b)]).

변동원가를 등식으로 표시하면 다음과 같은 1차함수로 나타낼 수 있다

$$Y = bX$$

여기서 Y : 총원가
b : 단위당 변동원가(기울기)
X : 조업수준

변동원가는 직접재료원가 이외에도 직접노무원가, 간접재료원가, 소모품비, 자동차연료비, 전력사용료 등 수없이 많다. 그러나 이러한 원가들이 생산현장에서도 반드시 변동원가의 행태로 나타나는 것은 아닌 만큼 원가의 분류에 유의해야 한다. 예를 들어, 직접노무원가의 경우 일반적으로 변동원가의 행태를 나타내지만, 현실적으로 제품 100만 단위를 생산할 때 종업원 1,000명을 고용하였다면 생산량이 50만 단위로 줄어든다 하더라도 500명을 감원할 수 있는 것은 아니기 때문에 직접노무원가가 정확히 변동원가의 행태를 나타낸다고 할 수는 없을 것이다. 직접노무원가 이외에도 생산현장에서 발생하는 원가들을 정확하게 변동원가와 고정원가로 분류하는 데에는 많은 어려움이 뒤따르는 것이 사실이다.

2) 고정원가

고정원가(fixed costs)는 관련범위 내에서 활동이 변화하더라도 총원가가 변동하지 않는 원가를 뜻한다. 즉, 활동이 증가하거나 감소하더라도 총원가는 변화하지 않는다. 기업의 제조원가에 있어서 가장 전형적인 고정원가는 공장건물이나 기계설비의 감가상각비라고 할 수 있다. 공장건물이나 기계설비에 대한 감가상각비는 생산량의 변화에 상관없이 항상 일정하게 발생한다. 그러나 고정원가의 경우에도 조업도의 수준이 관련범위를 벗어나거나 활동기간이 장기간이 될 경우라면 변동할 수도 있을 것이다. 생산량의 증가에 따른 기계설비의 확장이 이에 해당한다.

고정원가에서는 총원가는 일정하지만 단위당 고정원가는 생산량이 증가할수록 반비례로 감소하는 행태가 나타난다. 예를 들어 사용하고 있는 스마트폰의 요금제를 5만원의 고정요금제로 선택했다고 가정하고, 100분간의 통화를 했다면 분당 ₩500의 통화요금이 부과되지만 1,000분간의 통화를 했다면 분당 ₩50의 통화요금을 부담한 것으로 볼 수 있다.

고정원가를 그래프로 표시하면 [그림 9-3]과 같다. X축은 기업활동, 즉 조업도(생산량)를 나타내며, Y축은 일정기간 동안 발생하는 고정원가를 나타낸다. 생산설비에 대한 감가상각비는 활동수준이 0인 경우에도 발생하기 때문에 일정한 금액(절편, a)의 원가가 발생하며, 활동수준이 증가하더라도 감가상각비는 증가되지 않고 일정하게 발생하는 것을 볼 수 있다.

그림 9-3 고정원가의 행태

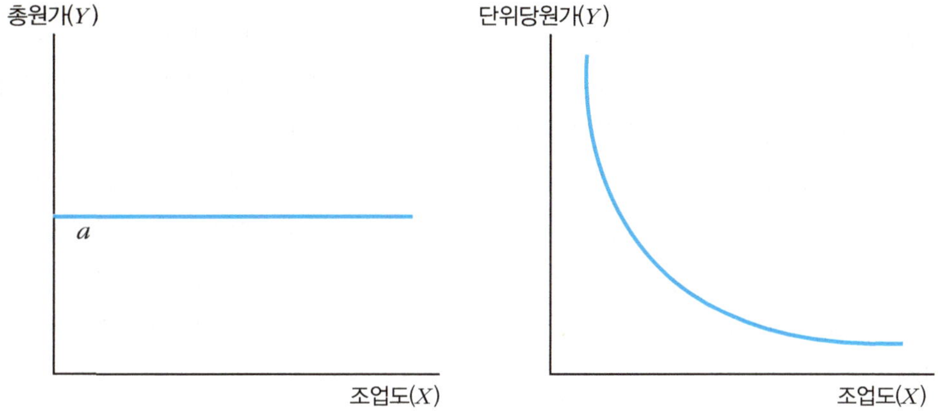

(a) 고정원가 (b) 단위당 고정원가

고정원가는 함수로 나타낼 수는 없으나 다음과 같은 등식으로 표현할 수 있다.

$$Y=a$$

여기서 Y : 총원가
a : 총고정원가(절편)

고정원가라고 하더라도 항상 일정하게 발생하는 것은 아니다. 고정원가는 확정고정원가와 재량적 고정원가로 분류할 수 있는데, 확정고정원가(committed fixed costs)는 장기적 성격의 고정원가로 단기적으로는 변경할 수 없는 원가를 말한다. 건물이나 설비의 투자로 인한 감가상각비와 같은 것이 여기에 속한다. 반면에 재량적 고정원가(discretionary fixed costs)는 경영자들의 재량적인 의사결정에 의해 단기적으로 변경가능한 고정원가를 말한다. 경영자들의 유형에 따라 변경이 가능한 고정원가, 즉 광고비나 연구개발비와 같은 원가가 재량적 고정원가에 속한다. 신제품개발과 같은 연구개발을 중요시하는 현장출신 경영자들은 연구개발비를 확대할 것이며, 영업출신 경영자들은 광고를 확대하는 정책으로 광고비를 증가시킬 것이다. 이러한 경우에 광고비나 연구개발비는 고정원가의 성격이지만 일정기간 동안에 변화가 이루어진다.

3) 혼합원가

변동원가와 고정원가의 행태에 대하여 살펴보았으나 생산현장에서 발생하는 모든 원가를 변동원가와 고정원가로 구분할 수 있는 것은 아니다. 대부분의 원가는 일정부분의 고정원가와 일정부분의 변동원가를 혼합한 혼합원가의 형태로 나타난다. 준변동원가(semi-variable costs)라고도 하는 혼합원가(mixed costs)는 일정한 기본요금형태의 고정원가와 활동의 변화에 따라 비용이 비례적으로 발생하는 변동원가가 혼합되어 발생하는 형태이다. 전력요금이나 전화요금이 가장 좋은 예가 될 수 있을 것이다. 일정한 사용량이나 통화량에 대한 기본요금과 이후에 발생하는 사용량에 따라 요금이 증가하는 형태이다.

[그림 9-4]에 나타난 전화요금의 원가행태를 살펴보면, 일정사용량을 기준으로 한 고정요금(기본요금)은 활동량(통화량)이 변하더라도 요금에는 변함이 없으므로 일정한 절편(a)을 갖는 평행선으로 표시할 수 있고, 일정사용량을 초과하는 경우에 발생하는 변동요금은 활동량(통화량)의 변화에 따라 요금이 비례적으로 증가하므로 우상향하는 직선으로 표시할 수 있다. 이때 우상향하는 직선의 기울기(b)가 바로 단위당 변동원가이다.

혼합원가를 등식으로 표시하면 다음과 같은 1차방정식으로 나타낼 수 있다. 혼합원가를 나타내는 방정식은 원가를 추정하는 데 중요한 역할을 수행하고 있다.

$$Y=a+bX$$

여기서 Y : 총혼합원가
a : 총고정원가(절편)
b : 단위당 변동원가(기울기)
X : 활동수준

그림 9-4 **혼합원가의 행태**

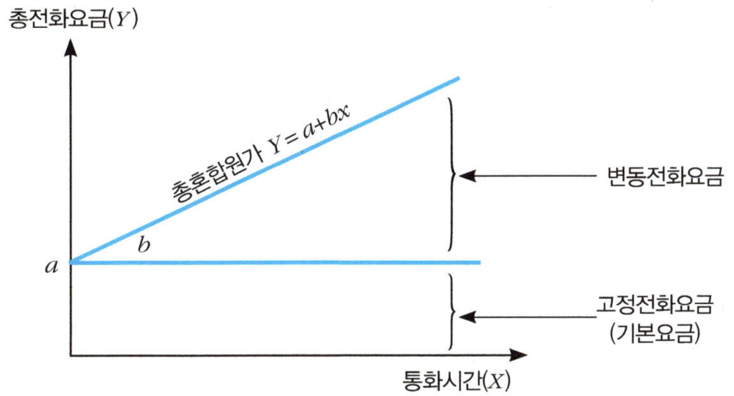

4) 계단식 변동원가

일부의 원가는 계단식으로 발생하기도 하는데, 감독자의 급여나 일부설비에 대한 감가상각비의 경우가 바로 그렇다. 계단식 변동원가(step-variable costs)는 일정한 범위 내에서는 일정수준의 원가가 유지가 되지만 그 범위를 넘어서게 되면 일정금액의 원가가 증가(감소)하여 발생하는 원가의 행태이다. 예를 들어, 감독자 1명이 10명의 작업자를 감독할 수 있다고 가정한다면 작업자가 10명일 때까지는 1명의 감독자에 대한 급여

그림 9-5 **계단식 변동원가의 행태**

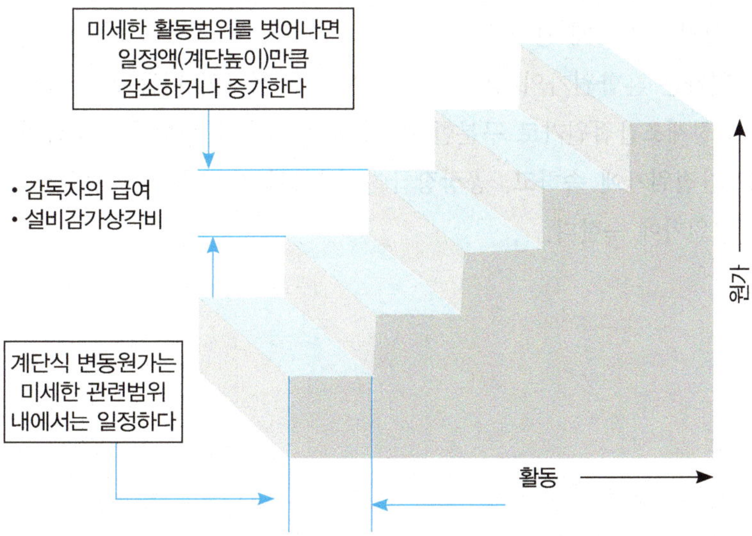

가 발생하지만, 작업자가 11명이 된다면 2명의 감독자가 필요하게 되고, 또다시 작업자가 21명이 된다면 3명의 감독자가 필요하게 되어 각각에 해당하는 감독자의 급여가 발생한다.

3. 제품원가의 요소별 원가행태

원가의 행태를 제품원가의 요소별로 살펴보면, 직접재료원가의 경우에는 완전한 형태의 변동원가임을 알 수 있다. 제품의 생산에 투입된 직접재료는 반드시 생산량에 정비례하여 발생하기 때문이다.

직접노무원가의 경우에도 일반적으로는 변동원가의 행태로 발생하지만, 작업자의 급여지급방식에 따라 그리고 고용의 형태에 따라 약간의 차이가 있을 수 있다. 가령 시간제 근무자의 경우에는 생산량이나 작업시간에 비례하는 변동원가의 형태를 보일 것이나 월급제나 고정급여 근무자의 경우에는 실제작업시간이나 생산량과 무관하게 노무원가가 발생하게 될 것이다. 이 경우에 만일 생산량의 변화에 따라 작업자를 조정할 수 있다면 노무원가는 미세한 계단식 변동원가의 형태로 발생할 것이다. 그러나 계단식 변동원가의 행태를 보인다 하더라도 작업자의 생산량이 총생산량에 비해 그 규모가 상당히 작다면 [그림 9-6]의 (a)에 나타나는 바와 같이 변동원가로 취급해도 큰 오차는 발생하지 않을 것이다. 그러나 생산량의 변화에 따라 작업자를 조정할 수 없는 경우라면 노무원가는 고정원가의 성격을 가지게 된다.

제조간접원가는 혼합원가의 성격으로, 변동원가 성격의 변동제조간접원가와 고정원가 성격의 고정제조간접원가로 구분할 수 있다. 동력비나 용수비 소모품비와 같은 비용이 변동제조간접원가에 속하고, 공장장급여, 설비의 감가상각비, 보험료, 임대료 등이 고정제조간접원가에 속한다.

그림 9-6 직접노무원가와 제조간접원가의 행태

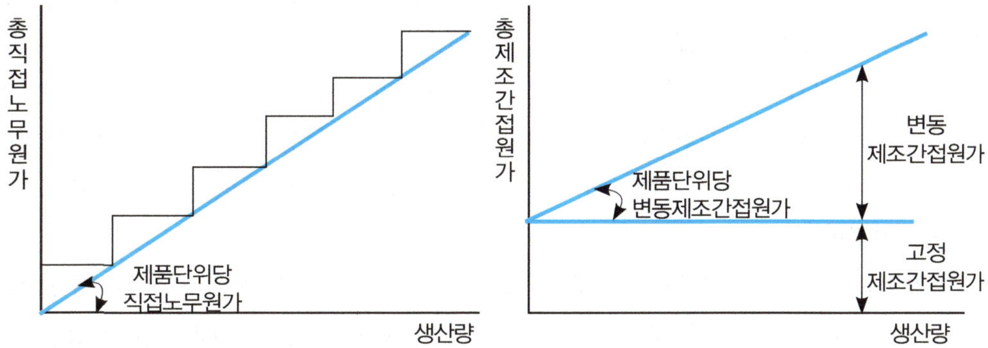

(a) 직접노무원가의 행태 (b) 제조간접원가의 행태

제2절 원가의 추정

원가를 추정하는 목적은 과거의 원가를 분석하여 미래의 원가를 더 정확히 예측함으로써 제품가격결정과 같은 의사결정에 도움을 주기 위함이다.

1. 원가추정과 기본가정

원가의 추정이란 과거에 발생된 원가를 고정원가요소와 변동원가요소로 구분하여 분석함으로써 미래의 원가를 예측할 수 있도록 하는 것이다. 앞서 설명한 대로 제품생산을 위해 발생하는 대부분의 원가는 혼합원가의 성격을 지니는데, 이러한 혼합원가를 예측하기 위해서는 고정원가와 변동원가요소로 분리하여 분석하는 것이 필수적이다. 기업에서 제품생산에 소요되는 원가를 추정하는 목적은 과거의 원가를 행태별로 분석하여 원가절감요소를 파악할 뿐만 아니라 추정된 원가를 토대로 미래 제품가격을 결정하거나 추가생산 여부를 결정하기 위함이다.

원가행태의 분석을 통한 원가추정을 위해서는 몇 가지의 기본적인 가정이 필요하다.

첫째, 모든 원가는 관련범위 내에서 선형으로 나타난다는 가정이다. 비선형적인 형태의 원가를 단순화하여 미래의 원가를 추정하는 데에는 어려움이 따르기 때문에 원가를 선형화하여 실제현상을 단순화하기 위한 것이다.

둘째, 총원가를 변화시키는 요인은 실질적으로는 다양하지만 여기서는 조업도 하나에 의해서만 변화된다는 가정이다. 총원가는 물가의 변화, 주문량 등 다양한 원인에 의해 변화될 수 있지만 모두 무시하고 오로지 생산량이나 작업시간의 변화에 의해서만 변화한다고 가정한다.

마지막으로, 과거에 발생한 원가의 행태는 미래에도 변화하지 않고 동일한 유형으로 계속 나타난다는 가정이다. 즉 과거에 고정원가와 변동원가가 2:8의 비율로 발생했다면 미래에도 그 비율이 변화하지 않고 2:8의 비율로 나타난다는 것이다.

이러한 가정을 기초로 원가를 추정하는 방법은 크게 회계적 접근방법과 통계적 접근방법으로 나눌 수 있다. 회계적 접근방법에는 계정분석법, 고저점법, 준평균법 등이 있으며, 통계적 접근방법에는 산포도법과 최소자승법이 있다.

2. 원가추정방법

1) 회계적 접근방법

(1) 계정분석법

계정분석법(account analysis method)은 회계담당자의 판단에 의한 방법인데, 특정원가계정의 세부적인 내용을 분석하여 해당원가를 변동원가부분과 고정원가부분으로 분류하는 방법이다. 이 방법을 적용하기 위해서는 회계담당자의 오랜 경험을 바탕으로 한 전문적 판단이 필요하다. 제품생산현장에서 발생하는 원가는 변동원가인지 고정원가인지 쉽게 판단할 수 없는 사례가 많기 때문이다.

계정분석법은 회계담당자의 판단에 의해 결정되므로 적용하기가 간편하고 비용이 적게 소요된다는 장점이 있는 반면에, 변동원가와 고정원가에 대한 정확한 구분이 어렵기 때문에 담당자의 자의적인 판단이 개입되어 객관성이 결여될 가능성이 높다는 단점이 있다.

(2) 고저점법

고저점법(high−low method)은 일정기간 동안의 원가행태를 분석하여 최고조업도에서 발생된 총원가와 최저조업도에서 발생한 총원가를 이용하여 원가행태를 예측하는 방법이다. 즉, 최고조업도에서의 원가금액과 최저조업도에서의 원가금액 두 점을 잇는 직선상에 다른 모든 조업도에서 발생하는 원가가 존재한다고 가정하는 방법이다.

그림 9-7 고저점법

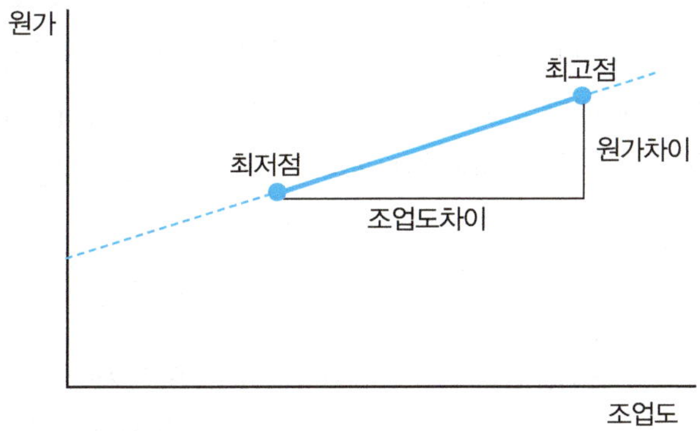

원가예측을 위해서는 먼저 단위당 변동원가를 산출해야 한다. 고저점법에서의 단위당 변동원가는 최고점과 최저점을 잇는 직선의 기울기가 된다. 두 극점을 잇는 직선의 기울기는 최고조업도에서의 원가와 최저조업도에서의 원가의 차이를 최고조업도와 최저조업도의 차이로 나눈 값이다. 즉, 원가의 차이를 조업도의 차이로 나누면 직선의 기울기(단위당 변동원가)를 구할 수 있다. 최고점과 최저점을 결정할 때 주의해야 할 점은, 원가의 최고점과 최저점이 아닌 조업도수준의 최고점과 최저점을 기준으로 결정해야 한다는 것이다.

$$\text{단위당 변동원가}(b) = \frac{\text{최고조업도에서의 원가} - \text{최저조업도에서의 원가(원가의 차이)}}{\text{최고조업도} - \text{최저조업도(조업도의 차이)}}$$

이렇게 산출된 단위당 변동원가를 $Y = a + bX$의 혼합원가 방정식에 조업도수준과 총원가와 함께 대입하면 고정원가 a의 값을 산출할 수 있다. 이때 최고조업도수준의 조업도와 총원가를 대입하든 최저조업도수준의 조업도와 총원가를 대입하든 그 결과는 동일하게 산출될 것이다.

고저점법을 이용한 원가의 추정은 사용하기에 편리하다는 장점이 있으나, 2개의 극단적인 자료만을 이용하기 때문에 추정된 원가의 편차가 크다는 단점이 있다.

고저점법은 다양한 사례에 적용되는데, 백화점 판매사원의 급여가 기본급과 판매수수료로 이루어졌다고 한다면, 판매량의 차이와 급여의 차이를 이용해 고정원가 성격의 기본급과 변동원가 성격의 판매단위당 판매수수료를 쉽게 산출할 수 있다. 예를 들어 상품 80단위를 판매했을 경우 판매사원의 급여는 ₩1,000,000이고, 120단위를 판매했을 경우의 급여는 ₩1,400,000이라고 하자. 판매사원의 급여를 기본급과 판매수수료로 구분해 보면, 먼저 판매단위당 판매수수료는 급여의 차이 ₩400,000(₩1,400,000－₩1,000,000)을 판매량의 차이 40단위(120단위－80단위)로 나눈 ₩10,000임을 알 수 있다.

단위당 판매수수료 = 급여의 차이/판매량의 차이
= (₩1,400,000 – ₩1,000,000)/(120–80)
= ₩10,000/단위

이제 최고점이나 최저점의 급여에서 판매수수료를 차감하면 판매사원의 기본급을 산출할 수 있다. 즉, 최고점의 급여 ₩1,400,000에서 판매단위당 수수료 ₩10,000에 판매량 120단위를 적용한 ₩1,200,000의 판매수수료를 차감하면 ₩200,000의 기본급을 얻을 수 있다. 최저점에서의 급여 ₩1,200,000을 적용하여도 동일한 결과를 얻을 수 있을 것이다.

기본급 = 총급여 – 판매단위당 수수료 × 판매량
= ₩1,400,000 – ₩10,000 × 120단위
= ₩200,000

이와 같은 방법으로 판매사원의 급여는 기본급 ₩200,000과 판매단위당 ₩10,000의 수수료로 구성되어 있음을 알 수 있다. 판매수량에 따라 판매사원이 수령하는 급여를 함

수로 표시하면 다음과 같다.

$$Y = 200{,}000 + 10{,}000X$$

(Y : 총급여, X : 판매단위)

예제 9-1 **고저점법에 의한 원가의 추정 1**

㈜설악의 최근 2개월 동안의 제조활동과 이로 인해 발생한 원가에 대한 기록이다.

구분	생산량(개)	발생원가
최고수준의 활동	9,000	₩9,700,000
최저수준의 활동	5,000	6,100,000
차이	4,000	₩3,600,000

▶ **요구사항**

고저점법을 이용하여 원가의 방정식을 산출하시오.

▶ **풀이**

가. 단위당 변동원가의 산출

$$\text{단위당 변동원가}(b) = \frac{\text{최고점에서의 원가} - \text{최저점에서의 원가(원가의 차이)}}{\text{최고조업도} - \text{최저조업도(조업도의 차이)}}$$

$$= ₩3{,}600{,}000 \div 4{,}000\text{개}$$

$$= ₩900 / \text{개}$$

나. 고정원가의 산출

고정원가 = 총원가 − 단위당 변동원가 × 조업도수준

= ₩9,700,000 − (₩900 × 9,000개)

= ₩1,600,000

고정원가의 산출은 최고점수준에 대입하든 최저점수준에 대입하든 동일한 값을 얻을 수 있다. 고저점법은 최고점과 최저점의 두 점을 잇는 직선을 따라 원가가 변화한다고 가정하기 때문에 동일 직선상의 어느 점을 대입하더라도 그 결과는 동일하다.

최저조업도수준에서 고정원가를 산출해 보면 다음과 같이 최고조업도수준에서와 같은 동일한 고정원가금액을 얻을 수 있다.

고정원가 = 총원가 − 단위당 변동원가 × 조업도

= ₩6,100,000 − (₩900 × 5,000개)

= ₩1,600,000

다. 방정식의 산출

총원가(Y) = 고정원가(a) + 단위당 변동원가(b) × 조업도(X)이므로

$Y = 1,600,000 + 900X$

산출된 방정식을 이용하여 조업도의 변화에 따른 미래의 원가를 추정할 수 있을 것이다. 즉 조업도가 10,000단위일 경우의 총원가는 고정원가 ₩1,600,000에 단위당 변동비 ₩900 × 10,000단위를 적용한 ₩10,600,000이고, 조업도가 11,000단위일 경우에는 같은 방법으로 ₩11,500,000의 총원가를 추정할 수 있다.

예제 9-2 고저점법에 의한 원가의 추정 2

㈜설악의 최근 1년간 제품생산량과 생산비용에 대한 자료이다.

월	생산량(개)	발생원가
1	4,800	₩252,000
2	7,200	324,000
3	7,200	324,000
4	6,000	288,000
5	3,600	216,000
6	10,800	432,000
7	9,600	369,000
8	9,600	351,000
9	7,200	324,000
10	9,600	369,000
11	9,600	360,000
12	8,400	333,000
	93,600	₩3,942,000

▶ **요구사항**

고저점법을 이용하여 원가의 방정식을 산출하시오.

▶ **풀이**

가. 단위당 변동원가의 산출

전체 12개월의 원가자료 중 최고조업도수준과 발생원가는 6월의 10,800단위에 대한 ₩432,000이고, 최저조업도수준과 발생원가는 5월의 3,600단위에 대한 ₩216,000이다. 단위당 변동원가 산출을 위한 최고점과 최저점의 두 점을 잇는 작선의 기울기는 다음의

방정식을 통하여 산출할 수 있다.

$$\text{단위당 변동원가}(b)=\frac{\text{최고점에서의 원가}-\text{최저점에서의 원가(원가의 차이)}}{\text{최고조업도}-\text{최저조업도(조업도의 차이)}}$$

$$=(₩432,000-216,000)\div(10,800-3,600)$$

$$=₩30/\text{개}$$

나. 고정원가의 산출

산출된 단위당 변동원가를 최고조업도수준에서의 총원가와 함께 다음 방정식에 대입하여 고정원가를 산출할 수 있다.

$$\text{고정원가}=\text{총원가}-\text{단위당 변동원가}\times\text{조업도}$$

$$=₩432,000-(₩30\times 10,800\text{개})$$

$$=₩108,000$$

다. 방정식의 산출

산출된 단위당 변동원가와 고정원가를 이용하여 원가의 추정방정식을 표시하면 다음과 같다.

$$\text{총원가}(Y)=\text{고정원가}(a)+\text{단위당 변동원가}(b)\times\text{조업도}(X)$$

$$Y=108,000+30X$$

(3) 준평균법

2개의 극단적인 조업도수준에서의 원가만을 사용하기 때문에 추정된 원가의 편차가 크다는 고저점법의 단점을 보완하기 위한 대안으로 준평균법을 사용한다. 준평균법(semi-average method)은 2개의 극점만을 이용하는 고저점법과는 달리 모든 측정치를 간접적으로 이용한다는 데에 그 의의가 있다. 준평균법은 먼저 전체조업도수준과 원가측정치를 조업도를 기준으로 상위집단과 하위집단의 두 집단으로 분리한 후, 각 집단의 평균조업도와 평균원가를 산출하고, 산출된 두 집단의 평균값을 이용하여 고저점법을 적용하는 방법이다. 즉, 상위집단의 평균을 최고점으로, 하위집단의 평균을 최저점으로 하여 고저점법을 적용하는 방법이다.

예제 9-3 준평균법에 의한 원가의 추정

▶ 요구사항

[예제 9-2]의 ㈜설악의 자료를 이용하여 준평균법에 의한 원가방정식을 산출하시오.

▶ 풀이

가. 2개 집단의 평균값 산출

전체 12개월분 조업도수준에서의 원가측정치를 조업도수준을 기준으로 상위 6개 측정치와 하위 6개 측정치의 두 집단으로 구분하여, 상위집단과 하위집단의 조업도수준과 원가의 평균을 산출한다.

조업도수준이 높은 달			조업도수준이 낮은 달		
월	생산량	발생원가	월	생산량	발생원가
5	3,600	₩216,000	12	8,400	₩333,000
1	4,800	252,000	7	9,600	369,000
4	6,000	288,000	8	9,600	351,000
2	7,200	324,000	10	9,600	369,000
3	7,200	324,000	11	9,600	360,000
9	7,200	324,000	6	10,800	432,000
평균	6,000	₩288,000		9,600	₩369,000

나. 단위당 변동원가의 산출

2개의 집단으로부터 산출된 평균값을 이용하여 고저점법에 따른 단위당 변동원가를 산출한다.

$$\text{단위당 변동원가}(b) = \frac{\text{최고점에서의 원가} - \text{최저점에서의 원가(원가의 차이)}}{\text{최고조업도} - \text{최저조업도(조업도의 차이)}}$$

$= (₩369,000 - 288,000) \div (9,600 - 6,000)$

$= ₩22.5 / \text{개}$

다. 고정원가의 산출

고정원가 = 총원가 − 단위당 변동원가 × 조업도

= ₩369,000 − (₩22.5 × 9,600개)

= ₩153,000

라. 방정식의 산출

총원가(Y) = 고정원가(a) + 단위당 변동원가(b) × 조업도(X)로 표시하면

$Y = 153,000 + 22.5X$

이상의 [예제 9-2]와 [예제 9-3]에서 확인된 바와 같이 고저점법과 준평균법을 이용한 원가행태의 분석은 동일한 자료에 기초했음에도 불구하고 완전히 다른 결과를 가져왔다. 고저점법을 이용하여 산출된 원가방정식($Y=108,000+30X$)과 준평균법을 이용하여 산출된 원가방정식($Y=153,000+22.5X$)을 비교해 보면, 준평균법에 의해 산출된 원가방정식에서의 고정원가는 고저점법에 비하여 높게 산출된 데 비해 단위당 변동원가는 낮게 산출되었다.

표 9-1 | 고저점법과 준평균법의 비교

	실제자료		고저점법		준평균법	
	원가방정식		Y=108,000+30X		Y =153,000+22.5X	
월	생산량	발생원가	동력비	추정오차	동력비	추정오차
1	4,800	₩252,000	₩252,000	0	261,000	−9,000
2	7,200	324,000	324,000	0	315,000	9,000
3	7,200	324,000	324,000	0	315,000	9,000
4	6,000	288,000	288,000	0	288,000	0
5	3,600	216,000	216,000	0	234,000	−18,000
6	10,800	432,000	432,000	0	396,000	36,000
7	9,600	369,000	396,000	−27,000	369,000	0
8	9,600	351,000	396,000	−45,000	369,000	−18,000
9	7,200	324,000	324,000	0	315,000	9,000
10	9,600	369,000	396,000	−27,000	369,000	0
11	9,600	360,000	396,000	−36,000	369,000	−9,000
12	8,400	333,000	360,000	−27,000	342,000	−9,000
추정오차의 절대값의 합				162,000		126,000

그러면 고저점법과 준평균법의 두 방법 중에서 어떤 방법을 사용했을 때 미래의 원가를 정확하게 예측할 수 있을까? 물론 해답은 실제원가와 원가방정식에 의해 산출된 예측치의 오차가 적게 나는 방법일 것이다. [표 9-1]에 고저점법과 준평균법에 따라 산출된 방정식을 이용하여 예측한 원가예측치와 실제발생된 원가를 비교표시하였다. 표를 보면 고저점법에서 산출된 발생원가예측치와 실제발생원가 차이에 대한 절대값의 합계금액이 준평균법에 의해서 산출한 것보다 월등히 크다는 것을 알 수 있다. 이는 곧 고저점법을 이용하여 예측한 원가보다 준평균법을 이용한 원가예측치가 실제원가와의 편차가 적게

발생하기 때문에 보다 정확한 예측치를 얻을 수 있다는 것이다.

2) 통계적 접근방법

이상에서와 같은 회계적인 방법 이외에 통계를 이용하여 원가를 예측하는 방법도 있다. 산포도법이나 최소자승법 등을 이용하여 원가를 추정하는 방법으로 실무에서는 컴퓨터를 이용하여 이들 방법을 쉽게 적용할 수 있다.

:: 쉬어가는 곳 건당 수백만원 들고 오래된 특허일수록 점점 비싸져

특허 전쟁에 대비해 국내 기업들이 쌓아 놓는 특허의 등록 · 유지 · 보수비용이 기하급수적으로 증가하고 있다. 특허 등록은 특허 관리의 시작에 불과하다. 특허를 받은 다음 특허 당국에 매년 특허 유지비용을 내야 한다. 오래전 등록한 특허일수록 더 많은 돈을 내야 한다. 일종의 누진제다.

국내 최다 특허보유업체(국내외 103,000건)인 삼성전자의 경우 작년 특허 등록 · 유지에만 1,000억원에 가까운 돈을 쓴 것으로 알려졌다. 국내외 특허 8만여 건을 보유한 LG전자 관계자도 "정확한 금액을 밝힐 수는 없지만 특허 유지에 쓰는 돈이 매년 수백억원"이라고 말했다. SK하이닉스도 특허 등록 · 유지에 매년 300억원 정도를 쓴다.

최근 5년간 국내 특허 출원건수

(단위 : 건)

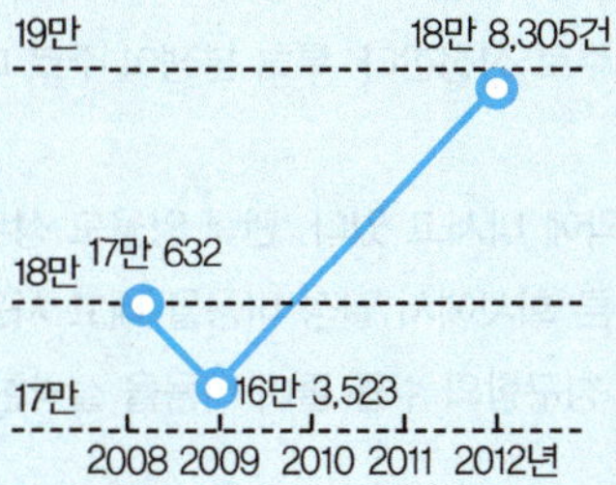

자료 : 특허청

2012년 미국 특허 등록 상위 50개 기업 중 한국 업체 현황

(단위 : 건)

자료 : IFI 클레임스 페이턴트 서비스

대기업뿐 아니라 기술력이 뛰어난 전문기업도 특허 유지에 큰 투자를 한다. 세계 5위 LED(Light Emitting Diode, 발광다이오드) 생산업체인 서울반도체는 작년 특허 등록 · 유지비로 200억원을 썼다고 밝혔다. 서울반도체는 특허에 강한 기업이다. 국제 전기전자기술자협회(IEEE)는 국내외 특허 1만 건을 보유한 서울반도체의 특허 경쟁력을 전 세계 반도체업체 가운데 10위로 평가했다. 같은 평가에서 미국 인텔은 11위였다.

특허 유지에 이렇게 천문학적인 비용이 들어가는 이유는 출원 · 등록에 법무비용이 들고, 특허를 유지하는 대가로 매년 일정한 금액을 각국 등록기관에 지불해야 하기 때문이다. 법무비용을 포함한 특허 출원 · 등록비용은 국내에선 건당 300만원 선, 미국이나 유럽은 2,500만~3,000만원 선이다.

등록 이후 국내는 특허청에서 매년 연차등록료를 받는다. 특허 유지비에 해당하는 돈이다. 최초 등록 후 3년까지는 건당 매년 15,000원을 내야 한다. 이후에는 보유기간에 따라 4~6년차에 매년 4만원, 7~9년차에 매년 10만원 등으로 늘어난다. 13~20년차에는 매년 36만원을 내야 한다.

여기에 특허가 보장하는 기술 · 권리의 세부항목인 '청구항'이 하나 늘어날 때마다 추가금액을 낸다. 등록료를 내지 않으면 특허는 소멸된다. 특허청은 "등록료는 시간이 갈수록 비싸지는 누진제적 성격이 있다"며 "한 기업이나 개인이 특허를 지나치게 오래 보유해서 기술확산을 막는 것을 방지하자는 취지"

라고 설명했다

특허도 선택과 집중 필요

특허 등록 · 유지비용이 급증하자 기업들은 비용을 최대한 절감하기 위한 '특허효율화'에 나서고 있다. 특허를 무조건 많이 보유하기보다는 핵심 특허를 보호하고 버릴 것은 버리는 '선택과 집중'전략이다. 가령 영상기기 시장의 핵심제품이 비디오에서 DVD로 변했다면 이제는 쓸모없게 된 비디오 관련 특허를 포기하는 것이다. 이를 위해 기업들은 보유 특허의 가치를 매년 재검토해 옥석을 가린다. 삼성전자 · LG전자 같은 대기업에서도 "특허는 이제 양보다 질(質)"이라는 말이 나온다.

과거 국내 전자업체들은 연구원에게 1인당 특허 목표량을 정하고 이를 달성하도록 몰아붙였다. SK하이닉스는 "10년 전에는 연구원 1인당 연간 1개 이상 특허를 출원하도록 강제했다"고 말했다. 그러나 하이닉스는 이제 연구원들에게 특허 출원을 강요하지 않는다.

특허 출원 국가 숫자도 줄여가는 추세이다. 하이닉스는 과거 일본 · 유럽 · 미국 등 주요 국가 전체에서 특허를 받았지만 최근 들어선 해외 특허를 출원할 때 미국 위주로 신청한다. 특허 분쟁이 주로 미국에서 벌어지기 때문이다.

기업에서는 이 밖에도 다양한 방법을 사용해 특허 유지비 절약에 나서고 있다. 팬택 양율모 상무는 "사용하지 않는 특허를 매각하거나, 공증기관에 신탁을 맡겨 다른 회사에서 일정 비용을 내고 사용할 수 있게 하는 방법 등을 사용한다"며 "버릴 수 없는 특허의 경우 청구항의 수를 줄여 비용을 절약한다"고 말했다.

특허 유지비를 손익계산서상의 비용으로만 볼 것이 아니라 넓은 의미의 기술투자로 봐야 한다는 지적도 있다. 특허청 관계자는 "중소기업이나 연구기관 등에서는 특허 등록료가 지나치게 비싸 부담스럽다는 하소연이 나오기도 하지만 이를 비용으로 볼 것인지 투자로 볼 것인지는 생각해 봐야 한다"고 말했다.

자료 : 조선일보, 2013. 5. 30.

연 | 습 | 문 | 제

01 다음 그래프의 종축은 총원가를 나타내며, 횡축은 1년간의 생산량을 나타낸다. 다음 중 그래프를 적정하게 설명하지 못한 것은? (CPA, 2004)

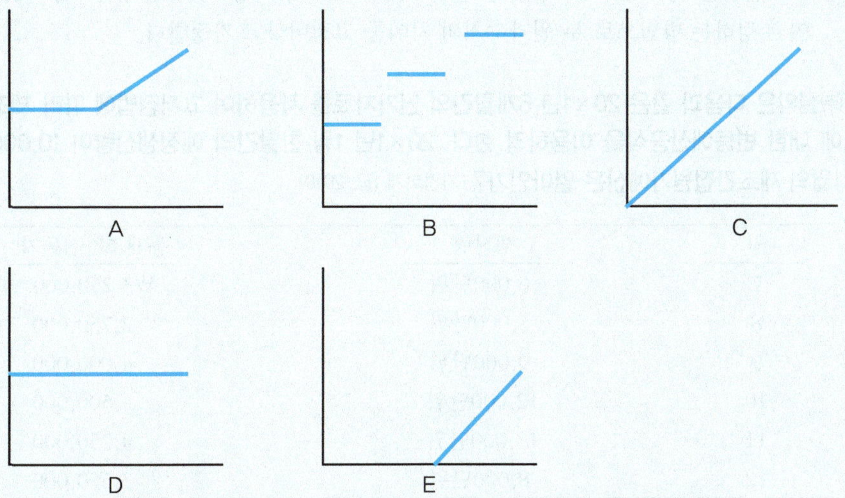

A : 일정량의 kwh까지는 기본요금을 내고 그것을 초과하는 경우에는 변동원가가 추가된다 (kwh는 생산량에 비례하여 증가).

B : 수도요금 청구액은 다음과 같이 계산된다.

100,000톤 이하	기본요금	₩100,000
추가 10,000톤	추가사용된 톤당	₩3
추가 10,000톤	추가사용된 톤당	₩6

C : 기계사용시간(생산량에 비례)을 기준으로 계산되는 설비의 감가상각비

D : 정액법에 의한 설비의 연간감가상각비

E : 어떤 조업도수준 이상으로 생산되는 매 생산단위마다 ₩100을 관리자에게 지급하는 상여금제도

① A ② B ③ C
④ D ⑤ E

02 다음 중 원가추정방법에 관한 설명으로 올바르지 않은 것은? (세무사, 2009)

① 회귀분석법은 결정계수가 1에 가까울수록 만족스러운 추정을 달성한다.

② 선형원가함수의 추정방법 중 산포도법은 조업도를 독립변수로 하고 원가발생액을 종속변

수로 하는 도표에 과거의 원가자료들을 점으로 표시하고 그 점들의 분포를 가장 잘 대표할 수 있는 추세선을 눈대중으로 찾아내어 그 직선의 방정식을 원가방정식으로 추정하는 방법이다.

③ 계정분석법을 사용하면 각 계정을 변동원가와 고정원가로 구분하는데 자의성이 개입될 수 있다.

④ 고저점법은 원가자료 중 가장 큰 원가수치의 자료와 가장 작은 원가수치의 자료를 사용하여 추정하는 방법으로 두 원가수치의 차이를 고정비라고 가정한다.

03 **㈜설악은 다음과 같은 20×1년 6개월간의 원가자료를 사용하여 고저점법에 따라 제조간접원가에 대한 변동예산공식을 이용하려 한다. 20×1년 1월 한달간의 예정생산량이 10,000단위라면 1월의 제조간접원가예산은 얼마인가?** (기업회계 1급, 2010)

월	생산량	총제조간접원가
7	6,000단위	₩3,250,000
8	5,000단위	2,750,000
9	9,000단위	4,000,000
10	12,000단위	4,500,000
11	13,000단위	4,750,000
12	8,000단위	3,500,000

① ₩3,800,000　② ₩4,000,000　③ ₩4,100,000　④ ₩4,200,000

04 **다음 고정비와 변동비를 분류하는 방법 중 고저점법과 회귀분석법의 비교설명으로 옳지 않은 것은?** (기업회계 1급, 2012)

1. 두 방법 모두 관련범위 내에서 단위당 변동비가 일정한 일차함수를 가정하고 있다.
2. 고저점법은 고점과 저점의 비용만 고려하고 있지만, 회귀분석법은 측정된 모든 조업도수준의 비용을 고려하고 있다.
3. 고저점법은 학습효과에 의한 원가의 절감을 고려하고 있지 않지만, 회귀분석법은 고려하고 있다.
4. 고저점법은 고점과 저점을 잇는 추정선으로 비용행태를 추정하고 있지만, 회귀분석법은 추정선이 아닌 실제로 측정된 비용을 모두 나타내고 있다.
5. 고저점법보다는 회귀분석법이 실제로 측정된 비용행태에 보다 근접되어 있다.

① 1, 2　② 2, 3　③ 3, 4　④ 4, 5

05 **㈜설악의 생산자료는 다음과 같다. 6월에 계획생산량이 40개일 때 고저점법을 이용하여 노무원가추정액을 계산하면 얼마인가?** (기업회계 1급, 2011)

월	생산량	노무원가
1	10개	₩160,000
2	15개	200,000
3	20개	310,000
4	50개	720,000
5	30개	460,000

① ₩560,000 ② ₩580,000 ③ ₩600,000 ④ ₩620,000

06 **㈜설악의 생산자료는 다음과 같다. 6월에 생산량이 1,500개일 때 고저점법을 이용하여 노무원가추정액을 계산하면 얼마인가?** (기업회계 1급, 2010)

월	생산량	노무원가
1	1,000개	₩1,200,000
2	1,200개	1,400,000
3	1,400개	1,850,000
4	1,100개	1,300,000
5	1,800개	2,100,000

① ₩1,700,000 ② ₩1,762,500 ③ ₩1,862,500 ④ ₩1,892,500

07 **㈜설악은 단일제품을 생산하며 판매가격은 단위당 ₩1,000이다. 이 회사는 총제조간접원가 추정에 다음과 같은 선형원가함수를 사용하고 있다.**

$Y=200,000+30X$(Y : 월간 총제조간접원가, X : 직접노동시간)

제품단위당 직접재료원가는 ₩50, 단위당 직접노무원가는 ₩20이며, 직접노동시간당 임률은 ₩10이다. 회사는 20×1년 10월 400개의 제품을 생산하고자 한다. 기초와 기말의 재고자산이 없다면 20×1년 10월의 매출총이익은 얼마가 되는가?

① ₩328,000 ② ₩252,000 ③ ₩136,000
④ ₩140,000 ⑤ ₩148,000

08 **㈜설악의 월평균 기계운전시간(X)과 전력비(Y)의 관계가 다음과 같이 추정된다.**

$$Y=10,000+8X$$

추정 원가함수를 기초로 월평균조업도는 5,000기계운전시간일 경우, 전력비에 대한 설명 중 가장 옳지 않은 것은? (9급 공채, 2008)

① 전력비의 월평균고정원가는 ₩10,000이다.
② 전력비의 변동원가는 기계운전시간당 ₩8이다.
③ 조업도가 4,000기계운전시간일 때 추정 총전력비는 ₩42,000이다.
④ 기계운전시간이 800시간 증가하면 전력비는 ₩16,400 증가한다.

09 **원가자료를 분석하여 아래와 같은 제조간접원가예산식을 만들었다.**

연간제조간접원가예산=₩150,000 + ₩500/시간×직접노동시간

회사가 총직접노동시간을 7,500시간으로 예상하고 있을 때, 제조간접원가예정배부율은? (전산세무 1급, 2006)

① 직접노동시간당 ₩500　② 직접노동시간당 ₩510
③ 직접노동시간당 ₩520　④ 직접노동시간당 ₩530

10 **㈜설악의 36개월간의 수선유지비에 대한 원가추정을 한 결과 다음과 같은 원가추정방정식을 구했다.**

Y=3,000,000 + 2,625X (X :기계작업시간, Y : 수선유지비), 결정계수=0.8

20×1년 10월의 기계작업시간이 1,500시간일 때 수선유지비의 변동예산액은 얼마인가? (CPA, 1995)

① ₩3,937,500　② ₩5,500,000　③ ₩6,150,000
④ ₩6,337,500　⑤ ₩6,937,500

11 **다음은 20×1년 전반기 생산활동자료이다. 이 자료를 이용하여 고저점법을 적용할 때 단위당 변동원가가 ₩40이다. 3월의 발생원가는 얼마인가?** (주택관리사, 2008)

월	생산량	발생원가
1월	240개	₩14,600
2월	210개	13,600
3월	200개	?
4월	230개	14,200
5월	220개	13,900
6월	250개	15,000

① ₩12,900　② ₩13,000　③ ₩13,100
④ ₩13,200　⑤ ₩13,300

12 ㈜설악의 20×1년 2월부터 6월까지의 원가관련 자료는 다음과 같다.

월	생산량	제조원가
2월	10개	₩70,000
3월	20개	150,000
4월	40개	200,000
5월	50개	230,000
6월	30개	180,000

위 자료에 의하여 7월 예상생산량이 60단위인 경우 제조원가를 고저점법을 이용하여 추정하면 얼마인가? (감정평가사, 2005)

① ₩240,000 ② ₩250,000 ③ ₩260,000
④ ₩270,000 ⑤ ₩280,000

13 ㈜설악의 최근 2년간 생산량과 총제조원가는 아래와 같다. 2년간 고정비와 단위당 변동비는 변화가 없었다.

	생산량	총제조원가
20×1년	1,000개	₩50,000,000
20×2년	2,000개	70,000,000

20×3년도에 고정원가가 20% 증가하고 단위당 변동원가가 40% 감소하면 생산량이 3,000개일 때 총제조원가는 얼마인가? (CPA, 1996)

① ₩36,012,000 ② ₩60,000,000 ③ ₩66,000,000
④ ₩72,000,000 ⑤ ₩80,000,000

14 ㈜설악의 전력비는 다음과 같다. 기계시간이 전력비에 대한 원가동인이라면 32,375기계시간이 예상되는 7월의 전력비는 고저점법에 의해 얼마로 추정되는가? (세무사, 2008)

월별	기계시간	전력비
1월	34,000	₩610,000
2월	31,000	586,000
3월	33,150	507,000
4월	32,000	598,000
5월	33,750	650,000
6월	31,250	575,000

① ₩259,000 ② ₩338,000 ③ ₩595,000
④ ₩597,000 ⑤ ₩600,000

15 다음은 ㈜설악의 조업도수준에 따른 자료이다.

	조업도수준 낮음	조업도수준 높음
생산수량	25,000단위	30,000단위
총제조원가	₩575,000	₩680,000
단위당 직접재료원가	₩5	₩5
단위당 직접노무원가	₩6	₩6

고저점법을 사용하여 제조간접원가의 원가행태를 분석할 경우 다음 중에서 옳은 것은? (세무사, 2004)

① 기간당 ₩50,000, 단위당 ₩10
② 기간당 ₩50,000, 단위당 ₩21
③ 기간당 ₩50,000, 단위당 ₩22
④ 기간당 ₩50,000, 단위당 ₩23
⑤ 기간당 ₩347,000, 단위당 ₩0.1

Chapter 10

변동원가계산

CHAPTER 10 변동원가계산

제1절 전부원가계산과 변동원가계산

1. 전부원가계산과 변동원가계산의 개요

제품의 제조원가계산방법은 원가의 구성요소에 따라 전부원가계산과 변동원가계산으로 분류할 수 있다. 전부원가계산(full costing)은 제품의 원가를 산정할 때, 고정원가와 변동원가의 구분 없이 제품원가에 포함된 직접재료원가, 직접노무원가 그리고 제조간접원가 전부를 포함하여 산정하는 원가계산방법이다. 전부원가계산은 제조원가를 전부 흡수한다고 하여 흡수원가계산(absorption costing)이라고도 한다.

반면, 변동원가계산(variable costing)은 제조원가를 고정원가와 변동원가로 구분하여 고정원가는 제조원가에서 제외하고 변동원가만을 제조원가에 포함시키는 원가계산방법이다. 즉, 제품의 원가에 변동원가인 직접재료원가와 직접노무원가 그리고 변동제조간접원가만을 포함시키고 고정원가인 고정제조간접원가는 제외시키는 원가계산방법이다. 제품의 원가에서 제외된 고정제조간접원가는 기간비용으로 간주하여 발생기간의 수익에 대응하는 비용으로 처리한다.

제품원가와 기간비용의 차이에 대하여는 제2장 원가의 개념에서 설명한 바 있으나, 다시 설명하면 발생된 원가를 제품원가로 분류할 경우 생산된 제품의 원가(재고자산)로 처리되었다가 판매가 이루어지는 시점에서 비용(매출원가)으로 처리된다. 반면에 기간비용은 원가의 발생 즉시 비용으로 처리된다. 즉, 제품원가는 제품을 판매하지 않았을 경우에는 비용으로 처리하지 않고 자산으로 이연하게 되는 점이 발생 즉시 당기비용으로 처리되는 기간비용과의 차이점이라고 할 수 있다. 발생된 원가를 제품원가로 처리하느냐 또는 기간비용으로 처리하느냐에 따른 차이는 회계기말에 재고자산이 존재하는 경우에 확실하게 드러난다.

[표 10-1]에서 전부원가계산과 변동원가계산의 차이를 제품원가에 포함되는 구성요소별로 설명해 주고 있다. 전부원가계산에서는 직접재료원가와 직접노무원가 그리고 변동제조간접원가와 고정제조간접원가 전부를 제품원가로 처리하는 반면에, 변동원가계산에서는 고정제조간접원가를 제외한 원가를 제품원가로 구분하고 제외된 고정제조간접원가는 판매비와 일반관리비와 함께 기간비용으로 처리하고 있다. 결국 변동원가계산과 전부원가계산의 차이점은 고정제조간접원가의 처리방법에 있다. 고정제조간접원가를 제품원가로 포함시키면 전부원가계산방법이고, 기간비용으로 처리하면 변동원가계산방법인 것이다. 두 방법 모두에서 판매관리비는 기간비용으로 처리한다.

표 10-1 | 전부원가계산과 변동원가계산

전부원가계산	원가요소	변동원가계산
제품원가	직접재료원가	제품원가
	직접노무원가	
	변동제조간접원가	
	고정제조간접원가	기간비용
기간비용	판매비와 일반관리비	

2. 공헌이익

제품원가에 포함되는 원가요소의 차이로 인해 두 원가계산방법에서 작성하는 손익계산서의 형식에도 차이가 있다. 전부원가계산에서는 원가를 기능에 따라 분류하여 작성하는 기능적 손익계산서(functional income statement)를 작성하는 반면에, 변동원가계산에서는 원가를 행태에 따라 분류하여 작성하는 공헌이익손익계산서(contribution margin income statement)를 작성한다.

공헌이익손익계산서를 작성하기 위해서는 먼저 공헌이익의 개념을 이해해야 한다. 공헌이익(contribution margin : CM)은 매출액에서 변동비를 차감했을 때 발생하는 이익 개념으로, 이로부터 고정비를 회수할 뿐만 아니라 순이익을 얻을 수 있기 때문에 공헌이익이라 한다. 즉, 매출액에서 변동비를 차감하여 산출한 공헌이익에서 고정비를 차감하면 순이익을 산출할 수 있게 된다. 단위당 공헌이익은 총공헌이익을 판매수량으로 나누어 산출하거나 단위당 판매가격에서 단위당 변동비를 차감하여 산출한다. 공헌이익률(contribution margin ratio)은 공헌이익을 매출액으로 나눈 수치로 매출액이 1원 증가할 때 공헌이익이 어느 정도 증가하는지에 대한 정보를 제공해 준다.

공헌이익=매출액−변동비
단위당 공헌이익=단위당 판매가격−단위당 변동비
공헌이익률=공헌이익 ÷ 매출액

공헌이익 개념을 이용하여 작성한 손익계산서를 공헌이익손익계산서라고 한다. 이는 발생한 비용을 경영자들이 통제가능한 변동비부분과 통제가 어려운 고정비부분으로 구분하여 작성하기 때문에 경영자들의 의사결정 목적으로 많이 사용된다. 또한 여기에서 작성된 공헌이익은 경영자에 의해 통제가능한 변동비만을 차감한 후에 실현되는 이익이기 때문에 경영자의 성과평가 목적으로도 주로 사용된다.

공헌이익손익계산서는 매출액에서 변동비를 차감하여 공헌이익을 산출하고, 공헌이익에서 고정비를 차감하여 순이익을 산출하는 형태로 작성된다. 공헌이익손익계산서는 일반적으로 인정된 회계원칙(generally accepted accounting principles : GAAP)이 아니다. 따라서 외부보고 목적으로는 사용할 수 없으며 내부관리 목적으로만 사용하는 손익계산서이다.

| 표 10-2 | 전통적 손익계산서와 공헌이익손익계산서의 비교

손익계산서-전부원가계산			손익계산서-변동원가계산		
매출		×××	매출		×××
매출원가			변동비		
기초재고	×××		변동매출원가	×××	
당기제조원가	×××		변동판매비	×××	
기말재고	(×××)	(×××)	변동일반관리비	×××	(×××)
매출총이익		×××	공헌이익		×××
판매비와 일반관리비			고정비		
판매비	×××		고정제조간접원가	×××	
일반관리비	×××	(×××)	고정판매비	×××	
순이익		×××	고정일반관리비	×××	(×××)
			순이익		×××
외부보고 목적으로 사용			내부관리 목적으로 사용		

3. 전부원가계산과 변동원가계산의 비교

전부원가계산과 변동원가계산의 가장 기본적인 차이는 고정제조간접원가의 제품원가 포함 유무에 있다고 설명하였다. 전부원가계산에서는 고정제조간접원가가 제품원가에 포함되고, 변동원가계산에서는 고정제조간접원가를 기간비용으로 분류하여 처리하였다.

그렇다면 고정제조간접원가가 제품원가에 포함되는 것과 기간비용에 포함되는 것은 어떠한 차이를 발생시킬까? 앞서 잠깐 언급했듯이 제품원가에 포함이 되면 자산으로 기록된 후, 판매되는 시점에서 비용으로 전환된다고 하였다. 그렇다면 전부원가계산에서 제품원가에 포함된 고정제조간접원가는 기말에 100% 비용으로 전환되지 않고 판매하지 못한 제품의 비율만큼 기말재고자산에 포함되어 다음 회계기간으로 넘어가게 된다. 즉, 고정제조간접원가의 일부가 비용으로 전환되지 못하고 다음 회계기간으로 이연되는 것이다. 이연된 고정제조간접원가는 다음 회계연도의 판매시점에 비용으로 전환처리한다. 반면에 변동원가계산하에서 기간비용으로 처리된 고정제조간접원가는 발생되는 즉시 기간비용으로 분류하여 100% 전부를 비용으로 처리한다. 따라서 변동원가계산과 전부원가계산에서는 이연된 고정제조간접원가만큼의 비용차이가 발생하게 되는 것이다.

그러나 이러한 제품원가와 기간비용의 논쟁은 재고자산이 존재하지 않는다면 의미가 없다. 재고자산이 존재하지 않는다는 것은 결국 생산된 제품전체가 당기에 판매완료된다는 것이므로 이연되는 고정제조간접원가가 없어 제품원가로 분류하든 기간비용으로 분류하든 발생된 원가전체가 비용으로 처리되기 때문이다. 그러나 회계기말에 재고자산이 존재한다면, 전부원가계산에 의한 재고자산금액은 변동원가계산에 의한 재고자산금액보다 재고자산에 포함된 고정제조간접원가금액만큼 항상 크게 나타날 것이다

재고자산에 포함되어 이연된 제조간접원가금액만큼의 차이로 인해 전부원가계산에서 산출된 순이익과 변동원가계산에서 산출된 순이익도 고정제조간접원가의 이연된 부문만큼 차이가 발생하게 된다. 만일 생산된 제품을 전부 판매하지 못했다면(기말재고자산> 기초재고자산) 전부원가계산에서는 고정제조간접원가의 일부분이 비용으로 전환되지 못하였으므로 변동원가계산방법보다 비용이 적게 계상되기 때문에 전부원가계산에 의한 순이익이 변동원가계산에 의한 순이익보다 고정제조간접원가의 이연된 부분만큼 커진다는 것을 알 수 있다. 반대로 생산된 제품보다 더 많은 제품을 판매한 경우(기말재고자산 < 기초재고자산)에는 전부원가계산에 의한 순이익이 변동원가계산에 의한 순이익보다 적게 기록될 것이다. 전부원가계산과 변동원가계산의 주요 차이점을 요약하면 [표 10-3]과 같다.

표 10-3 전부원가계산과 변동원가계산의 비교

구분	전부원가계산	변동원가계산
주요 보고목적	외부보고	내부보고(계획과 통제)
원가의 분류	기능별 분류 (원가기능 강조)	행태별 분류 (원가행태 강조)
제품원가	직접재료원가 직접노무원가 변동제조간접원가 고정제조간접원가	직접재료원가 직접노무원가 변동제조간접원가
기간비용	판매비와 관리비	고정제조간접원가 판매비와 관리비
손익계산서 형식	전통적 손익계산서	공헌이익 손익계산서
〈순이익에 대한 영향〉 생산량 > 판매량 생산량=판매량 생산량 < 판매량 장기적으로	 변동원가계산보다 커짐 동등함 작아짐 동일	 전부원가계산보다 작아짐 동등함 커짐 동일
순이익의 조정	전부원가계산순이익+기초재고고정원가−기말재고고정원가=변동원가계산순이익	

제2절 변동원가계산

직접원가계산과 변동원가계산의 비교를 통하여 두 원가계산방법의 차이는 고정제조간접원가의 처리 여부와 재고자산의 유무에 달려 있음을 알 수 있었다. 이 절에서는 변동원가계산의 사례를 통해 변동원가계산의 절차에 대하여 살펴보고, 또한 변동원가계산을 적용하여 원가계산을 할 경우 판매량과 생산량의 변화에 따라 순이익에 어떠한 영향을 미치는지에 대하여 살펴보기로 한다.

1. 변동원가계산의 사례

〈기본자료〉

㈜계룡은 20×1년도에 생산을 시작하였으며 단일제품을 생산한다. 제품의 원가자료와 단위당 판매가격은 다음과 같다.

단위당 판매가격	₩30
단위당 변동비	
직접재료원가, 직접노무원가 및 변동제조간접원가	₩10
변동판매비와 일반관리비	3
연간고정비	
고정제조간접원가	₩150,000
고정판매비와 일반관리비	100,000

	20×1년도	20×2년도
제품의 생산량	25,000단위	25,000단위
제품의 판매량	20,000단위	30,000단위

위의 자료를 이용하여 다음 사항을 구해 보자.

① ㈜계룡의 자료를 이용하여 전부원가계산과 변동원가계산에서의 단위당 제품원가를 결정하고 20×1년도와 20×2년도의 손익계산서를 작성하시오.

② 전부원가계산에 의한 순이익과 변동원가계산에 의한 순이익의 차이를 조정하시오.
③ 판매량과 생산량의 변화에 따른 순이익의 차이를 설명하시오.

1) 20×1년도(1차년도)의 원가계산

(1) 단위당 제품원가의 산출

먼저 변동원가계산은 단위당 제조원가를 집계하는 것으로부터 시작된다. 제품원가를 구성하는 직접재료원가와 직접노무원가 그리고 변동제조간접원가의 단위당 원가를 산출한다.

㈜계룡의 경우, 20×1년도와 20×2년도에 생산량의 차이가 없을 뿐 아니라 원가자료의 변화가 없으므로 단위당 제품원가는 동일한 것으로 파악된다. 따라서 다음 표와 같이 전부원가계산과 변동원가계산에서의 단위당 제품원가를 산출할 수 있을 것이다.

	전부원가계산	변동원가계산
직접재료원가, 직접노무원가 및 변동제조간접원가	₩10	₩10
고정제조간접원가(₩150,000 ÷ 25,000단위)	6	−
단위당 제품원가	₩16	₩10

(2) 손익계산서의 작성

전부원가계산에 의한 손익계산서와 변동원가계산에 의한 손익계산서를 비교해 보면, 전부원가계산에 의한 손익계산서에서는 단위당 제품제조원가 ₩16을 적용하여 당기제품제조원가를 산출한 후 기말재고 5,000단위를 차감하여 매출총이익을 산출하고 있다. 반면에 변동원가계산에 의한 손익계산서에서는 고정제조간접원가를 제외한 단위당 제품제조원가 ₩10을 적용하여 당기제품제조원가를 산출하고 있으며, 변동판매비와 일반관리비를 포함한 변동비를 차감하여 공헌이익을 계산한다. 전부원가계산과 변동원가계산에 의한 순이익은 각각 ₩120,000과 ₩90,000으로 ₩30,000의 차이가 나타난다. 이 차이는 각 원가계산방법에서의 기말재고금액 차이에서 비롯된 것이다. [표 10-4]에 나타난 바와 같이 전부원가계산에서 매출원가와 기말재고에 포함된 고정제조간접원가 ₩120,000과 ₩30,000이 변동원가계산에서는 기간비용 ₩150,000으로 처리된 것을 알 수 있다.

전부원가계산 손익계산서
20×1년 1월 1일~20×1년 12월 31일

매출(20,000×₩30)		₩600,000
매출원가		
기초재고	0	
당기제품제조원가(25,000×₩16)	400,000	
판매가능제품원가	400,000	
기말재고(5,000×₩16)	(80,000)	320,000
매출총이익		280,000
판매비와 관리비		
변동판매비와 일반관리비(20,000×₩3)	60,000	
고정판매비와 일반관리비	100,000	160,000
순이익		₩120,000

변동원가계산 손익계산서
20×1년 1월 1일~20×1년 12월 31일

매출(20,000×₩30)		₩600,000
매출원가		
기초재고	0	
당기제품제조원가(25,000×₩10)	250,000	
판매가능제품원가	250,000	
기말재고(5,000×₩10)	(50,000)	
변동매출원가	200,000	
변동판매비와 일반관리비(20,000×₩3)	60,000	260,000
공헌이익		340,000
고정비		
고정제조간접원가	150,000	
고정판매비와 일반관리비	100,000	250,000
순이익		₩90,000

| 표 10-4 | 전부원가계산과 변동원가계산의 비교

	매출원가	기말재고	기간비용	합계
전부원가계산				
변동제조원가(직접재료원가, 직접노무원가, 변동제조간접원가)	₩200,000	₩50,000	–	₩250,000
고정제조간접원가	120,000	30,000	–	150,000
	₩320,000	₩80,000	–	₩400,000
변동원가계산				
변동제조원가(직접재료원가, 직접노무원가, 변동제조간접원가)	₩200,000	₩50,000	–	₩250,000
고정제조간접원가	–	–	150,000	150,000
	₩200,000	₩50,000	₩150,000	₩400,000

(3) 변동원가계산과 전부원가계산의 순이익의 조정

작성된 손익계산서에서 전부원가계산의 순이익이 ₩120,000이고 변동원가계산의 순이익이 ₩90,000으로 산출되었다. 변동원가계산이나 전부원가계산에서의 순이익 가운데 하나를 알고 이연된 고정제조간접원가를 알 수 있다면 각각의 방법에서 순이익을 별도로 산출하지 않더라도 나머지 원가계산방법에서의 순이익을 산출할 수 있다. 즉, 변동원가계산의 순이익에서 이연된 고정제조간접원가금액을 가산하면 전부원가계산의 순이익이 되고, 전부원가계산의 순이익에서 이연된 고정제조간접원가를 차감하면 변동원가계산에서의 순이익을 산출할 수 있게 된다. 사례에서 변동원가계산의 순이익 ₩90,000에 기말재고로 이연된 고정제조간접원가 ₩30,000(₩150,000/25,000×5,000단위)을 가산하면 ₩120,000의 전부원가계산의 순이익을 산출할 수 있다.

변동원가계산에 의한 순이익과 전부원가계산에 의한 순이익의 차이는 결국 기말재고자산에 포함된 고정제조간접원가 유무에 따른 것이므로 다음과 같은 등식으로 표시할 수 있을 것이다.

변동원가계산순이익	₩90,000
가산 : 기말재고로 이연된 고정제조간접원가	
(5,000단위×단위당 ₩6)*	30,000
전부원가계산순이익	₩120,000

* 고정제조간접원가/생산량=₩150,000/25,000=단위당 ₩6

20×1년도의 경우 ㈜계룡은 기초재고는 없으며, 다만 기말재고자산만 존재할 때의 변동원가계산과 전부원가계산의 순이익 변화를 보여주고 있다. 즉, 제품의 판매량보다 생산량이 많은 경우에 변동원가계산과 전부원가계산의 순이익 변화를 나타낸다. 생산량이 판매량보다 많은 경우에는 기말재고가 발생하게 되므로 변동원가계산방법에서 기간비용으로 집계된 고정제조간접원가의 일부가 다음 연도로 이연되기 때문에 고정제조간접원가의 이연부분만큼 변동원가계산방법에서의 순이익이 전부원가계산방법에서의 순이익보다 많아지게 힘을 설명하고 있는 것이다.

2) 20×2년도(2차년도)의 원가계산

이제부터는 판매된 제품이 생산된 제품보다 더 많은 경우인 2차년도의 손익계산서를 작성해 보자. 기본적인 정보는 1차년도와 동일하지만 생산된 제품보다 더 많은 제품을 판매한 것이 차이점이다. 즉, 당기에 생산된 제품을 모두 판매하고 기초재고(1차년도의 기말재고)부분을 추가적으로 당기에 판매한 경우가 되겠다.

(1) 손익계산서의 작성

전부원가계산 손익계산서
20×2년 1월 1일~ 20×2년 12월 31일

매출(30,000×₩30)		₩900,000
매출원가		
기초재고 (5,000×₩16)	80,000	
당기제품제조원가(25,000×₩16)	400,000	
판매가능제품원가	480,000	
기말재고(0×₩16)	0	480,000
매출총이익		420,000
판매비와 관리비		
변동판매비와 일반관리비(30,000×₩3)	90,000	
고정판매비와 일반관리비	100,000	190,000
순이익		₩230,000

변동원가계산 손익계산서
20×2년 1월 1일~20×2년 12월 31일

매출(30,000×₩30)		₩900,000
매출원가		
기초재고(25,000×₩10)	50,000	
당기제품제조원가(25,000×₩10)	250,000	
판매가능제품원가	300,000	
기말재고(0×₩10)	0	
변동매출원가	300,000	
변동판매비와 일반관리비(30,000×₩3)	90,000	390,000
공헌이익		510,000
고정원가		
고정제조간접원가	150,000	
고정판매비와 일반관리비	100,000	250,000
순이익		₩260,000

(2) 변동원가계산과 전부원가계산의 순이익의 비교

20×2년(1차년도)의 단위당 제품원가는 20×1년(1차년도)의 제품원가와 동일하게 산출할 수 있을 것이다.

전부원가계산에서의 손익계산서를 보면 20×1년에는 존재하지 않던 기초재고자산이 기록되어 있고, 기초재고자산만큼 추가적으로 더 많이 판매하였으므로 기말재고는 없다. 이러한 과정을 거쳐 산출된 순이익이 ₩230,000으로 나타나 있다.

변동원가계산에서의 손익계산서에도 전부원가계산의 경우와 마찬가지로 기초재고와 당기에 생산된 제품을 전부 판매하여 기말재고는 없으며, 20×1년도와 마찬가지로 변동비만을 제품원가에 포함하여 산출된 순이익이 ₩260,000으로 산출되었다.

전부원가계산에서의 순이익과 비교하면 20×1년도와 반대로 오히려 변동원가계산의 순이익(₩260,000)이 전부원가계산에서의 순이익(₩230,000)보다 크다는 것을 알 수 있다. 그 이유는 전부원가계산에서 20×1년도에 기말재고로 이연된 고정제조간접원가금액이 당기의 비용으로 전환되었으므로 비용이 그만큼 증가하게 되었고 그에 따라 순이익이 감소하였기 때문이다.

20×1년도와 20×2년도의 전부원가계산과 변동원가계산에서의 순이익 크기를 비교

하면 [표 10-5]와 같이 정리할 수 있다. 생산된 제품이 판매량보다 많았던 20×1년도에는 전부원가계산의 순이익이 변동원가계산보다 ₩30,000 더 많았고, 판매량이 생산량을 초과하였던 20×2년도에는 변동원가계산에 의한 순이익이 전부원가계산에 의한 순이익보다 ₩30,000 더 많았다는 사실을 알 수 있다. 그러나 장기적으로 보면 전부원가계산에 의한 순이익과 변동원가계산에 의한 순이익이 동일하다는 것을 알 수 있다.

표 10-5 | 순이익의 비교

원가계산방법	20×1년도	20×2년도	합계
전부원가계산	₩120,000	₩230,000	₩350,000
변동원가계산	90,000	260,000	350,000
차이	₩30,000	−₩30,000	0

표 10-6 | 전부원가계산과 변동원가계산의 영향

연도	생산량과 판매량의 관계	재고에 미치는 영향	매출원가에 미치는 영향	순이익에 미치는 영향
20×1년 (1차년도)	생산량 > 판매량 25,000 > 20,000	재고수준 5,000 단위로 증가	전부원가계산 < 변동원가계산	전부원가계산 > 변동원가계산
20×2년 (2차년도)	생산량 < 판매량 25,000 < 30,000	재고수준 0단위로 감소	전부원가계산 < 변동원가계산	전부원가계산 < 변동원가계산
합계	생산량=판매량 50,000=50,000	변화 없음	변화 없음	전부원가계산= 변동원가계산

예제 10-1 전부원가계산과 변동원가계산

㈜계룡은 20×1년 제품을 생산하기 시작하였다. 1년간 모두 1,200단위를 생산하여 1,000단위를 판매하였는데 판매가격 및 관련원가 자료는 다음과 같다.

단위당 판매가격		₩50
단위당 변동비		
직접재료원가	₩10	
직접노무원가	12	
변동제조간접원가	4	
변동판매비와 관리비	4	30
단위당 공헌이익		₩20

고정제조간접원가와 고정판매비 및 관리비는 각각 ₩6,000과 ₩4,000이었다. 단 재공품재고는 없다.

▶ **요구사항**

㈜계룡의 자료를 이용하여 전부원가계산과 변동원가계산에 의한 손익계산서를 작성하시오.

▶ **풀이**

가. 전부원가계산에 의한 손익계산서

전부원가계산 손익계산서

20×1년 1월 1일~20×1년 12월 31일

매출(₩50×1,000개)			₩50,000
매출원가			
직접재료원가(₩10×1,200개)	₩12,000		
직접노무원가(12×1,200개)	14,400		
변동제조간접원가(4×1,200개)	4,800		
고정제조간접원가	6,000	37,200	
기말재고(₩37,200×(200/1,200))		(6,200)	31,000
매출총이익			19,000
판매비와 관리비			
변동판매비와 관리비		4,000	
고정판매비와 관리비		4,000	8,000
순이익			₩11,000

나. 변동원가계산에 의한 손익계산서

변동원가계산 손익계산서

20×1년 1월 1일~20×1년 12월 31일

매출(₩50×1,000개)			₩50,000
매출원가			
직접재료원가(₩10×1,200개)	₩12,000		
직접노무원가(12×1,200개)	14,400		
변동제조간접원가(4×1,200개)	4,800	31,200	
기말재고(₩31,200×(200/1,200))		(5,200)	26,000
변동판매비와 관리비			4,000
공헌이익			20,000
고정비			
고정제조간접원가		6,000	
고정판매비와 관리비		4,000	10,000
순이익			₩10,000

[예제 10-1]에서 작성된 전부원가계산에 의한 손익계산서와 변동원가계산에 의한 손익계산서를 비교해 보면, 전부원가계산에서의 순이익이 ₩11,000이고 변동원가계산에서의 순이익이 ₩10,000으로 전부원가계산에서의 순이익이 ₩1,000 더 많은 것을 알 수 있다. 순이익 ₩1,000의 차이는 기말재고자산에서 발생했다는 것을 손익계산서에서 찾아볼 수 있다. 전부원가계산에서는 기말재고자산이 ₩6,200인 반면, 변동원가계산에서는 ₩5,200이다. 기말재고자산에서의 원가 ₩1,000의 차이는 당기에 발생한 고정제조간접원가 ₩6,000 가운데 변동원가계산에서는 ₩6,000이 모두 비용으로 처리되었으나 전부원가계산에서는 ₩6,000의 200/1,200단위인 ₩1,000이 기말재고자산에 포함되어 있기 때문이다.

따라서 전부원가계산과 변동원가계산의 유일한 차이점은 고정제조간접원가를 어떻게 처리했느냐의 문제이다. 즉, 이연된 고정제조간접원가가 있느냐 없느냐 하는 문제인 것이다.

2. 변동원가계산의 장 · 단점

변동원가계산은 변동비와 고정비부분으로 구분하여 제품원가를 산출하는 공헌이익 개념을 이용하기 때문에 관리적 의사결정과 관리자의 성과평가를 용이하게 해준다. 또한 고정제조간접원가를 기간비용으로 처리하므로 순이익의 흐름과 순현금흐름이 비슷하게 발생한다는 장점도 있으며, 고정비가 이익에 미치는 영향을 강조함으로써 관리자로 하여금 고정비의 통제에 많은 관심을 갖게 한다. 또 다른 장점은 제품이나 부문의 수익성을 추정하는 데 매우 용이하며 이익이 재고수준의 변화에 영향을 받지 않는다는 것이다.

반면에 단점은 공헌이익손익계산서가 외부보고 목적으로 인정되지 않는다는 것이며, 재고자산에 고정제조간접원가가 포함되지 않으므로 재고자산의 가치를 과소평가할 수 있고, 변동비와 고정비의 구분이 어려울 뿐만 아니라 공헌이익을 높일 수 있는 변동비만을 관리하려는 경향이 발생할 수도 있다는 것이다.

3. 초변동원가계산

전부원가계산에서의 가장 큰 문제는 재고자산에 고정제조간접원가금액이 포함되는 탓에 생산량을 늘리면 고정제조간접원가의 이연이 증가하기 때문에 당기의 비용이 감소하여 이익이 증가하므로, 경영자들이 이익조정의 목적으로 생산량을 늘리게 되는 유인을 받을 가능성이 크다는 점이다. 따라서 이연되는 원가를 최소화한다면 이러한 단점을 해결할 수 있을 것이다. 이연가능한 원가를 줄이기 위해서는 제조원가에 포함되는 변동제조원가의 폭을 최대한 줄이면 해결된다.

초변동원가계산(super variable costing)은 제품의 제조에 소요되는 직접재료원가만을 재고가능원가로 간주하고, 고정제조간접원가뿐만 아니라 직접노무원가와 변동제조간접원가도 기간비용으로 처리하여 제품의 원가를 계산하는 방법이다. 초변동원가계산을 적용하면 재고자산으로 이연가능한 원가가 감소하여 당기의 비용이 증가하게 된다. 따라서 경영자들은 재고의 증가로 인한 비용의 증가를 방지하기 위하여 당기에 판매가능한 최소한의 제품만을 생산하게 될 것이다.

초변동원가계산에서는 매출액에서 직접재료원가를 차감한 부분을 스루풋 공헌이익(throughput contribution margin)이라 하기 때문에 스루풋원가계산(throughput costing)으로도 불린다.

:: 쉬어가는 곳 가격결정은 기업 자유인데… 정부 개입 어디까지 허용되나

2012년 4월 1일 공정거래위원회는 면세점들을 압박해 면세점의 판매수수료를 3~11%포인트 내리도록 했다. 판매수수료는 면세점이 매장을 빌려준 대가로 입점업체로부터 받는 가격이다. 실태조사 결과 면세점의 판매수수료는 최고 66%에 달했다. 이 같은 실태조사를 바탕으로 정부는 면세점을 압박해 판매수수료를 인하했다. 공정위는 지난해에는 백화점 등 다른 유통업체의 판매수수료 인하를 관철시킨 바 있다.

최근 들어 정부가 사(私)기업들이 책정한 가격에 개입해 바로잡으려는 이른바 '가격개입'이 늘고 있다. 제 몫만 챙기려는 대기업에 대한 사회적 비판이 커지는데다, 물가인상요인을 억제하려고 하기 때문이다. 그러나 이에 대한 비판론도 만만찮다. 한 법조계 인사는 "적정 가격이란 게 존재하는지 의문"이라며 "어떻게 보면 최종적으로 제시되는 가격이 적정 가격이고 이를 결정하는 것은 기업의 자유"라고 말했다. 시장경제는 '가격경제'로도 불린다. 가격은 시장경제의 근간이면서 최후의 보루이다. 그러나 시장기능이 제대로 작동하지 않는 '시장실패'가 나타나면, 가격결정과정에 정부가 개입하는 것은 정부의 의무다.

시장가격 왜곡과 규제가능성

규제가 가능한 경우	규제가 어려운 경우
• 기업들이 담합해 가격을 올리는 행위 • 기업이 소비자를 속일 의도로 높은 값을 부른 뒤 이를 깎아주는 행위 • 독과점기업의 대리점에 대한 영향력 행사(소비자가격을 유지하기 위해 얼마 이상으로 팔라고 강제)	• 시장을 주도하는 기업이 가격을 올리면 다른 기업들이 이를 따라 하는 행위 • 독과점기업의 높은 가격 부과(규제할 수 있다는 법조항은 있으나 사문화) • 국내외 가격차별

자료 : 공정거래위원회

① 독과점시장과 물가상승

독과점시장은 경쟁시장에 비해 가격이 비쌀 수밖에 없다. 이를 '착취적 시장지배적 지위 남용'이라 한다. 공정거래법에는 이를 규제하는 조항이 있다. 제3조 제2항의 시행령 5조를 보면 "상품가격을 부당하게 결정하는 행위는 시장지배적 지위 남용에 해당한다"고 되어 있다. 하지만 이 조항은 적용된 사례가 없어 사문화돼 있다. 기업의 가격결정권은 중대한 위법이 없는 한 존중해야 한다는 것이 시장경제의 원칙이기 때문이다.

최근 정부는 물가안정과 소외계층 배려를 이유로 암묵적으로 독과점기업들을 압박하고 있는데, 이것은 위 조항과는 무관한 것이다. 기업들을 불러 가격 유지 혹은 인하를 사실상 강제하는 것으로 법적인 근거는 없다. 정부가 형식적으로는 업계 자율규제 형식을 취하는 것은 이 때문이다. 금융감독원이 최근 보험사들의 보험료 인상계획을 철회하라고 압박한 것이나, 공정위가 백화점들이 입점업체로부터 받는 판매수수료를 인하하도록 한 게 대표적이다.

엄밀한 시장경제 논리에 따르면 이는 부당하고, 사회주의 시스템에서나 가능한 일이다. 하지만 최근 정부 역할에 대한 요구가 커지고 있어 사회적으로 이를 용인하는 목소리가 커지고 있다. 그러나 이런 과정에서도 시장경제의 근간은 보호돼야 한다고 전문가들은 말한다.

② 가격 부풀리기와 원가 공개

최근 휴대폰업체와 통신업체들이 짜고 휴대폰값을 부풀려 판매한 혐의로 공정위에 적발됐다. 원론적으로 보면 이는 규제대상이 아니다. 기업이 물건값으로 얼마를 받건 그 자체로 제재할 수는 없다. 다만 생산자에게 '사기' 의도가 있으면 규제할 수 있다. 공정거래법에는 '소비자 오인을 유발할 때 규제할 수 있다'는 조항이 있다. 공정위 관계자는 "공급자가 확실한 사기 의도를 가졌다는 증거를 확보하면 규제할 수 있다"며 "휴대전화는 정상 가격과 부풀린 가격을 명시한 기업 내부 증거를 확보했기에 처벌이 가능했다"고 말했다.

생산원가 공개는 이와 관련된 이슈 중 하나이다. '아파트 분양원가 공개'가 대표적이다. 생산원가를 공개해 가격이 얼마나 부풀려졌는지를 소비자들이 알도록 해 가격인하를 유도하자는 것이다. 법이 만들어지긴 했지만, 논란이 많다. 생산자가 가격정보를 많이 알고 소비자는 그렇지 못한 '정보의 비(非)대칭성'을 없애 적정한 시장가격을 형성할 수 있다는 찬성론과, 기업 비밀에 해당하는 내용까지 공개하는 것은 기업의 권리를 침해한다는 주장이 맞서 있다.

③ 국내외 가격차별

현대자동차나 삼성전자가 비판받는 이유 중 하나는 수출가격과 내수가격의 차이 때문이다. 현대차의 고가 모델인 제네시스나 그랜저의 경우 내수가격이 수출가격보다 1,000만원 이상 비싸다. 하지만 현행법상 이를 규제할 근거는 없다. 우리 정부는 이런 가격차별을 규제하고 싶어 한다. OECD(경제협력개발기구)와 미국 학계에서도 도입해야 한다는 주장이 나오고 있다.

④ 가격담합과 가격선도

2012년 3월 23일 10년간의 라면 가격담합이 적발되자, 시장의 70%를 점유하고 있는 농심은 보도자료를 통해 "후발업체와 담합할 이유가 없고 다른 업체들이 우리 가격을 그대로 따랐을 뿐"이라고 주장했다. 경제학의 '가격선도 모형'에 따르면 농심의 반박은 타당하다. 1위 업체의 가격을 후발업체들이 따르는 것은 자연스러운 현상이기 때문이다. 우리나라 공정거래법도 이를 규제하지는 않는다. 시장가격 결정의 한 형태로 인정한다.

하지만 업체 간 사전 정보교류가 있었다면 얘기가 달라진다. 업체끼리 짜고 가격을 올렸다면, 중대한 '범죄'가 된다. 정부는 거액의 과징금 부과와 함께 형사고발까지 한다.

〈가격개입〉 수요와 공급이 만나 가격이 결정되는 게 시장경제의 제1원칙이지만, 시스템이 제대로 작동하지 않으면 가격에 왜곡이 발생한다. 이때 정부가 시장에 개입해 가격을 최대한 정상화하려는 노력을 말한다.

자료 : 조선일보, 2012. 4. 4.

연 | 습 | 문 | 제

01 다음 중 공헌이익에 대한 설명으로 가장 틀린 것은? (기업회계 1급, 2010)

① 단위당 공헌이익은 단위당 판매가격에서 단위당 변동비를 차감한 금액이다.
② 공헌이익률은 공헌이익을 매출액으로 나눈 비율이다.
③ 단위당 공헌이익과 단위당 변동비의 합은 1이 된다.
④ 변동비율은 변동비를 매출액으로 나눈 비율로 공헌이익률과 합은 1이 된다.

02 다음 중 전부원가계산과 변동원가계산의 설명에 대하여 틀린 것은? (기업회계 1급, 2010)

① 전부원가계산과 변동원가계산에 이익의 차이가 발생하는 것은 제품재고자산의 발생 여부이다.
② 제품재고자산이 많이 발생할수록 변동원가계산이 전부원가계산보다 이익이 커진다.
③ 제품재고자산수량에 생산제품단위당 고정비용을 곱한 금액이 전부원가계산과 변동원가계산의 재고자산평가차액이다.
④ 제품의 생산량과 판매량이 동일하면 전부원가계산과 변동원가계산의 이익은 동일하다.

03 제조원가의 구성에 따라 전부원가계산과 변동원가계산, 그리고 초변동원가계산으로 구분된다. 다음 설명 중 틀린 것은? (기업회계 1급, 2010)

① 생산량과 판매량이 동일하면 위 세가지 방법의 이익은 모두 같다.
② 생산량보다 판매량이 적은 경우 전부원가계산방식의 이익이 가장 크고 초변동원가계산방식의 이익이 가장 작다.
③ 생산량보다 판매량이 큰 경우 전부원가계산방식의 비용이 초변동원가계산방식의 비용보다 크게 나타난다.
④ 위 세 가지 방법의 차이는 고정제조간접원가를 어떻게 처리하느냐에 따라 분류한 것이다.

04 다음 중 변동원가계산, 전부원가계산 및 초변동원가계산에 대한 설명으로 옳지 않은 것을 모두 묶은 것은? (기업회계 1급, 2012)

가. 전부원가계산에서는 표준원가를 사용할 수 없다.
나. 변동원가계산에서는 고정제조간접원가를 기간비용으로 인식한다.
다. 초변동원가계산은 판매가 수반되지 않는 상황에서 생산량이 많을수록 영업이익이 낮게 계산되므로 불필요한 재고누적 방지효과가 변동원가계산보다 크다.
라. 전부원가계산은 생산량이 이익에 영향을 미치지 못한다.

① 가, 다　　② 가, 라　　③ 다, 라　　④ 가, 다, 라

05 **다음은 생산량 및 판매량과 관련된 전부원가계산과 변동원가계산 및 초변동원가계산의 특징을 설명한 글이다. 타당하지 않은 것은?** (CPA, 2010)

① 전부원가계산에서는 기초재고가 없을 때 판매량이 일정하다면 생산량이 증가할수록 매출총이익이 항상 커진다.

② 생산량이 판매량보다 많으면 전부원가계산의 영업이익이 변동원가계산의 영업이익보다 항상 크다.

③ 변동원가계산하의 영업이익은 판매량에 비례하지만, 전부원가계산하의 영업이익은 생산량과 판매량의 함수관계로 결정된다.

④ 전부원가계산에서는 원가를 제조원가와 판매관리비로 분류하므로 판매량 변화에 따른 원가와 이익의 변화를 파악하기 어려운 반면, 변동원가계산에서는 원가를 변동원가와 고정원가로 분류하여 공헌이익을 계산하므로 판매량 변화에 의한 이익의 변화를 알 수 있다.

⑤ 초변동원가계산에서는 기초재고가 없고 판매량이 일정할 때 생산량이 증가하더라도 재료처리량 공헌이익(throughput contribution)은 변하지 않는다.

06 **㈜계룡의 20×1년 사업연도의 수익 및 원가자료는 다음과 같다. 변동원가계산에 의한 영업이익은 얼마인가?** (기업회계 1급, 2010)

- 매출액 : ₩12,000,000
- 변동제조원가 : ₩5,000,000
- 고정제조원가 : 3,500,000
- 변동판매관리비 : 1,500,000
- 고정판매관리비 : 2,000,000
- 판매량 : 80,000단위
- 생산량 : 100,000단위

① ₩1,000,000 ② ₩1,500,000 ③ ₩2,000,000 ④ ₩2,500,000

07 **㈜계룡은 20×1년 1월 1일 영업을 개시하였으며, 단일의 제품을 생산하여 개당 ₩1,000씩에 판매하고 있다. ㈜계룡은 실제원가시스템으로 원가를 계산하고 있다. 20×1년 12월 31일 현재 재공품계정의 잔액은 없으며, 85,400단위를 생산하여 84,200단위를 판매하였다. 20×1년 제조원가와 기간비용에 대한 자료는 다음과 같다. ㈜계룡의 변동원가계산방법에 의한 영업이익은 얼마인가?** (기업회계 1급, 2010)

	고정원가	변동원가
직접재료원가		단위당 ₩200
직접노무원가		단위당 125
제조간접원가	₩12,450,000	단위당 75
판 매 비	7,280,000	단위당 100

① ₩22,370,000 ② ₩22,570,000 ③ ₩22,770,000 ④ ₩22,970,000

08 ㈜계룡은 신제품을 개발하여 첫 25단위를 생산하였는데, 이와 관련된 원가는 다음과 같다.

구분	금액
직접재료원가	₩1,450,000
직접노무원가(500시간 @₩5,500)	2,750,000
변동제조간접원가(직접노무원가의 20%)	550,000
고정제조간접원가	960,000
합계	₩5,710,000

㈜계룡은 직접노무시간이 90% 누적평균시간 학습곡선을 따른다고 가정하고 있다. 추가로 75단위를 생산하는 경우 추가로 발생되는 제조원가금액은 얼마인가? (단, 고정제조간접원가는 추가로 발생하지 않는 것으로 가정한다) (기업회계 1급, 2010)

① ₩11,542,000 ② ₩11,642,000 ③ ₩11,652,000 ④ ₩11,742,000

09 ㈜계룡의 제조원가와 관련된 자료는 다음과 같다. 전부원가계산과 변동원가계산상의 영업이익의 차이로 올바른 것은? (기업회계 1급, 2012)

- 기초재공품재고액 : ₩4,000,000(고정제조간접원가 ₩2,200,000 포함)
- 기말재공품재고액 : 3,500,000(고정제조간접원가 1,100,000 포함)
- 기초제품재고액 : 2,000,000(고정제조간접원가 800,000 포함)
- 기말제품재고액 : 1,200,000(고정제조간접원가 700,000 포함)
- 직접재료원가 : ₩4,500,000 • 직접노무원가 : ₩4,200,000 • 제조간접원가 : ₩5,300,000

① ₩1,000,000 ② ₩1,100,000 ③ ₩1,200,000 ④ ₩1,300,000

10 ㈜계룡은 장난감생산에 필요한 부품을 자가제조하고 있다. 연간 부품 1,000개를 제조하는 데 소요되는 원가는 다음과 같다. ㈜동학에서 1,000개의 부품을 공급하겠다고 제의를 하였다. ㈜계룡이 ㈜동학에서 부품을 공급받더라도 설비감가상각비전액과 고정제조간접원가배부액(설비감가상각비는 제외)의 60%는 계속 발생한다. ㈜계룡이 부품을 외부에서 구입하는 경우에 연간 ₩50,000에 설비를 임대해 줄 수 있다고 한다. ㈜계룡이 ㈜동학의 제의를 받아들이기 위해서 지불할 수 있는 단위당 최대구입가격은 얼마인가? (기업회계 1급, 2012)

구분	총액	단위당 원가
직접재료원가	₩80,000	₩80
직접노무원가	50,000	50
변동제조간접원가	50,000	50
설비감가상각비	20,000	20
고정제조간접원가배부액(설비감가상각비는 제외)	70,000	70

① ₩250 ② ₩258 ③ ₩ 288 ④ ₩300

11 **㈜계룡은 제품 X와 제품 Y를 생산하고 있다. 제품생산과 관련된 정보는 다음과 같다. 사용가능한 총 기계시간이 8,000시간인 경우에 이익을 극대화하기 위하여 제품 X와 제품 Y를 각각 몇 개씩 생산 · 판매하여야 하는가?** (기업회계 1급, 2011)

구분	제품 X	제품 Y
단위당 판매가격	₩600	₩500
단위당 변동비	₩250	₩350
최대시장수요량	750개	800개
단위당 기계시간	7시간	5시간

	제품×	제품 Y		제품×	제품 Y
①	750개	550개	②	571개	800개
③	750개	500개	④	500개	500개

12 **㈜계룡의 원가자료이다. 전부원가계산하의 영업이익이 변동원가계산하의 영업이익보다 ₩1,500,000이 많다면, 생산수량은 몇 개인가?** (기업회계 1급, 2011)

제품			
기초재고수량	없음	판매수량	1,500개
생산수량	?	기말재고수량	?

• 단위당 판매가격 : ₩100
• 단위당 변동제조원가 : ₩50
• 단위당 변동판매관리비 : ₩20
• 고정제조간접원가 : ₩2,500,000

① 3,000개 ② 3,250개 ③ 3,750개 ④ 4,000개

13 **㈜계룡의 당기원가자료는 다음과 같다. 변동원가계산과 전부원가계산에 의한 이익차이는?** (CPA, 2004)

기초제품수량	1,000단위	기말제품수량	1,500단위
당기판매량	9,000단위	기준조업도	10,000단위
조업도차이	₩5,000(불리)		

① ₩1,000 ② ₩5,000 ③ ₩10,000
④ ₩15,000 ⑤ ₩20,000

14 **당기제품제조 및 영업활동과 관련한 다음의 자료를 토대로 하여 변동제조원가발생액과 고정판매관리비발생액을 구하면 각각 얼마인가?** (세무사, 2008)

- 매출액 : ₩2,000,000
- 고정제조원가 당기발생액 : ₩600,000
- 변동판매관리비 당기발생액 : ₩200,000
- 당기제품생산량 : 70,000개
- 당기제품판매량 : 65,000개
- 변동매출원가는 ₩780,000이고, 변동원가계산에 의한 영업이익은 ₩300,000이다.
- 기초제품재고와 기초 및 기말재공품재고는 없다.

	변동제조원가	고정판매관리비
①	₩780,000	₩120,000
②	840,000	120,000
③	780,000	180,000
④	840,000	180,000
⑤	840,000	60,000

15 **선입선출법에 의해 실제원가계산제도를 사용하고 있으며 2월중 전부원가제도를 이용한 영업이익이 ₩1,000,000이라면 변동원가계산에 의한 영업이익은 얼마인가? (1월 기초재고는 없음)** (세무사, 2003)

	1월	2월
생산량	8,000단위	9,000단위
판매량	7,000단위	10,000단위
고정제조원가	₩1,600,000	₩1,620,000
고정판매비용	₩800,000	₩900,000

① ₩680,000 ② ₩700,000 ③ ₩800,000
④ ₩980,000 ⑤ ₩1,200,000

16 **20×1년초에 영업을 개시한 ㈜계룡의 1월과 2월중에 발생한 원가자료는 다음과 같다.**

	20×1년 1월	20×1년 2월
생산능력	100개	100개
생산량	90개	100개
판매량	70개	90개
고정제조간접원가	₩1,350	₩1,400

2월중 변동원가계산에 의한 영업이익이 ₩210이었다면, 전부원가계산에 의한 2월중 영업이익은 얼마인가? (단, 한 회사는 실제원가계산을 적용하고 있으며, 재고자산의 원가흐름은 선입선

출법을 가정한다) (세무사, 2006)

① ₩300 ② ₩330 ③ ₩360 ④ ₩400 ⑤ ₩420

17 다음은 ㈜계룡의 제조원가와 생산 및 판매량에 관한 자료이다.

제조간접원가
 단위당 변동비 : ₩1,000
 고정비 : ₩3,000,000
생산 및 판매량
 기초제품재고량 : 2,000개
 생산량 : 18,000개
 판매량 : 19,000개

고정제조간접원가배부율을 계산하기 위한 기준조업도는 20,000개이며, 과대 또는 과소배부된 제조간접원가는 전액 매출원가에서 조정된다. 변동원가계산에 의한 순이익이 ₩6,000,000일 때 전부원가계산에 의한 순이익은 얼마인가? 단, 고정제조간접원가배부율은 기초제품과 당기제품에 동일하게 적용된다. (CPA, 2005)

① ₩5,850,000 ② ₩5,950,000 ③ ₩6,050,000
④ ₩6,150,000 ⑤ ₩6,250,000

18 ㈜계룡은 정상원가계산을 사용하고 있다. 다음 자료를 이용하여 변동원가계산과 전부원가계산 하에서의 손익분기점을 구하면 각각 얼마인가? (CPA, 2006)

기초재고수량	300단위	기말재고수량	200단위
실제판매량	4,100단위	단위당 판매가격	₩10,000
고정제조간접원가	₩4,000,000	고정판매 및 관리비	₩6,000,000
단위당 직접재료원가	₩2,600	단위당 직접노무원가	₩2,400

	변동원가계산	전부원가계산
①	2,000단위	2,800단위
②	800단위	2,000단위
③	2,000단위	2,800단위
④	2,000단위	1,500단위
⑤	800단위	1,500단위

19 20×1 회계연도말에 ㈜계룡은 영업이익 ₩40,000,000을 보고하였으며, 고정제조간접원가배부율은 제품단위당 ₩30,000이었다. 만약 이 기업이 20×1년에 추가적으로 제품 100단위를 더 생산하였다면, 전부원가계산하에서 영업이익은 얼마가 되었겠는가? (CPA, 2007)

① 판매량이 동일할 경우 영업이익은 ₩3,000,000 증가한다.
② 추가로 100단위의 제품이 판매되었을 경우에는 영업이익이 ₩3,000,000 증가한다.
③ 판매량이 동일할 경우 영업이익에 변화가 없다.
④ 판매량이 동일할 경우 영업이익이 얼마가 될지 본문의 자료로는 알 수가 없다.
⑤ 추가로 100단위의 제품이 판매되었을 경우에 영업이익에 변화가 없다

20 **㈜계룡은 제품 A와 제품 B를 생산 · 판매한다. ㈜계룡은 변동원가계산방법을 사용하며 당기예상판매 및 예상원가자료는 다음과 같다.**

구분	제품 A	제품 B	합계
판매수량	300개	700개	1,000개
총매출액	₩30,000	₩42,000	₩72,000
총변동비	15,000	21,000	36,000
총고정비			21,600

매출배합이 일정하다고 가정하고 손익분기점을 달성하기 위한 두 제품의 판매수량은 각각 얼마인가? (CPA, 2008)

	제품 A	제품 B
①	130개	504개
②	162개	378개
③	180개	420개
④	203개	473개
⑤	210개	490개

21 **㈜계룡은 청소기와 공기청정기를 생산하고 있다. 제품생산과 관련된 정보는 다음과 같다.**

구분	청소기	공기청정기
최대판매가능수량	6,000개	9,000개
단위당 공헌이익	₩50	₩60
단위당 소요기계시간	2시간	3시간

생산에 투입가능한 최대기계시간이 33,000시간이라고 할 때, 추가적인 설비투자 없이 최적생산량을 생산한다면 ㈜계룡이 달성할 수 있는 최대공헌이익은 얼마인가? (CPA, 2008)

① ₩369,600 ② ₩690,000 ③ ₩720,000
④ ₩780,000 ⑤ ₩840,000

22 **㈜계룡은 매년 완구생산에 필요한 부품인 모터 3,000개 중 일부를 자체생산하고, 나머지 부족한 부분은 외주로 충당하고 있다. 자체생산은 모터부서에서 담당하며 연간 총 2,000개의 모터**

를 생산한다. 모터 1개당 변동제조원가는 ₩55이며, 모터부서의 총고정원가는 연간 ₩150,000이다. 자체생산 시 발생하는 모터부서의 총고정원가 중 80%만이 모터부서 폐지 시 회피가능한 원가이다. 외주로 조달하는 모터는 연간 총 1,000개이다.

당기초 외주업체는 전격적으로 모터의 판매가격을 모터 1개당 ₩120에서 ₩100으로 인하하였다. 이에 따라 ㈜계룡은 기업 내 모터부서를 폐지하고, 모터 3,000개를 전량 외주업체에서 구매할 것을 검토하기 시작하였다. 이에 모터부서는 부서폐지를 막기 위한 자구방안으로 단위당 변동제조원가 ₩10과 회피가능 고정원가 ₩10,000을 동시에 절감하였다.

만약 ㈜계룡이 외주업체로부터 모터 3,000개 전량을 구입할 경우 ㈜계룡의 순이익에 미치는 영향은 얼마인가? (단, 모터부서의 최대생산능력은 자구방안과 관계없이 항상 2,000개이다) (CPA, 2008)

① ₩0　② ₩10,000 증가　③ ₩30,000 증가
④ ₩40,000 증가　⑤ ₩40,000 감소

23 20×1년 초에 설립된 ㈜계룡은 제품원가계산 목적으로 전부원가계산을, 성과평가 목적으로는 변동원가계산을 사용한다. 20×2년도 기초제품수량은 2,000단위이고 기말제품수량은 1,400단위이었으며, 기초재공품의 완성품환산량은 1,000단위이고 기말재공품의 완성품환산량은 800단위이었다. 완성품환산량 단위당 원가는 20×1년도에 ₩10(이 중 50%는 변동비)이고 20×2년도에 ₩12(이 중 40%는 변동비)이었다. 20×2년도 전부원가계산에 의한 영업이익은 변동원가계산에 의한 영업이익과 비교하여 어떠한 차이가 있는가? (단, 회사의 원가흐름가정은 선입선출법(FIFO)이다) (CPA, 2009)

① ₩80만큼 크다.　② ₩760만큼 작다.　③ ₩810만큼 크다.
④ ₩840만큼 크다.　⑤ ₩4,800만큼 작다.

24 ㈜계룡은 한 가지 제품만을 생산하며 매월 생산한 제품은 당해월에 모두 판매한다. ㈜계룡의 법인세율은 40%의 단일세율이며, 20×1년도 1월과 2월의 원가자료는 다음과 같다.

구분	1월	2월
제품단위당 판매가격	₩500	₩450
제품단위당 변동비	300	270
총고정비	500,000	600,000

㈜계룡의 20×1년 1월과 2월의 당기순이익이 각각 ₩60,000과 ₩72,000이라면, 1월과 2월의 제품매출액은 각각 얼마인가? (CPA, 2009)

	1월 제품매출액	2월 제품매출액
①	₩1,400,000	₩1,680,000
②	₩1,400,000	₩1,800,000

③ ₩1,500,000 ₩1,680,000
④ ₩1,500,000 ₩1,800,000
⑤ ₩1,500,000 ₩2,000,000

25 **㈜계룡은 연간 최대생산량이 10,000단위인 생산설비를 보유하고 있으며, 당기에 제품단위당 ₩500의 판매가격에 8,000단위의 제품을 판매할 수 있을 것으로 예상하고 있다. 현재의 생산설비에 의한 ㈜계룡의 제품단위당 변동제조원가는 ₩300이다.**

㈜계룡에서 당기에 예상판매량을 1,000단위 줄이고 제품 3,000단위를 판매할 수 있는 특별주문을 고려한다면, 이러한 특별주문제품의 단위당 최저판매가격은 얼마인가? (단, ㈜계룡에서 판매하는 모든 제품의 변동판매관리비는 단위당 ₩80이다) (CPA, 2009)

① ₩500 ② ₩420 ③ ₩400 ④ ₩380 ⑤ ₩300

26 **단일제품을 생산 및 판매하는 ㈜계룡의 개업 첫달 영업결과는 다음과 같다.**

- 생산량은 450개이며, 판매량은 300개이다.
- 제품의 단위당 판매가격은 ₩7,000이다.
- 판매관리비는 ₩100,000이다.
- 초변동원가계산에 의한 영업이익은 ₩125,000이다.
- 변동원가계산에 의한 영업이익은 ₩350,000이다.
- 전부원가계산에 의한 영업이익은 ₩500,000이다.
- 제조원가는 변동비인 직접재료원가와 직접노무원가, 고정비인 제조간접원가로 구성되어 있다.
- 월말 재공품은 없다.

당월에 발생한 총제조원가는 얼마인가? (CPA, 2011)

① ₩1,800,000 ② ₩1,875,000 ③ ₩2,100,000
④ ₩2,250,000 ⑤ ₩2,475,000

※ 다음 설명을 읽고 27~29번 문제에 답하시오.

㈜계룡은 책장을 제조해서 판매한다. 20×1년 1월 1일부터 20×1년 12월 31일 중에 발생한 원가는 다음과 같다.

(단위 : ₩)

원가항목	재고가능원가와 기간원가의 구분	금액
변동제조원가	재고가능원가	₩260,000
고정제조원가	재고가능원가	40,000
변동판매비	기간원가	254,000
고정판매비와 고정관리비	기간원가	150,000

변동제조원가는 제품생산량에 대한 변동원가이다. 변동판매비는 제품판매량에 대한 변동원가이다. 다음은 재고자산 관련 자료이다.

	20×1년 1월 1일 기초재고	20×1년 12월 31일 기말재고
직접재료재고(무게)	100kg	200kg
재공품재고	0단위	0단위
제품재고	?	2,000단위

20×1년도의 생산량은 10,000개이다. 제품 1단위를 생산하기 위하여 직접재료 0.1kg이 사용되었다. 20×1년도의 매출액은 ₩900,000이었으며, 20×1년 1월 1일의 제품재고는 ₩30,000이었다. 기초재고의 단위당 제품원가와 기중생산된 제품의 단위당 원가는 동일하다. 여기서 단위당 제품원가는 외부보고용 원가를 의미한다.

27 20×1년도 초의 제품재고의 수량과 2006년 중 단위당 변동비는 각각 얼마인가? 소수점 미만은 원단위로 반올림한다. (CPA, 2007)

① 기초제품재고의 수량 : 1,000단위 단위당 변동비 : ₩51
② 기초제품재고의 수량 : 1,000단위 단위당 변동비 : ₩54
③ 기초제품재고의 수량 : 2,000단위 단위당 변동비 : ₩51
④ 기초제품재고의 수량 : 2,000단위 단위당 변동비 : ₩54
⑤ 기초제품재고의 수량 : 1,200단위 단위당 변동비 : ₩26

28 전부원가계산에 따른 20×1년도 ㈜계룡의 영업이익은 얼마인가? (CPA, 2007)

① ₩630,000 ② ₩226,000 ③ ₩196,000
④ ₩225,746 ⑤ ₩480,000

Chapter **11**

활동기준 원가계산

CHAPTER 11 활동기준원가계산

제1절 활동기준원가계산의 도입배경과 개념

1. 기업환경 변화와 원가회계의 역할

컴퓨터와 IT의 발달로 인해 기업의 환경은 하루가 다르게 변화하고 있다. 환경변화에 대처하기 위해 기업에서는 자동화와 전산화에 집중하고 있으며, 시시각각 변하는 고객의 소리를 반영하여 기업의 전략을 수정하고 있다. 이러한 변화는 우리가 공부하고 있는 원가회계에도 그 영향을 미쳐 변화를 반영한 원가정보 제공을 요구하고 있는 실정이다.

기업환경의 변화가 원가회계에 미치는 영향을 크게 세 가지 정도로 나누어 보면 먼저 생산시스템의 자동화를 들 수 있다. 생산시스템의 자동화로 인하여 현장에서 근무하는 작업자가 줄어들어 직접노무원가 비중이 감소하고, 필요한 인원만 고정적으로 근무하기 때문에 노무원가가 고정비화되는 현상이 발생한다. 또한 기계설비 증가에 따른 감가상각비 증가와 연구개발비 확대 등으로 인한 제조간접원가 증대는 기존의 전통적원가계산방법에 의한 제조간접원가배부방법으로는 제품원가를 정확하게 산출하지 못하는 한계를 만들어 냈다.

둘째, 다품종소량생산과 고품질화로 인한 제품원가의 상승과 품질원가의 중요성이 대두되고 있다. 과거의 소품종대량생산방식에서 벗어나 고급화된 다양한 제품을 소량으로만 생산하기 때문에 제품원가계산에 있어서 표준원가를 적용하는데 어려움이 있을 뿐만 아니라 다품종생산으로 인한 제품원가 상승과 소비자의 품질요구를 맞추기 위한 품질원가의 중요성이 대두되고 있다.

마지막으로 기업의 국제화로 인하여 전략적 회계개념이 대두되었을 뿐만 아니라 해외 현지법인에 대한 원가계산과 성과평가에 대한 중요성이 증대되고 있다. 전략적 회계개념이란 글로벌경쟁과 소비자욕구의 다양화에 직면한 기업들이 품질경영과 고객만족 그리고 연구개발 등을 중시하는 전략적 경영으로 체계를 전환함에 따라 원가관리회계도 전략수립과 실행과 같은 전략적 관점을 중시하는 것을 의미한다. 활동기준원가계산이나 즉시생산시스템(just in time : JIT), 전사적 품질관리시스템(total quality management : TQM), 제약이론(theory of constraint : TOC), 균형성과표(balanced scorecard : BSC)와 같은 새로운 관리회계기법들이 여기에 속한다고 볼 수 있다.

2. 전통적 원가계산의 문제점

이러한 환경변화에 따라 기존 전통적 원가계산방법에 의한 원가정보로는 정보이용자들을 만족시킬 수 없을 것이다. 정보이용자를 만족시킬 수 있는 새로운 원가정보를 제공하기 위해 먼저 전통적 원계산방법이 가지고 있는 문제점을 살펴보기로 한다.

전통적 원가계산방법의 문제점을 크게 두 가지로 요약하면 제품원가의 왜곡현상과 전략적 원가관리의 부적합을 들 수 있다. 전통적 원가계산방법은 직접재료원가와 직접노무원가 중심의 원가계산인 데다가 제조간접원가의 배부기준 또한 직접노무원가나 기계작업시간에 의존하고 있기 때문에 고정제조간접원가를 제품원가에 정확하게 배부하지 못하는 문제가 발생한다.

제품원가를 계산하는 데 있어서도 제품의 생산과 판매에 관련한 부분만 포함시키고, 점차 비중이 증가하고 있는 연구개발비(research and development : R&D)나 설계비용 그리고 애프터서비스와 관련된 비용들을 누락하고 있기 때문에 제품원가가 적정하게 산출된다고 볼 수 없다. 이러한 원인들로 인해 전통적 원가계산방법은 경영자들에게 의사결정을 위한 유용한 원가정보가 아닌 왜곡된 원가정보를 제공한다고 할 수 있다.

그림 11-1 제품수명주기와 제품원가

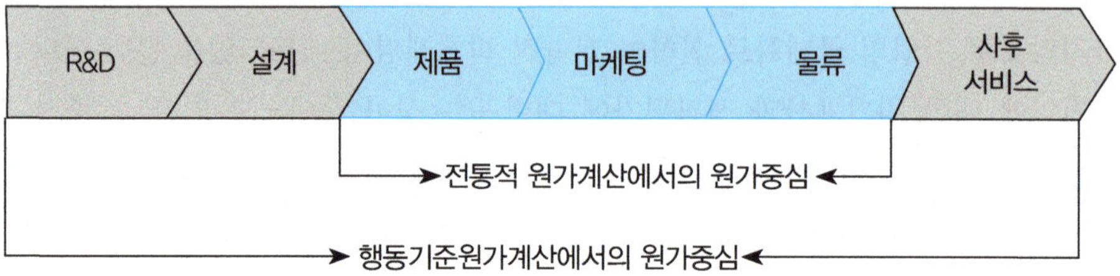

전통적 원가계산방법은 앞서 설명한 전략적 원가관리에도 부적절한 방법이다. 전략적 원가관리를 위해서는 원가계산을 위한 정보 그 자체보다는 혁신전략수립을 위한 유용한 정보를 제공해야 함에도 불구하고, 전통적 원가계산방법은 역사적 원가를 기준으로 한 외부보고용 원가정보만을 제공하고 있을 뿐이다. 즉, 전통적 원가계산은 경영혁신을 위한 경영자의 의사결정에 유용한 정보를 제공하는 데 실패한 것이다.

그림 11-2 전통적 원가계산의 문제점

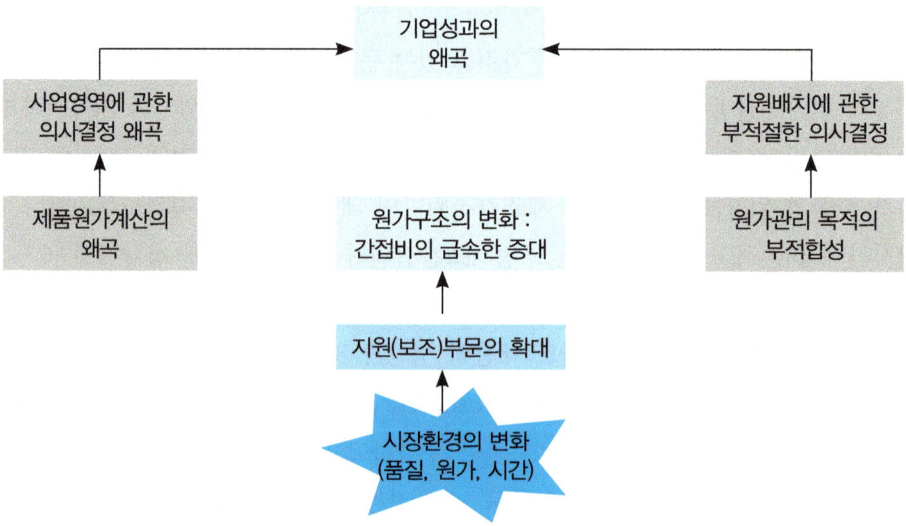

[그림 11-2]에 나타난 바와 같이, 시장환경이 변화함에 따라 제품의 생산을 직접 담당하는 제조부문 이외에 앞서 설명한 R&D부서나 설계부서와 같은 지원부문이 크게 확대됨에 따라 제조간접원가가 급속하게 증가하여 원가구조에 변화가 발생하고 있다. 제

조간접원가의 증대로 인해 변화된 원가구조는 기존 전통적 원가계산방식에 의해 계산된 원가정보와는 다른 원가정보를 요구할 뿐만 아니라 기존 직접재료원가와 직접노무원가 중심의 원가관리 목적까지도 제조간접원가 중심의 원가관리 목적으로 변화를 요구하고 있다. 그러므로 변화된 원가구조에서는 기존 전통적 원가계산방법에 의해 생성된 원가정보가 제품원가를 왜곡시킬 뿐만 아니라 원가관리 목적에서 부적합한 것일 수밖에 없다. 따라서 기업의 경영관리자가 이렇게 왜곡된 제품원가정보를 이용하여 의사결정을 한다면 관련된 의사결정 또한 왜곡될 수밖에 없다.

사업의 시행과 관련한 의사결정이 왜곡되고, 자원의 배치와 관련하여 부적절한 의사결정을 내리게 됨으로써 기업성과는 경영자가 의도한 바와는 다른 결과를 가져오는 상황이 발생하는 것이다. [그림 11-2]는 원가부서나 회계부서에서 작성하고 보고하는 원가정보가 기업에서 얼마나 중요한 역할을 하는지를 밝혀주는 도표이다.

원가정보를 왜곡하고 잘못된 의사결정에 이를 수도 있는 전통적 원가계산의 문제점을 해결할 수 있는 방안은 없을 것인가 고민한 끝에 나온 것이 활동기준원가계산(activity base accounting : ABC)이다. ABC는 약 30년 전에 미국에서 처음으로 도입된 제조간접원가배부과정을 개선한 원가계산방법이었으나, 현재는 의사결정을 위한 원가정보를 제공하는 경영관리기법으로 변화하여 대부분의 제조기업에서 도입 · 활용하고 있는 전략적 관리회계기법이다.

제2절 활동기준원가계산

1. 활동기준원가계산

활동기준원가계산(activity base accounting : ABC)이란 활동을 원가대상의 중심으로 삼아 활동의 원가를 계산하고, 이를 토대로 하여 다른 원가대상의 원가를 계산하는 원가계산시스템이다. 즉, 쉽게 이해하면 활동단위를 기준으로 원가를 배부하여 원가를 계산한다는 것이다.

여기서 말하는 활동(activity)이란 기업이나 단체에서 그 조직의 운영에 필요한 세부적인 업무프로세스를 의미한다. 기업의 활동은 크게 제조활동, 판매활동, 관리활동 등으로 분류할 수도 있고, 더 세부적으로 분류할 수도 있다. 활동에 관하여는 뒤에서 자세하게 다루도록 하겠다.

활동기준원가계산을 하는 이유는 제조간접원가에 대한 명확한 이해와 제품과 고객의 수익성에 대한 이해를 통하여 유용한 의사결정정보를 제공하기 위함이다. 활동기준원가계산방법은 전통적인 원가계산방법을 완전히 대체하는 원가계산방법이라기보다는 전통적 원가계산방법과 함께 사용함으로써 전통적 원가계산방법의 단점을 보완해 주는 원가계산시스템이다.

제조간접원가가 제품원가에서 많은 부분을 차지하지 않았던 시절에는 전체제조간접원가 예산을 기준으로 단일의 배부기준에서 산출된 제조간접원가예정배부율을 이용하여 제품이나 부문에 배부하는 것으로 제품원가를 산출하였지만, 제조간접원가가 제품원가에서 차지하는 비중이 늘어나면서 좀 더 정확한 제조간접원가배부가 요구되었다. 이에 따라 동일한 공장 내에서도 부문에 따라 각기 다른 배부기준에 의해 산출된 제조간접원가배부율을 적용하는 복수의 배부기준을 사용하게 된 것이다. 그러나 이러한 복수의 배부기준에 의한 제조간접원가배부에도 불구하고 생산수량이나 배치규모 그리고 복잡성에 차이가 있는 경우에는 제품원가를 정확하게 반영하지 못하고 왜곡하는 현상이 발생하고 있다. 이러한 제품원가 왜곡을 방지하기 위해서 원가유발요인에 따라 원가를 배부하는 방법의 필요성이 제기되었고, 이런 요구사항을 어느 정도 만족시켜 주는 기준으로 활동단위에 따라 제조간접원가를 배부하는 활동기준원가계산이 도입된 것이다. 이렇게 제조간접원가배부기준이 변화하는 이유는 제품원가에서 차지하는 제조간접원가의 비중이 증가할 뿐만 아니라 그 내용도 복잡해지고 있기 때문이다.

2. 제조간접원가의 배부기준

1) 단일배부기준

제조간접원가 단일배부기준은 전체공장의 공정에 제조간접원가를 배부하는 기준을 하나로 설정하는 것이다. 단일배부기준으로는 직접노무원가나 직접노동시간 또는 기계가동시간 등이 주로 사용된다. 그러나 제품의 다양화와 공장자동화로 인해 공장에서 발생하는 제조간접원가와 종업원의 직접노동과의 상관관계가 약화되었다. 따라서 직접노무원가나 직접노동시간을 제조간접원가배부기준으로 적용하는 것은 원가왜곡문제를 발생시켜 원가정보의 신뢰성이 약화되는 결과로 나타날 수 있다.

그림 11-3 제조간접원가배부기준의 변화

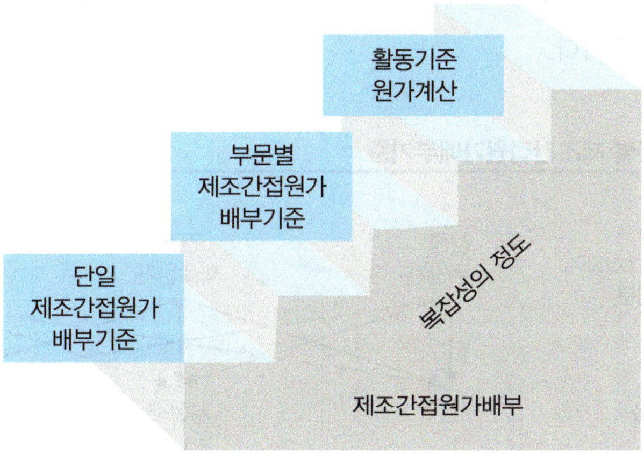

2) 복수배부기준

제조간접원가를 보다 더 정확하게 원가대상에 배부하기 위하여 복수의 배부기준을 사용하게 된다. 복수의 배부기준은 간접노무원가, 간접재료원가, 기타의 간접비 등을 발생한 원인과 목적에 따라 별도의 배부기준에 의해 각 부문별로 배부하는 방법이다. 제조간접원가를 직접노무원가와 같은 단일배부기준을 이용하여 배부하는 것에 비해, 공정별 또는 부문별로 다양한 배부기준을 적용하여 배부함으로써 더욱 정확한 제품원가를 산출할 수 있게 되는 것이다.

부문별 제조간접원가배부기준은 각 부문에서 발생된 제조간접원가를 부문의 특성에 따라 정해진 각각의 배부기준을 사용하여 제품에 배부하는 프로세스로 이루어져 있다 ([그림 11-4] 참조). 그러나 부문별 제조간접원가배부기준을 적용하여 배부를 하더라도 제품을 대량으로 생산하는 경우에는 실제보다 높게 원가가 산정되고, 소량으로 생산하는 제품의 경우에는 원가가 낮게 산출되는 경향이 발생할 수 있다. 그 이유는 제품의 생산수량이나 배치규모, 복잡성에 차이가 존재하는 경우에 이를 감안하여 제조간접원가를 배부해야 하나 이를 무시하고 제조간접원가를 배부하기 때문이다. 예를 들어 제품을 대량으로 생산하는 경우에는 한 번의 작업준비로 제품을 생산할 수 있지만, 소량으로 생산하는 경우에는 생산제품을 변경할 때마다 그에 따른 작업준비를 해야 하므로 대량생산의 경우보다 더욱 많은 제조간접원가가 발생할 것이다. 그러나 부문별 배부기준을 적용하여 제조간접원가를 배부할 경우에는 이러한 작업준비비용을 적정하게 제품에 배부할 수 없어, 소량생산품의 경우 실제로 많은 원가가 발생하지만 실제보다 낮은 원가가 원가대상에 배부되는 것이다.

그림 11-4 부문별 제조간접원가배부기준

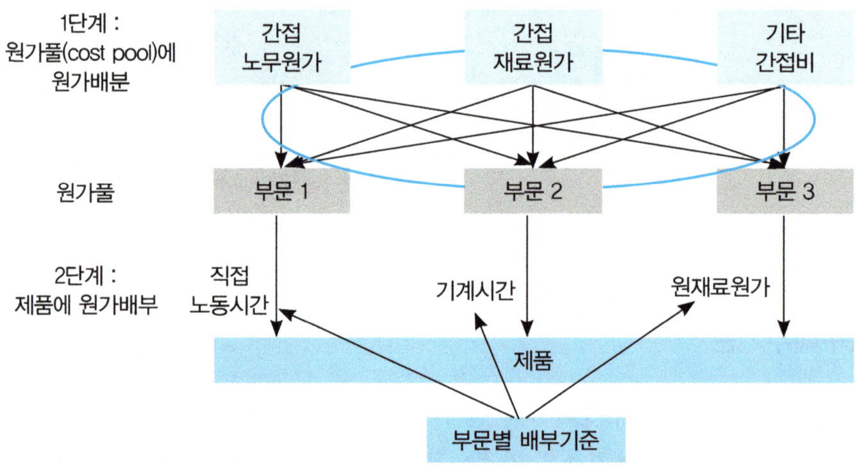

3) 활동단위배부기준

이러한 부적정한 제조간접원가의 배부방식을 보완하기 위해 1990년대 초반부터 미국에서 활동기준원가계산이 등장하게 된다. ABC는 제조간접원가를 기업의 활동단위별로 원가대상에 배부하는 방법이다. 즉, 제조간접원가를 발생시키는 원인에 따라 활동을 분류하여 활동단위를 기준으로 제조간접원가를 배부하는 방법이다. 예를 들어 제품을 생산하기 위한 작업준비활동, 구매활동, 제품의 출하활동 등에서 발생한 제조간접원가를 각각의 활동내용에 따라 배부하는 것이다. 이때 제조간접원가를 발생시키는 원가유발요인을 원가동인(cost driver)이라고 한다. 따라서 ABC는 원가동인에 따라 제조간접원가를 배부하는 원가계산방법이라고 할 수 있다. 기존의 전통적 원가계산방법에서는 제조간접원가배부기준이 주로 직접노무원가나 기계작업시간과 같은 재무적 활동지표인 반면에 ABC는 작업준비나 출하준비작업과 같은 비재무적 활동지표를 많이 사용하고 있다.

3. ABC의 도입시기와 특징

1) ABC의 도입시기

기업의 입장에서는 새로운 원가계산방법이 효율적이고 효과적이라 하더라도 기존의 원가계산방법을 버리고 새로운 원가계산방법을 즉각적으로 도입하는 것이 쉬운 일은 아니다. 따라서 기업의 상황에 따라 전통적인 원가계산방법을 그대로 적용하면서 필요한 부분에 대하여 작은 변화를 주는 방법을 선택하는 것이 바람직할 것이다.

기업에서 ABC 도입을 고려해야 하는 적절한 시점은 기업의 상황에 따라 다르겠지만, 대체로 다음과 같은 징후가 나타나는 시기를 기준으로 삼으면 될 것이다. 먼저 직접노무원가의 비중이 전체원가에서 차지하는 비중이 점차적으로 줄어들고 있다면 상대적으로 제조간접원가의 비중이 증가하는 것이므로 증가된 제조간접원가를 원가대상에 적정하게 배부하기 위해 ABC의 도입 필요성이 제기될 것이다.

둘째로 매출액은 증가하는 데 반하여 이익은 감소하는 경우이다. 다양한 이유가 있을 수 있겠지만, 우선은 제품원가가 적정하게 산출되지 않을 수도 있다는 점을 감안하여 제조간접원가를 적정하게 배부할 수 있는 ABC 도입을 생각할 수 있다. 비슷한 사례로 회사내부에서는 이익률이 높은 것으로 보고된 제품이 경쟁기업에서는 취급되지 않는 경우가 있는데, 이는 제품에 배부된 제조간접원가를 적정하게 배부하지 못하여 발생한 원가의 왜곡이 중요한 요인이 될 수도 있다.

셋째로 제조과정의 각 부문별 이익을 정확하게 설명하기 어려운 경우 역시 제조간접원가를 부서별로 적정하게 배부하지 못했기 때문에 발생하는 것이다.

이상과 같은 이유로 현장관리자가 회계팀의 제품원가보고서를 신뢰하지 못하거나 마케팅부서에서 제품의 가격을 결정할 때 원가보고서를 신뢰하지 못하는 경우가 발생할 수 있다. 이러한 상황이 발생하는 이유는 내부고객들이 회계팀에서 발행하는 원가정보에 대한 신뢰성이 부족하기 때문이다. 이러한 징후가 나타날 경우에는 ABC를 도입하여 제조간접원가를 보다 적정하게 배부함으로써 제품원가에 대한 신뢰를 높여야 할 필요성이 있다.

2) ABC의 특징

ABC의 가장 중요한 특징 가운데 하나는 원가는 활동별로 집계되며, 원가풀(cost pool)별로 각각 고유한 활동측정치(activity measure)를 사용한다는 데 있다. 예를 들어 고객주문처리활동에 대한 원가풀은 고객으로부터 주문을 받아 이를 처리하는 데 소비되는 모든 자원의 원가를 집계한다. 이 경우에 고객주문건수는 이 원가풀의 활동측정치로 사용할 수 있을 것이다.

ABC는 제품원가에 제조원가와 비제조원가 모두를 배부할 수 있다. 일반적으로 인정된 회계원칙(GAAP)에 의하면 비제조원가는 제품원가에서 제외되지만, ABC에 의한 원가는 외부보고 목적보다는 내부관리 목적으로 사용되므로 제조원가이든 비제조원가이든 활동에 투입된 모든 비용은 원가풀에 배부되고 활동량에 따라 원가대상에 배부된다. 그러나 어떤 경우에는 제조원가로 분류되는 원가라도 제품생산과 직접 관련이 없는 경우에는 배부대상원가에 포함되지 않을 수도 있다.

마지막으로 ABC에서의 제조간접원가배부는 전통적인 원가계산시스템과 달리 활동단위를 기준으로 이루어진다는 것 등이 ABC의 특징이다.

4. ABC에서의 활동유형

1) 원가동인

원가동인(cost driver)은 왜 그러한 수준의 원가가 발생되었는가를 설명해 주는 원인으로서, 원가를 발생시키거나 발생에 영향을 미치는 활동이나 사건을 의미한다. 기계작업, 구매지시, 품질검사, 생산지시, 설계변경지시, 원재료수불과 같은 활동들이 여기에 해당된다. 이러한 원가동인은 활동원가의 배부기준으로 사용된다. ABC시스템의 첫 단계는 이러한 활동들을 규정하는 것이다. 기업에서는 수백 가지의 활동이 수행되고 있으나 이를 활동의 특성에 따라 4~5개의 계층으로 분류하는 것이 유용하다. 일반적으로 단위수준활동, 배치수준활동, 제품유지활동, 조직유지활동, 고객관련활동 등으로 분류된다. 이와 같이 활동을 계층별로 분류한 것을 활동의 계층별 분류라고 한다.

2) 활동의 계층별 분류

활동의 계층별 분류에 의한 활동수준을 살펴보면, 먼저 전통적 원가계산에서 사용되는 활동으로 가공활동이나 기계작업활동, 동력사용활동과 같이 제품의 생산수량에 따라 비례적으로 발생하는 활동을 단위수준활동(unit level activities)이라고 한다. 예를 들어 제품의 생산량을 10% 증가시킬 경우에 직접재료원가, 직접노무원가, 동력비 등의 비용이 10% 더 발생하게 된다.

ABC제품원가에서 사용하는 활동수준은 배치수준활동과 제품유지활동 그리고 설비유지활동으로 분류할 수 있다. 배치수준활동(batch level activities)은 작업준비활동, 구매주문활동, 출하준비활동 등과 같이 한 번의 작업단위(배치, batch)를 처리할 때마다 발생하는 활동을 이르는 수준을 말한다. 배치(batch)는 한 묶음 또는 1회분이라는 용어로 한 단위의 작업활동을 의미한다. 배치수준활동을 위한 원가의 발생은 배치의 수에 비례해서 증가하지만 제품의 생산량에 비례하지는 않는다. 즉, 구매주문활동에 따르는 원가의 경우 주문에 포함된 제품의 수량과는 무관하게 주문횟수에 비례하여 원가가 발생하는 것을 알 수 있다.

제품유지활동(product level activities)은 특정제품이 생산되어 판매될 수 있도록 수행하는 활동으로 제품설계, 제품광고, 제품설계변경지시 등의 활동이 여기에 속한다. 제품유지활동은 취급제품의 종류가 많아질수록 더 많이 발생하게 된다. 또한 소품종생산조직보다는 다품종생산조직에서 제품유지활동의 수요가 늘어나 관련자원을 더 많이 소모하게 된다.

설비유지활동(facility level activities)은 공장에서 전반적인 제품의 생산능력을 유지하는 데 필요한 활동이지만, 특정한 제품의 생산과는 관련이 없는 활동으로 공장설비유지비용, 공장관리비용, 안전 및 조경비용 등의 활동이 여기에 해당된다. 이러한 비용들은 ABC 제품원가에는 배부되지 않고 설비에서 생산되는 모든 제품의 공통비로 고려되어야 한다. 물론 특정제품의 생산량에 따라 발생하는 설비유지비용이 있다면, 이 비용은 특정제품에 직접적으로 부과될 것이다.

이러한 ABC의 계층모형은 특정의사결정에 따른 원가의 변화를 추정하는 데 유용하게 사용할 수 있는 모형으로 ABC제도의 도입과 관련한 전제조건이 된다.

그림 11-5 ABC의 계층적 모형

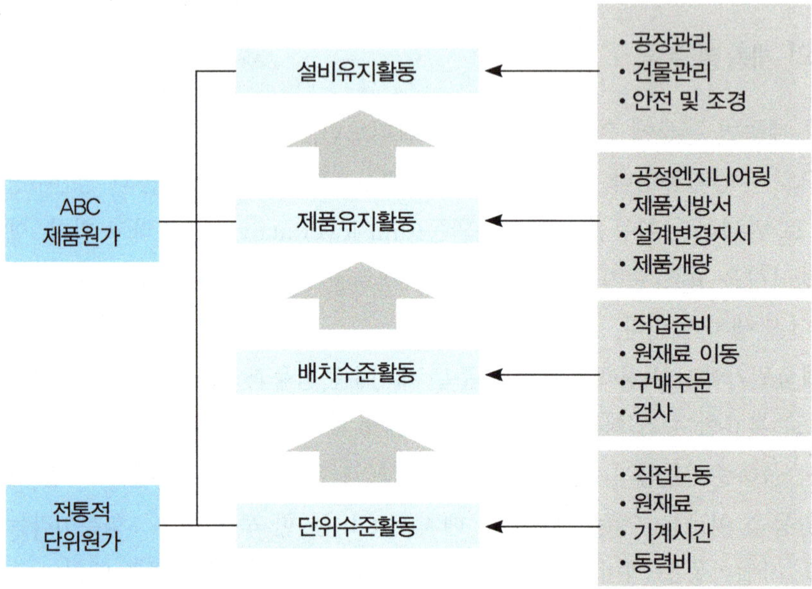

제3절 활동기준원가계산의 절차

1. ABC의 실행단계

ABC를 도입하고 실행하기 위해서는 다음과 같은 단계를 수행해야 한다.

1) 1단계 : 주요 활동의 정의와 원가풀의 선정

ABC를 실행하기 위한 1단계는 기업의 경영활동을 파악하고, 파악된 활동에 대한 가치분석을 통하여 활동원가풀을 선정하는 것이다. 기업의 주요 활동은 직무분석서를 이용하거나 관리자의 인터뷰를 통하여 파악할 수 있다. 활동의 가치분석이란 기업활동들의 부가가치 여부를 판단하는 것을 말한다. 기업활동에 대한 가치분석이 완료되면 활동의 복잡성 정도에 따라 10~15개의 활동원가풀을 선정한다. 고객주문활동, 제품설계 ·

가공활동, 연구개발활동, 구매활동과 같은 것들이 활동원가풀에 해당된다.

2) 2단계 : 배부대상 원가의 집계

총계정원장에서 생산과 관련된 간접비를 수집하고, 이를 원가대상에서 직접집계할 수 있는 원가와 ABC를 사용하여 배부할 원가로 구분한다.

3) 3단계 : 활동원가풀에 원가배부(제1단계 배부)

총계정원장에 집계된 간접비를 활동원가풀에 배부하는 과정으로, 특정간접비항목이 여러 계층의 활동 각각에 어느 정도 투입되었는지를 해당부문의 관리자와 종업원의 인터뷰를 통하여 파악한다.

4) 4단계 : 활동단위당 원가 산출

활동원가풀의 원가를 발생시키는 대표적인 원가유발활동을 원가동인(cost driver)이라 한다. 원가동인은 원가풀의 원가를 원가대상에 배부하는 배부기준(allocation base)이 된다. ABC가 전통적인 조업도기준 원가계산방법보다 정확한 원가정보를 제공할 수 있는 것은 활동원가풀에 적합한 원가동인을 사용하기 때문이다. 간접비 중에는 원가대상과의 인과관계를 발견하기 매우 어려운 비용항목도 있다. 조직유지활동에 속하는 비용이나 유휴설비와 관련된 비용 등이 그 예인데, 이 경우는 기타 풀을 설정하여 제1단계의 배부는 실행하지만, 원가대상에 대한 제2단계의 배부는 실행하지 않는다.

표 11-1 | 활동원가풀과 원가동인

활동원가풀	원가동인
고객주문활동	고객주문수
제품설계	제품설계수
회당 주문량	기계시간
고객관계	활동고객의 수

활동단위당 원가(또는 활동배부율, activity rate)는 활동원가풀에 배부된 금액을 총활

동량(원가동인의 측정량)으로 나누어 구한다. 만일 고객주문처리 활동원가풀의 배부액이 ₩125,000이고, 고객주문수(원가동인)가 1,000회라고 가정한다면, 고객주문 1회당 활동원가(활동배부율)는 ₩125이 된다.

활동단위당 원가=활동원가풀에 배부된 원가/총활동량(원가동인)

그림 11-6 활동기준원가계산의 절차

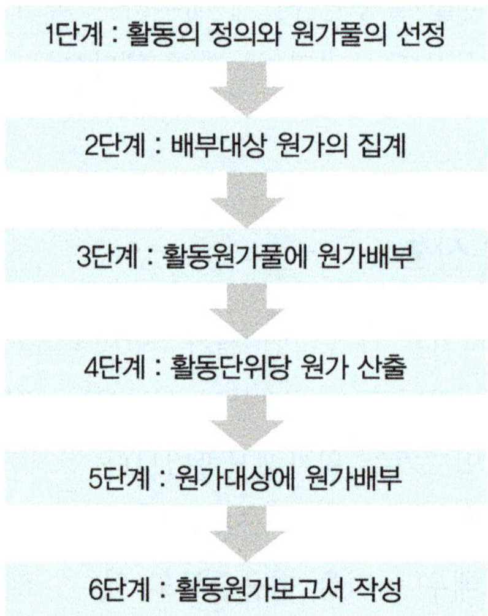

5) 5단계 : 원가대상에 원가배부(제2단계 배부)

각 원가대상이 소비한 활동량에 활동단위당 원가를 곱하여 제품이나 고객 등 원가대상에 간접비를 최종배부하는 단계이다.

6) 6단계 : 활동원가보고서 작성

배부된 간접비를 근거로 제품별 · 고객별 매출액에서 ABC로 산출된 제품원가를 차감하여 제품이익(product margin) 또는 고객이익(customer margin)을 산출한 보고서 등을 작성하는 마무리 단계이다.

2. 활동기준원가계산의 사례

ABC의 절차를 ㈜북한산의 간접비배부 사례를 통해 설명하도록 한다. 먼저 ㈜북한산의 원가대상은 제품과 주문 그리고 고객이다. 즉, 원가를 제품별, 주문별, 고객별로 배부하고 집계한다.

| 표 11-2 | 간접비명세서

구분	금액	합계
생산부서		
공장간접노무원가	₩500,000	
공장설비감가상각비	300,000	
공장수도광열비	120,000	
공장건물임대료	80,000	₩1,000,000
고객주문별로 집계된 출하비		40,000
일반관리부서		
관리부서인건비	400,000	
사무실집기감가상각비	50,000	
사무실건물임대료	60,000	510,000
판매부서		
판매부서인건비	250,000	
판매비	50,000	300,000
총간접비		₩1,850,000

㈜북한산의 간접비는 [표 11-2]에 나타난 바와 같으며, 발생한 비용 가운데 출하비는 고객의 주문별로 직접추적할 수 있는 간접비이다.

㈜북한산의 생산활동과 관련하여 발생할 수 있는 비용을 정리해 보면 [표 11-2]에서 정보가 제공되지는 않았지만 직접재료원가와 직접노무원가의 경우는 원가대상별로 직접추적이 가능하기 때문에 원가대상별로 배부기준에 따라 배부를 하고, 출하비의 경우는 간접비이기는 하지만 직접비와 마찬가지로 추적이 가능하므로 직접비처럼 배부를 하면 된다. 나머지 간접비는 원가대상별로 추적을 할 수 없기 때문에 활동별로 배부해야 한다.

발생한 간접비는 생산에 필요한 활동들을 정의하여 각각의 활동들에 먼저 배부하고, 2단계로 원가대상에 배부를 해야 한다. 이를 위하여 4개의 활동풀과 1개의 기타 활동풀을 선정하여 배부하기로 하고, 기계가공관련 활동, 고객주문활동, 제품설계활동 그리고 고객관계활동을 선정하였으며, 각각 기계시간, 주문횟수, 설계시간, 고객 1인당을 기준으로 원가대상에 간접비를 배부하기로 하였다. 기타 활동풀의 원가는 원가대상에 배부하지 않는 것으로 정의하였다.

그림 11-7 간접비의 배부

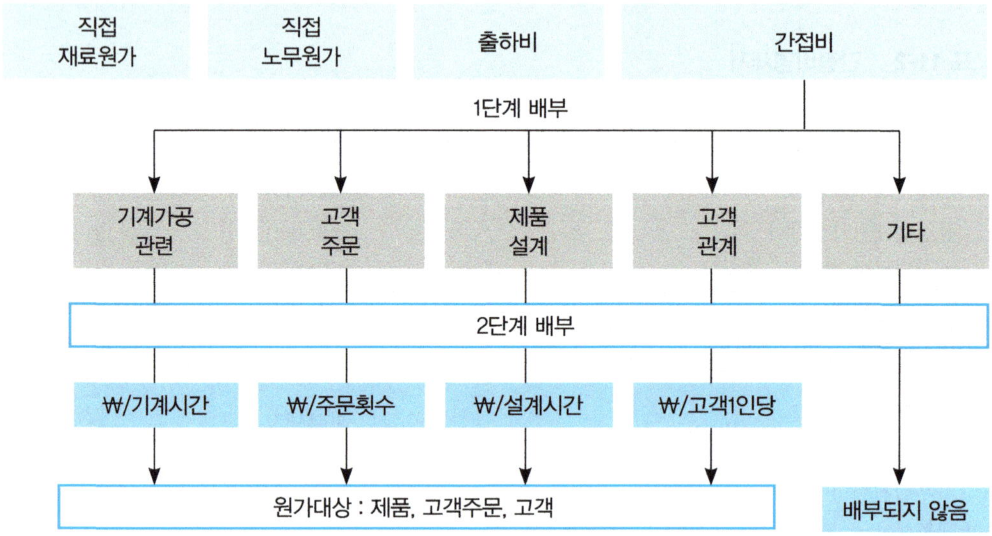

㈜북한산의 간접비항목을 분석한 결과 발생된 간접비는 5개의 활동원가풀에 [표 11-3]에 나타난 비율로 원가를 배부하기로 결정하였다. 예를 들어 생산부서의 간접노무원가는 고객주문활동에 25%, 제품설계활동에 40%, 기계가공관련활동에 20%, 고객관계활동에 10%를 배부하고 나머지 5%는 기타활동에 배부하기로 하였다.

표 11-3 ㈜북한산의 활동원가풀

	활동원가풀					
	고객주문	제품설계	기계가공	고객관계	기타	합계
생산부서						
공장간접노무원가	25%	40%	20%	10%	5%	100%
공장설비감가상각비	20%	0%	60%	0%	20%	100%
공장수도광열비	0%	10%	50%	0%	40%	100%
공장건물임대료	0%	0%	0%	0%	100%	100%

고객주문별로 집계된 출하비	NA	NA	NA	NA	NA	NA
일반관리부서						
관리부서인건비	15%	5%	10%	30%	40%	100%
사무실집기감가상각비	30%	0%	0%	25%	45%	100%
사무실건물임대료	0%	0%	0%	0%	100%	100%
판매부서						
판매부서인건비	20%	10%	0%	60%	10%	100%
판매비	10%	0%	0%	70%	20%	100%

[표 11-3]과 같이 결정된 각 활동별 간접비배부비율에 따라 간접비를 배부하면, 각 활동별 원가풀의 원가를 집계할 수 있다. 공장에서 발생한 간접노무원가를 보면, 총발생원가 ₩500,000의 25%를 고객주문에 투입하였으므로 ₩125,000의 간접비를 배부하고, 공장설비감가상각비의 경우는 총발생감가상각비 ₩300,000의 20%를 투입하였으므로 ₩60,000을 배부하는 방법이다. 이러한 절차에 따라 각 부문에서 발생한 간접비를 활동원가풀에 배부하면 [표 11-4]와 같은 결과가 된다.

표 11-4 | 활동원가풀에 원가배부

	활동원가풀					
	고객주문	제품설계	기계가공	고객관계	기타	합계
생산부서						
공장간접노무원가	₩125,000	₩200,000	₩100,000	₩50,000	₩25,000	₩500,000
공장설비감가상각비	60,000	0	180,000	0	60,000	300,000
공장수도광열비	0	12,000	60,000	0	48,000	120,000
공장건물임대료	0	0	0	0	80,000	80,000
일반관리부서						
관리부서인건비	60,000	20,000	40,000	120,000	160,000	400,000
사무실집기감가상각비	15,000	0	0	12,500	22,500	50,000
사무실건물임대료					60,000	60,000
판매부서						
판매부서인건비	50,000	25,000	0	150,000	25,000	250,000
판매비	5,000	0	0	35,000	10,000	50,000
합계	₩315,000	₩257,000	₩380,000	₩367,500	₩490,500	1,810,000

고객주문의 생산부서	₩500,000
간접노무원가에 대한 소비율	25%
	₩125,000

고객주문의 공장설비	₩300,000
감가상각비에 대한 소비율	20%
	₩60,000

각 원가동인단위당 원가를 계산하기 위해 활동원가풀의 총활동량을 설정하였다면 각 활동에 배부된 간접비를 총활동량으로 나누어 각 활동의 단위당 원가를 산출할 수 있을 것이다.

㈜북한산의 활동원가풀의 총활동량은 다음과 같다고 한다면,

고객주문 : 1,000회
제품설계 : 200건
기계작업 : 20,000시간
고객의 수 : 100명

산출된 총활동량에 비례하여 ㈜북한산의 각 활동에 대한 단위당 원가를 계산하면 [표 11-5]와 같다.

표 11-5 원가동인 단위당 원가계산

	활동원가풀			
	1,000개 주문	200건 설계	20,000시간 기계시간	100명 고객
생산부서				
공장간접노무원가	₩125	₩1,000	₩5	₩500
공장설비감가상각비	60	0	9	0
공장수도광열비	0	60	3	0
공장건물임대료	0	0	0	0
일반관리부서				
관리부서인건비	60	100	2	1,200
사무실집기감가상각비	15	0	0	125
사무실건물임대료				
판매부서				
판매부서인건비	50	125	0	1,500
판매비	5	0	0	350
합계	₩315	₩1,285	₩19	₩3,675

공장간접노무원가	₩125,000
주문횟수	1,000
주문당 공장간접노무원가	₩125

공장에서 발생한 간접노무원가는 고객주문비용 ₩125,000이 배부되었는데, 총 1,000회의 주문이 이루어졌으므로 ₩125,000/1,000회를 계산하여 고객의 주문 한 단위를 처리하는 데 공장간접노무원가 ₩125을 배부한다는 것이다. 이러한 절차를 거쳐 간접비를 고객주문처리활동에 배부하면 주문단위당 간접비 ₩315이 소요된다는 것을 산출할 수 있다. 이렇게 계산된 단위당 주문비를 적용하면 각 제품별/고객별 제품판매에 대한 적정한 이익을 산출할 수 있을 것이다.

3. 전통적 원가계산과 ABC 제품원가의 차이

ABC를 적용한 원가계산과 전통적인 원가계산을 이용한 제품원가의 차이를 살펴보자. ABC를 적용하여 제품원가를 산출하게 되면, 제조간접원가를 대량생산품에서 소량생산품으로 이동시킨다. 즉, 앞서 설명한 바와 같이 작업준비비와 같은 비용은 대량으로 제품을 생산하는 경우보다 소량의 제품을 여러 번에 걸쳐서 생산하는 경우에 더욱 많이 발생하므로 소량생산품에 배부되는 제조간접원가가 증가하기 때문이다.

표 11-6 | ABC와 전통적 원가계산의 제품원가의 차이

<table>
<tr><th colspan="2"></th><th>대량생산제품(검정색 볼펜)</th><th>소량생산제품(파란색 볼펜)</th></tr>
<tr><td colspan="2">생산량</td><td>1,000자루×1회(setup)=1,000자루</td><td>100자루×10회(setup)=1,000자루</td></tr>
<tr><td colspan="2">기계사용시간</td><td>100자루/1시간, ₩100,000/1시간</td><td>100자루/1시간, ₩100,000/1시간</td></tr>
<tr><td colspan="2">작업준비비용</td><td>₩100,000/1회</td><td>₩100,000/1회</td></tr>
<tr><td colspan="2">간접비발생액</td><td>₩1,100,000</td><td>₩2,000,000</td></tr>
<tr><td rowspan="2">간접비
배부액</td><td>전통적
방법</td><td>3,100,000×(10/20)시간
=1,550,000/1,000자루
=1,550/자루</td><td>3,100,000×(10/20)시간
=1,550,000/1,000자루
=1,550/자루</td></tr>
<tr><td>ABC
방법</td><td>₩100,000/1시간×10시간+₩100,000/회×1회=₩1,100,000/1,000자루
=1,100/자루</td><td>₩100,000/1시간×10시간+₩100,000/회×10회=₩2,000,000/1,000자루
=2,000/자루</td></tr>
</table>

[표 11-6]에 나타난 바와 같이 대량생산을 하는 경우와 소량생산을 하는 경우에 전통적 원가계산과 ABC에 의해 제조간접원가를 각각 배부해 보기로 하자. 먼저 1,000자

루의 검정색 볼펜을 1회의 작업준비로 생산하는 경우와 100자루의 파란색 볼펜을 10회의 작업준비를 거쳐 생산하는 경우를 예를 들면, 두 작업 모두 1시간에 100자루의 볼펜을 생산할 수 있으며, 시간당 기계비용은 ₩100,000이다. 그리고 작업준비비용은 회당 ₩100,000이다. 그렇다면 총간접비발생액은 검정색 볼펜의 경우 ₩1,100,000이 발생하고, 파란색 볼펜의 경우 ₩2,000,000이 발생하여 총 ₩3,100,000의 간접비가 발생하게 된다.

이러한 경우에 전통적인 원가계산에 의하면 총간접비 ₩3,100,000을 기계사용시간 기준으로 두 공정에 배부하면 각각의 공정에 ₩1,550,000씩 배부되어 검정색 볼펜과 파란색 볼펜 모두 자루당 ₩1,550의 간접비원가가 발생한다.

그러나 ABC를 이용하여 간접비를 배부하면 검정색 볼펜의 경우 간접비 ₩1,100,000을 1,000자루의 볼펜에 나누어주면 자루당 ₩1,100의 원가가 배부되고, 파란색 볼펜의 경우 자루당 ₩2,000의 원가가 배부된다. 이 사례를 보면 전통적 원가를 사용하는 경우, 대량생산품에 배부되는 간접비의 원가가 실제발생액보다 많다는 것을 알 수 있다.

또 다른 차이는 ABC에서는 제조원가뿐만 아니라 비제조원가도 제품에 배부할 수 있으며, 조직유지를 위한 원가와 유휴설비원가는 제품에 배부되지 않는다.

4. ABC의 효익과 문제점

1) ABC의 효익

(1) 의사결정의 개선

ABC를 채택한 기업의 경영자들은 ABC에서 보고된 정확한 제품원가정보에 기반하여 의사결정을 하기 때문에 잘못된 의사결정을 내릴 가능성이 줄어든다. ABC는 활동기준에 의해 간접비를 보다 적정하고 정확하게 원가대상에 배부하기 때문이다. 따라서 ABC를 채택한 기업경영자들의 의사결정의 질은 개선될 수 있을 것이다.

(2) 관련원가와 '원가조정의 용이성' 정보제공

ABC는 전통적 원가계산과는 달리 보고된 제품원가의 정확성을 증가시키고, 그 외 다양한 원가대상에 대한 정보를 제공하기 때문에 관련원가계산에 필요한 특별한 노력이 줄어들게 된다. 또한 경영자에게 원가조정이 용이한 항목과 어려운 항목을 구분하여 그 정보를 제공할 수 있게 해준다.

(3) 지속적인 개선활동

ABC에서는 작업준비비용 감소, 생산계획과 자재취급의 효율적 운용, 그리고 소비자의 제품수요에 일치시키면서도 그 부품의 수를 줄이는 활동 등을 수행함으로써 비용절감을 달성할 수 있을 것이다.

또한 ABC에 의한 원가정보는 다음과 같은 방법으로 성과개선활동을 지원한다. 첫째로 본질적인 성과개선을 기대할 수 있는 활동에 대하여 현재까지 소비된 비용을 밝혀낼 수 있다. 둘째로 이미 품질개선과 JIT활동을 도입하고 있는 조직에서도 개선의 여지가 가장 많은 활동에 중점을 두게 하는 데 도움을 준다. 셋째로 활동개선이 수익향상과 비용절감을 통해 수익성 개선으로 나타났는지를 판단할 수 있다.

(4) 성과평가방법의 개선

ABC의 도입으로 인해 활동들을 규명하고 활동분석을 통하여 성과측정치의 개선을 이룰 수 있을 것이다. 특히 기업활동 가운데 원가발생의 원인을 파악함으로써 종업원들은 이러한 원가유발활동의 발생빈도를 감소시키려는 유인을 갖게 될 것이다. ABC의 도입은 지금까지 사용되어 왔던 재무적 측정치 외에도 비재무적 측정치를 사용할 수 있게 함으로써 지속적인 성과개선을 기대할 수 있게 한다. 또한 ABC는 전통적으로 문제가 되어 왔던 단기적 성과 위주의 의사결정이 장기적 관점에서 효율성 향상으로 나타날 수 있게 해준다.

(5) 조직구조의 변화

조직구조가 부적절하게 설계되었을 경우 불필요한 원가가 발생할 수 있다. 따라서 조직 내의 활동들을 통합 혹은 분리시키는 지속적인 개선노력을 통하여 비효율적인 통제의 폭과 관리사슬을 수정하는 등의 조직변화를 이끌어낼 수 있다.

(6) 경영전략의 지원

기업의 전략, 정책 및 절차는 일반적으로 원가를 발생시키는 공통된 원천이라고 할 수 있다. 생산활동 등에서 기업정책 및 절차가 비부가가치활동을 수행하게 한다면 활동분석을 통해 이를 변화 또는 제거할 수 있다. 장기적으로는 최선의 활동을 찾아내어 이를 실행할 수 있게 하여, 활동이 기업의 전략적인 선택에 의해 결정된다고 볼 때 가장 높은 전략적 효익을 산출하는 활동에 자원을 이동시킬 수 있을 것이다.

2) ABC의 문제점

이상에서 열거한 바와 같은 여러 가지 장점에도 불구하고 모든 기업에서 제품의 원가계산방법으로 ABC를 채택하지 않는 것은 다음과 같은 한계를 가지고 있기 때문이다.

먼저 기업에서 ABC를 제품의 원가계산시스템으로 구축하기 위해서는 많은 비용이 소요될 뿐만 아니라 유지관리가 어렵고 자료의 수정이 용이하지 않다. 원가계산시스템으로 구축하기 위해서는 기업의 활동을 분석하여 각각의 활동에 대한 원가동인을 결정하여 원가를 배부해야 한다. 이때 기업의 활동분석을 위해서는 종업원을 대상으로 한 면담과 설문조사과정을 거쳐야 하는데, 여기에 소요되는 시간과 비용이 많을 뿐만 아니라 종업원 각자의 활동별 소비시간은 각자의 주관적 판단에 의존할 수밖에 없다는 단점이 있다. 또한 일단 구축된 활동에 관한 내용을 수정하기 위해서는 종업원 면담과 설문조사를 새로이 실시해야 하기 때문에 많은 시간과 비용이 요구되어 시스템의 수정이 용이하지 않다.

둘째로 ABC는 실제적인 운영에 있어서도 활동의 복잡성을 파악하기에는 부족한 시스템이라는 한계가 있다. 고객주문에 대한 선적활동만 하더라도, 운송회사의 최소적재량 요구에 따른 운임할인을 받는 경우와 그렇지 못한 경우, 긴급을 요하는 배송과 그렇지 않은 배송에 따른 배송업체의 선정 등등을 모두 모형화한다면 모형은 복잡해지고 그에 따른 원가계산의 부정확성은 심화될 수 있을 것이다.

셋째로 종업원들의 활동량에 관한 조사에서 대다수의 종업원들이 여유시간이나 휴게시간을 제대로 보고하지 않고 작업장에 머무르는 모든 시간을 작업에 소요하는 것으로 보고할 수 있다. 이러한 경우에 기업 생산능력의 일부를 비효율적으로 활용하고 있음에도 불구하고 생산능력의 전부를 효율적으로 활용하는 것으로 가정하여 원가배부를 하는 결과를 가져올 수 있을 것이다.

이 외에도 발생하는 모든 원가가 각각의 원가동인에 비례적으로 변화한다는 가정은 비현실적일 수도 있으며, 또한 ABC는 간접비의 삭감을 위해 원가유발활동으로 지적된 간접작업을 줄이는 것이 좋다는 인상을 주어 그것이 노력목표가 되어 버릴 수도 있다.

5. 고객수익성분석

고객수익성분석이란 특정고객에게 제공된 서비스와 관련된 활동, 원가 그리고 이익을 분석하여, 그 고객으로부터 이익을 창출하고 있는지를 분석하는 방법으로 활동기준원가계산을 이용하여 수행할 수 있다. 예를 들어 특별포장을 요구하는 고객, 빠른 배송을 요구하는 고객, 소량의 주문을 빈번하게 하는 고객, 주문내용을 수시로 변경하는 고객은 비용소모가 큰 고객이다. 이런 비용소모가 큰 고객은 회사의 수익성을 악화시키는 원인이 될 수 있을 것이다.

[그림 11-8]은 일반적인 기업의 고객수익성을 분석한 자료를 그래프로 표시한 것이다. 회사전체적으로는 100%의 누적영업이익률을 기록함으로써 우수한 실적을 보여주고 있으나, 세부적으로 살펴보면 오히려 영업이익률을 악화시키는 고객도 있다는 것을 알 수 있다. 그래프를 살펴보면 상위 6명의 고객으로부터 50%의 영업이익을 창출하고 있으며, 마지막 3명의 고객들은 영업이익을 오히려 잠식하고 있다. 일부에서는 "가장 수익성이 높은 상위 20%의 고객이 총이익의 150~300%를 산출하고, 70%에 해당하는 중간고객들이 손익분기상태, 그리고 하위 10%의 고객들이 총이익의 50~200%에 달하는 손실을 발생시켜, 전체적인 총이익상태인 100%를 형성하게 된다"[1]고 한다.

이러한 활동기준원가계산에 근거한 고객수익성분석을 통하여 기업의 이익을 증가시키는 고객과 이익을 잠식하는 고객을 선별함으로써 기업전체의 수익성을 상승시킬 수 있을 것이다.

1 로버트 캐플란 · 스티븐 앤더슨 지음/㈜웨슬리퀘스트 옮김, TDABC, 비즈니스북스, 2009, p.401.

그림 11-8 고객수익성 분석

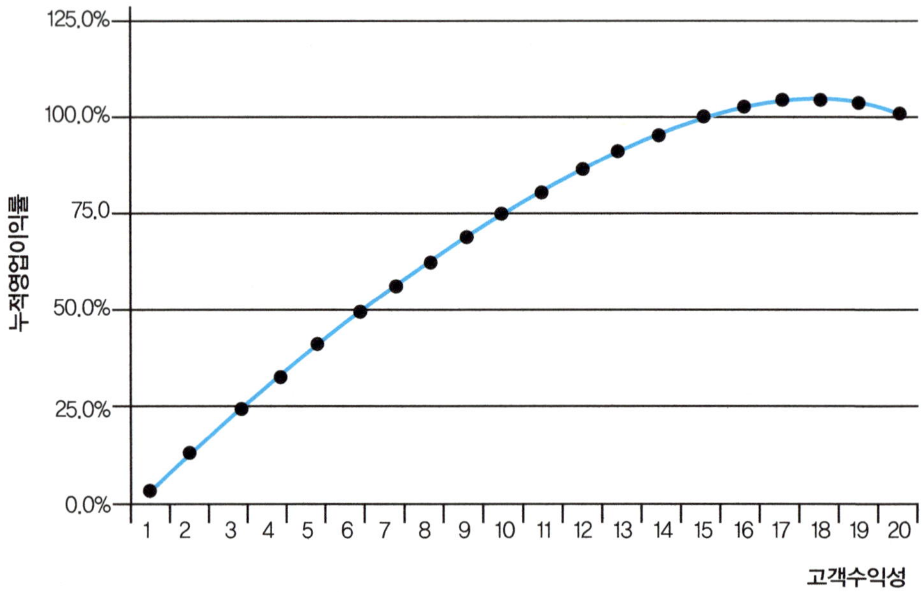

:: 쉬어가는 곳 자동차산업 한 · 미 생산성 2배 차이

현대자동차 노사는 1967년 창립 이후 45년 만에 심야근로를 없애는 '주간 연속 2교대제'를 2013년 3월부터 도입하기로 잠정 합의했다. 기본급 ₩101,000(수당 ₩3,000 포함) 인상, 성과급 및 격려금 500%에 추가로 950만원을 지급하는 임금협상도 타결했다.

현대차 생산직은 현재 주야 2교대로 근무하고 있다. 1조는 오전 8시~오후 6시 50분까지, 2조는 오후 9시~다음 날 오전 8시까지(주야 2시간 잔업 포함)이다. 2013년에 주간 2교대제가 시행되면 1조가 오전 6시 40분~오후 3시 20분까지 8시간, 2조는 오후 3시 20분~다음 날 오전 1시 10분까지 9시간(잔업 1시간 포함) 연속으로 조업하는 근무형태로 바뀐다. 휴식시간을 빼면 전체적으로 하루 평균작업시간이 2시간 단축되는 것. 노사는 근무시간이 줄어도 임금은 삭감하지 않고 생산성을 높여 생산량 감소분을 만회하기로 합의했다.

현대차 노사는 "노사 모두가 윈윈(win-win)"이라고 밝혔다. 노조로서는 확실히 이득이다. 심야근무시간을 7시간에서 3시간 10분으로 대폭 줄여 심야할증수당 등을 못 받게 됐지만, 회사에서 기존생산량 유지를 전제로 수당감소분을 통상급으로 보전해 주기로 약속했기 때문이다. 하지만 회사는 생산성을 높이기 위해 3,000억원을 들여 시설 현대화작업을 해야 한다. 근무 강도를 높여 시간당 생산대수(UPH)도 늘리기로 했지만 세부안을 노조와 원만하게 합의할 수 있을지 불투명하다.

기존생산설비의 유휴시간이 늘어나면서 세계시장에서 경쟁력이 떨어질지 모른다는 우려도 제기되고 있다. 한 자동차산업 전문가는 "불황기에 독일 등 선진국 자동차회사 노조는 임금감소를 감수하면서 근로시간을 줄여 고용을 유지했고, 호황기엔 다시 풀가동시스템으로 근무형태를 바꿨다"며 "덕분에 고용도 더 늘어났지만 우리는 그럴 기회를 놓치고 있다"고 말했다.

현대자동차 국내외 공장 간 생산성 비교

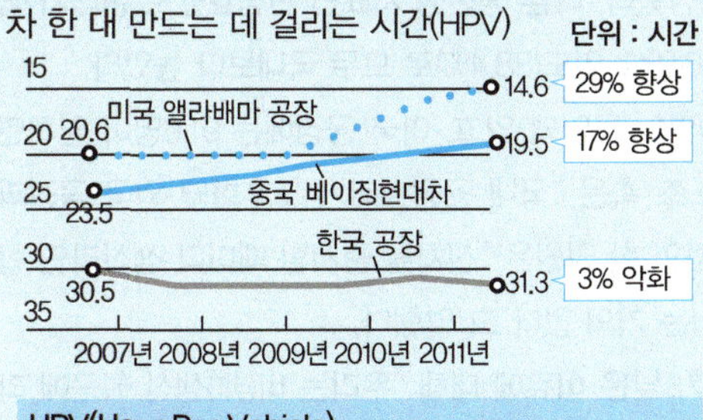

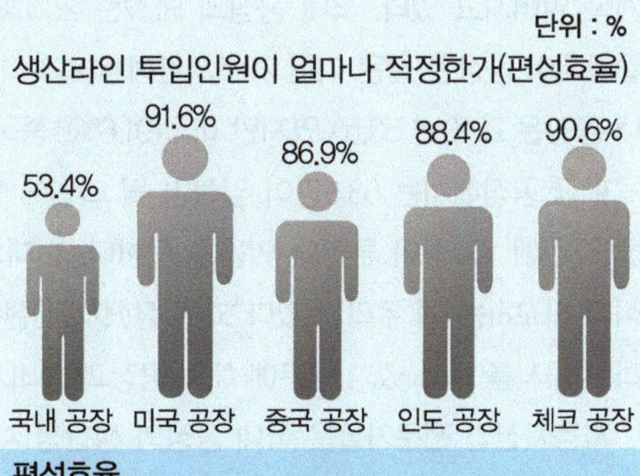

HPV(Hour Per Vehicle)
차 한 대 생산하는 데 투입되는 노동시간의 합. 투입근로자수와 연간총작업시간을 곱한 값에 연간총 생산대수를 나눠 산출함. 현대차 국내 공장의 HPV가 31.3이면 31.3시간 분량의 노동시간이 투입돼야 차 1대가 생산된다는 뜻이므로 숫자가 작을수록 생산성은 높다.

편성효율
생산라인에 필요한 적정인원에 비해 실제 얼마만큼 많은 인원이 투입되고 있는가를 보여주는 지표로 표준인원에 실제투입인원을 나눠 구한다. 편성효율 53.4%라면 53.4명이 일하면 가동이 가능한 라인에 100명이 투입돼 있다는 뜻이므로 숫자가 클수록 효율이 높다.

심야근무를 폐지하는 한국 공장과 달리 기아차 미국 조지아 공장은 2011년 주 · 야간조가 10시간씩 일하던 2조 2교대제에서 3개 조가 8시간씩 일하는 3조 3교대제로 바꿨다. 이에 따라 하루 20시간 돌아가던 공장은 24시간 풀가동체제가 됐다. 1인당 근로시간은 주 50시간에서 주 37.5시간으로 줄었고, 임금도 연 $64,200(약 7,300만원)에서 $48,800(약 5,540만원)로 24% 감소했다. 노조는 일하는 시간이 줄어드는 만큼 임금이 줄어드는 것을 감수했다. 대신 일자리는 823개가 늘었다. 다음 달 현대차 앨라배마 공장도 877명을 더 뽑아 3교대제로 전환한다.

이번 노사합의로 현대차 생산직 근로자 1명당 노동시간이 앞으로 연간 239시간 줄어들지만, 이 빈자리에 대체 근로자를 고용하기 어렵다. 현대차그룹의 한 임원은 "근로시간제 변경은 물론, 라인의 생산차종 변경이나 근로자 전환배치 등을 모두 노조와 합의해야 하기 때문에 대체 노동자를 채용하는 것은 사실상 불가능하다"고 말했다.

그런데도 현대 · 기아차가 막대한 이익을 내는 것은 국내시장을 독점하면서 소비자들이 그만큼 비싼 차값을 치러주기 때문이라는 지적이 일고 있다. 한국경영자총협회 관계자는 "이미 현대차 정규직 근로자와 협력업체 근로자들의 임금격차가 심각한데 시간당 임금격차가 더 벌어지게 됐다"며 "수많은 중소기업 생산현장 근로자들의 상실감도 산업계가 해결해야 할 숙제"라고 말했다.

고용노동부는 이번 합의로 현대차 생산직 근로자의 평균 연봉이 9,800만~9,900만원에 달하게 될 것으로 보고 있다. 올해는 노조가 파업을 단행해 1조 4,000억 원의 생산차질이 발생했지만 성과급과 격려금 등의 명목으로 지급하기로 한 금액이 지난해 2,128만원에서 2,240만원으로 오히려 늘었다.

현대차의 국내 공장과 해외 공장 간 생산성분석 자료에 따르면 현대차 국내 공장의 HPV(자동차 한 대 만드는 데 투입된 근로시간)는 지난해 31.3시간이었던 데 반해, 미국 앨라배마 공장의 HPV는 14.6시간에 불과했다. 중국의 베이징현대도 19.5시간으로 현대차 국내 공장의 62% 수준에 불과했다. 격차도 계속 벌어지고 있다. 국내 공장의 HPV는 2007년 30.5시간에서 지난해까지 오히려 악화됐지만 미국 앨라배마 공장은 같은 기간 20.6시간에서 29%나 향상됐다. 다른 생산성 지표인 편성효율도 현대차 국내 공장은 2010년 53.5%였지만 미국(91.6%), 중국(86.9%), 인도(88.4%)로 모두 국내보다 높았다.

한국 공장에서는 53.5명이 일하면 될 라인에 100명이 투입돼 있고, 미국 공장에는 91.6명이 일하면 될 라인에 100명이 투입돼 있음을 뜻한다. 현대차노조 측은 "국내 공장설비가 노후화돼 외국 공장과 직접 비교하는 게 무리가 있다"고 주장했지만 현대차의 한 임원은 "신차를 출시할 때마다 생산라인 합리화 공사를 하고 있기 때문에 해외 공장과 설비차이는 거의 없다"고 말했다.

자동차산업 전문가들은 국내 공장의 생산성 지표가 낮은 이유에 대해 "우리는 비(非)생산 특근에 라인배치에까지 노조가 간섭하고, 안전 · 품질 문제가 발생하면 노사협의가 완료될 때까지 라인을 중단시키는 등 비효율적 요소가 너무 많기 때문"이라고 지적했다.

자료 : 조선일보, 2012. 8. 31.

부록 시간동인 행동기준원가계산(Time Driven Activity Based Costing)[2]

1. 시간동인 행동기준원가계산의 개념

1980년대에 처음 도입된 ABC는 전통적인 표준원가시스템에서의 원가배부에 관한 오류들을 바로잡아 주는 역할을 하면서 크게 각광을 받는 원가시스템이다. 그러나 이러한 ABC도 대부분 노동집약적이고 사용할 수 있는 범위가 제한될 뿐만 아니라, 실행을 위하여 시간을 과도하게 낭비하고 실행하기가 어렵다는 한계가 있다. 또한 성공적인 ABC 시스템의 도입과 실행을 위해서는 경험 많은 컨설턴트들의 도움이 필수적이라는 한계가 존재한다.

이러한 ABC의 한계를 극복하고 정확한 접근법을 제시한 것이 시간동인 행동기준원가계산이다. 시간동인 행동기준원가계산(Time Driven Activity Based Costing : TDABC)은 로버트 캐플란(Robert Kaplan)과 스티븐 앤더슨(Steven Anderson)이 2004년 11월에 Harvard Business Review에 처음으로 게재한 개념으로 원가계산프로세스를 대폭 단순화한 것이다. 기존의 ABC모델에서 원가를 원가대상에 배부하기 위한 전 단계 작업으로 실시했던 종업원 면접 및 설문조사과정을 생략했으며, 생산활동에는 한가지의 프로세스만 있다고 가정하였다.

TDABC는 단 두 가지의 추정치만을 사용하여 원가를 원가대상에 배부한다. 먼저 생산활동을 위해 투입되는 모든 자원의 원가를 산정해 낸다. 그리고 이 총원가를 가용자원(capacity, 실제적인 업무수행이 가능한 종업원들의 총가용시간)으로 나누어 캐퍼시티 원가율(capacity cost rate)을 산출한다. 두 번째로 산출된 캐퍼시티 원가율을 투입된 활동(보통의 경우에는 시간을 적용한다)에 곱하여 원가를 원가대상에 배부한다.

TDABC를 이용한 원가의 배부

① 캐퍼시티 원가율의 산정 = 자원의 원가 / 캐퍼시티

② 원가대상에 배부하는 원가 = 캐퍼시티 원가율 × 소요시간

---

2 로버트 캐플란 · 스티븐 앤더슨 지음/㈜웨슬리퀘스트 옮김, TDABC, 비즈니스북스, 2009, 제1장을 요약함.

2. ABC와 TDABC의 차이

분기별 총운영비가 ₩567,000,000인 고객서비스부서를 예로 들어 ABC와 TDABC의 근본적인 차이점을 설명하기로 한다. 부서에서 발생한 경비에는 고객서비스 담당자에 대한 인건비, 감독자에 대한 인건비, 부서의 정보기술 및 통신, 장소점유비용 등이 포함되어 있으며, 분기별 예산은 부서의 업무량과 상관없이 불변이다.

1) ABC접근법

전통적 ABC모델은 감독자와 종업원을 대상으로 면담을 실시하여 다양한 업무활동을 파악하는 것에서 출발한다. 설명의 단순화를 위해 ABC팀이 부서의 활동을 다음과 같이 세 가지로 확정했으며 활동의 비율과 활동자료는 다음과 같다.

	활동소요시간비율	활동량
고객주문처리	70%	49,000건
고객문의 및 불만사항처리	10%	14,000건
고객신용조사 수행	20%	2,500회

단, 모든 주문처리에는 동일한 양의 자원(시간)이 소비되고, 모든 고객문의의 응답에는 동일한 양의 시간이 걸리며, 모든 고객신용조사에도 동일한 수준의 노력이 소요된다고 가정한다.

이러한 경우에 ABC접근법은 다음과 같은 절차에 의해 발생된 원가를 배부하게 된다.

① 활동의 정의	고객주문처리	고객문의 및 불만처리	고객 신용조사 수행
② 종업원 활동시간 측정	70%	10%	20%
③ 활동량 자료 수집	49,000건	1,400건	2,500회
④ 평균원가동인율 산정*	₩8,100	₩40,500	₩45,360
⑤ 고객별 원가의 배부	₩396,900,000	₩56,700,000	₩113,400,000

* 평균원가동인율의 산정
고객주문처리 : ₩567,000,000×70%/49,000건=₩8,100
고객문의 및 불만처리 : ₩567,000,000×10%/1,400건=₩40,500
고객신용조사 수행 : ₩567,000,000×20%/2,500회=₩45,360

2) TDABC접근법

TDABC는 활동을 정의하는 단계를 생략하고 투입된 자원의 원가를 산정하여 캐퍼시티 원가율을 산정한 다음, 활동에 소요된 시간을 적용하여 원가대상에 원가를 배부하면 된다.

먼저 캐퍼시티 원가율을 산정하기 위하여 업무수행에 투입된 자원의 양을 파악해야 한다. 서비스부서의 전체직원이 28명이고, 한 달 평균 20일을 근무하며 매일 7.5시간의 근무시간에 대해 급여를 지급받는다고 가정하면, 각자의 종업원은 1분기당 약 450시간을 근무하게 된다. 이 가운데서 하루에 약 75분을 휴식, 교육, 훈련에 소비한다고 한다. 이 경우에 종업원이 업무수행을 위해 투입한 시간을 산출해 보면 다음과 같다.

총가용시간=28명 × 20일 × 3월 × 7.5시간 × 60=756,000분
유휴시간=28명 × 20일 × 3월 × 75분=126,000분
실투입시간=756,000−126,000=630,000분

투입된 자원의 원가를 실제투입시간으로 나누면 캐퍼시티 원가율이 산정된다.

(1) 캐퍼시티 원가율=₩567,000,000/630,000=₩900/분

캐퍼시티 원가율이 분당 ₩900이라는 것은 서비스부서의 고객관련활동에 소요된 1분당 원가는 ₩900임을 의미한다. 따라서 각 활동에 소요되는 시간을 측정할 수 있다면 각 활동의 단위당 원가를 산출할 수 있을 것이다. 각 활동의 평균단위당 소요시간이 다음과 같다고 가정한다면 각 활동에 따른 평균원가동인율과 고객별 원가배부금액을 산출할 수 있을 것이다.

고객주문처리 : 8분
고객문의 및 불만처리 : 44분
고객신용조사 수행 : 50분

(2) 원가대상에 배부하는 원가=캐퍼시티 원가율×소요시간

① 활동의 정의	고객주문처리	고객문의 및 불만처리	고객 신용조사 수행
② 캐퍼시티 원가율	₩900/min		
③ 평균단위시간	8분	44분	50분
④ 평균원가동인율 산정*	₩7,200	₩39,600	₩45,000
⑤ 고객별 원가의 배부	₩352,800,000	₩55,440,000	₩112,500,000
⑥ 배부된 총원가	₩520,740,000		
⑦ 미배부된 원가(8.2%)	46,260,000		
⑧ 총발생원가	₩567,000,000		

* 평균원가동인율의 산정
고객주문처리 : ₩900×8min=₩7,200
고객문의 및 불만처리 : ₩900×44min=₩39,600
고객신용조사 수행 : ₩900 × 50min=₩45,000

TDABC를 통해 총자원의 8%(₩46,260,000/567,000,000)는 비생산활동에 사용했음을 파악할 수 있다. 즉, TDABC를 사용할 경우에는 각 활동별 원가와 효율성에 관한 정보를 획득할 수가 있기 때문에 미래활동에 대한 원가를 예측하고 미사용된 자원에 대한 처리 여부에 대한 의사결정을 할 수 있다는 장점이 있다. 또한 TDABC는 활동에 대한 다양한 조건들을 시간방정식에 추가함으로써 세밀하고 정확한 원가를 산출할 수 있다. 예를 들어, 포장시간의 경우 일반적인 포장일 때 소요되는 시간에 특별포장과 특급배송에 따른 포장에 소요되는 시간을 추가함으로써 부서전체에 하나의 시간방정식으로 표현이 가능하다는 장점이 있다.

연 | 습 | 문 | 제

01 활동기준원가계산에 관한 다음 설명 중 타당하지 않은 것은? (기업회계 1급, 2010)

① 여러 종류의 제품을 소량생산하는 업종에 이를 적용하면 도움이 된다.
② 제조간접원가의 비중이 높은 기업에 적용하면 도움이 된다.
③ 서비스업체에서는 적용하기가 어렵다.
④ 다양한 원가유발요인을 인식하여 적정한 가격결정에 이용한다.

02 다음 중 활동기준원가계산에 대한 설명으로 틀린 내용을 모두 나열한 것은? (기업회계 1급, 2010)

1. 제조간접원가의 비중이 높은 기업에 보다 유용하다.
2. 제조업에서만 적용이 가능하다.
3. 다품종소량생산의 형태보다는 소품종대량생산형태에 적합하다.
4. 적정한 가격결정에 적용할 수 있다.
5. 모든 원가를 변동비로 보는 경향이 있다.

① 1, 2 ② 2, 3 ③ 3, 4 ④ 2, 5

03 활동기준원가계산에 관한 다음 설명 중에서 가장 올바르지 않은 것은? (기업회계 1급, 2010)

① 표준원가계산제도와 같이 사전원가계산제도이다.
② 활동기준원가계산은 R&D에서 고객서비스에 이르기까지 경영기능 전반에 걸친 원가계획 및 통제에 유용한 정보를 제공해 줄 수 있다.
③ 각 활동별로 인과관계를 추적하여 원가를 배분하므로 개별원가계산에 비하여 제품원가가 정확하게 계산되며 이를 토대로 경영자가 제품수익성에 대한 올바른 의사결정을 할 수 있다.
④ 기업이 수행하는 수많은 활동을 정의하고 구분하기 위한 명확한 기준이 현재까지 적립되어 있지 않아 활동기준원가계산제도의 단점으로 볼 수 있다.

04 활동기준원가계산은 조업도기준원가계산에 비하여 보다 정확한 제품원가를 제공할 수 있다. 다음 중에서 활동기준원가계산제도를 도입함에 따라서 그 효과를 크게 볼 수 있는 기업의 일반적 특성에 해당되지 않는 것은? (CPA, 2002)

① 생산과정에 거액의 간접원가가 발생하는 경우
② 제품, 고객 및 생산공정이 매우 복잡하고 다양한 경우
③ 제품의 제조와 마케팅 원가에 대해서 생산작업자와 회계담당자 사이에 심각한 견해차이가 있는 경우
④ 생산과 판매에 자신 있는 제품의 이익은 높고 생산과 판매에 자신 없는 제품의 이익이 낮은 경우

05 **다음 중 활동기준원가계산제도가 생겨나게 된 배경으로 타당하지 않은 것은?** (CPA, 2010)

① 수익성 높은 제품의 선별을 통한 기업역량 집중의 필요성
② 산업구조의 고도화 및 직접노동 투입량의 증가
③ 제품 및 생산공정의 다양화
④ 원가정보의 수집 및 처리기술의 발달
⑤ 개별제품이나 작업에 직접추적이 어려운 원가의 증가

06 **활동기준원가계산의 절차를 표시한 것이다. 적용하는 순서로 올바른 것은?** (세무사, 2001)

㉮ 활동분석
㉯ 원가동인의 선택
㉰ 제조간접원가의 배부
㉱ 활동중심점의 설정
㉲ 활동별 제조간접원가배부율의 계산

① ㉮-㉱-㉯-㉲-㉰
② ㉯-㉲-㉮-㉰-㉱
③ ㉮-㉰-㉲-㉱-㉯
④ ㉱-㉮-㉲-㉯-㉰

07 **다음 중 '활동원가계층구조 분류-해당원가의 예-원가동인'의 조합이 적절하지 않은 것은?** (CPA, 2000)

① 단위수준활동원가-기계동력원가-기계작동시간
② 배치(Batch)수준 활동원가-전수(제품전량)검사원가-검사회수
③ 제품유지활동원가-제품설계원가-제품의 종류수
④ 배치수준활동원가-기계작업준비원가-준비회수
⑤ 단위수준활동원가-소모품원가-제품의 생산량

08 **활동기준원가계산에 관한 다음 설명 중에서 타당하지 않은 것은?** (CPA, 2004)

① 활동이 자원을 소비하고 제품이 활동을 소비한다.
② 제조간접원가에는 생산량 이외의 다른 원가동인에 의하여 발생하는 원가가 많이 포함되어 있다.
③ 배부기준의 수가 전통적인 원가계산에 비해 많다.
④ 제품별 또는 부문별 성과평가의 신뢰성이 높아진다.
⑤ 표준원가계산과 같이 일종의 사전원가계산제도이다.

09 **㈜북한산은 휴대전화기를 생산한다. 현재 회사는 제조간접원가를 단일배부율을 사용하여 공장 전체에 배부하고 있다. 회사의 경영진은 제조간접원가를 좀 더 정교하게 배부할 필요가 있다고 판단하고, 회계담당부서로 하여금 주요 생산활동과 그 활동에 대한 원가동인을 파악하라고 지시하였다. 다음은 활동, 원가동인 그리고 배부율에 대한 자료이다.**

활동	원가동인	배부율
재료취급	부품의 수	₩1,000/부품
조립	직접노무시간	₩40,000/시간
검사	검사부문에서의 검사시간	₩10,0000/분

현재의 전통적인 원가계산방법은 직접노무시간에 기초하여 1시간당 ₩150,000의 배부율을 사용한다. 휴대전화 제작을 위하여 한 번의 작업(batch)으로 50대의 휴대전화가 제조되었다. 전통적인 원가계산방법과 활동기준원가계산방법을 사용할 경우 휴대전화 한 대당 배부될 제조간접원가는 각각 얼마인가? 한 번의 작업(batch)에는 1,000개의 부품, 직접노무시간 8시간, 그리고 검사시간 15분이 필요하다. (CPA, 2007)

① 전통적 방법: ₩24,000　　활동기준방법: ₩29,400
② 전통적 방법: ₩640　　활동기준방법: ₩29,400
③ 전통적 방법: ₩24,000　　활동기준방법: ₩24,000
④ 전통적 방법: ₩24,000　　활동기준방법: ₩24,900
⑤ 전통적 방법: ₩24,000　　활동기준방법: ₩47,000

10 **㈜북한산은 활동기준원가계산을 적용하고 있다. 회사는 제품생산을 위해 세 가지 활동을 수행하고 있다. 당기에 발생된 활동별 실제원가는 기계가동활동 ₩84,000, 엔지니어링활동 ₩60,000, 품질검사활동 ₩41,000이었다. 당기에 두 종류의 제품 A와 B를 생산하였으며, 생산 관련 실제자료는 다음과 같았다.**

항목	제품 A	제품 B
생산량	500단위	1,200단위
기계가동(기계시간)	2,000시간	3,000시간
엔지니어링(작업시간)	500시간	700시간
품질검사(품질검사횟수)	10회	15회

* 괄호 안은 각 활동의 원가동인을 의미함

활동기준원가계산 및 위의 자료와 관련된 ㈜북한산의 원가계산결과에 대한 설명이다. 다음 중 타당하지 않은 것은? (CPA, 2008)

① 생산과정에서 직접원가보다는 간접원가의 비중이 높을수록 활동기준원가계산의 도입효과가 큰 것으로 알려져 있다.
② 품질검사를 전수조사에 의할 경우 품질검사활동은 단위수준활동으로 분류된다.
③ 제품 A에 배부되는 총활동원가는 ₩72,000이다.
④ 기계가동활동의 원가배부율은 기계시간당 ₩16.8이다.
⑤ 제품 B에 배부되는 엔지니어링활동원가는 ₩35,000이다.

11 ㈜북한산은 두 종류의 제품(X와 Z)을 생산하고 있다. 이 회사의 원가담당자는 간접비 중 엔지니어링 변경원가에 관심을 가지고 있다. 1회 엔지니어링 변경에 소요되는 원가는 ₩600이다. 제품별 생산량, 엔지니어링 변경횟수, 기계시간은 다음과 같다.

항목	X제품	Z제품
생산량	1,000단위	1,000단위
엔지니어링 변경횟수	14회	6회
생산량 단위당 기계시간	1시간	2시간

엔지니어링 변경원가를 엔지니어링 변경횟수가 아닌 기계시간을 기준으로 배부한다면, X제품에 과대배부 혹은 과소배부되는 금액은 얼마인가? (CPA, 2009)

① ₩15,000 과소배부 ② ₩14,400 과대배부 ③ ₩12,200 과소배부
④ ₩7,200 과대배부 ⑤ ₩4,400 과소배부

12 ㈜북한산의 영업팀은 활동원가에 근거하여 고객의 수익성을 평가한다. 당기에 주문처리와 고객관리를 위해 수행한 활동 및 원가자료는 다음과 같다. 긴급주문처리를 위해서는 통상적인 주문처리원가에 추가하여 1회당 ₩100의 원가가 발생한다.

활동 및 원가항목	원가
주문처리	₩70/1회 주문
긴급주문처리를 위한 추가원가	₩100/1회 긴급주문
고객상담	₩450/1회 상담
고객관계관리	₩80,000/고객 1인

상기 원가 이외에 매출원가는 매출액의 80%에 해당한다. 당기중에 ㈜북한산의 주요 고객인 A와 관련하여 매출액 ₩500,000, 주문처리횟수 300회(이 중 70%는 긴급주문임), 고객상담횟수 140회가 발생하였다. 고객관계관리는 모든 고객에게 공통으로 적용된다. 회사가 고객 A로부터 얻은 이익(혹은 손실)은 얼마인가? (CPA, 2010)

① ₩5,000 이익 ② ₩76,000 이익 ③ ₩64,000 손실
④ ₩70,300 손실 ⑤ ₩85,000 손실

13 활동기준원가계산을 채택하고 있는 ㈜북한산은 제품 A와 B를 생산하고 있다. 제품 A와 B의 연간생산량은 각각 200단위와 300단위이다. 활동구분, 원가동인, 활동별 원가, 활동사용에 대한 자료는 다음과 같다.

활동구분(원가동인)	활동별 원가	활동사용		
		제품 A	제품 B	합계
작업준비활동(작업준비횟수)	₩8,000	4회	4회	8회
절삭작업활동(기계작업시간)	₩10,000	1시간	4시간	5시간
품질검사활동(검사시간)	₩60,000	4시간	2시간	6시간

위의 자료에 기초하여 제품 A의 단위당 제조간접원가를 계산하면 얼마인가? (9급 세무직, 2007)

① ₩167 ② ₩230 ③ ₩332 ④ ₩397

14 ㈜북한산은 활동기준원가계산방법을 사용하며 갑과 을의 두 가지 제품을 생산하고 있다. 갑 제품의 연간생산 및 판매량은 8,000단위이고 을 제품은 6,000단위이다. ㈜북한산은 세 가지의 활동을 수행하고 있으며, 이에 관한 정보는 다음과 같다.

활동집합	제조간접원가	원가동인의 수	
		갑 제품	을 제품
활동 1	₩20,000	100	400
활동 2	₩37,000	800	200
활동 3	₩91,200	800	3,000

위의 자료에 의해 활동기준원가계산방법을 적용하여 갑 제품의 단위당 제조간접원가를 구한다면 얼마인가? (세무사, 2004)

① ₩2.4 ② ₩3.9 ③ ₩5.5 ④ ₩6.6 ⑤ ₩10.59

15 두 종류의 제품을 생산하고 있는 ㈜북한산의 자료이다.

	제품 A	제품 B
생산량	120개	60개
자재이동횟수	15회	45회
단위당 직접노무시간	2시간	6시간
예산자재이동원가 :	회사전체 ₩150,000	

자재이동횟수를 배부기준으로 자재이동원가를 배부하는 활동기준원가계산을 이용할 때 제품 A의 단위당 자재이동원가는 얼마인가? (감정평가사, 2005)

① ₩2,500 ② ₩1,218 ③ ₩833.33
④ ₩625 ⑤ ₩312.5

16 20×1년 1월 1일에 개업한 ㈜북한산은 두 종류의 제품(X, Y)을 생산하고 있다. ㈜북한산은 각 제품의 생산묶음(batch)마다 생산준비활동을 1회씩 수행하는데, 생산준비활동에 대한 원가동인(배부기준)은 생산준비횟수이다. 20×1년 한 해 동안 제품 X와 제품 Y의 생산량 및 생산묶음당 제품수량은 각각 다음과 같다.

구분	제품 X	제품 Y
생산량	1,250개	800개
생산묶음당 제품수량	25개	10개

한편, ㈜북한산은 생산준비활동 미사용능력에 대한 원가(미사용 생산준비활동원가)를 계산하여 동 원가는 각 제품에 배부되지 않도록 하는 것이 관리 목적상 유용할 것으로 판단하고 있다. 미사용 생산준비활동원가를 제외할 때, 제품 X와 제품 Y에 배부되는 생산준비활동원가의 합계액은 ₩1,690,000이다. 또한 미사용 생산준비활동원가를 제외할 때, 제품 X에 배부되는 생산준비활동원가는 ₩100,000만큼 줄어든다는 사실도 확인하였다.

현재의 인원과 설비로 수행할 수 있는 연간 최대생산준비횟수는 얼마인가? (단, 생산준비활동원가는 전액 고정원가이다) (CPA, 2011)

① 130회 ② 140회 ③ 150회 ④ 160회 ⑤ 165회

17 ㈜북한산은 각 작업에 대한 원가계산을 위하여 다음의 자료를 수집하였다.

활동	원가	원가범주	원가동인	최대활동량
생산준비	₩30,000	생산묶음	생산준비시간	1,000시간
재료처리	₩45,000	생산묶음	재료처리횟수	1,000회
기계사용	₩1,500,000	제품단위	기계작업시간	15,000시간
품질관리	₩100,000	생산묶음	품질관리횟수	12,500회

활동기준원가계산을 이용하면 ㈜북한산의 다음 작업 총원가는 얼마인가? (기업회계 1급, 2010)

- 기초원가 : ₩312,886 • 생산수량 : 12,000단위 • 생산준비 : 28시간
- 재료처리 : 42회 • 기계작업 : 2,840시간 • 품질관리 : 48회

① ₩600,000 ② ₩610,000 ③ ₩620,000 ④ ₩630,000

18 ㈜북한산은 활동기준원가계산을 사용하며, 제조과정은 다음의 세 가지 활동으로 구분된다. (기업회계 1급, 2011)

작업활동	원가동인	연간원가동인수	연간가공원가총액
재료처리	부품의 수	100,000개	₩6,000,000
조립	직접작업시간	10,000시간	₩3,600,000
포장	포장된 제품수	20,000개	₩4,200,000

재료처리활동의 원가 중 ₩2,000,000은 고정원가이며, 조립 및 포장활동의 원가는 모두 변동원가이다. 제품 한 단위당 필요한 부품의 수는 5개, 직접작업시간은 0.5시간이며, 제품의 단위당 판매가격과 재료원가가 각각 ₩2,000과 ₩600일 경우 제품의 단위당 제조공헌이익은?

① ₩810 ② ₩990 ③ ₩1,010 ④ ₩1,390

19 ㈜북한산은 개별제품의 수익성분석을 위해 다음과 같은 원가배분자료를 검토하고 있다. 예산상의 재료처리비는 ₩500,000이다. 활동기준원가계산에 의하여 재료처리비를 배부하고 원가동인으로 재료처리시간을 결정한 경우에 제품 B 한 단위에 배분되는 재료처리비는 얼마인가? (기업회계 1급, 2011)

구분	제품 A	제품 B
생산량	500개	500개
제품별 재료처리횟수	10회	30회
재료처리횟수당 필요시간	2시간	1시간
단위당 직접노무원가	₩2,000	₩2,000

① ₩500 ② ₩600 ③ ₩750 ④ ₩1,000

20 ㈜북한산은 의자를 생산하고 있는 제조업체로서, 최근 작업환경의 변화에 대응하기 위해 활동기준원가계산제도를 도입하였다. ㈜북한산은 일반형과 고급형의 의자를 생산하고 있다. 작업활동별 예산자료와 생산관련자료는 다음과 같다. 일반형 의자와 고급형 의자의 단위당 제조원가는? (기업회계 1급, 2010)

〈작업활동별 예산자료〉

작업활동	배부기준	배부기준단위당 예정원가
재료처리	부품의 수	₩3
절삭	부품의 수	₩25
조립	직접작업시간	₩300
도색	도색된 제품수	₩425

〈생산관련자료〉

제품	생산수량	직접재료원가	부품의 수	직접작업시간
일반형	4,500개	₩4,500,000	100,000개	6,000시간
고급형	1,500개	₩4,000,000	20,000개	3,000시간

	일반형	고급형		일반형	고급형
①	₩2,347	₩4,000	②	₩2,247	₩4,165
③	₩2,447	₩4,065	④	₩2,547	₩4,325

21 **우편 및 전화주문판매를 하는 ㈜북한산은 활동기준원가계산을 통해 주요 고객의 수익성을 파악하고자 한다. 주요 고객의 연간자료는 다음과 같다.**

	고객 '갑'	고객 '을'	고객 '병'
총매출	₩8,000	₩10,000	₩20,000
반품–수량	4개	0개	2개
반품–액수(판매가)	₩2,000	₩0	₩5,000
연간총전화주문건수	0건	4건	8건
연간총우편주문건수	4건	0건	2건
총전화주문처리시간	0시간	0.25시간	0.20시간

배송비용은 고객이 부담하며, 반품에 따른 배송비만 고객이 부담하면 반품은 항상 허용된다. 매출원가는 판매가의 75%이다. 활동 및 활동원가의 동인율이 다음과 같을 경우, ABC를 통해 계산한 고객 "갑"으로부터의 연간이익은? (CPA, 2001)

활동	활동원가동인율
우편주문처리	₩50/주문건수
전화주문처리	₩800/시간
반품처리	₩100/반품수량
고객유지	₩500/년

① ₩400 ② ₩900 ③ ₩1,500
④ ₩4,900 ⑤ ₩8,000

Chapter 12

표준원가계산과 차이분석

CHAPTER 12 표준원가계산과 차이분석

제1절 표준원가

1. 표준원가의 의의

표준원가를 이해하기 위해서는 표준에 대한 정의를 이해해야 한다. 표준(standard)이란 사물의 정도를 정하는 기준이나 목표로서 일반적이거나 평균적인 것을 말한다. 원가회계에서 의미하는 표준은 원가통제나 기업구성원들의 성과측정을 위해 설정해 놓은 기준으로서, 어떤 작업을 효율적으로 수행할 경우에 달성할 수 있는 측정치로 정의할 수가 있다.

표준원가(standard costs)는 주어진 여건하에서 가장 이상적으로 작업이 수행될 경우 발생할 것으로 기대되는 원가로서 가격에 대한 표준과 수량에 대한 표준에 의해 사전에 결정되는 원가이다. 표준원가는 사전에 신중하게 설정된 금액을 기초로 하고 있으며, 직접재료원가, 직접노무원가, 그리고 제조간접원가의 소요량을 미리 산정하여 계획수립에 사용할 수 있게 해준다. 또한 표준원가는 성과에 대한 기대수준을 나타내는 동시에 성과측정의 기준으로 사용할 수 있다.

표준원가계산(standard costing)은 사전에 설정된 표준원가를 기준으로 제품원가를 계산하는 관리회계기법으로 실제원가계산이 갖는 원가관리상의 문제점을 개선하기 위해 대두되었다. 표준원가계산은 사전에 설정된 표준원가와 사후적 실제원가의 비교를 통해 과거의 성과를 평가하고 미래의 성과를 향상시키도록 하는 데 유용한 방법이다.

2. 표준원가의 설정

표준은 이상적 표준과 현실적 표준으로 구분할 수 있다. 이상적 표준(ideal standards)은 완전효율성을 가정하여 작성된 표준으로 현실적으로 달성불가능한 표준이고, 현실적 표준(practical standards)은 일정한 정도의 수율을 감안한 합리적이고 효율적인 노력으로 현실에서 달성가능한 수준에서 설정되는 표준을 의미한다. 일상적으로 표준이라고 함은 이러한 현실적 표준을 의미한다.

표준원가는 현실적 표준에 근거하여 가격표준과 수량표준을 설정함으로써 결정되는데, 설정된 표준원가의 신뢰성과 정확성 그리고 이용자들의 수용 여부에 표준원가계산의 성공이 달려 있는 만큼 설정에 신중을 기해야 한다. 따라서 표준원가는 회계담당자 한 사람에 의해 설정되는 것이 아니라 엔지니어, 인사담당자, 생산관리자 등 제품원가에 대한 이해관계자들과 상호협력하여 그들의 경험과 기대에 기초해서 설정되어야 한다.

직접재료원가의 표준은 사용되는 원재료의 가격표준과 수량표준에 의해 설정된다. 가격표준은 재료의 최종인도가격을 기준으로 설정되는데, 여기서 말하는 최종인도가격은 재료의 가격뿐만 아니라 운반비와 보험료 등 재료의 소유권이 이전되기 위해 필요한 모든 부대비용을 포함한 가격을 의미한다. 원재료 구입 시에 할인받은 금액은 당연히 공제한 후에 적용한다. 수량의 표준은 재료명세서(bill of materials : BOM)상에 나타난 재

그림 12-1 직접재료원가 표준의 설정

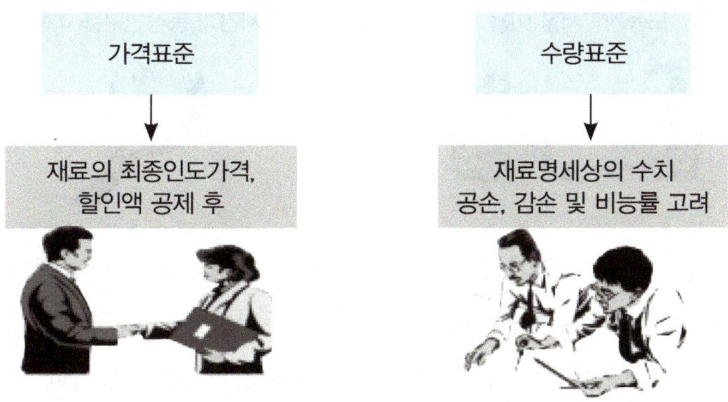

료의 수량을 이용하여 설정하는데, 이때 제품을 생산하기 위해 필요불가결하게 발생하는 공손이나 감손 및 비능률을 고려해야 한다. 재료명세서는 한 단위의 완제품을 제조하기 위해 투입되는 원재료항목에 대한 형태와 수량을 간단히 표시한 목록이다.

직접노무원가 표준은 작업자에 대한 표준임률과 표준작업시간에 의해 결정된다. 임률(labor rate)은 작업자의 시간당 임금으로서 고용계약서상에 명시된 금액이나 임금실사자료를 이용하여 결정한다. 임률은 급여뿐만 아니라 퇴직급여와 복리후생비까지 포함하여 산출하기 때문에 근로자에게 실제지급되는 급여와는 차이가 있다. 표준작업시간은 제품을 생산하는 데 필요한 작업활동시간과 동작연구를 통해 결정할 수 있을 것이다.

제조간접원가에 대한 표준의 설정은 직접재료원가나 직접노무원가 표준의 설정과는 약간의 차이가 있다. 정상원가계산에서의 제조간접원가는 실제발생된 금액을 제품에 배부하는 것이 아니라 예정배부율에 실제조업도를 적용한 금액을 제품원가로 배부한다. 표준원가계산에서는 표준배부율과 표준조업도에 의해 표준이 설정된다. 표준배부율은 정상원가계산의 예정배부율과 유사하게 제조간접원가예산금액을 기준조업도로 나누어 산출하며, 표준조업도는 제품생산을 위해 허용된 조업도, 즉 표준허용조업도를 의미한다. 예를 들어, 한 단위의 제품생산에 허용된 표준기계시간이 3시간이라고 한다면 1,000단위의 제품생산을 위해 필요한 표준허용조업도는 3,000시간이 된다.

그림 12-2 직접노무원가 표준의 설정

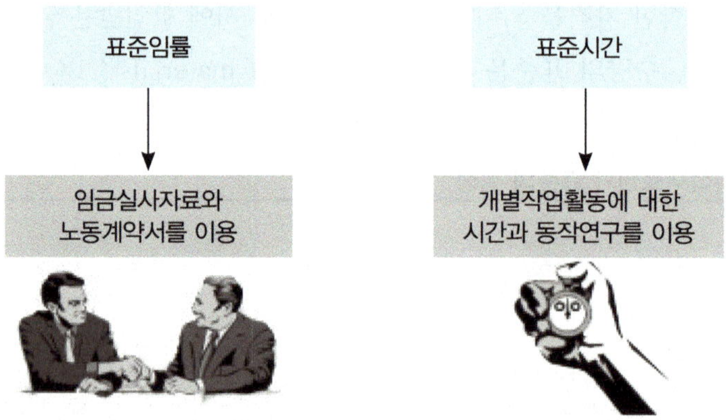

직접재료원가와 직접노무원가 그리고 제조간접원가의 표준이 결정되면, 제품의 생산수량에 각각의 표준을 적용하여 제품에 대한 표준원가를 산출할 수 있을 것이다. [표 12-1]은 제품 한 단위에 대한 표준원가표의 사례이다. 각각의 항목에 대하여 표준가격과 표준수량, 표준임률과 표준시간을 제시함으로써 단위당 총표준원가를 보여주고 있다.

| 표 12-1 | 표준원가표

구분	표준수량/시간	표준가격/임률	단위당 표준원가
직접재료원가	3kg	₩10(kg당)	₩30
직접노무원가	2시간	20(시간당)	40
제조간접원가	2시간	15(시간당)	30
단위당 표준원가			₩100

3. 표준원가의 장 · 단점

표준원가 사용의 장점은 표준원가와 실제원가의 차이에 대한 중점적인 관리를 통하여 목표한 성과를 달성하게 하는 예외에 의한 관리(management by exception : MBE)를 가능하게 해준다는 데에 있다. 다시 말해, 전체원가에 주의를 기울이는 것보다는 미리 설정된 표준원가와의 차이, 즉 표준원가를 초과하거나 미달하는 부분에 대한 중점관리를 통하여 차이가 발생한 원인에 대한 분석을 하고 문제해결을 함으로써, 적은 노력을 투입하면서도 전체를 관리하는 것보다 더 효과적인 결과를 얻을 수 있다는 것이다.

표준원가는 경영자의 계획수립과 의사결정에 유용한 정보를 제공하며, 표준을 제시함으로써 원가통제와 성과평가를 개선할 수 있는 방안을 제시해 준다. 또한 원가를 통제함으로써 생산원가의 감소효과도 얻을 수 있다.

반면에 표준원가 사용은 표준을 지나치게 강조하여 품질향상이나 원가절감과 같은 다른 중요한 목적을 간과할 가능성이 존재한다는 문제점이 있다. 또한 차이가 발생했을 때 유리한 차이에 대한 아전인수적인 해석을 하거나 불리한 차이를 지나치게 강조하여 구성원들의 사기를 저하시킬 수도 있다. 노무원가의 경우에는 시간을 절감하기 위해 일정부분의 능률차이를 감수해야 하고, 능률차이를 줄이기 위해서는 일정부분의 시간을 감수해야 하는 불합리성이 존재하기도 한다.

제2절 차이분석

1. 표준원가와 차이

기업에서 원가계산의 목적으로 표준원가를 채택하여 사용할 때, 실제원가는 표준원가보다 더 많이 발생할 수도, 적게 발생할 수도 있다. 이때 설정된 표준원가에 미달되거나 초과하는 원가를 표준원가차이(standard costs variance)라고 한다. 표준원가를 초과하여 발생하는 원가차이를 불리한 차이(unfavorable variance : U)라고 하며, 표준원가에 미달하여 발생하는 원가차이를 유리한 차이(favorable variance : F)라고 한다. 발생된 유리한 차이나 불리한 차이의 원인이 가격차이에 기인한 것인지 아니면 수량차이에 기인한 것인지를 분석하는 기법을 차이분석(variance analysis)이라 한다.

그렇다면 표준원가계산에서 유리한 차이가 발생하든지 불리한 차이가 발생하든지 간에 그 차이에 주목을 하는 이유는 무엇일까? 표준원가에 대한 차이분석을 통하여 발생된 문제의 원인과 개선방향을 제시해 줄 뿐만 아니라 차이에 대한 책임소재를 분명히 하여 미래의 성과를 향상시킬 수 있기 때문이다. 또한 기업경영자는 차이에 대한 집중적인 관리를 하는 예외에 의한 관리를 통해 효과적인 결과를 얻을 수 있을 것이다.

그림 12-3 표준원가의 차이

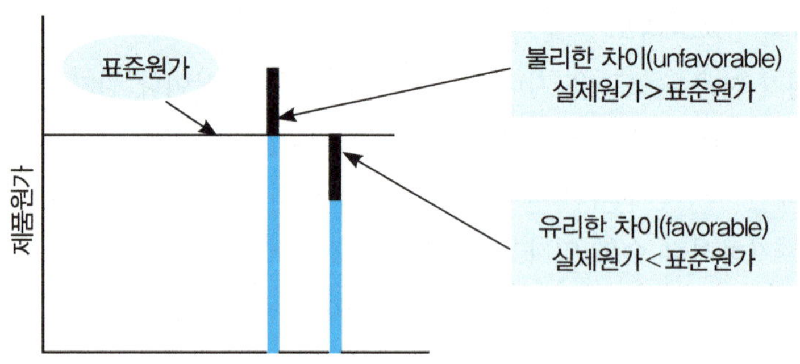

차이분석은 현재의 원가정보에 따라 표준원가를 설정하는 것에서 시작하여, 실제원가가 발생하면 표준원가와의 차이를 산출하고, 그 차이에 대한 원인과 문제를 인식 · 분석함으로써 개선방향을 찾는 것으로 이어진다. 개선방향에 맞춰 수정된 행동지침에 따라

기업운영을 함으로써 새로운 표준원가를 설정할 수 있을 것이다. 곧 표준원가계산에서 차이분석의 목적은 미래성과를 향상시키는 데 있다.

그림 12-4 **차이분석의 사이클**

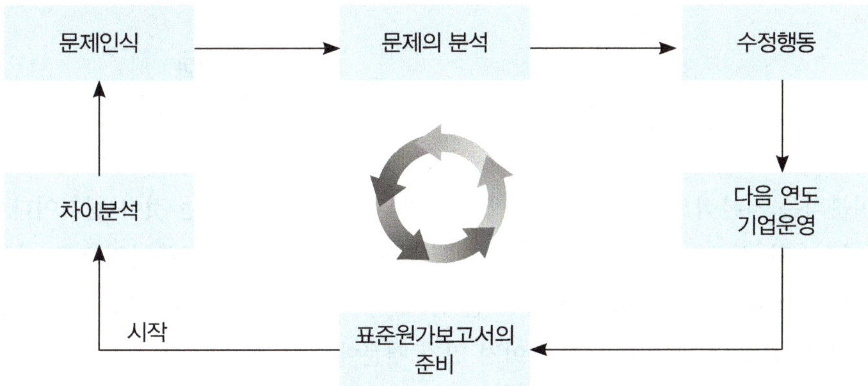

2. 차이분석의 기본모형

실제발생된 원가와 표준원가의 차이는 가격에 의한 차이와 수량에 의한 차이로 구분할 수 있다. 가격에 의한 차이는 제품의 제조에 투입되는 원재료나 작업자에게 지급되는 임금의 실제가격과 표준가격 차이에 의해 발생하고, 수량에 의한 차이는 제품의 제조에 투입된 원재료나 작업시간의 실제수량과 표준수량의 차이에 의해 발생한다. 직접재료원가차이는 가격차이(price variance)와 수량차이(quantity variance)라 하고, 직접노무원가차이는 임률차이(labor rate variance)와 능률차이(efficiency variance)라 한다. 변동제조간접원가의 경우에는 가격차이와 수량차이 대신에 소비차이(spending variance)와 능률차이(efficiency variance)라는 용어를 사용한다. 고정제조간접원가차이는 변동비 성격의 직접재료원가, 직접노무원가, 변동제조간접원가와는 달리 능률차이가 발생하지 않는 대신에 예산차이와 조업도차이가 존재한다. 변동제조간접원가와 고정제조간접원가의 차이분석은 다음 장에서 설명하기로 한다.

그림 12-5 표준원가차이

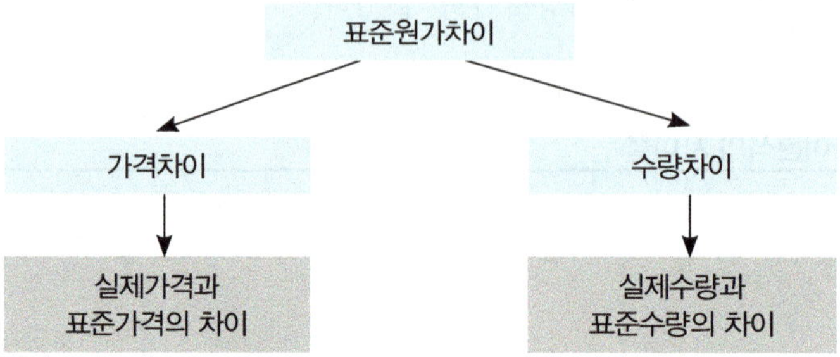

차이분석은 기본적으로 실제원가와 표준원가의 차이를 분석하는 것이 원칙이다. 따라서 실제수량과 실제가격으로 이루어진 실제원가와 표준수량과 표준가격으로 이루어진 표준원가를 비교하여 차이를 분석하면 된다. 그러나 앞에서 설명한 바와 같이 표준원가 차이는 가격차이와 수량차이로 이루어져 있기 때문에 이 둘을 나누어 분석해야 한다.

이를 위해 실제원가와 표준원가 사이에 실제수량에 표준가격을 적용한 변동예산[1]에 의한 원가를 삽입하여 차이를 분할한다. 이때 전반부는 실제수량에 표준가격과 실제가격을 각각 적용한 원가이므로 표준가격과 실제가격의 가격차이가 발생하게 된다. 이를 직접재료원가에서는 가격차이, 직접노무원가에서는 임률차이, 변동제조간접원가에서는 소비차이라고 한다. 후반부는 표준가격에 실제수량과 표준수량을 각각 적용한 원가이므로 실제수량과 표준수량의 수량차이가 발생하게 되는데, 이를 직접재료원가에서는 수량차이, 직접노무원가와 변동제조간접원가에서는 능률차이라고 한다.

표준가격(standard price)과 표준수량(standard quantity)은 앞서 설명하였듯이 각각 획득한 자원에 대해 지불했어야 하는 금액과 제품의 생산을 위해 허용된 재료의 수량을 의미한다.

[그림 12-6]은 차이분석의 기본적인 모형이다. 이 모형을 이용하여 직접재료원가와 직접노무원가 그리고 변동제조간접원가의 차이분석을 간편하게 할 수 있을 것이다.

1 변동예산은 조업도의 변화에 따라 제품의 원가 및 생산설비의 이용도가 변화된다는 가정에 의하여 여러 수준의 사후적인 실제조업도에 기준하여 예산을 편성하는 방법으로, 경기변동 시 적절한 원가통제를 위하여 작성되는 예산이다. 변동예산은 제13장에서 자세하게 설명하기로 한다.

그림 12-6 차이분석의 기본모형

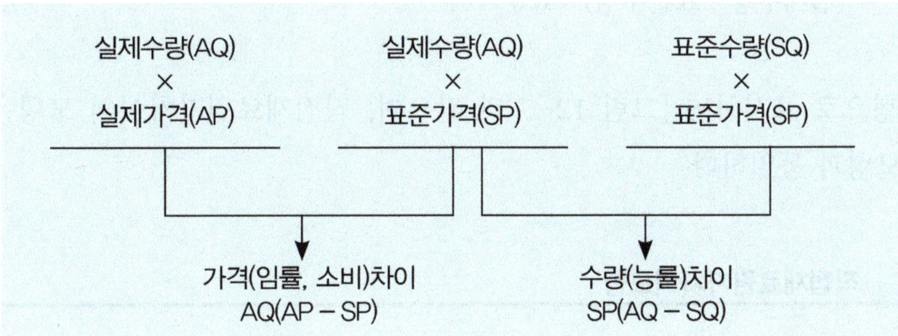

제3절 직접재료원가의 차이분석

1. 직접재료원가차이분석의 기본모형

차이분석의 기본모형을 이용해 직접재료원가의 차이분석을 자세하게 살펴보도록 하자.

직접재료원가의 차이는 제품생산에 사용된 재료원가의 차이이다. 즉, 제품생산에 사용된 재료의 구입가격의 차이와 수량의 차이로 발생한다. 재료가격의 차이는 사전에 결정된 재료에 대한 표준원가와 실제구입된 가격의 차이에 의해 발생하는 것으로, 단위당 구입가격의 차이에 실제구입한 수량을 적용하여 산출할 수 있다. 수량의 차이는 제품제조에 실제로 투입된 재료의 수량과 사전에 결정된 표준수량의 차이에 의해 발생하는 것으로, 투입된 재료수량의 차이에 제품단위당 표준가격을 적용하여 산출할 수 있다.

직접재료원가의 가격차이와 수량차이를 산식으로 표시하면 다음과 같다

직접재료원가차이 = 실제재료원가 − 표준재료원가
= (실제가격 × 실제수량) − (표준가격 × 표준수량)

가격차이 = (실제가격 × 실제수량) − (표준가격 × 실제수량)
= (실제가격 − 표준가격) × 실제수량

수량차이 = (표준가격 × 실제수량) − (표준가격 × 표준수량)
= (실제수량 − 표준수량) × 표준가격

이를 모형으로 표시하면 [그림 12-7]과 같으며, 직접재료원가차이의 모형은 앞서 살펴본 기본모형과 동일하다.

그림 12-7 직접재료원가차이모형

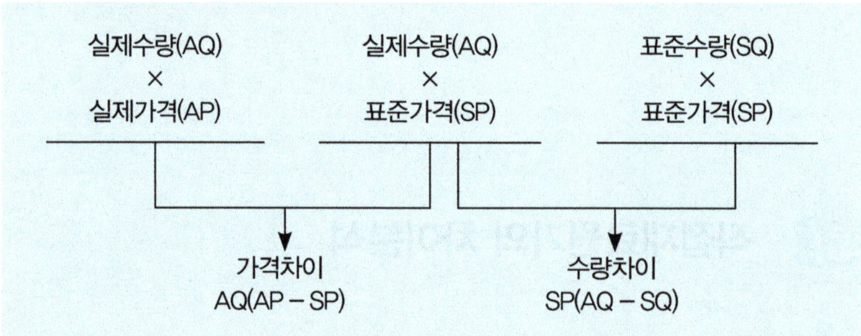

예제 12-1 직접재료원가차이분석

제품 한 단위를 제조하기 위한 ㈜함백산의 직접재료원가 표준은 다음과 같다.

- 제품단위당 1.5kg 사용
- 구입원가 : kg당 ₩4,000

㈜함백산은 9월 첫째 주에 1,700kg의 재료를 구매하여 제품 1,000단위를 생산하였으며, 이에 소요된 재료원가는 ₩6,630,000이었다.

▶ 요구사항

① ㈜함백산의 원재료의 단위당(kg) 구입가격은 얼마인가?
② ㈜함백산의 재료원가가격차이는 얼마인가?
③ 제품 1,000단위의 생산에 사용되었어야 하는 재료의 표준허용수량(standard quantity)은 얼마인가?
④ ㈜함백산의 재료원가수량차이는 얼마인가?

▶ 풀이

① 원재료 1,700kg을 구입하는 데 ₩6,630,000의 비용이 소요되었으므로 원재료의 kg당 구

입가격은 ₩3,900(₩6,630,000 / 1,700kg)임을 알 수 있다.

원재료의 단위당 구입가격 = ₩6,630,000 ÷ 1,700kg = ₩3,900/kg

② 직접재료원가의 가격차이는 재료의 실제구입가격과 표준가격의 차이이다. 재료의 kg당 표준가격은 ₩4,000이고 실제구입가격은 ₩3,900이므로 kg당 ₩100의 차이가 발생하였으며 전체 1,700kg을 구입하였으므로 ₩170,000(1,700kg × ₩100)의 가격차이가 발생하였다. 이때 표준가격보다 ₩100 싼 값에 구입하였으므로 유리한 가격차이 ₩170,000이 발생하였다고 할 수 있다.

재료원가가격차이 = 1,700kg × (₩3,900 − ₩4,000) = ₩170,000F

③ 제품 한 단위를 생산하기 위한 원재료의 표준사용량은 1.5kg이므로 1,000단위를 생산하기 위해서는 1,500kg(1.5Kg × 1,000단위)의 재료가 표준사용량으로 설정되었을 것이다.

재료의 표준사용량 = 1,000단위 × 1.5kg = 1,500kg

④ 재료원가의 수량차이는 실제수량과 표준수량의 차이에 표준가격을 적용하여 계산한다고 하였다. 따라서 실제수량 1,700kg과 표준수량 1,500kg의 차이인 200kg에 표준원가 ₩4,000을 적용하면 ₩800,000의 수량차이가 발생한다. 이때 표준수량 1,500kg을 초과하여 재료를 사용하였으므로 불리한 수량차이 ₩800,000이 발생하였다고 할 수 있다.

재료원가수량차이 = ₩4,000 × (1,700kg − 1,500kg) = ₩800,000U

이상의 [예제 12-1]에서 유리한 가격차이가 ₩170,000 발생하였고, 불리한 수량차이가 ₩800,000 발생하였다. 이와 같이 유리한 차이와 불리한 차이가 동시에 나타나면 큰 차이에서 작은 차이를 차감한 금액이 전체직접재료원가의 원가차이가 된다. 따라서 예제에서는 ₩630,000원의 불리한 직접재료원가원가차이가 발생한 것이다.

[예제 12-1]을 차이분석의 기본모형에 적용하여 가격차이와 수량차이를 계산하면 [그림 12-8]과 같다. 차이분석의 기본모형을 기억하고 있다면, 기본모형에 재료의 수량과 가격을 대입하여 가격차이와 수량차이를 보다 수월하게 산출할 수 있을 것이다.

그림 12-8 직접재료원가차이의 요약

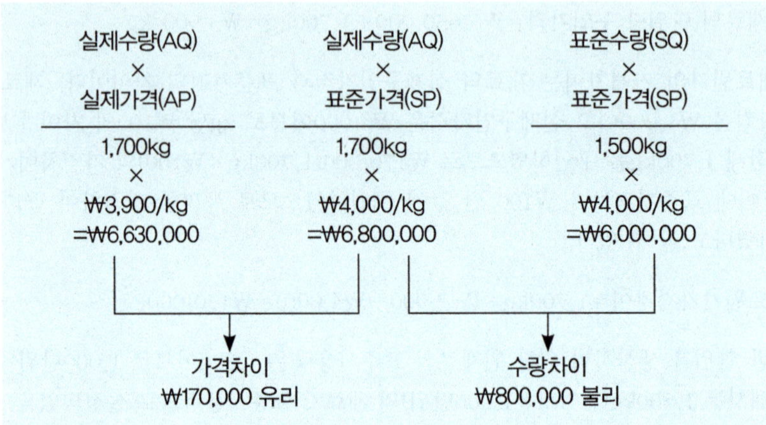

2. 재료구입량과 공정투입량이 상이할 경우의 직접재료원가차이분석

지금까지는 구입한 재료전부를 제품의 생산공정에 투입하여 사용한 경우의 직접재료원가원가차이를 설명하였다. 그러나 생산현장에서 제품의 제조를 위해 필요한 원재료를 그때그때 구입할 수는 없을 것이다. 일반적으로 일괄적으로 구매한 원재료를 창고에 보관하고, 제품의 제조에 필요한 수량을 창고에서 불출하여 사용하게 된다. 따라서 구입한 재료의 수량과 사용한 재료의 수량이 차이 나는 경우가 빈번히 발생할 것이다. 이렇게 구입한 재료의 수량과 사용한 수량의 차이가 있을 경우의 재료원가차이는 어떻게 계산해야 할까? 재료원가의 가격차이는 구입시점에서 이미 발생하였고, 수량차이는 재료를 사용하는 시점에서 발생한다는 점을 감안하여, 가격차이는 구입한 재료전체에 대해 구입시점에 산정하고, 수량차이는 실제로 제품의 제조에 투입한 부분에 대해서만 원재료 투입시점에 산정하면 될 것이다. 일반적으로 재료원가의 가격차이는 구매담당자가 책임지도록 되어 있으므로, 재료를 구매하는 시점에 가격차이를 인식하여 구매담당자가 이를 확인할 수 있도록 해야 한다.

예제 12-2 직접재료원가차이분석

제품 한 단위를 제조하기 위한 ㈜함백산의 직접재료원가 표준은 다음과 같다.

- 제품단위당 1.5kg 사용
- 구입원가 : kg당 ₩4,000

㈜함백산은 9월 첫째 주에 2,800kg의 재료를 구매하여 제품 1,000단위를 제조하는 데 원재료 1,700kg을 사용하였다. 원재료를 구입하는 데 소요된 비용은 ₩10,920,000이다.

▶ 요구사항

① ㈜함백산의 재료원가가격차이는 얼마인가?
② ㈜함백산의 재료원가수량차이는 얼마인가?

▶ 풀이

① 원재료가격차이는 구입한 전체수량을 기준으로 산출해야 하기 때문에 구입 2,800kg 전량에 대하여 가격의 차이를 산출해야 한다. 즉 실제 kg당 구입가격 ₩3,900(₩10,920,00/2,800kg)과 표준가격 ₩4,000과의 차이 ₩100에 구입수량 전부를 적용한 ₩280,000(₩100×2,800kg)의 가격차이를 산출할 수 있다. 표준가격보다 싸게 구입하였으므로 유리한 차이가 된다.

원재료의 단위당 구입가격 = ₩10,920,000 ÷ 1,700kg = ₩3,900/kg
재료원가가격차이 = 2,800kg × (₩3,900 − ₩4,000) = ₩280,000F

직접재료원가가격차이는 구매시점에서 즉시 인식할 필요가 있다. 가격차이가 발생했다는 것을 즉시 인식해야 다음의 구매에서 가격차이를 줄일 수 있는 대안을 찾을 수 있기 때문이다.

② 직접재료원가의 수량차이는 투입한 재료에 대해 인식한다고 하였다. 따라서 2,800kg을 구입했지만 1,700kg만을 공정에 투입했으므로 1,700kg에 대한 수량차이만 계산하면 된다. 1,000단위를 생산하는 데 1,500kg(1.5kg×1,000단위)의 재료가 생산에 허용된 수량이지만, 1,700kg의 재료를 사용했으므로 200kg의 재료를 추가적으로 사용한 것이다. 여기에 단위당 표준가격 ₩4,000을 적용하면 ₩800,000의 수량차이가 발생하게 된다. 생산에 허용된 표준수량보다 더 많은 재료를 사용했으므로 불리한 차이 ₩800,000이 발생했다고 할 수 있다.

재료의 표준사용량 = 1,000단위 × 1.5kg = 1,500kg
재료원가수량차이 = ₩4,000 × (1,700kg − 1,500kg) = ₩800,000U

직접재료원가수량차이는 재료를 공정에 투입하는 시점에서 인식하는 것이 바람직할 것이다. [예제 12-2]를 차이분석의 기본모형에 적용하여 가격차이와 수량차이를 계산하면 [그림 12-9]와 같다.

그림 12-9 직접재료원가의 차이분석

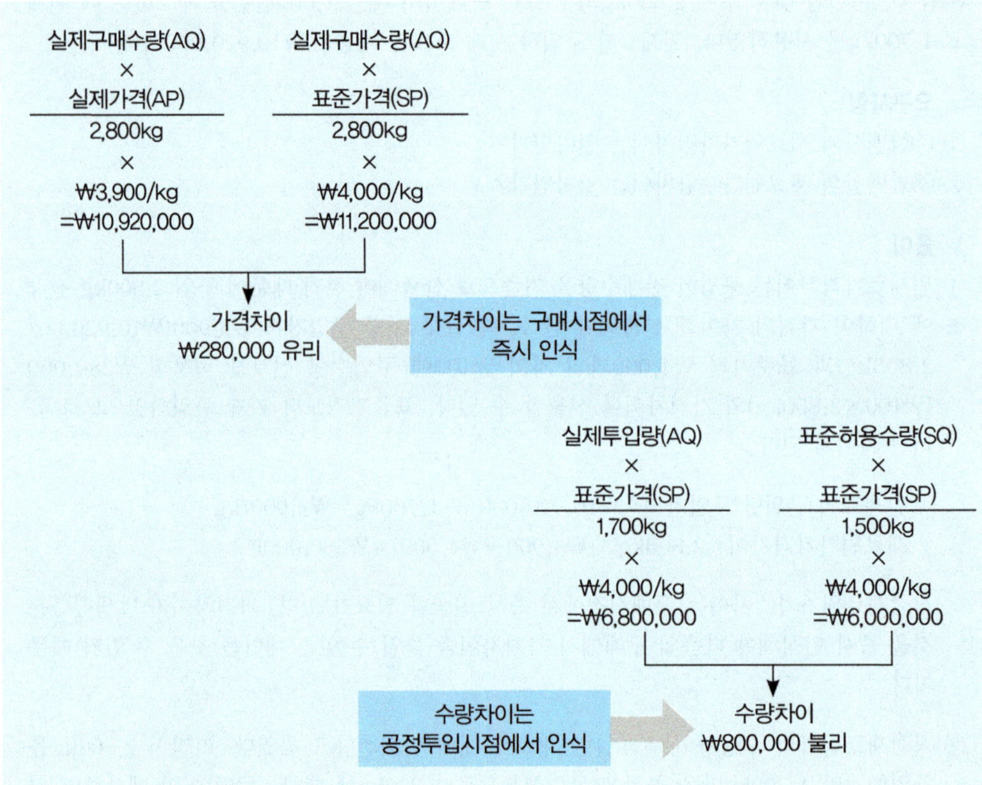

3. 직접재료원가차이의 원인

직접재료원가가격차이의 발생원인은 일반적으로 수요와 공급의 차이에 있다고 할 수 있다. 수요는 많은데 공급이 부족하다면 가격이 상승하는 것은 당연한 시장의 결과일 것이다. 때로는 구매담당자의 업무능력에 따라 가격이 달라질 수도 있으나, 그 차이는 미미하다. 원재료의 품질차이나 공급자의 변경에 따른 가격차이도 빈번하게 발생하는 가격차이의 원인이다. 따라서 직접재료원가가격차이는 내부적 요인보다는 주로 외부적 요인에 의하여 발생한다고 볼 수 있다.

직접재료원가수량차이의 발생원인은 원재료의 비효율적인 사용을 먼저 꼽을 수 있다. 작업자의 훈련부족이나 설비의 고장으로 인해 재료가 과다하게 사용되었을 수도 있으며, 원재료의 품질차이로 인해 수율이 떨어져 재료를 과다하게 사용할 수도 있을 것이다. 또한 기술혁신과 자동화 등의 결과 제품의 생산성이 높아져 불량률이 감소하면 재료의 사용량이 감소할 수 도 있을 것이다.

이러한 직접재료원가원가차이에 대한 책임은 발생원인에 따라 원인을 제공한 해당 부서에 있다. 일반적으로 가격차이에 대한 책임은 구매담당자에게 있다. 그러나 생산계획의 차질로 인하여 생산부서로부터 긴급한 재료구입요청이 있었다면 이런 경우는 생산관리부서에 책임이 있다고 할 수 있다.

수량차이에 대한 책임은 일반적으로 제품을 생산하는 현장에 있다. 그러나 인력관리부서에서 숙련된 작업자를 필요한 시기에 공급하지 못하고 미숙련작업자의 투입으로 수량차이가 발생한 것이라면 인력관리부에서 수량차이에 대한 책임을 져야 할 것이다. 따라서 재료의 원가차이에 대한 책임은 어느 일정한 부서에 정해진 것이 아니라 차이의 발생원인에 따라 달라지므로, 원가의 차이가 발생한 원인을 철저히 분석하여 문제를 해결할 필요가 있을 것이다.

제4절 직접노무원가의 차이분석

1. 직접노무원가차이분석의 기본모형

기본적으로 직접노무원가에 대한 차이분석도 직접재료원가에 대한 차이분석과 차이에 대한 용어만 다를 뿐 근본구조는 동일하다.

직접노무원가의 차이는 바로 작업자에게 지급된 인건비차이이다. 즉, 제품생산을 위해 투입된 작업자에게 실제지급된 인건비와 표준인건비의 차이에 의해서 발생한다. 직접노무원가의 차이는 작업자에게 지급한 시간당 인건비(임률)의 차이에 의해 발생하는 임률차이와 작업자의 작업시간의 차이에 의해 발생하는 능률차이로 구분할 수 있다. 임률차이는 작업자에게 적용된 실제임률과 작업자에게 허용된 표준임률의 차이에 실제 작업시간을 적용하여 산출한다. 능률차이는 작업자의 실제작업시간과 작업에 허용된 표준작업시간의 차이에 표준임률을 적용하여 계산한다.

직접노무원가의 임률차이와 능률차이를 산식으로 표시하면 다음과 같다

직접노무원가차이 = 실제노무원가 − 표준노무원가
= (실제임률 × 실제작업시간) − (표준임률 × 표준작업시간)

임률차이 = (실제임률 × 실제작업시간) − (표준임률 × 실제작업시간)
= (실제임률 − 표준임률) × 실제작업시간

능률차이 = (표준임률 × 실제작업시간) − (표준임률 × 표준작업시간)
= (실제작업시간 − 표준작업시간) × 표준임률

이를 모형으로 표시하면 [그림 12−10]과 같다. 직접노무원가차이모형은 앞서 살펴본 직접재료원가모형과 차이가 없으며, 용어만 임률차이와 능률차이로 바뀌었을 뿐이다.

그림 12-10 직접노무원가차이모형

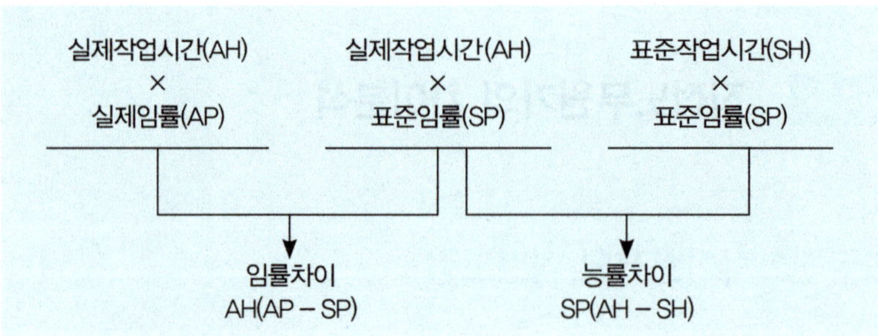

예제 12-3 직접노무원가차이분석

제품 한 단위를 제조하기 위한 ㈜함백산의 직접노무원가 표준은 다음과 같다.

- 제품단위당 1.5시간 소요
- 시간당 임금 : 시간당 ₩6,000

㈜함백산은 9월 첫째 주에 1,550시간의 작업시간을 투입하여 제품 1,000단위를 생산하였으며, 이에 소요된 노무원가는 ₩9,610,000이었다.

▶ 요구사항

① ㈜함백산의 실제임률은 얼마인가?
② ㈜함백산의 노무원가임률차이는 얼마인가?
③ 제품 1,000단위의 생산에 허용된 표준작업시간은 얼마인가?
④ ㈜함백산의 노무원가능률차이는 얼마인가?

▶ 풀이

① 실제임률은 지급된 총노무원가를 작업시간으로 나누어 계산할 수 있으므로 시간당 임률은 ₩6,200(₩9,610,000 / 1,550시간)임을 알 수 있다.

작업자의 시간당 실제임률 = ₩9,610,000 ÷ 1,550시간 = ₩6,200/시간

② 노무원가임률차이는 작업자에게 적용된 실제임률과 작업에 허용된 표준임률과의 차이이므로 실제임률 ₩6,200과 표준임률 ₩6,000의 차이인 ₩200에 실제작업시간 1,550시간을 적용하면 ₩310,000의 차이가 발생하였음을 알 수 있다. 표준임률보다 더 높은 임률을 적용하여 지불하였으므로 불리한 임률차이가 발생했음을 알 수 있다.

노무원가임률차이 = 1,550시간 × (₩6,200 − ₩6,000) = ₩310,000U

③ 제품 한 단위를 생산하는 데 1.5시간이 소요된다고 하였으므로 1,000개를 생산하기 위해서는 1,500시간의 표준시간이 허용된다는 것을 알 수 있다.

작업자의 표준작업시간 = 1,000단위 × 1.5시간 = 1,500시간

④ 노무원가능률차이는 실제작업시간과 표준작업시간의 차이에 표준임률을 적용하여 산출한다고 하였으므로 실제작업시간 1,550시간에서 작업에 허용된 표준시간 1,500시간을 차감한 50시간의 차이에 표준임률 ₩6,000원을 적용하면 ₩300,000의 능률차이가 발생한다. 표준작업시간보다 더 많은 시간 동안 작업을 하였음으로 불리한 능률차이가 발생하였다고 볼 수 있다.

노무원가능률차이 = ₩6,000 × (1,550시간 − 1,500시간) = ₩300,000U

직접노무원가원가차이는 직접재료원가원가차이와는 달리 임률차이와 능률차이 모두 불리한 차이로 나타났다. 이렇게 모두 불리한 차이가 나거나 반대로 모두 유리한 차이가 나타난다면 임률차이와 능률차이를 합계한 금액이 전체직접노무원가의 원가차이가 되는 것이다. 따라서 [예제 12-3]에서는 ₩610,000의 불리한 노무원가원가차이가 발생한 것이다.

직접재료원가의 경우에는 구입수량과 투입수량의 차이로 인해 가격차이와 수량차이의 인식시점과 방법에서 차이가 발생하였으나, 직접노무원가의 경우 그러한 차이가 발생하지 않는다.

[예제 12-3]을 차이분석의 기본모형에 적용하여 임률차이와 능률차이를 계산해 보면 [그림 12-11]과 같다.

그림 12-11 직접노무원가 차이의 요약

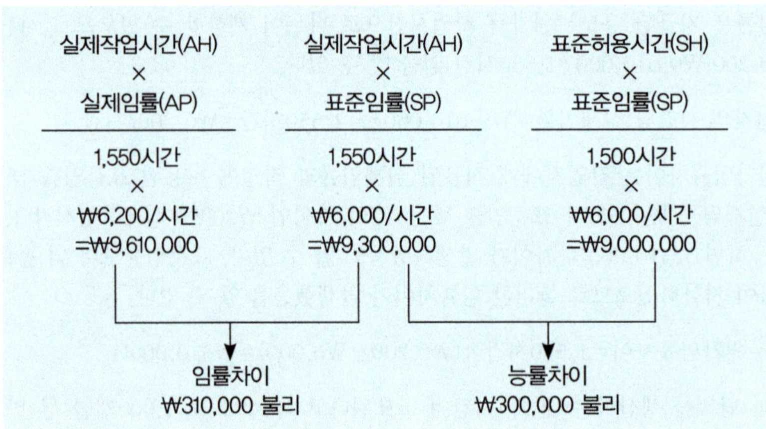

2. 직접노무원가차이의 발생원인

직접노무원가임률차이의 발생원인 대부분은 숙련노동자와 비숙련노동자에게 지급하는 임률의 차이에서 비롯된다. 숙련노동자에게 고임률을 적용하면서 단순한 작업을 부과한다거나 초과근무를 하도록 한다면 불리한 임률차이가 발생하는 것은 당연한 이치일 것이다. 따라서 작업할당을 담당하는 생산관리자도 노무원가임률차이에 대한 책임이 따를 수 있다.

직접노무원가능률차이의 발생원인은 임률차이에서와 마찬가지로 비숙련노동자로 인하여 발생할 수 있다. 비숙련노동자를 투입하면 작업시간이 허용된 작업시간보다 길어져 능률차이가 발생한다. 불량재료를 사용하는 것이나 작업자에 대한 훈련부족, 감독소홀 또한 불리한 능률차이를 발생시키는 원인이며, 기계나 설비에 대한 유지보수결함도 또 다른 불리한 능률차이의 원인이 될 수 있다.

노무원가차이에 대한 책임은 앞서 설명한 대로 생산현장의 감독자, 생산관리자, 인력관리담당자 모두에게 있을 수 있다. 직접재료원가의 경우와 마찬가지로 발생원인에 따라 해당부서에서 책임을 져야 한다.

∷ 쉬어가는 곳 불황이면 회식 · 골프 금지?

경기가 나쁘다 싶으면 CEO(최고경영자)들은 본능적으로 허리띠부터 졸라맨다. “복사비 아끼고, 회식 줄이고, 골프치지 마라”고 부산을 떨며 원가절감에 나선다. 그러나 원가를 사후적으로 ‘절감’하기에 앞서 사전적으로 ‘기획’하는 CEO는 그리 많지 않은 것 같다. 원가는 ‘회계(accounting)의 대상’이 아니라 ‘관리(management)의 대상’이라는 새로운 패러다임을 아직 깨닫지 못하는 것이다. 새로운 패러다임이 등장하게 된 배경에는 다음 두 가지의 변화가 자리 잡고 있다.

첫째는 원가를 파악하는 관점이 달라진 점이다. 원가의 구성은 연구개발, 설계, 생산, 판매로 이루어지는 원가수명주기(cost life cycle)의 단계별로 구분해 파악할 수 있다. 전통적 원가회계는 원가가 실제로 언제 어디서 생기느냐 하는 ‘발생시점’에 초점을 맞췄다. ‘실제원가’를 100%라고 하면 일반적으로 개발과 설계비용의 비중이 20~30%쯤 되고, 생산과 판매비용이 나머지 70~80%를 차지한다. 원가수명주기 후반부의 생산 및 판매단계에서 원가가 주로 발생하는 것이다. 따라서 원가관리도 생산비용과 판매비용을 줄이는 데 힘을 쏟게 되고, 불황이 오면 이 부분부터 절약하는 것을 당연하게 생각한다.

그러나 원가관리의 새로운 패러다임은 원가가 사전적으로 언제 결정되느냐 하는 ‘결정시점’을 토대로 한다. 이 관점에서 보면, 70~80%의 원가는 수명주기의 전반부인 개발이나 설계단계에서 이미 결정이 되고, 후반부에서 원가를 결정할 수 있는 여지는 20~30%밖에 남지 않는다. 따라서 생산 및 판매단계에서 원가를 ‘절감’하기보다는, 개발 및 설계단계에서 원가를 ‘기획’하는 것이 훨씬 효과적인 것이다. 손으로 마른 수건 쥐어짜는 것과 기계로 젖은 수건 말리는 것의 탈수효과를 비교하면 쉽게 그 차이를 알 수 있다.

생산 · 판매단계보다 개발 · 설계단계서 원가절감이 효과적

그렇다면 원가기획의 실천적 수단은 무엇인가? ‘목표원가(target costing)’가 그 답이다. 과거의 가격전략은 ‘밀어내기(push)’ 개념에서 출발했다. 즉 ‘좋은 제품을 만들면 팔린다’는 가정하에 원가에 상관없이 좋은 제품을 만들고 난 후, 실제로 들어간 원가에 필요한 이익을 더하여(cost-plus) 판매가격을 정한 것이다. 예컨대 1만원의 ‘실제원가’가 들었다면 거기에 필요이익 1,000원을 얹어 1만 1,000원의 가격으로 시장에 출시하는 식이다.

그러나 새로운 사고는 ‘끌어들이기(pull)’ 개념을 토대로 하고 있다. ‘어떻게 팔릴 것을 만들 것인가?’ 하는 문제의식에서 출발하여, 잠재고객이 기대하는 성능과 디자인에 맞추려면 판매가격이 어느 정도가 되어야 하는지를 먼저 파악한다. 그 다음에 판매가격에서 필요한 이익을 빼서 ‘목표원가’를 산정한다. 기대한 매출을 얻기 위한 가격이 1만원이라면 거기에서 필요이익 1,000원을 뺀 9,000원의 원가를 목표로 하여 제품을 개발하고 설계하는 접근이다. 일단 만들고 난 후에 ‘실제원가’를 ‘계산’하는 것이 아니라 만들기 전에 목표원가를 미리 ‘결정’하는 것이다.

목표원가를 실현하고 품질과 신뢰도를 확보하기 위해서는 연구개발(R&D), 제품설계(product design), 공정설계(process design), 소재개발(new material) 등 모든 기술개발활동과 엔지니어링활동에 걸쳐 기술적 가능성과 경제적 타당성을 동시에 검증해야 한다. 필요하면 부품의 표준화도 해야 하고 외주(outsourcing)도 줘야 한다. 이 일은 원가회계(cost accounting)의 영역이 아니라 원가공학(cost engineering)의 주제가 되며, 당연히 그 주체는 회계사가 아니라 연구원과 엔지니어가 된다.

복사비 · 회식비부터 줄이는 CEO는 시대에 뒤떨어져

둘째는 원가의 구조가 근본적으로 달라진 점이다. 원가는 크게 직접비와 간접원가로 이루어진다. 과거의 노동집약적이고 소품종을 대량생산하던 시대에는 노무원가나 재료원가와 같은 직접비가 원가의 대부분을 차지했기 때문에 간접비는 적당히 배분해도 별문제가 없었다.

하지만 자동화 공정, 하이테크 제품, 다품종소량생산으로 대변되는 오늘날에는 원가의 구성비가 크게 바뀌고 있다. 먼저 생산관리비용이 증가하고 있다. 시장수요를 정확히 예측하고 그것을 토대로 수요와 공급의 균형을 맞추기 위해서는 완제품에서 원재료까지의 생산계획이 컴퓨터를 통해 실시간으로 관리되어야 하기 때문이다. 품질관리비용도 늘어나고 있다. 이제는 가격 못지않게 품질이 경쟁력의 핵심요소가 되고 있고, 따라서 품질관리비용도 무시할 수 없는 수준이 되었다. 또 설계변경비용도 커지고 있다. 끊임없이 변하는 고객의 요구에 맞추어 원래의 설계도나 공정을 변경해야 할 일이 늘어나고, 그에 따라 설계변경비용도 증가하는 것이다. 이 모든 비용은 생산현장에서 발생하는 간접비이기 때문에 엔지니어가 맡아서 관리해야 할 항목들이다.

불황이라고 복사비나 회식비부터 줄이는 CEO는 이미 시대에 뒤떨어진 경영자이다. '원가 공학자(cost engineer)'의 의미를 모르는 CTO(최고기술책임자)는 CEO가 되기에는 한참 부족한 임원이다. 또 원가계산은 경리부의 회계담당이 할 일이라고 생각하는 엔지니어는 CEO는커녕 CTO도 되기 어려운 직원이다.

자료 : 조선일보, 2007. 8. 17.

연 | 습 | 문 | 제

01 다음 중 표준원가계산제도와 관련된 설명 중 틀린 것을 모두 고르시오. (전산세무 1급, 2011)

㉠ 원가발생의 예외에 의한 관리를 할 수 없다.
㉡ 직접재료원가차이를 원재료 구입시점에서 분리하든 사용시점에서 분리하든 직접재료원가 능률차이에는 영향을 미치지 않는다.
㉢ 기말에 원가차이를 매출원가에서 조정할 경우 불리한 차이는 매출원가에 가산하고 유리한 차이는 매출원가에 차감한다.
㉣ 제품의 완성량만 파악하면 표준원가를 산출할 수 있으므로 신속하게 원가정보를 제공할 수 있다.
㉤ 직접재료원가능률차이 계산식은 (표준소비량−실제소비량)×실제가격으로 표현할 수 있다.

① ㉠, ㉡　② ㉡, ㉢　③ ㉢, ㉣　④ ㉠, ㉤

02 표준원가계산과 차이분석에 대한 설명으로 잘못된 것은? (전산세무 1급, 2012)

① 직접재료원가의 능률차이는 재료의 구입시점에서 인식하는 방법과 재료의 사용시점에서 인식하는 방법에 따라 결과가 다르게 나타난다.
② 직접노무원가의 가격차이(임률차이)는 실제직접노동시간×(표준임률－실제임률)로 구할 수 있다.
③ 3분법에 따른 제조간접원가차이분석에서는 고정제조간접원가실제발생액과 변동제조간접원가실제발생액을 합산하여 계산하므로, 각각의 금액을 반드시 구해야 하는 것은 아니다.
④ 고정제조간접원가는 능률차이는 항상 발생하지 않으며 예산차이와 조업도차이만 발생한다.

03 다음 중 원가차이분석으로서 틀린 것은? (경영지도사, 2004)

① 가격차이는 실제단가와 예산단가의 차액에 실제사용한 재화나 용역의 수량을 곱한 것이다.
② 능률차이는 실제투입량과 실제달성된 성과에 허용된 투입량의 차이에 예산가격을 곱한 것이다.
③ 통제시스템에서 중요한 요소는 피드백, 즉 실적과 계획되었던 성과를 비교하는 것이다.
④ 가격차이에 대한 책임은 생산관리나 판매관리자가, 능률차이에 대한 책임은 구매담당자가 지게 된다.
⑤ 전부원가계산법에서는 고정제조간접원가가 제품원가에 포함되지만 변동원가계산법에서는 고정제조간접원가가 제조원가에 포함되지 않는다.

04 다음 중 표준원가계산제도의 유용성을 설명한 것으로 적합하지 않은 것은? (경영지도사, 2006)

① 평균법, 선입선출법 및 후입선출법 등의 원가흐름에 대한 가정을 필요로 하지 않는다.
② 재고자산의 평가와 매출원가산정의 기초자료를 제공한다.
③ 효과적인 원가관리 및 통제가 가능하다.
④ 가격결정 및 기타 경영계획수립에 필요한 기초자료를 제공한다.
⑤ 원가차이의 구체적인 원인을 파악하기가 용이하다.

05 **다음 자료에 의하여 직접재료원가의 가격차이를 분석하려 한다. 직접재료원가가격차이를 분석할 경우 직접재료의 단위당 실제원가로 올바른 것은?** (기업회계 1급, 2010)

- 실제직접재료사용량 : 1,300단위
- 직접재료기말재고액 : 100단위
- 직접재료기초재고액 : 200단위
- 직접재료의 단위당 표준가격 : ₩100
- 직접재료의 구입가격차이 : ₩12,000(유리)

① ₩90 ② ₩100 ③ ₩110 ④ ₩120

06 **20×1년 8월중에 직접재료 1,500kg을 kg당 ₩50에 구입하였다. 8월의 예정생산량은 300단위이며, 실제생산량은 350단위이다. 직접재료의 가격표준은 kg당 ₩45이다. 수량차이가 ₩11,250(유리)일 때 직접재료의 수량표준은? (단, 20×1년 8월 직접재료의 월초재고와 월말재고는 없음)** (주택관리사, 2008)

① 3.6kg ② 4.0kg ③ 4.9kg
④ 5.0kg ⑤ 5.4kg

07 **제품 1,000개를 생산하기 위해 실제투입된 직접재료원가는 ₩120,000(실제투입량 : 10,000kg, 실제투입단가 : kg당 ₩12)이고, 이에 대한 제품단위당 표준직접재료원가는 ₩117(표준투입량 : 1개당 9kg, 표준투입단가 : kg당 ₩13)이다. 직접재료원가의 가격차이와 능률차이(혹은 수량차이)를 옳게 나타낸 것은?** (9급 세무직, 2007)

	가격차이	능률차이(혹은 수량차이)
①	₩9,000 불리	₩14,000 불리
②	₩10,000 유리	₩13,000 불리
③	₩9,000 유리	₩14,000 유리
④	₩10,000 불리	₩13,000 유리

08 **표준원가계산을 적용하는 ㈜함백산의 20×1년 3월중 재료원가에 대한 원가자료는 다음과 같다. 재료원가가격차이와 수량(능률)차이는 얼마인가?** (전산세무 1급, 42회)

- 예상생산량 : 5,000단위
- 실제생산량 : 5,500단위
- 실제수량 : 160,000kg
- 실제단가 : ₩550/kg
- 표준수량 : 30kg/단위
- 표준단가 : ₩520/kg

	가격차이	수량차이
①	4,800,000 불리	2,600,000 불리
②	4,800,000 유리	2,600,000 유리
③	4,800,000 불리	2,600,000 유리
④	4,800,000 유리	2,600,000 불리

09 다음 자료에 의하여 직접재료원가의 단위당 표준가격으로 바른 것은? (기업회계 1급, 2011)

- 직접재료원가는 구입시점에서 가격차이분석
- 직접재료원가의 기초재고액 : ₩142,000
- 직접재료원가의 기말재고액 : ₩140,000
- 직접재료원가의 생산현장투입액 : ₩380,000
- 직접재료의 단위당 실제구입가격 : ₩140
- 직접재료원가의 가격차이 : ₩54,000(유리한 차이)

① ₩120　② ₩140　③ ₩160　④ ₩180

10 다음은 ㈜함백산의 표준원가 및 생산활동자료이다.

- 완제품실제생산량　1,000개
- 직접재료표준구매가격　₩64/kg
- 직접재료표준사용량　21kg/완성품 1개
- 직접재료실제발생원가　₩1,400,000
- 직접재료원가수량차이　₩64,000 유리

㈜함백산의 직접재료원가가격차이는 얼마인가? (단, 직접재료와 재공품, 제품의 기초 및 기말 재고는 없는 것으로 가정한다) (CPA, 2008)

① ₩0　② ₩120,000 불리　③ ₩120,000 유리　④ ₩130,000 불리

11 ㈜함백산은 표준원가계산을 적용하고 있다. 전기와 당기의 표준원가는 동일하며 직접재료의 표준원가는 다음과 같다.

	가격표준	가격표준	제품단위당 표준원가
직접재료원가	2kg	₩10/kg	₩20

당기에 직접재료를 10,000kg(kg당 구입가격 ₩12) 구입하였으며, 9,000kg을 공정에 투입하였다. 기초재공품은 1,000단위(직접재료원가 완성도 80%)이었고, 기말재공품은 1,300단위(직접재료원가 완성도 60%)이었다. 당기중에 완성된 합격품은 3,500단위이었으며, 공손품 200단위가 발생하였다. 품질검사는 공정의 종료단계에서 실시한다. 공손품은 모두 비정상공손으로

간주하며 처분가치는 없다. 회사는 비정상공손원가를 계산하여 별도의 계정으로 파악하고 있다. 직접재료원가수량차이는 얼마만큼 유리(혹은 불리)한가? (CPA, 2010)

① ₩16,400 불리 ② ₩20,400 불리 ③ ₩26,400 불리
④ ₩17,000 유리 ⑤ ₩17,400 유리

12 다음은 ㈜함백산의 제품단위당 원가요소별 표준원가자료이다.

• 직접재료원가	₩100	• 직접노무원가	₩200
• 변동제조간접원가	₩50	• 고정제조간접원가	₩100

제조간접원가배부기준은 직접노무시간이다. 20×1년 6월에 기초재고는 없고, 총 500개의 제품을 생산하였다. 직접재료원가가격차이는 ₩1,000(불리), 수량차이는 ₩2,000(유리)이고, 직접노무원가임률차이는 ₩500(유리), 능률차이는 ₩1,500(불리)이었다. 6월중 직접재료원가실제발생액과 직접노무원가실제발생액은 각각 얼마인가? (세무사, 2009)

	직접재료원가	직접노무원가		직접재료원가	직접노무원가
①	₩46,000	₩99,000	②	₩48,000	₩101,000
③	48,000	101,500	④	49,000	101,000
⑤	49,000	101,500			

13 ㈜함백산의 20×1년 5월 직접노무원가자료는 다음과 같다. 직접노무원가능률차이는? (전산세무 1급, 2010)

• 직접노무원가임률차이 : ₩6,000(불리)	• 노무원가총액 : ₩130,000
• 실제직접노동시간 : 40,000시간	• 표준직접노동시간 : 41,000시간

① ₩3,100 불리 ② ₩3,100 유리 ③ ₩6,000 불리 ④ ₩6,000 유리

14 당기중에 발생된 직접노무원가자료는 아래와 같다. 당기 중 실제직접노동시간을 계산하면? (전산세무 1급, 44회)

• 표준직접노동시간 : 4,500시간	• 실제직접노무원가 : ₩700,000
• 표준임률 : ₩100/시간	• 임률차이 : ₩50,000(불리)

① 6,500시간 ② 6,800시간 ③ 7,000시간 ④ 7,500시간

15 당월 직접노무원가발생액은 ₩1,922,000이며 이에 대한 실제작업시간은 6,200시간이었다. 당월에 제품 1,000개를 생산하였고, 제품단위당 표준작업시간이 6시간, 제품단위당 표준노무원가가 ₩1,740이라면 직접노무원가수량차이(또는 능률차이)는 얼마인가? (전산세무 1급, 2011)

① ₩71,000(불리) ② ₩63,000(불리) ③ ₩68,000(유리) ④ ₩58,000(불리)

16 **㈜함백산의 3월중 직접노무원가에 대한 자료이다. 직접노무원가실제발생액으로 올바른 것은?** (기업회계 1급, 2011)

- 직접노무원가표준임률 시간당 : ₩1,000
- 실제생산량 : 300단위
- 생산량단위당 표준직접노동시간 : 10시간
- 직접노무원가능률차이 : ₩300,000(유리)
- 직접노무원가임률차이 : ₩250,000(불리)

① ₩2,450,000 ② ₩2,700,000 ③ ₩2,950,000 ④ ₩3,000,000

17 **㈜함백산은 표준원가제도를 채택, 20×1년의 재료원가와 관련된 표준원가 및 생산활동자료는 아래와 같다.**

20×1년 표준원가 자료

직접재료원가	제품단위표준투입량 : 10개
	투입단위표준가격 : ₩20

20×1년 실제생산자료
제품생산량 : 100개
직접재료원가 : ₩21,560
재료단위당 구입가 : ₩22

㈜함백산의 20×1년 직접재료원가능률차이는 얼마인가? (CPA, 1998)

① ₩1,960 불리 ② ₩400 유리 ③ ₩1,560 불리
④ ₩2,000 불리 ⑤ ₩440 유리

18 **㈜함백산은 표준원가계산제도를 채택하고 있으며 20×1년의 생산활동과 관련된 자료는 다음과 같다.**

1. 표준원가

	제품단위당 표준투입량	투입단위당 표준가격
직접재료원가	5개	₩10
직접노무원가	2시간	₩4

2. 20×1년 실제생산자료
제품생산량 : 100개

직접재료원가 : ₩5,200	직접노무원가 : ₩750
재료단위당 구입원가 : ₩12.5	직접노무시간 : 250시간

위의 자료를 기초로 할 때 직접재료원가능률차이(수량차이)는 얼마인가? (세무사, 1997)

① ₩1,050 유리 ② ₩1,050 불리 ③ ₩1,040 불리

④ ₩840 불리 ⑤ ₩840 유리

19 **다음 표준원가계산자료에 의하여 당기중의 실제작업시간을 계산하면 얼마인가?** (세무사, 1995)

실제생산량	2,000단위
노무원가발생액	₩4,000,000
단위당 표준허용시간	24시간
유리한 임률차이	₩1,200,000
불리한 시간차이	₩400,000

① 40,000시간 ② 44,000시간 ③ 48,000시간
④ 50,000시간 ⑤ 52,000시간

20 **표준원가계산을 사용하고 있는 ㈜함백산의 20×1년도 표준 및 예산수립에 관한 자료는 다음과 같다.**

- 제품단위당 표준직접노무시간은 0.5시간이며, 표준임률은 시간당 ₩1,000이다.
- 제조간접원가예산액 = ₩30,000 + ₩600 × 표준직접노무시간
- 변동제조간접원가 및 고정제조간접원가배부기준은 직접노무시간이다.
- 고정제조간접원가배부를 위한 연간 기준조업도는 제품생산량 150단위이다.

한편, 20×1년 말 원가차이를 분석한 결과는 다음과 같다.

직접노무원가임률차이 : ₩4,500 불리
변동제조간접원가능률차이 : ₩6,000 불리
고정제조간접원가조업도차이 : ₩2,000 유리

제시된 자료에 의할 때, 직접노무원가의 시간당 실제임률은 얼마인가? (CPA, 2011)

① ₩1,030 ② ₩1,040 ③ ₩1,050
④ ₩1,060 ⑤ ₩1,075

21 **㈜함백산은 스마트폰 부품 생산업체로 표준원가제도를 사용하고 있다. 20×1년 10월 한 달 동안 750단위를 생산하였으며, 관련된 표준원가와 실제발생된 원가자료는 다음과 같다.**

〈원가의 표준〉

	표준수량	표준가격	표준원가
직접재료원가	5kg	₩3,500/kg	₩17,500
직접노무원가	3시간	₩5,500/시간	₩16,500

〈실제발생된 원가〉

원재료사용량	4,000kg	
원재료구입량	4,500kg	₩14,400,000 지급
직접노무원가	2,000시간	₩11,200,000 지급

〈요구사항〉

1) 직접재료원가가격차이와 수량차이를 계산하라.

2) 직접노무원가임률차이와 능률차이를 계산하라.

22 **㈜함백산은 자동차 부품 생산업체로 표준원가제도를 사용하고 있으며, 부품과 관련하여 설정된 표준은 다음과 같다.**

	표준수량	표준가격	표준원가
직접재료원가	3kg	₩5,000/kg	₩15,000
직접노무원가	0.5시간	₩20,000/시간	₩10,000

20×1년 11월에 4,000단위의 부품을 생산하였으며, 발생된 원가에 대한 자료는 다음과 같다. 직접재료원가가격차이는 구입시점에서 분리되었으며 기초재고는 없었다.

매출액 ₩125,000,000
재료구입액 68,250,000
직접재료원가가격차이 3,250,000(U)
수량차이 2,500,000(F)
직접노무원가임률차이 1,900,000(U)
능률차이 2,000,000(F)

〈요구사항〉

1) 실제구입한 직접재료의 양

2) 생산에 투입된 직접재료의 양

3) 단위당 직접재료구입원가

4) 실제생산량에 허용된 표준직접노무시간

5) 실제생산에 투입된 직접노무시간

6) 실제직접노무원가임률

Chapter **13**

제조간접원가 차이분석

CHAPTER 13 제조간접원가 차이분석

제1절 제조간접원가의 차이분석

제조간접원가는 실제발생된 금액을 제품에 배부하는 직접재료원가나 직접노무원가와는 달리, 사전에 결정된 예정배부율에 실제조업도를 적용하여 산출된 금액을 제품에 배부하여 제품원가를 계산한다. 따라서 표준원가의 설정과 차이분석에 있어서도 직접재료원가나 직접노무원가와는 차이가 있다.

직접재료원가 표준은 제품생산을 효율적으로 수행할 경우에 발생하는 원재료의 수량과 가격으로 설정하며, 직접노무원가는 원재료를 가공하는 데 투입되는 작업자의 임률과 작업시간을 표준으로 설정한다. 그러나 제조간접원가 표준은 예산상의 제조간접원가 금액을 기준조업도로 나누어 산정한 표준배부율과 제품의 생산에 허용된 표준허용조업도에 의해 설정된다. 즉, 제품 1,000단위를 생산하기 위해 제품단위당 5시간의 작업시간이 필요하며, 이때의 제조간접원가예산을 ₩10,000,000이라고 할 경우, 예정배부율은 작업시간당 ₩2,000(₩10,000,000/(1,000단위×5시간))이 되는 것이고 표준허용조업도는 5,000시간이 된다.

제조간접원가 차이는 일반적으로 변동제조간접원가와 고정제조간접원가로 분리하여 분석한다. 변동제조간접원가의 차이는 소비차이와 능률차이로 분류하고, 고정제조간접원가의 차이는 예산차이와 조업도차이로 분류한다. 변동제조간접원가의 차이를 가격차이나 임률차이라 하지 않고 소비차이라 하는 이유는 제품생산을 위해 다양한 변동제조간접원가를 소비하는 데 있어서 차이가 발생하기 때문이다. 또한 변동제조간접원가의 차이는 직접재료원가와 직접노무원가와는 달리 예정배부율에 표준허용시간을 적용한 예정배부액을 제품원가에 배부하지만 변동비의 성격을 가진 탓에 직접재료원가나 직접노무원가의 그것과 큰 차이가 발생하지 않는다. 그러나 고정제조간접원가는 경기상황에 따라 조업도가 변화하더라도 고정비는 일정하게 발생하기 때문에 실제조업도가 예산과 달리 변화하더라도 고정제조간접원가의 능률차이는 존재하지 않는다. 대신에 예산상의 조업도와 실제생산된 제품에 허용된 조업도에 있어서는 차이가 발생할 것이다. 예를 들어 예산상 제품 1,000단위를 생산하기 위해 5,000시간의 기계작업시간이 예정되고, 예정배부율은 시간당 ₩2,000이었으며, 실제로 900단위를 생산하기 위해 4,000기계작업시간이 발생되었다고 하자. 이때 실제로 생산된 제품 900단위를 위해 허용된 기계작업시간은 4,500시간이 되어야 할 것이며 여기에 예정배부율 ₩2,000을 적용하여 배부한 고정제조간접원가배부액 ₩9,000,000과는 ₩1,000,000의 불리한 조업도차이가 발생한다.

제2절 변동제조간접원가의 차이분석

1. 변동제조간접원가차이분석의 기본모형

변동제조간접원가는 원재료의 가공을 위해 발생하는 비용으로 직접노무원가와 같이 변동비의 성격을 가진다. 따라서 변동제조간접원가에서 발생하는 차이는 직접노무원가에서 발생하는 차이와 내용에 있어서 동일하다고 할 수 있다. 다만 변동제조간접원가는 임률 대신 각각의 변동제조간접원가항목의 원가배부기준에 따라 결정된 배부율을 적용하는 차이가 있을 뿐이다. 변동제조간접원가의 차이는 소비차이와 능률차이로 나타낼 수 있으며, 소비차이는 직접노무원가의 임률차이에 해당하는 부분이고 능률차이는 직접노무원가의 능률차이와 같다.

변동제조간접원가 소비차이(spending variance)는 실제발생한 변동제조간접원가와 변동제조간접원가 변동예산금액의 차이를 말한다. 여기서 변동제조간접원가 변동예산금액은 실제발생한 작업시간에 사전결정된 표준배부율(예정배부율)을 적용하여 산출한다. 즉, 실제발생한 변동제조간접원가는 실제작업시간에 실제배부율을 적용하여, 산출되었으며 변동예산금액은 실제작업시간에 표준배부율을 적용하여 산출하였으므로 배부율의 차이에서 발생한다고 할 수 있다.

소비차이 = 실제변동제조간접원가 − 실제작업시간에 대한 변동제조간접원가예산
= (실제작업시간 × 실제배부율) − (실제작업시간 × 표준배부율)
= (실제배부율 − 표준배부율) × 실제작업시간

변동제조간접원가소비차이는 직접재료원가가격차이나 직접노무원가의 임률차이를 산출할 때와 비슷한 공식을 적용하여 산출되지만 내용에 있어서는 중요한 차이가 있다. 직접재료원가나 직접노무원가차이는 사용하는 재료의 단위당 가격과 작업자 임률의 차이에서 비롯되는 것이지만, 소비차이는 제조간접원가의 배부율 차이에 의한 것이다. 따라서 소비차이는 변동제조간접원가에 포함된 제반비용의 가격변화뿐만 아니라 투입량이나 사용량의 차이까지도 포함되는 개념이다. 즉, 간접재료의 구입가격의 차이뿐만 아니라 사용량의 차이까지 포함된 개념이 변동제조간접원가의 소비차이이다.

변동제조간접원가능률차이(efficiency variance)는 변동제조간접원가의 변동예산금액과 표준변동제조간접원가의 차이이다. 표준변동제조간접원가는 실제생산된 제품의 제조를 위해 허용된 표준작업시간에 표준배부율을 적용하여 산출한다. 따라서 능률차이는 실제투입된 작업시간과 표준작업허용시간의 차이에 표준배부율을 적용하여 산출할 수 있다.

능률차이 = 실제작업시간에 대한 변동제조간접원가예산 − 표준변동제조간접원가
= (실제작업시간 × 표준배부율) − (표준허용작업시간 × 표준배부율)
= (실제작업시간 − 표준허용작업시간) × 표준배부율

이상에서 설명한 변동제조간접원가차이를 모형으로 표시하면 [그림 13-1]과 같으며, 변동제조간접원가차이분석모형은 기본모형과 차이가 없으므로 기본모형을 그대로 적용할 수 있다.

그림 13-1 변동제조간접원가차이분석모형

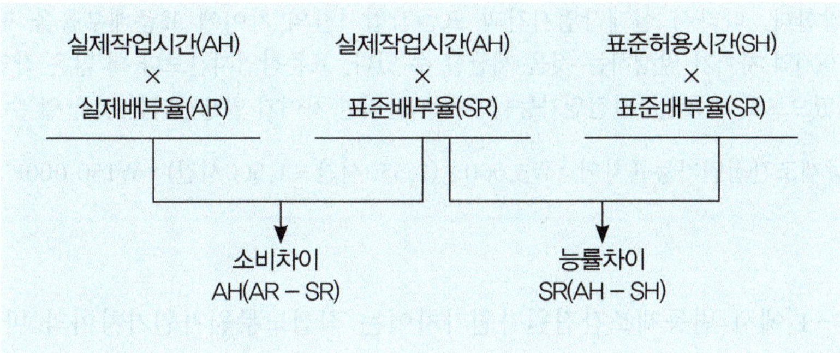

예제 13-1 변동제조간접원가차이분석

제품 한 단위를 제조하기 위한 ㈜함백산의 변동제조간접원가 표준은 다음과 같다.

- 제품단위당 1.5시간 소요
- 시간당 원가 : ₩3,000

㈜함백산은 9월 첫째 주에 1,550시간의 직접작업시간을 투입하여 제품 1,000단위를 생산하였으며, 이에 소요된 변동제조간접원가는 ₩5,115,000이었다.

▶ 요구사항

① ㈜함백산의 변동제조간접원가실제배부율은 얼마인가?
② ㈜함백산의 변동제조간접원가소비차이는 얼마인가?
③ ㈜함백산의 변동제조간접원가능률차이는 얼마인가?

▶ 풀이

① 변동제조간접원가실제배부율은 실제발생한 변동제조간접원가를 실제작업시간으로 나누어 계산할 수 있으므로, 작업시간당 ₩3,300의 변동제조간접원가배부율을 산출할 수가 있다.

실제배부율 = ₩5,115,000 ÷ 1,550시간 = ₩3,300/시간

② 변동제조간접원가소비차이는 실제발생된 변동제조간접원가와 변동예산제조간접원가의 차이를 말한다. 즉, 실제변동제조간접원가배부율과 표준변동제조간접원가배부율과의 차이에 실제작업시간을 적용한 결과이므로 ₩465,000의 차이가 발생하는 것을 알 수 있다. 실제배부율이 표준배부율보다 더 높으므로 변동제조간접원가소비차이는 불리한 차이가 발생했다는 것을 알 수 있다.

변동제조간접원가소비차이 = 1,550시간 × (₩3,300 − ₩3,000) = ₩465,000U

③ 변동제조간접원가능률차이는 변동제조간접원가 변동예산과 표준변동제조간접원가의 차이를 말한다. 따라서 실제작업시간과 표준작업시간의 차이에 표준배부율을 적용하여 ₩150,000의 차이가 발생하는 것을 계산할 수 있다. 표준작업시간보다 더 많은 작업시간이 소요되었으므로 변동제조간접원가능률차이는 불리한 차이가 발생했다는 것을 알 수 있다.

변동제조간접원가능률차이 = ₩3,000 × (1,550시간 − 1,500시간) = ₩150,000U

[예제 13-1]에서 변동제조간접원가원가차이는 직접노무원가원가차이와 마찬가지로 소비차이와 능률차이 모두 불리한 차이로 나타났다. 따라서 변동제조간접원가의 총차이는 불리한 소비차이 ₩465,000과 불리한 능률차이 ₩150,000의 합계금액인 ₩615,000의 불리한 차이가 발생한 것이다.

여기서 한 가지 더 짚고 넘어가야 할 부분은 [예제 13-1]에서와 같이 작업자의 작업시간을 변동제조간접원가의 배부기준으로 사용한다면 직접노무원가의 능률차이와 변동제조간접원가의 능률차이는 같은 방향으로 나타난다는 것이다. 즉, 직접노무원가능률차이가 불리한 차이이면 변동제조간접원가능률차이도 불리한 차이를 기록할 것이며, 반대로 유리한 직접노무원가능률차이가 기록된다면 변동제조간접원가능률차이도 유리한 능률차이를 보여준다.

[예제 13-1]을 차이분석의 기본모형에 적용하여 소비차이와 능률차이를 계산해 보면 [그림 13-2]와 같다.

그림 13-2 직접재료원가차이의 요약

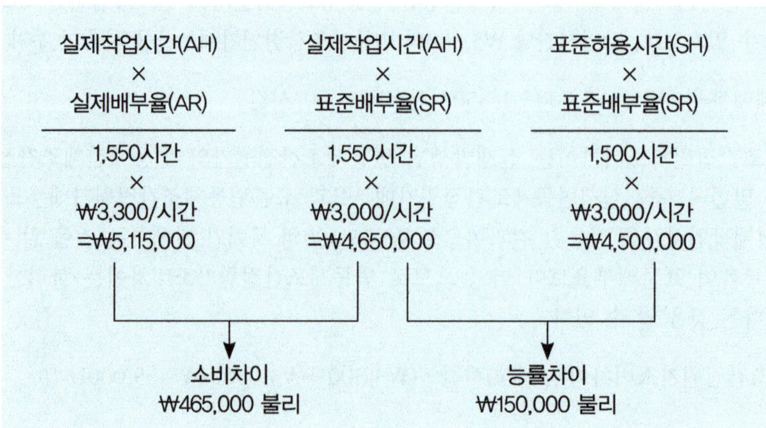

2. 변동제조간접원가차이의 원인

변동제조간접원가차이의 원인을 소비차이와 능률차이에서 찾아본다면, 먼저 소비차이는 변동제조간접원가항목에 속하는 원가요소의 예상치 못한 가격변동으로 인해 발생할 수 있으며, 낭비 또는 과다한 사용에 의해 영향을 받는다. 동력비의 예를 들면, 한국전력에서의 전기료 인상이나 인하로 인한 가격변동이 발생할 수 있으며, 과다한 전력사용에 의한 전력요금의 발생은 낭비에 의한 것이라고 할 수 있을 것이다. 이와 같이 변동제조간접원가의 소비차이는 가격요소의 변동에 의한 차이와 수량요소의 변동에 의한 차이를 모두 포함하고 있다. 따라서 이를 다시 가격차이와 수량차이로 구분하는 것은 큰 의미가 없다.

능률차이는 변동제조간접원가의 변동예산과 표준변동제조간접원가의 차이이므로 변동제조간접원가항목의 사용과는 무관하며, 단지 조업도의 차이 또는 배부기준의 차이에 의하여 발생하는 차이라고 볼 수 있다. 한마디로 변동제조간접원가능률차이는 변동제조간접원가의 능률과는 관계가 없다. 오히려 배부기준(조업도)의 부적절한 적용으로 발생되는 차이라고 볼 수 있으나 실무에서 널리 능률차이라고 알려져 있어 그대로 사용하기로 한다. 따라서 능률차이는 제조간접원가의 원가배부기준을 관리함으로써 차이를 줄일 수 있을 것이다.

제3절 고정제조간접원가의 차이분석

1. 변동예산과 제조간접원가배부율

변동예산(flexible budget)이란 조업도의 변화에 따라 제품의 원가 및 생산설비의 이용도가 변화된다는 가정에 의하여 여러 수준의 사후적인 실제조업도에 기준하여 예산을 편성하는 방법으로, 경기변동 시 적절한 원가통제를 위하여 작성되는 예산이다. 변동예산은 기업의 예산을 다양한 상황의 조업도에 맞추어 수립하기 때문에 조업도의 변화에 따라 변동비 예산은 변화하지만, 고정비예산은 변화하지 않고 고정되어 있는 것을 보여준다. 예를 들어 다음연도에 1,000단위 제품을 생산할 것으로 예상하여 1,000단위 제품생산을 기준으로 예산을 편성하였으나, 실제로는 경기의 변동으로 800단위의 제품만을 생산했다고 하자. 직접재료원가와 직접노무원가 그리고 변동제조간접원가는 800단위의 제품생산에 소요되는 원가가 발생하였지만, 고정제조간접원가요소는 1,000단위의 제품을 생산하였든 800단위의 제품을 생산하였든 변함 없이 일정하게 발생할 것이다. 이러한 경우에 1,000단위의 제품생산을 기준으로 편성된 기존예산과 800단위의 제품생산에 소요된 실제비용을 단순비교하여 차이를 분석하는 것은 의미가 없다. 800단위의 제품생산을 위한 실제조업도에 근거한 변동예산을 수립하여 실제비용과의 차이를 분석, 경영자에게 제공함으로써 차이의 원인에 대한 문제해결과 원가통제에 대한 효율적인 의사결정에 도움을 줄 수 있다.

[예제 13-1]의 제품생산단위를 기준으로 종합변동예산보고서를 작성하면 [표 13-1]과 같다. 종합변동예산에서 작성된 800단위의 조업도수준에 대한 변동예산과 실제발생한 원가를 비교하여 차이를 분석하는 것이 효율적인 방법이 될 것이다.

표 13-1 종합변동예산

종합변동예산 ㈜함백산

		조업도수준		
	단위당 금액	800단위	1,000단위	1,200단위
매출액	₩50,000	₩40,000,000	₩50,000,000	₩60,000,000
변동비				
직접재료원가	6,000	4,800,000	6,000,000	7,200,000
직접노무원가	9,000	7,200,000	9,000,000	10,800,000
변동제조간접원가	4,500	3,600,000	4,500,000	5,400,000
변동판매관리비	5,000	4,000,000	5,000,000	6,000,000
공헌이익	5,500	20,040,000	25,500,000	30,600,000
고정비				
고정제조간접원가		15,000,000	15,000,000	15,000,000
고정판매관리비		10,000,000	10,000,000	10,000,000
순이익		₩(4,960,000)	₩500,000	₩5,600,000

이러한 변동예산에 따르면 조업도의 변화에 상관없이 고정비는 일정하기 때

문에 조업도의 변동에 따라 고정비의 배부율이 변동하게 된다. 위의 예에서 변동제조간접원가의 배부율은 조업도의 변화에 관계없이 단위당 ₩19,500의 일정한 배부율을 나타내고 있다. 그러나 고정제조간접원가의 예정배부율은 조업도 1,000단위에서는 단위당 ₩1,500(₩15,000,000/1,000단위)으로 결정되나, 조업도 800단위에서는 단위당 ₩1,875(₩15,000,000/800단위)으로, 조업도 1,200단위에서는 단위당 ₩1,250(₩15,000,000/1,200단위)으로 변동하게 된다는 것을 보여주고 있다.

이상에서 살펴본 제조간접원가배부율의 변화를 단순화하여 살펴보자. [표 13-2]는 기계만을 기준으로 변동제조간접원가와 고정제조간접원가의 변화와 각각의 배부율을 나타내고 있다. 이에 따르면 기계시간이 2,000시간인 경우 ₩4,000,000의 변동제조간접원가가 발생하고, 4,000시간의 기계시간에서는 ₩8,000,000의 변동제조간접원가가 발생되며, 고정제조간접원가는 기계시간이 2,000시간이든 4,000시간이든 관계없이 ₩9,000,000의 고정제조간접원가가 발생한다.

표 13-2 | 제조간접원가의 배부율

기계시간	변동제조간접원가	변동제조간접원가배부율	고정제조간접원가	고정제조간접원가배부율
2,000	₩4,000,000	₩2,000	₩9,000,000	₩4,500
3,000	6,000,000	2,000	9,000,000	3,000
4,000	8,000,000	2,000	9,000,000	2,250

[표 13-2]에서 발생된 변동제조간접원가를 기계시간으로 나누어주면 각각의 기계시간에서 시간당 ₩2,000의 변동제조간접원가배부율을 산출할 수 있다. 따라서 변동제조간접원가배부율은 모든 수준의 조업도에서 일정하다는 것을 알 수 있다. 그러나 고정제조간접원가의 배부율은 기계시간에 관계없이 고정금액으로 발생하므로 기계시간에 따라 배부율이 변화한다. 즉, 2,000기계시간에서는 시간당 ₩4,500의 배부율이 계산되고 4,000기계시간에서는 시간당 ₩2,250의 배부율이 산출된다. 따라서, 고정제조간접원가배부율은 조업도가 증가할수록 감소한다는 사실을 알 수 있다.

제조간접원가를 제품에 배부할 때, 단일배부율을 사용할 경우 변동제조간접원가배부율과 고정제조간접원가배부율을 합산한 배부율을 사용하게 되므로 조업도의 수준에 따라 배부율이 변동된다는 것을 알 수 있다. 조업도의 수준에 따라 배부율이 변동된다는 것은 생산량에 따라 제품의 원가가 달라질 수 있다는 문제가 발생하게 된다. 이러한 문제가 발생하는 것을 방지하기 위해서 고정제조간접원가의 배부율을 결정할 때는 실제조업도가 아닌 예산상의 조업도, 즉 기준조업도를 이용하여 산출해야 한다. 주어진 예에서 만일 예상조업도가 3,000시간이라면 고정제조간접원가예정배부율은 기계시간당 ₩3,000임을 알 수 있다. 이러한 예정배부율을 이용하여 고정제조간접원가를 배부하게 되면 조업도의 변동에 따른 원가의 변동을 방지할 수 있을 것이다.

2. 기준조업도와 표준조업도

조업도는 제품을 생산하기 위한 기업의 생산능력 정도를 나타내는 것으로 가동률을 의미한다. 조업도의 기준으로는 주로 직접노동시간이나 직접노무원가예산, 기계작업시간 그리고 생산량 등을 사용하고 있다. 조업도에는 실제조업도와 기준조업도 그리고 표준허용조업도가 있다.

기준조업도(denominator activity)는 앞에서 설명한 [예제 13-1]에서 기존예산상에서 설정한 조업도 1,000단위를 의미한다. 그러나 표준조업도는 실제생산된 제품에 허용된 조업도수준을 의미한다. 즉, 실제제품을 생산하기 위해 허용된 표준허용조업도를 말한다. 위의 예에서 예산상에서 한 단위의 제품을 생산하는 데 1.5시간이 소요되는 표준을 수립하였으나, 800단위의 제품을 생산하는 데 1,300시간이 소요되었다면 표준허용조업도는 800단위×1.5시간을 적용하여 산출한 1,200시간이 되는 것이며, 실제작업시간 1,300시간은 실제조업도가 되는 것이다. 따라서 실제조업도는 1,300시간, 기준조업도는 1,500시간 그리고 표준조업도는 1,200시간이 된다.

제품원가에 배부되는 제조간접원가는 실제발생금액을 배부하는 것이 아니라 예산상의 금액을 기준조업도로 나누어 산출한 예정배부율을 이용하여 배부한다고 하였다. 개별원가계산에서 제조간접원가는 예정배부율에 실제작업시간을 기준으로 배부한다. 표준원가계산에서도 예정배부율에 의하여 배부하는 것은 동일하나, 이때 사용되는 작업시간은 실제작업시간이 아니라 제품의 생산에 허용된 표준허용시간을 적용한다. 즉, 앞에서 설명한 표준허용조업도를 적용하여 제조간접원가를 배부한다.

따라서 제조간접원가의 차이는 실제발생액과 표준허용시간을 적용하여 배부된 금액의 차이에서 발생한다.

3. 고정제조간접원가차이분석의 기본모형

고정제조간접원가차이는 실제발생된 고정제조간접원가와 배부된 고정제조간접원가금액의 차이에서 발생한다. 이러한 차이는 예산차이와 조업도차이로 구분하며, 변동제조간접원가차이에서 발생하는 능률차이는 발생하지 않는다. 앞서 살펴본 바와 같이 변동제조간접원가의 능률차이는 조업도의 변화나 배부기준의 변화에 따라 발생하는 차이이다. 그러나 고정제조간접원가는 조업도의 변화에 따라 변화하는 것이 아니기 때문에 능률차이가 발생하지 않는 것이다. 다만, 조업도(생산량)의 변화에 따른 조업도차이를 산출하여 생산설비 이용에 대한 효율성 정도를 분석한다.

고정제조간접원가예산차이(budget variance)는 고정제조간접원가실제발생액과 고정제조간접원가의 (변동)예산금액의 차이에서 발생한다. 고정제조간접원가는 조업도의 변화에 따라 금액이 변화하지 않기 때문에 고정예산이나 변동예산의 금액이 동일할 것이다. 그리고 실제로 발생되는 비용도 예산금액과 유사하게 발생할 것으로 예상할 수 있다. 그러나 고정제조간접원가도 외부의 가격변동요인에 의하여 변동될 수 있다는 점을 감안하면, 결국 고정제조간접원가예산차이는 고정제조간접원가항목의 가격변동에 따라 발생하는 차이라는 것을 인식할 수 있다. 이러한 가격변동요인은 외부의 변화에 의한 요인이므로 경영자가 통제불가능한 요소이다. 따라서 고정제조간접원가의 예산차이를 분석하는 목적은 차이분석을 통하여 원가통제를 하려는 변동제조간접원가의 소비차이와는 달리 오로지 경영자의 가격변동에 대한 주의를 환기하는 것이다.

예산차이 = 실제고정제조간접원가 − (변동)예산고정제조간접원가
= (실제조업도 × 실제배부율) − (기준조업도 × 표준배부율)

고정제조간접원가조업도차이(volume variance)는 실제조업도와 예산상의 기준조업도가 다를 경우에 발생하는 차이로 생산설비에 대한 효율적인 이용도의 차이에 기인한다. 고정제조간접원가배부액은 기준조업도에 의한 표준배부율을 기준으로 결정되기 때

문에 제품생산을 위한 공장설비의 가동시간이 예산상의 기준조업도와 일치한다면 조업도차이는 발생하지 않는다. 그러나 기준조업도보다 낮은 수준의 조업도에서는 예산보다 적은 금액이 제품원가에 배부되기 때문에 불리한 조업도차이를 발생시키고, 기준조업도보다 높은 수준의 조업도에서는 유리한 조업도차이를 발생시키게 된다. 앞서 설명한 고정제조간접원가배부율 ₩3,000은 예산상의 고정제조간접원가 ₩9,000,000을 기준조업도(3,000시간) 기준으로 산출하였다. 만일 실제제품생산에 2,000시간의 조업도가 발생하였다면 고정제조간접원가는 ₩6,000,000이 배부될 것이다. 그렇다면 고정제조간접원가예산액 ₩9,000,000과 비교하여 ₩3,000,000의 불리한 조업도차이가 발생하는 것이다. 고정제조간접원가의 조업도차이는 다음과 같은 산식을 통하여 산출할 수 있다.

조업도차이 = 변동예산 고정제조간접원가 − 고정제조간접원가배부액
= (기준조업도 × 표준배부율) − (표준허용조업도 × 표준배부율)

그림 13-3 고정제조간접원가차이분석

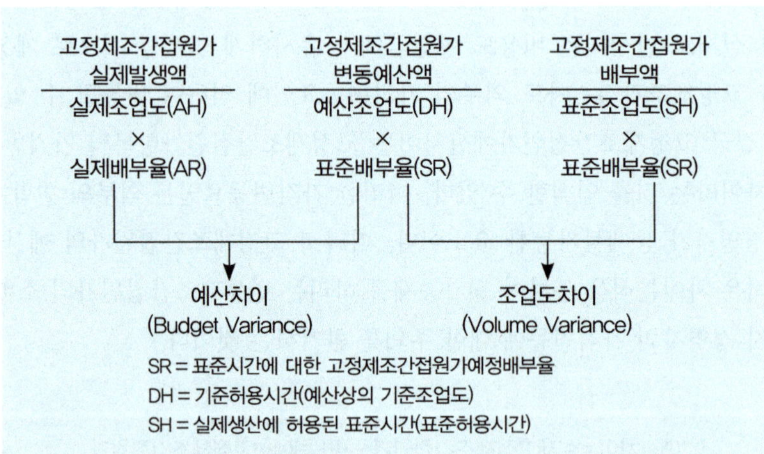

고정제조간접원가차이분석을 모형으로 제시하면 [그림 13-3]과 같다. 고정제조간접원가차이분석모형은 능률차이가 존재하지 않으며, 조업도차이는 예산상의 기준조업도와 변동예산상의 표준허용조업도 차이에 따라 발생한다는 것을 보여주고 있다.

예제 13-2 고정제조간접원가의 차이분석

㈜함백산은 기계시간을 이용하여 제조간접원가를 배부하며, 기준조업도는 3,000기계시간이다. 제조간접원가변동예산은 다음과 같다.

기계시간	변동제조간접원가	변동제조간접원가 배부율	고정제조간접원가	고정제조간접원가 배부율
2,000	₩4,000,000	₩2,000	₩9,000,000	₩4,500
4,000	8,000,000	2,000	9,000,000	2,250

㈜함백산은 제품의 생산을 위하여 3,200표준기계시간이 필요하며, 실제 발생된 고정제조간접원가는 ₩8,450,000이었다.

▶ 요구사항

① 고정제조간접원가예정배부율을 산출하시오.
② 고정제조간접원가의 예산차이를 산출하시오.
③ 고정제조간접원가의 조업도차이를 산출하시오.

▶ 풀이

① 고정제조간접원가예정배부율은 변동예산상의 고정제조간접원가금액에 기준조업도를 적용하여 산출할 수 있으므로 기계시간당 ₩3,000의 배부율을 얻을 수 있다.

고정제조간접원가예정배부율 = ₩9,000,000 ÷ 3,000시간 = ₩3,000/시간

② 고정제조간접원가의 예산차이는 실제발생액과 변동예산상의 예산액의 차이이므로 변동예산상의 예산액 ₩9,000,000(3,000시간 × ₩3,000)에서 실제발생액 ₩8,450,000을 차감한 ₩550,000의 차이가 발생하였음을 알 수 있다. 예산금액보다 더 적은 금액이 실제발생하였으므로 고정제조간접원가 예산차이는 유리한 차이가 발생했다고 할 수 있다.

고정제조간접원가예산차이 = ₩9,000,000 − ₩8,450,000 = ₩550,000F

③ 고정제조간접원가의 조업도차이는 변동예산상의 예산액과 고정제조간접원가 배부액과의 차이이므로 고정제조간접원가배부액에서 변동예산상의 금액과의 차이를 통해 계산할 수 있다. 따라서 표준배부율 ₩3,000에 표준허용조업도 3,200시간을 적용하여 산출한 고정제조간접원가배부액 ₩9,600,000과 변동예산금액 ₩9,000,000과의 차액 ₩600,000의 차이를 계산할 수 있다. ㈜함백산은 기준조업도보다 많은 조업도수준을 활동하였으므로 ₩600,000의 유리한 조업도차이가 발생했다고 할 수 있다.

고정제조간접원가조업도차이 = ₩9,000,000 − (3,200시간 × ₩3,000) = ₩600,000F

그림 13-4 ㈜함백산의 고정제조간접원가 차이분석

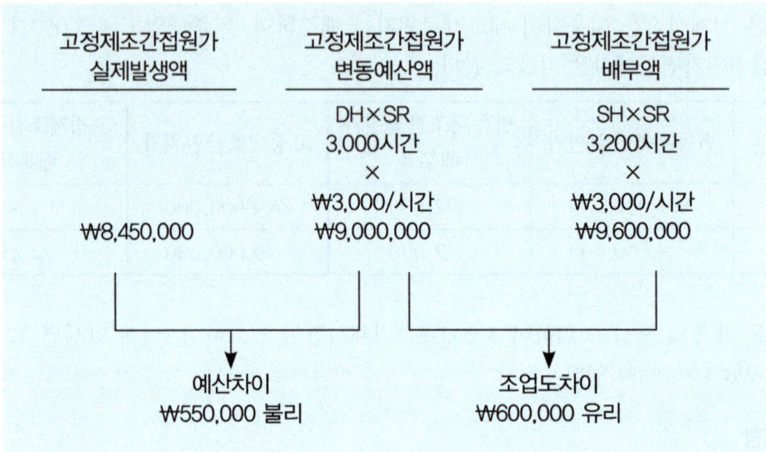

4. 고정제조간접원가차이의 원인

고정제조간접원가의 예산차이는 앞서 설명한 바와 같이 제조간접원가항목의 예상치 않는 가격차이에서 오는 결과가 대부분이다. 따라서 고정제조간접원가의 예산차이는 경영자에게 가격변동에 따른 주의를 환기하는 목적으로 제공된다고 볼 수 있다.

조업도차이는 기준조업도와 실제생산을 위한 표준허용조업도가 다를 때 나타나는 결과이다. 만일 표준허용시간이 기준조업도보다 적을 경우에는 불리한 조업도차이가 발생하고, 반대로 표준허용시간이 기준조업도보다 클 경우에는 유리한 조업도차이가 발생한다. 조업도차이는 고정제조간접원가의 과다소비나 과소소비 여부에 대한 측정이 아니라 공장설비의 활용도에 대한 측정치이다.

표준원가시스템에서의 제조간접원가배부차이는 전통적 원가계산에서의 배부차이와 마찬가지로, 불리한 차이는 부족배부된 제조간접원가이며 유리한 차이는 초과배부된 제조간접원가이다. 따라서 제조간접원가차이의 합을 계산하면 회계기간중에 부족배부나 초과배부된 제조간접원가와 같은 결과를 가져올 것이다.

제4절 차이분석과 예외에 의한 관리

표준원가계산에서의 차이분석을 통하여 경영자들은 예외에 의한 관리(management by exception)를 할 수 있다고 설명하였다. 그러면 예외에 의한 관리를 위해서 경영자들은 어떠한 차이에 대하여 관심을 가져야 할까? 일반적으로는 설정된 표준과 비율이나 금액에서 큰 차이를 보이는 항목에 관심을 기울여야 할 것이다. 보통 실제 실무에서 예외를 결정하는 기준을 적용하되, 중요성의 기준, 발생의 지속성 여부, 통제능력 범위, 그리고 비용의 성격에 따라 예외를 결정하게 된다.

먼저 중요성의 기준은 차이의 크기에서 오는 결정기준으로, 화폐금액이나 비율을 기준으로 결정하게 된다. 발생의 지속성 기준은 차이가 비록 미미한 것이라도 발생의 빈도가 지속적으로 이루어지는 경우에는 기업의 원가효율성에 악영향을 미칠 수 있으므로 예외로 결정될 수 있을 것이다. 어떤 원가는 통제능력이나 범위를 벗어나 발생하는 경우도 있다. 유가나 세금 그리고 공공요금 등은 차이가 중요한 것이라 하더라도 경영자의 통제범위를 벗어나는 것이기에 어떠한 대책도 수립할 수 없다. 그러나 이러한 차이도 정보제공의 목적으로 예외로 결정될 수 있을 것이다. 마지막으로 비용의 성격에 따라 기업의 장기수익성에 중요한 영향을 미치는 것과 그렇지 않은 것이 있다. 수선유지비와 광고비의 경우는 장기수익성에 중요한 영향을 미치는 비용이므로 차이에 대한 결정기준을 더욱 엄격하게 적용하여 예외를 결정하게 될 것이다.

:: 쉬어가는 곳 환경보호 압력, 기업의 도약기회로 삼아라

세계 최대의 인터넷업체 구글은 지난해부터 환경단체 그린피스로부터 집중포화를 맞고 있다. 그린피스가 구글에 매를 든 이유는 구글이 미국 노스캐롤라이나주 데이터센터에서 가동하는 컴퓨터 수만 대에서 나오는 열을 식히기 위해 상당한 양의 전기를 사용하기 때문이다. 그린피스는 구글이 석탄을 연료로 하는 화력발전소에서 전기를 공급받는 것을 못마땅해하면서 태양광이나 풍력발전 같은 대체 에너지를 사용하라고 요구하고 있다.

이처럼 기업이 환경을 보호하라는 압력을 느끼는 것을 '그린 스트레스(green stress)'라고 한다. 소비자들과 환경단체들의 주문이 갈수록 까다로워지면서 기업들은 '친환경' 노이로제에 시달릴 정도이다. 세계 주요 언론광고에서 '친환경'을 강조하는 광고의 비중이 1980년대 말 2% 미만에서 2008년 10% 이상으로 증가했다(환경 마케팅업체인 테라초이스). 2008년 글로벌 금융위기 속에서도 북미 기업의 80%가 환경관련 비용을 늘리거나 유지할 것이라고 응답했다.

이런 가운데 그린 스트레스를 방어하는 데 그치는 게 아니라 오히려 도약의 기회로 삼는 기업들이 속속 등장하고 있다. 그린 스트레스를 전략적으로 활용해 수익과 연결하는 세 가지 방법을 소개한다.

① '에코' 이미지로 브랜드의 약점을 감춰라

많은 기업이 단순히 '친환경'만 강조하는 동안 브랜드 이미지의 약점을 희석시키는 데 '친환경'을 이용하는 기업들이 등장했다.

패스트패션 브랜드 H&M은 필요 이상의 옷을 소비시켜 자원을 낭비한다는 지탄을 받았다. 패스트패션이란 최신 유행을 즉각 반영해 빠르게 제작하고 빠르게 유통하는 의류사업을 뜻한다. H&M은 유기농 면이나 폐기물을 재활용한 섬유를 전체 판매의류의 90% 이상에 적용하는 파격을 시도했다. 그러면서 "친환경 소재를 쓰다 보니 비싸졌지만 품질도 좋아졌다"고 강조했다. 환경단체로부터 공격을 피하면서 저가 이미지에서 친환경 이미지로 변신에 성공했다.

스타벅스 역시 공정무역(가난한 커피농가가 수확한 원두에 대해 정당한 가격을 보장하는 거래)을 실천하겠다고 나서면서 커피시장을 독점한다는 비판을 누그러뜨리고 있다.

② 사용할수록 환경에 도움되는 상품을 만들어라

반드시 상품을 만드는 과정에서만 환경을 보호해야 한다는 생각을 버려야 한다. 소비하는 과정에서 환경에 도움을 줄 수 있는 상품으로 승부수를 띄우면 된다.

실제로 생활용품업체 유니레버가 원자재 생산부터 사용 후 폐기까지 상품의 '일생'을 두고 환경에 미치는 영향을 연구한 결과, 의외로 제조과정에서 환경에 미치는 영향이 미미했다. 제조와 운반과정에서 사용되는 물의 양은 전체의 0.1% 이하였고 온실가스 배출은 5%에 불과했다. 반면 소비과정에서는 물의 양이 50%, 온실가스 배출이 68%가 발생했다. 이에 따라 유니레버는 적은 물로도 잘 헹궈지고 찬물에서도 사용이 가능한 세제를 개발하는 데 주력하고 있다.

③ 환경보호 노하우도 상품화하라

환경보호에 필요한 기술이나 서비스를 개발했다면 이런 노하우도 상품화해서 '일석이조'의 효과를 얻는 기업도 등장하고 있다. 소프트웨어개발업체 SAP가 대표적이다. SAP는 환경단체들로부터 탄소발생 이력을 보고하라는 압력을 받았다. 그러자 SAP는 태양광 발전시설을 설치하고 사내 전등을 전기가 덜 먹는 LED로 교체했으며, 출장 대신 화상회의를 늘렸다. 그 결과 지난 2009년에만 1억 2,000만달러의 비용을 절감했다.

올해부터 SAP는 '친환경' 노하우를 바탕으로 기업이 탄소발생 이력을 모니터링하고 에너지 효율을 늘릴 수 있는 분석용 소프트웨어를 개발해 시판에 나섰다. '저탄소 소프트웨어' 시장은 5년 안에 70억달러 규모로 성장할 것으로 예상된다. SAP는 그린 스트레스를 해결하면서 동시에 '블루오션'을 창출해 낸 것이다.

이처럼 글로벌 기업들이 그린 스트레스에 효과적으로 대처하고 있는 반면, 국내 기업들은 아직 소극적으로 대응하고 있다는 게 중론이다.

전문가들은 그린 스트레스에 어떻게 대응하느냐가 향후 '그린 비즈니스'의 성패를 좌우할 수 있다고 조언한다. 전 세계 친환경 상품시장 규모는 2009년 806억달러에서 2015년 1,642억달러로 6년 만에 2배 이상 성장할 것으로 예측된다(액센츄어). 삼성경제연구소 하주현 선임연구원은 "말로만 '친환경'을 외치면서 그린 스트레스에 수동적으로 대응하기보다는 적극적으로 대처해서 브랜드 가치를 높이고 새로운 수익도 창출하는 게 미래의 경쟁에서 앞서는 방법"이라고 말했다.

자료 : 조선일보, 2011. 5. 19.

연 | 습 | 문 | 제

01 다음 중 표준원가에 대한 설명으로 옳지 않은 것을 모두 나열한 것은? (기업회계 1급, 2012)

1. 직접재료원가, 직접노무원가, 변동제조간접원가의 표준원가 설정은 학습효과에 의한 단위당 변동비의 절감을 고려하지 않은 것이다.
2. 직접재료원가를 가격차이와 수량차이로 양분할 경우, 가격차이는 직접재료의 구매가격차이와 생산에 투입된 수량차이가 혼합되어 산정될 수 있다.
3. 고정제조간접원가의 표준예산은 일정한 관련범위 내에서만 성립된다.
4. 고정제조간접원가의 조업도차이는 기준(정상)조업도와 표준조업도와의 차이와 무관하다.
5. 직접재료원가의 배합차이와 수율차이의 합계는 직접재료원가의 능률차이와 일치하지 않는다.

① 1, 2 ② 2, 3 ③ 3, 4 ④ 4, 5

02 다음은 제조간접원가배부율에 대한 설명이다. 틀린 것은? (기업회계 1급, 2011)

① 제조간접원가예정배부율은 연초에 제조간접원가예산과 예정조업도를 미리 설정하여 기중에 예정조업도에 반영하여 배부액을 산출한다.
② 제조간접원가실제배부율은 원가계산의 지연, 월별 조업도의 상이 등의 문제가 발생할 수 있다.
③ 변동제조간접원가표준배부율은 미리 설정한 변동제조간접원가예산과 기준조업도를 통하여 산출하여 기중에 표준조업도에 반영하여 배부액을 산출한다.
④ 고정제조간접원가표준배부율은 미리 설정한 고정제조간접원가예산과 기준조업도를 통하여 산출하여 기중에 표준조업도에 반영하여 배부액을 산출한다.

03 다음 자료에 의하여 표준원가계산에 의한 월말재공품원가를 계산하면 얼마인가? (단, 재료는 공정 초기에 전량투입되며, 주어진 자료 이외의 상황은 고려하지 않는다) (전산세무 1급, 2011)

1. 제품단위당 표준원가
   - 직접재료원가 : 5kg × ₩200 = ₩1,000
   - 직접노무원가 : 3시간 × ₩600 = ₩1,800
   - 변동제조간접원가 : 3시간 × ₩400 = ₩1,200
   - 고정제조간접원가 : 3시간 × ₩100 = ₩300
2. 월초재공품은 없으며, 당월착수수량은 10,000단위이고, 당월완성수량은 8,000단위이며, 월말재공품의 완성도는 40%이다.

① ₩3,440,000 ② ₩4,640,000 ③ ₩4,940,000 ④ ₩5,240,000

04 **㈜함백산은 표준원가제도를 사용하고 있다. 표준노무시간은 제품단위당 4.2시간이다. 제품의 실제생산량은 2,410단위이고 고정제조간접원가발생액은 ₩24,000,000이다. ㈜함백산의 고정제조간접원가는 노무시간을 기준으로 배부되며, 기준조업도는 10,000노무시간이다. 고정제조간접원가 예산차이가 ₩5,280,000 유리하다면 이 회사의 고정제조간접원가조업도차이는 얼마인가?** (기업회계 1급, 2010)

① ₩357,216 유리　② ₩358,216 유리　③ ₩357,216 불리　④ ₩358,216 불리

05 **다음 자료에 의하여 고정제조간접원가예산은 얼마인가?** (기업회계 1급, 2010)

- 고정제조간접원가예정배부율 : @1,000원/작업시간
- 제품생산량 : 20,000단위
- 제품단위당 표준조업도 : 2시간
- 고정제조간접원가의 실제원가와 표준원가의 총차이 : ₩4,000,000(불리)
- 고정제조간접원가소비차이 : ₩6,000,000(유리)

① ₩40,000,000　② ₩44,000,000　③ ₩46,000,000　④ ₩50,000,000

06 **다음 자료에 의한 고정제조간접원가의 실제발생액으로 바른 것은?** (기업회계 1급, 2011)

- 실제조업도 : 2,200시간
- 변동제조간접원가의 표준배부율 : ₩50
- 변동제조간접원가의 능률차이 : ₩5,000(불리한 차이)
- 기준(정상)조업도 : 2,400시간
- 고정제조간접원가의 조업도차이 : ₩90,000(불리한 차이)
- 고정제조간접원가의 예산차이 : ₩20,000(유리한 차이)

① ₩660,000　② ₩680,000　③ ₩700,000　④ ₩720,000

07 **아래는 ㈜함백산의 10월 제조활동과 관련된 자료이다. 변동제조간접원가의 소비차이로서 올바른 것은?** (기업회계 1급, 2011)

- 제품의 생산량 : 1,000단위
- 생산량 단위당 실제노동시간 : 10시간, 단위당 표준노동시간 : 11시간
- 노동시간당 표준임률 : ₩50
- 변동제조간접원가 표준노동시간당 : ₩20
- 실제변동제조간접원가 : 직접노무원가실제발생액의 40%
- 직접노무원가임률차이 : ₩50,000(유리)

① ₩20,000(유리)　② ₩20,000(불리)　③ ₩40,000(불리)　④ ₩40,000(유리)

08 **다음 자료에 의한 변동제조간접원가의 실제배부율은 얼마인가?** (기업회계 1급, 2011)

- 실제고정제조간접원가발생액 : ₩1,200,000
- 고정제조간접원가의 예산차이 : ₩100,000(불리)
- 고정제조간접원가예정배부율 : ₩550
- 고정제조간접원가의 조업도차이 : ₩110,000(불리)
- 변동제조간접원가표준배부율 : ₩40
- 변동제조간접원가의 능률차이 : ₩8,000(유리)
- 변동제조간접원가의 소비차이 : ₩6,400(불리)

① ₩36 ② ₩40 ③ ₩44 ④ ₩48

09 **다음은 ㈜함백산의 20×1년 제조활동과 관련된 자료이다. ㈜함백산의 20×1년도 변동제조간접원가능률차이는?** (전산세무 1급, 2011)

- 단위당 표준직접노무시간 : 3시간
- 실제직접노무시간 : 15,000시간
- 생산된 제품단위 : 4,200개
- 변동제조간접원가 표준 : 표준직접노무시간당 ₩5
- 실제변동제조간접원가 : ₩60,000

① ₩12,000 유리 ② ₩12,000 불리 ③ ₩15,000 유리 ④ ₩15,000 불리

10 **다음 자료에서 고정제조간접원가의 실제발생액은 얼마인가?** (기업회계 1급, 2011)

- 고정제조간접원가의 조업도차이 : ₩200,000(불리)
- 기준조업도 : 4,800시간
- 제품생산량 : 1,100단위
- 제품단위당 표준조업도 : 4시간
- 고정제조간접원가의 예산차이 : ₩100,000(유리)

① ₩2,100,000 ② ₩2,200,000 ③ ₩2,300,000 ④ ₩2,400,000

11 **㈜함백산은 표준원가계산제도를 적용하여 성과평가를 하고 있다. 20×1년 변동제조간접원가와 관련된 표준원가는 다음과 같다. 20×1년 중 3,000단위를 생산하였으며, 변동제조간접원가 실제발생액은 ₩81,200(실제기계시간 29,000시간)이다. 변동제조간접원가소비차이는 얼마인가?** (기업회계 1급, 2010)

- 단위당 표준기계시간 : 10시간
- 변동제조간접원가표준배부율 : 기계시간당 ₩3

① ₩3,000 유리 ② ₩3,000 불리 ③ ₩5,800 불리 ④ ₩5,800 유리

12 **생산활동과 원가에 관한 다음 자료를 이용하여 변동제조간접원가의 소비차이와 능률차이를 계산하면 각각 얼마인가?** (9급 공채, 2007)

변동제조간접원가실제발생액	₩5,100
변동제조간접원가표준배부율	₩110(작업시간당)
실제작업시간	44시간
실제생산량에 허용된 표준작업시간	40시간

	소비차이	능률차이		소비차이	능률차이
①	₩260 불리	₩440 불리	②	₩700 불리	₩440 불리
③	₩260 불리	₩440 유리	④	₩700 불리	₩440 유리

13 **㈜함백산의 20×1년도 제조간접원가에 대한 자료가 다음과 같다.**

	실제금액	변동예산	고정예산
변동제조간접원가	₩23,000	₩21,000	₩18,000
고정제조간접원가	₩35,000	?	₩36,000

변동제조간접원가와 고정제조간접원가의 배부기준이 같다면 총제조간접원가의 조업도차이는 얼마인가? (CPA, 2000)

① ₩6,000 유리 ② ₩6,000 불리 ③ ₩7,000 유리
④ ₩7,000 불리 ⑤ ₩9,000 불리

14 **㈜함백산의 3월 예산대비 실적자료는 다음과 같다. 동 자료를 토대로 당초 예상보다 영업이익이 ₩200만큼 줄어든 원인을 (i) 판매가격차이, (ii) 변동원가차이, (iii) 고정원가차이 이외에 중요한 차이항목인 매출조업도차이를 추가하여 경영진에게 의미 있게 요약 · 보고하고자 한다. 매출조업도차이의 금액은 얼마인가?** (CPA, 2003)

	3월 실적	3월 예산
판매수량	400개	300개
매 출 액	₩7,200	₩6,000
변동원가	4,800	3,000
고정원가	1,400	1,800
영업이익	1,000	1,200

① ₩1,800 유리 ② ₩600 유리 ③ ₩1,000 불리
④ ₩1,800 불리 ⑤ ₩1,000 유리

15 ㈜함백산은 내부관리 목적으로 표준원가회계제도를 도입하고 있다. 당기 변동제조간접원가 예산은 ₩6,000,000, 고정제조간접원가예산은 ₩8,000,000이며, 기준조업도는 1,000직접노동시간이다. 당기 실제직접노동시간은 800시간이었다. 변동제조간접원가 능률차이가 ₩300,000(불리)이라면 고정제조간접원가조업도차이는 얼마인가? (CPA, 2005)

① ₩1,200,000 유리 ② ₩1,200,000 불리 ③ ₩2,000,000 유리
④ ₩2,000,000 불리 ⑤ ₩3,200,000 유리

16 ㈜함백산은 표준원가계산을 사용하고 있는데 총제조간접원가를 변동제조간접원가와 고정제조간접원가로 구분하여 다음과 같이 원가차이를 계산하고 있다.

변동제조간접원가(a)	소비차이	능률차이	−
고정제조간접원가(b)	예산차이	−	조업도차이
총제조간접원가(a+b)	㉮ 예산차이	㉯ 능률차이	㉰ 조업도차이

위의 총제조간접원가 중 ㉮ 예산차이, ㉯ 능률차이, ㉰ 조업도차이를 다음 자료를 이용하여 구하면 각각 얼마인가? (CPA, 2006)

	고정예산	실제
a. 생산 및 판매수량	30,000	23,000
b. 배치크기(batch size)	250	230
c. 배치수(a÷b)	120	100
d. 배치당 작업준비시간	5	5.5
e. 작업준비시간당 변동제조간접원가	₩5,000	₩4,000
f. 작업준비시간 총고정제조간접원가	₩3,600,000	₩3,190,000

	㉮ 예산차이	㉯ 능률차이	㉰ 조업도차이
①	₩960,000 유리	₩450,000 불리	₩840,000 불리
②	₩550,000 유리	₩250,000 불리	₩0
③	₩550,000 유리	₩500,000 불리	₩600,000 불리
④	₩410,000 유리	₩250,000 불리	₩430,000 불리
⑤	₩140,000 유리	₩450,000 유리	₩840,000 유리

17 ㈜함백산의 당기초 생산활동과 관련된 예산자료는 다음과 같다.

구분	예산
생산량(기준조업도)	1,000단위
고정제조간접원가총액	₩200,000
단위당 변동제조간접원가	₩125

당기의 실제생산량은 1,100단위이었고 실제제조간접원가 총액은 ₩355,000이었다. 제조간접원가 총차이를 통제가능차이와 조업도차이로 나누어 분석할 때 다음 중 옳은 것은? (CPA, 2010)

	통제가능차이	조업도차이
①	₩0	₩1,500 유리
②	₩2,500 유리	₩0
③	₩17,500 불리	₩20,000 유리
④	₩24,500 유리	₩22,500 불리
⑤	₩30,000 불리	₩32,000 불리

18 아래 자료에 근거한 다음 설명 중 옳지 않은 것은? (CPA, 2012)

	실제	표준
기본(기초)원가	₩170,000	₩150,000
변동제조간접원가	₩471,500	₩400,000
기계시간당 변동제조간접원가배부율	₩23	₩20
제품단위당 기계시간	41시간	40시간

① 변동제조간접원가표준배부율과 예정배부율이 같다면, 정상(평준화)원가계산에 의한 총변동제조간접원가는 ₩580,000이다.
② 예상생산량 600개에 대한 예산 총변동제조간접원가는 ₩660,000이다.
③ 변동제조간접원가총차이는 ₩71,500(불리)이다.
④ 변동제조간접원가능률차이는 ₩11,500(불리)이다.
⑤ 기본(기초)원가의 변동예산차이는 ₩20,000(불리)이다.

19 ㈜함백산은 표준원가계산제도를 채택하고 있으며, 20×1년 2월과 3월에 동일한 표준을 적용하고 있다. 20×1년 2월중 실제로 생산된 제품수량은 1,000단위였으며, 고정제조간접원가의 조업도차이는 750원만큼 불리하며, 소비차이도 400원만큼 불리한 것으로 나타났다. 20×1년 3월중 실제로 생산된 제품수량은 1,250단위였으며, 고정제조간접원가의 조업도차이는 500원만큼 유리하며, 소비차이는 300원만큼 유리한 것으로 나타났다. 20×1년의 3월중 실제로 발생한 고정제조간접원가를 계산하시오. (세무사, 2008)

① ₩5,350 ② ₩5,450 ③ ₩6,050 ④ ₩6,150 ⑤ ₩6,250

■ 찾아보기 ■

ㄱ

ㄴ

ㄷ

ㅁ

[저자소개]

■ **서정록**

한국방송통신대학 경영과 졸업
계명대학교 경영대학 회계학과, 경영학사
서강대학교 대학원 회계전공, 경영학석사 및 경영학박사
전) GE Appliances Korea Service 대표이사/사장
GE Korea / GE Appliances Korea 관리담당이사
현) 부천대학교 세무회계과 교수, 미국공인회계사

주요논문

BSC이행요인과 성과측정지표특성이 성과에 미치는 영향, 조직문화적특성과 성과측정지표 특성이 기업성과에 미치는 영향, 한국GE플라스틱스 6시그마 경영혁신, 외국법인 국내사업자의 과세에 관한 연구 외 다수

주요저서

전산세무회계(도서출판 청람, 공저), 기초회계원리(세학사, 공저) 등

원가회계

2013년 8월 20일 1판 1쇄 인쇄
2015년 1월 25일 1판 3쇄 발행

저 자 서정록
발행인 이수영
발행처 도서출판 청람

㊟ 121-811
서울시 마포구 독막로 288(대흥동, 세양상가 109호)
TEL : 02)3272-2601(대)~2 FAX : 02)3272~2603
E-mail : crbooks@hanmail.net
http://www.crbooks.co.kr

등록 : 2000. 8. 26 제6-0509호

ISBN 978-89-5972-341-6 93320 [정가 25,000원]